国家出版基金项目
NATIONAL PUBLICATION FOUNDATION

國家出版基金項目

目　録

◆ 彝文

彝族主要分佈於四川、雲南、貴州、廣西等地，分東、東南、南、西、北、中六大方言區，各方言區語言、文字均有較大差異。彝文史書上又稱爨（cuàn）文、爨字、倮文、韙書。彝文歷史悠久，其起源時間説法不一，留存至今的彝文古籍大多是明清兩代刻本、抄本，還有一些碑銘，内容包括歷史傳記、家族譜牒、文學作品、天文地理、宗教祭祀等，是研究彝族歷史文化及其與周邊民族關係的寶貴資料。

六部經書

〔明〕李芳抄，明嘉靖四十四年（1565）抄本，經摺裝，37.8釐米×31.2釐米。館藏號：yi582。

彝文古籍傳世較多，但有明確抄寫年者較少，此爲迄今發現的彝文古籍中抄寫年代最早的一部。該書由李芳在明嘉靖四十四年至四十五年（1565—1566）、隆慶三年（1569）抄寫，包括《土俗經》《祭大鬼經》《祭威榮神經》《祭龍祈雨經》《氏族祭典獻天地祈福經》《祭火經》六部經書，反映了彝族以祖先崇拜爲核心的原始宗教形態及其神靈觀念，對彝族原始宗教研究具有重要的學術參考價值。入選第四批《國家珍貴古籍名録》，名録號11276。

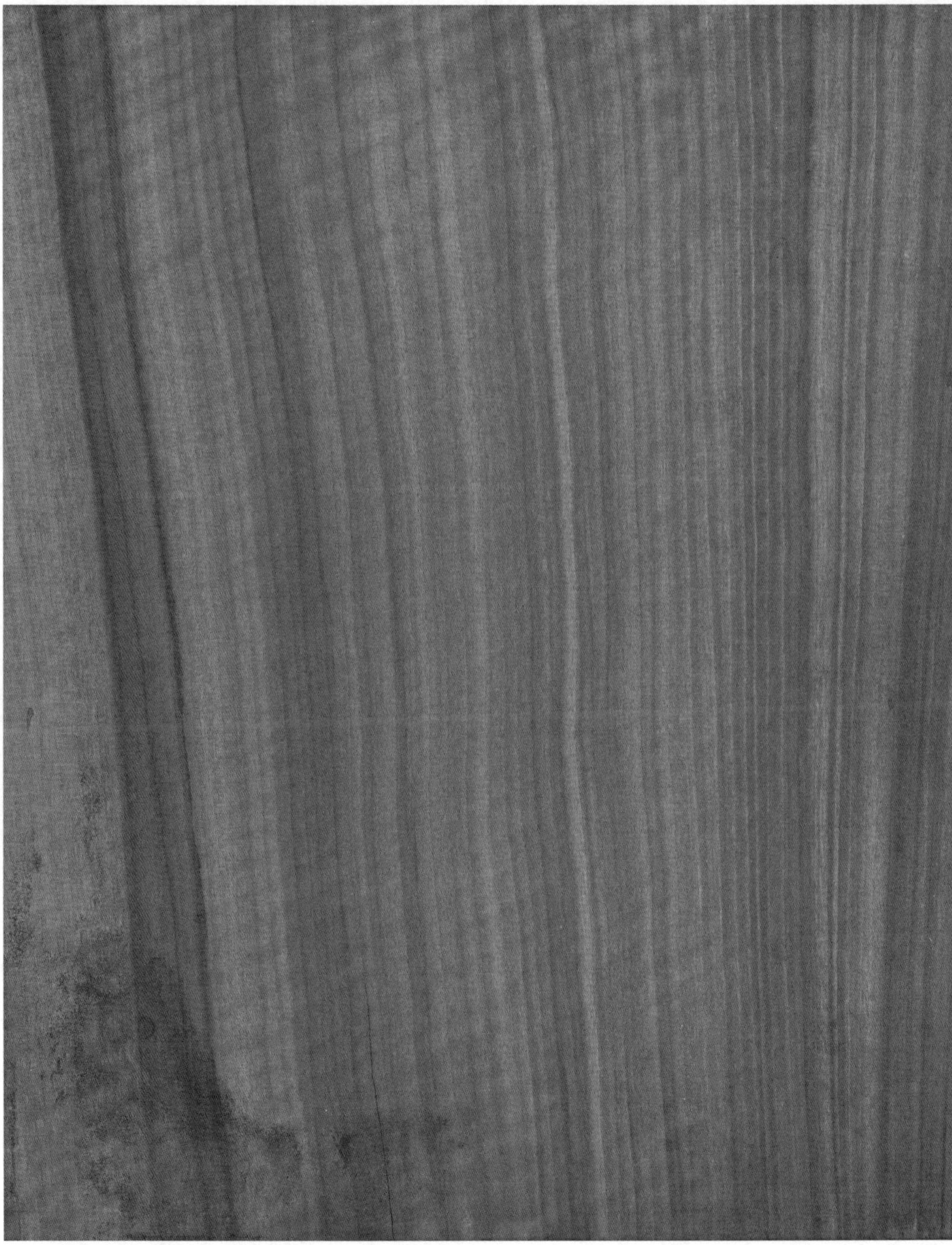

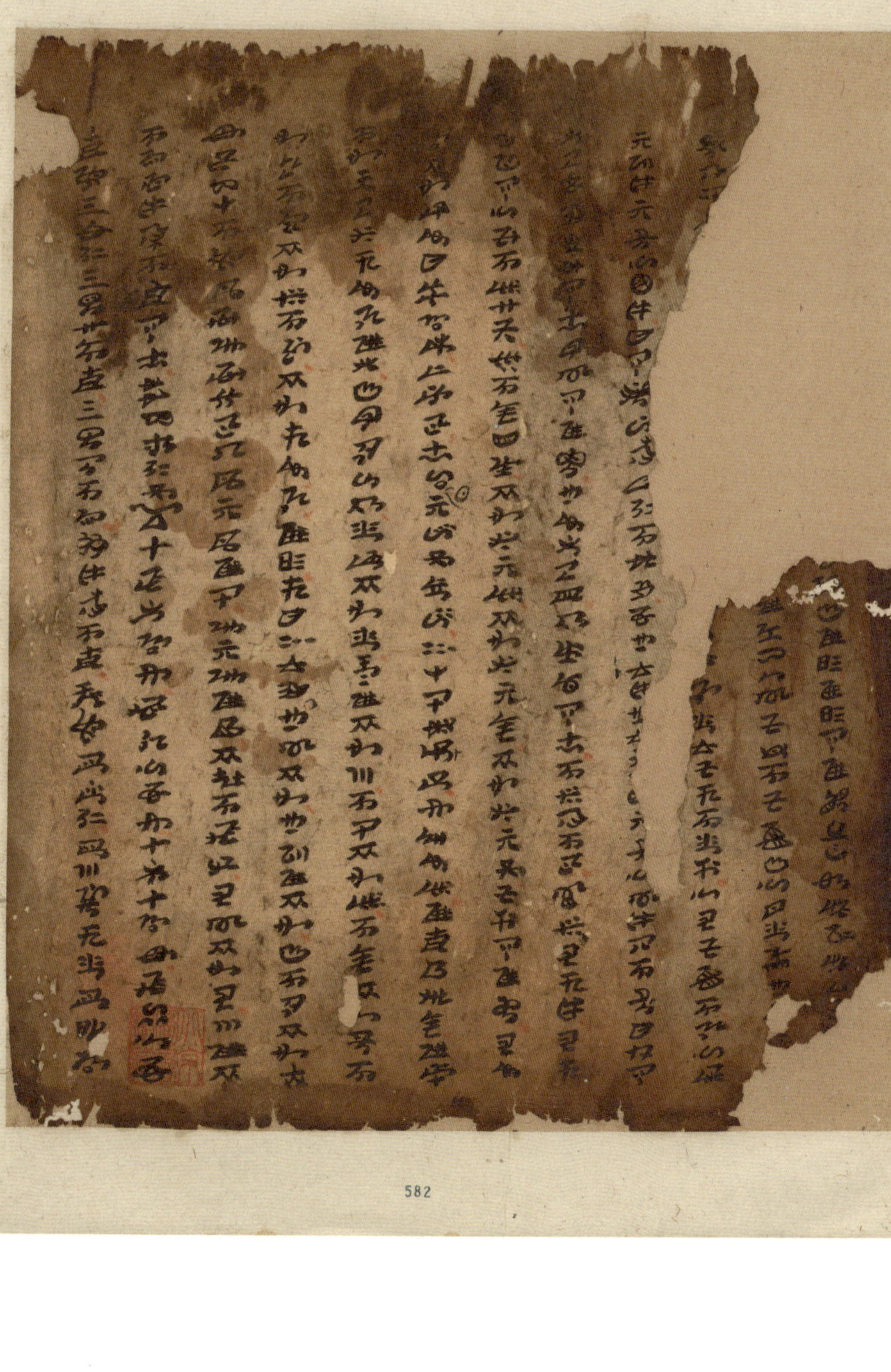

582

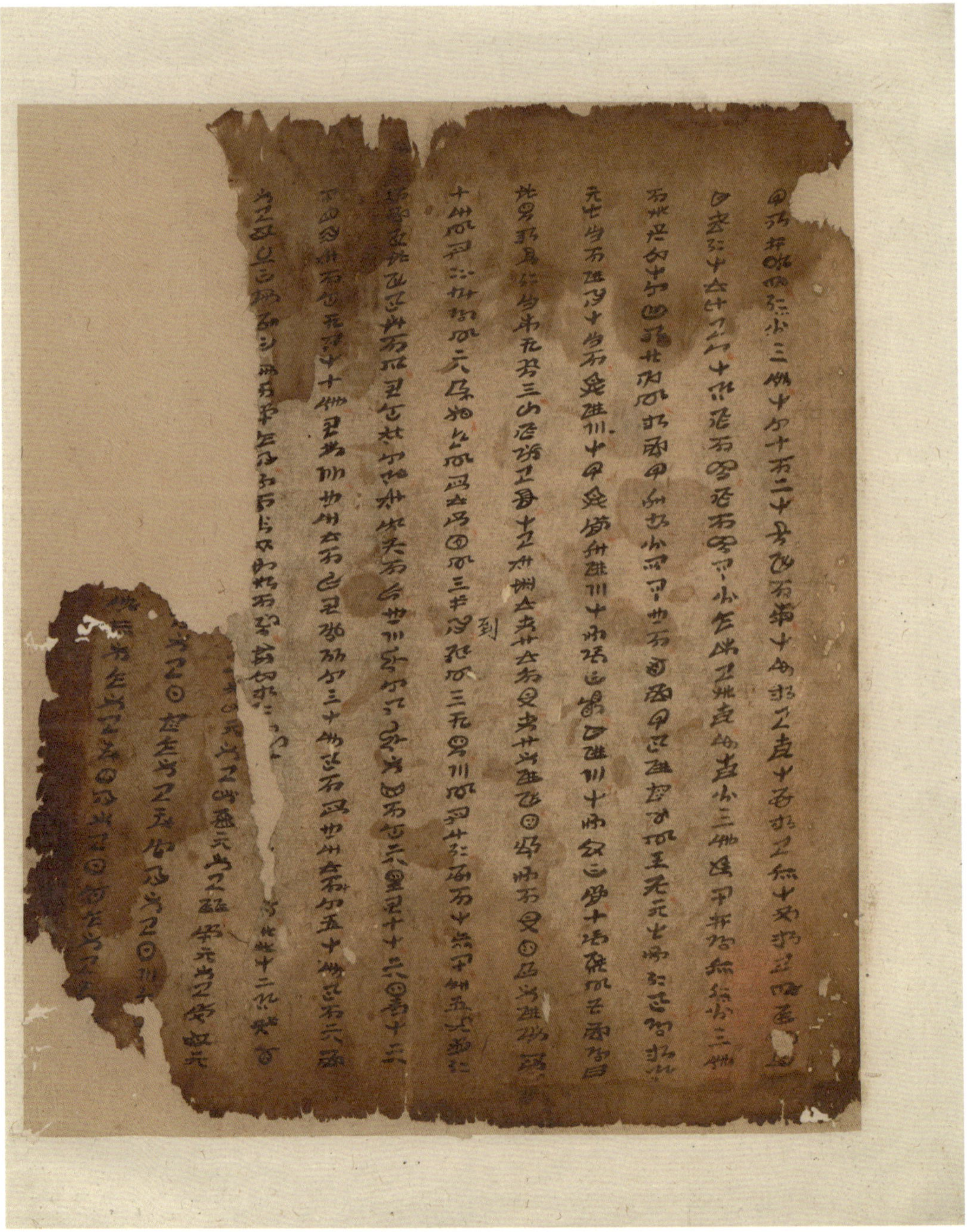

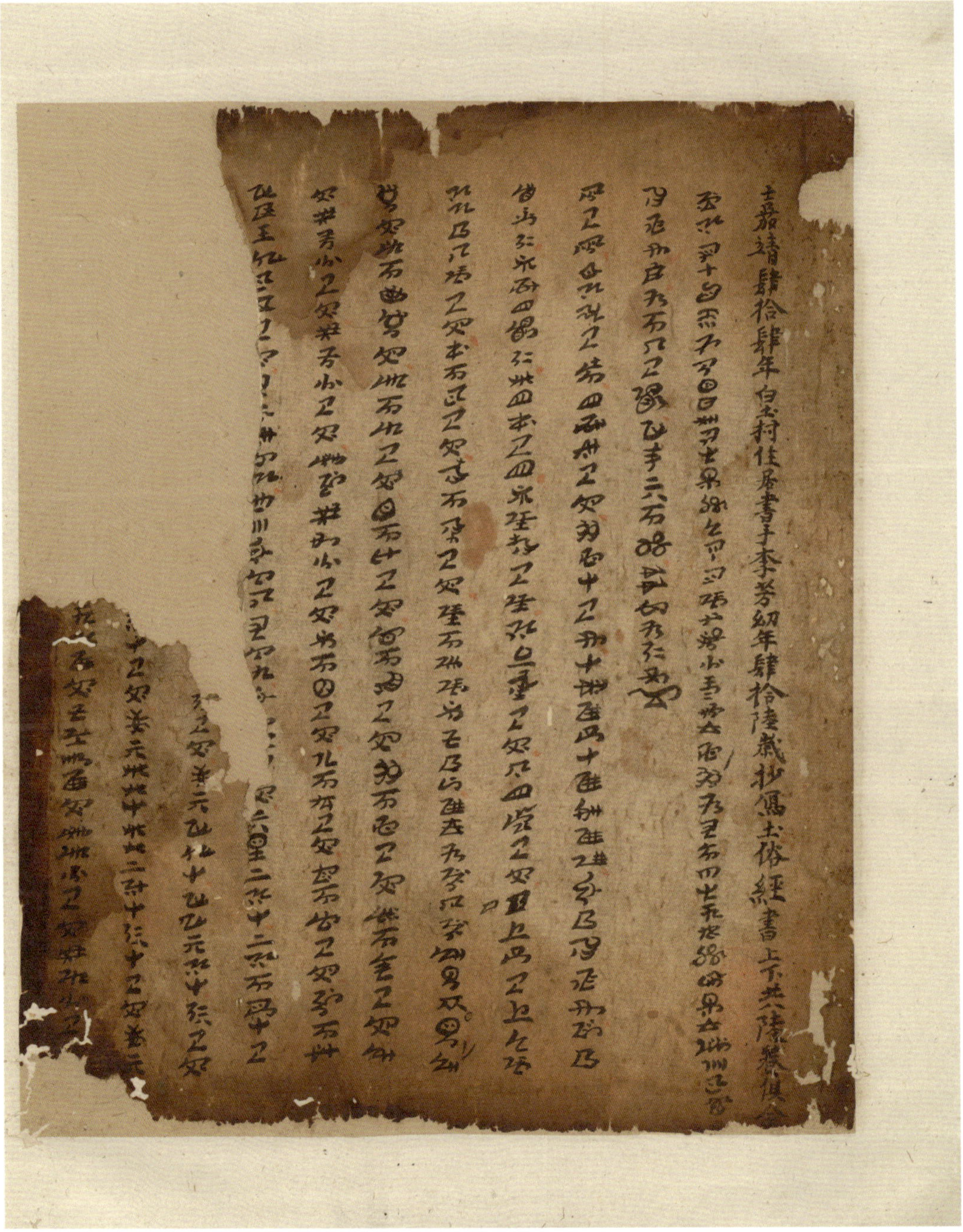
士嘉靖肆拾肆年白土村住居書手李芳幼年肆拾陸歲抄寫土僚經書上下共六

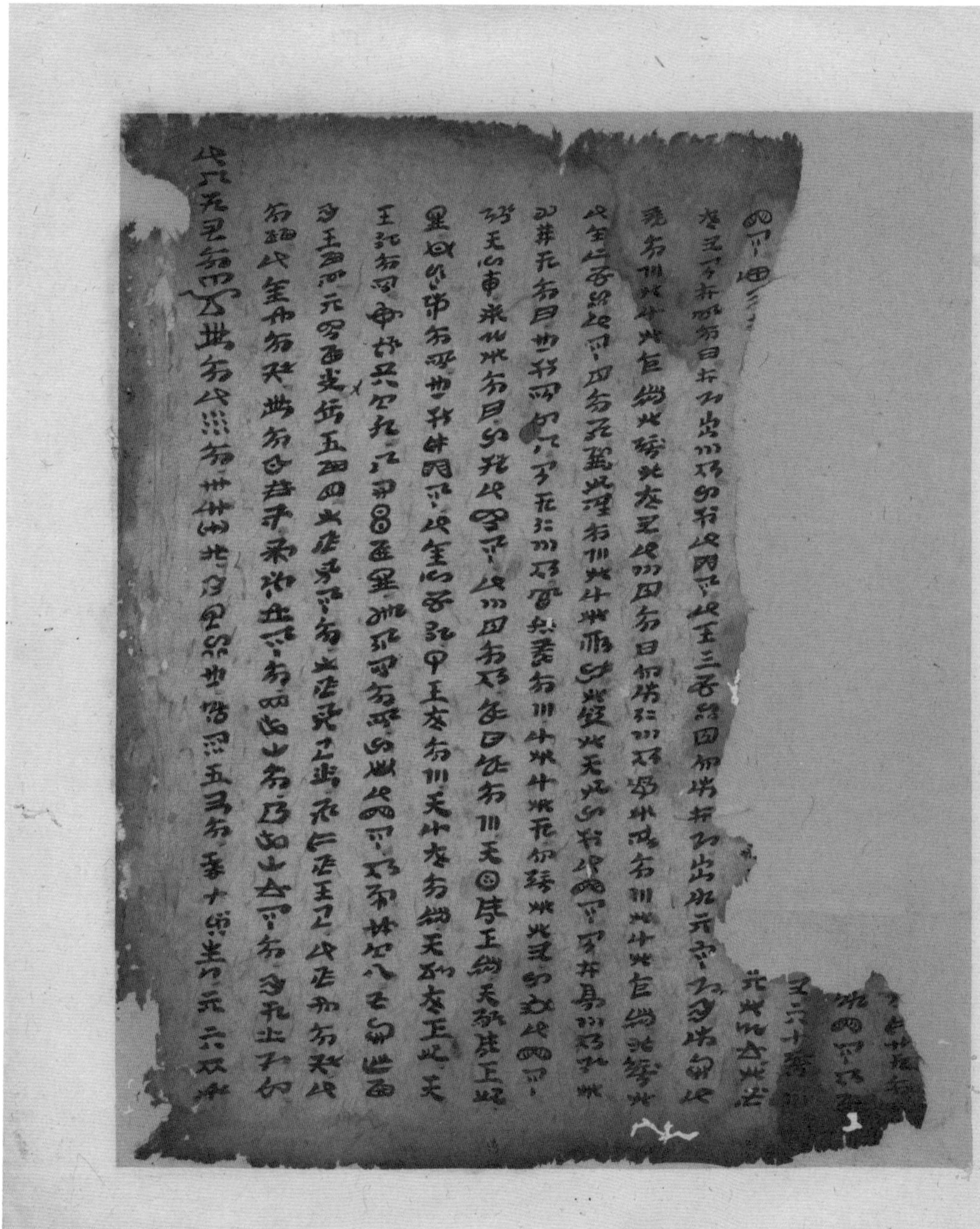

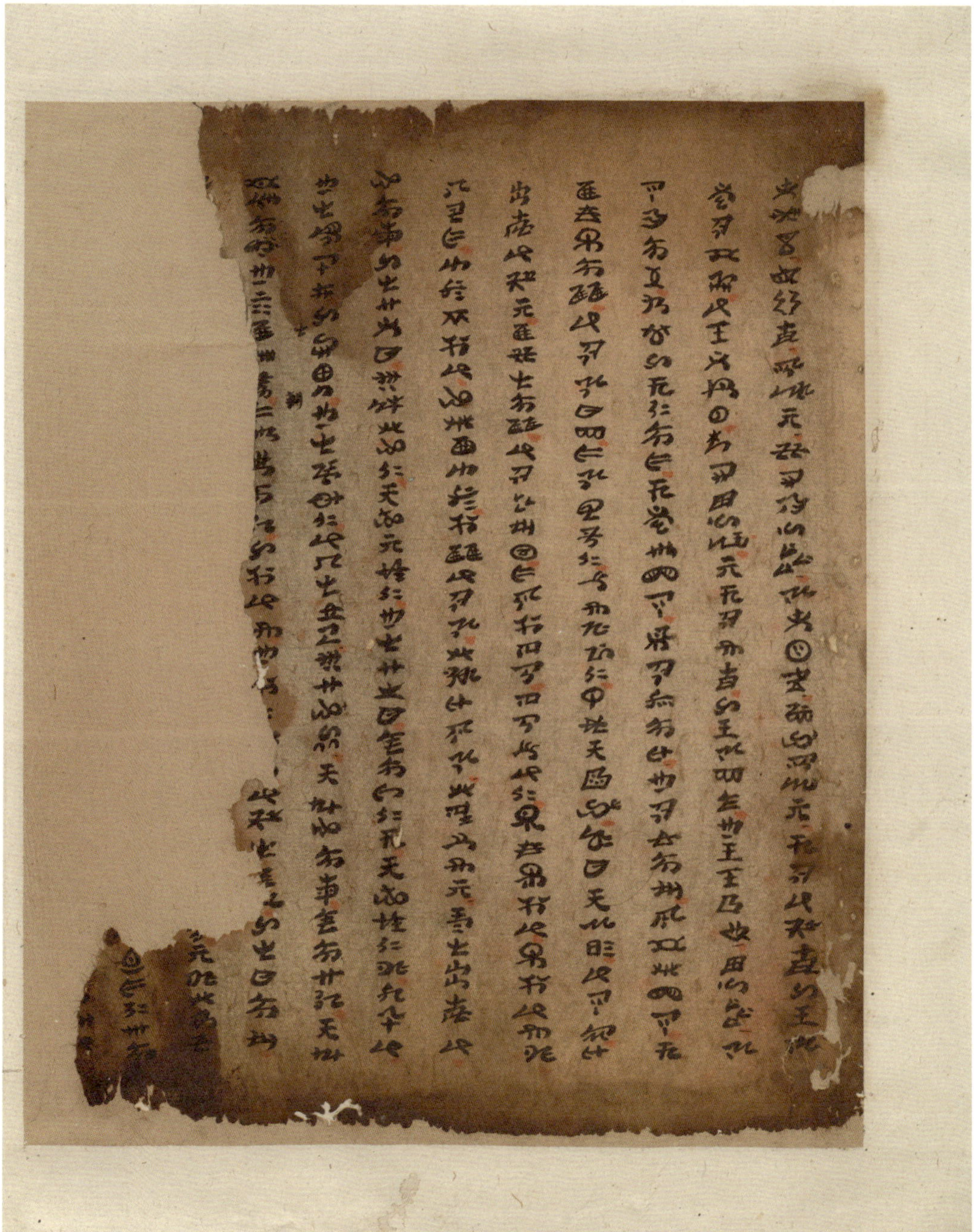

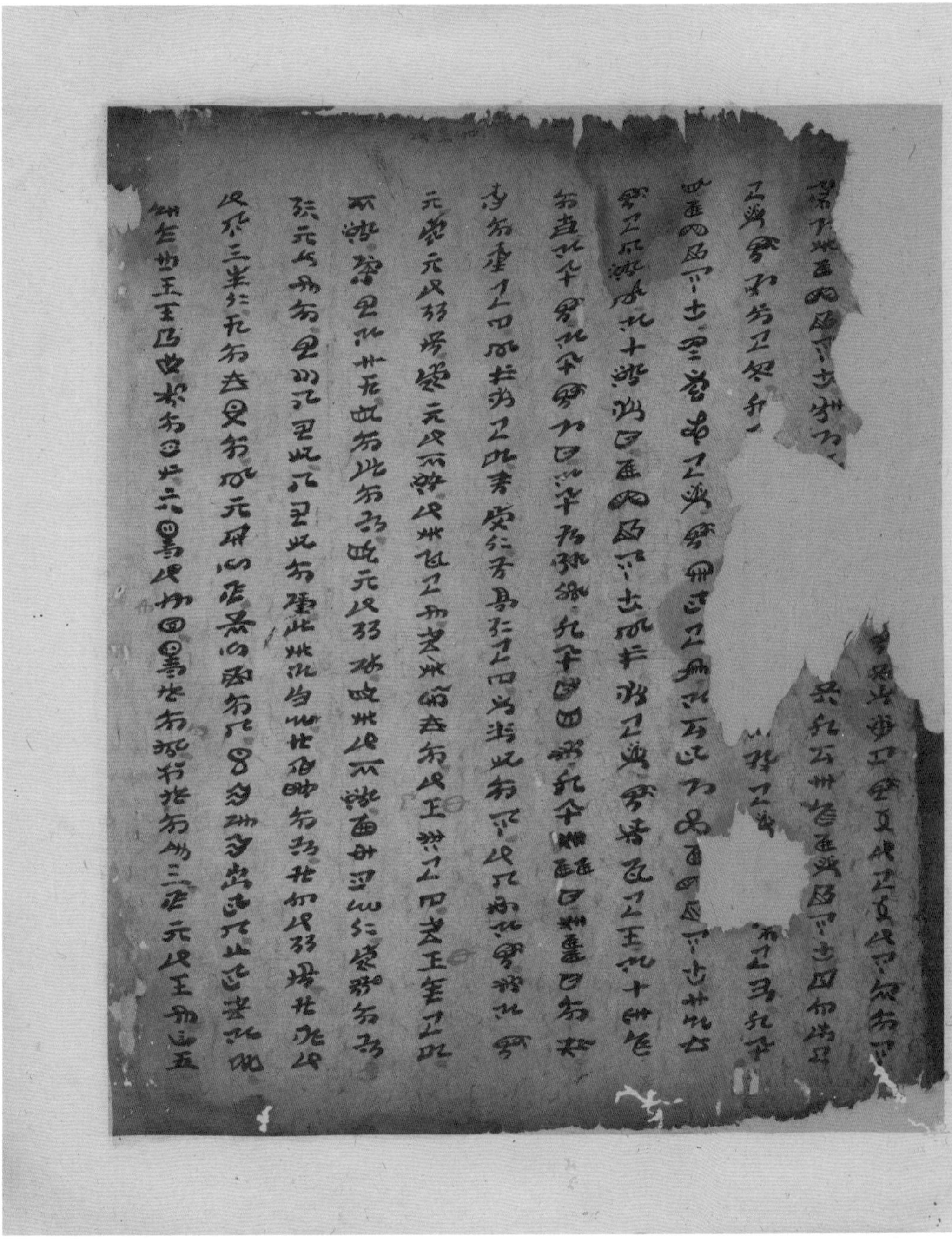

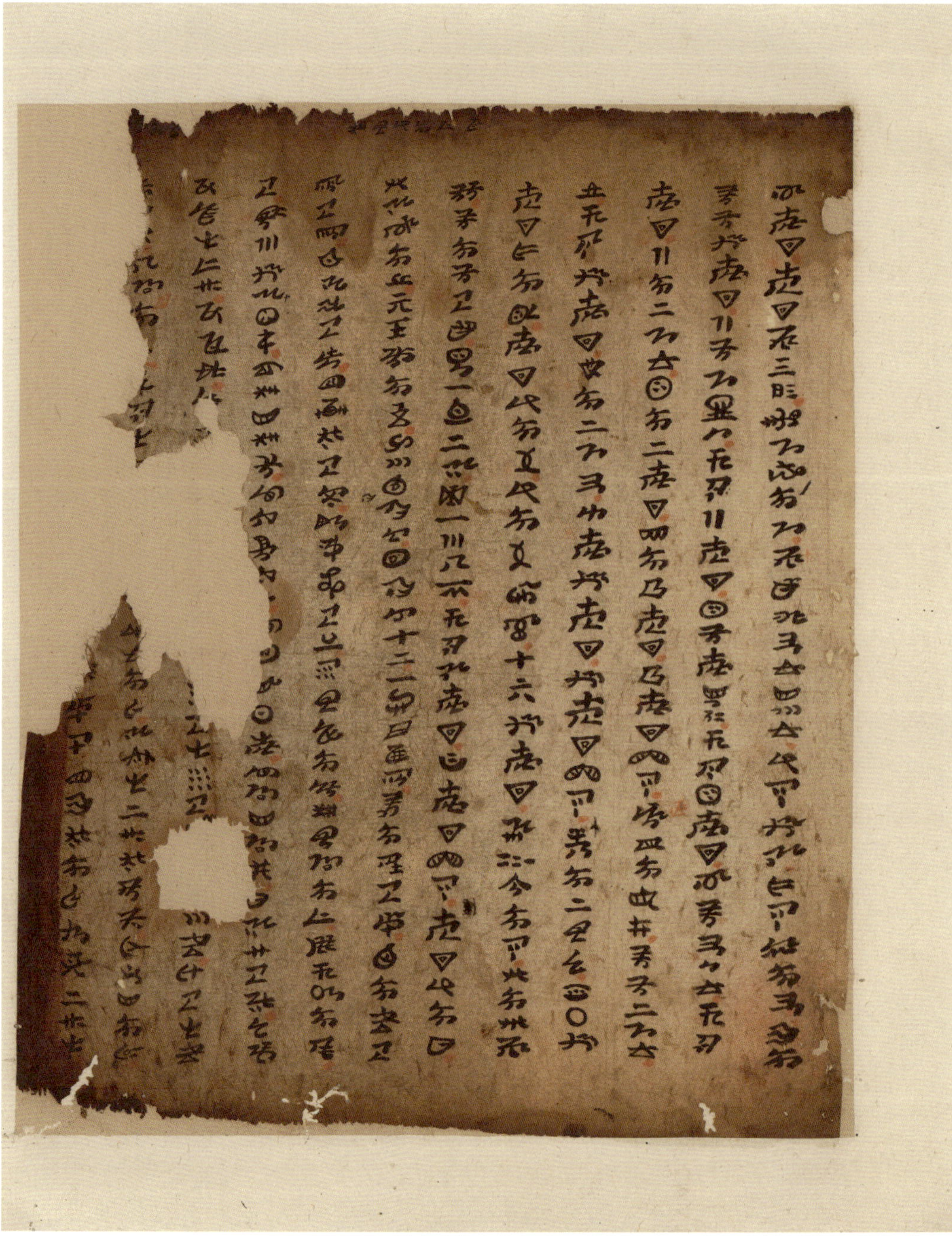

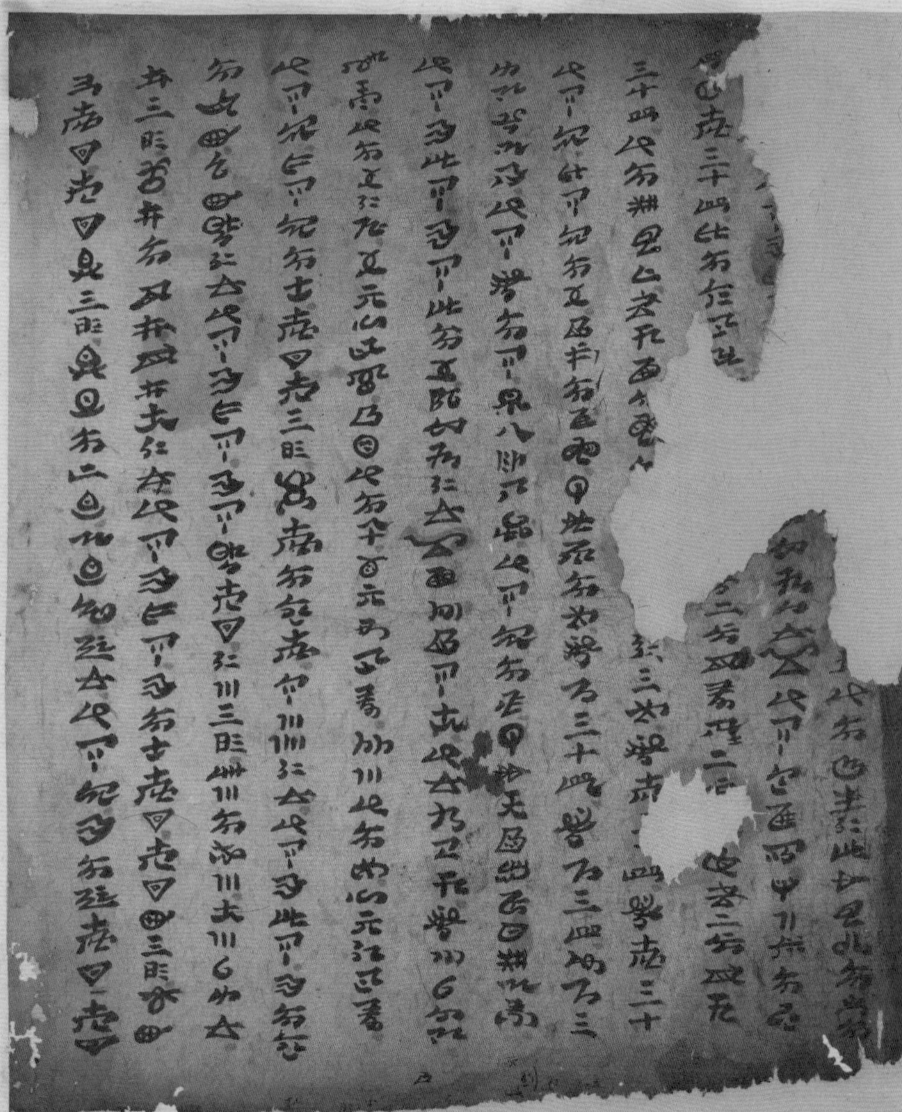

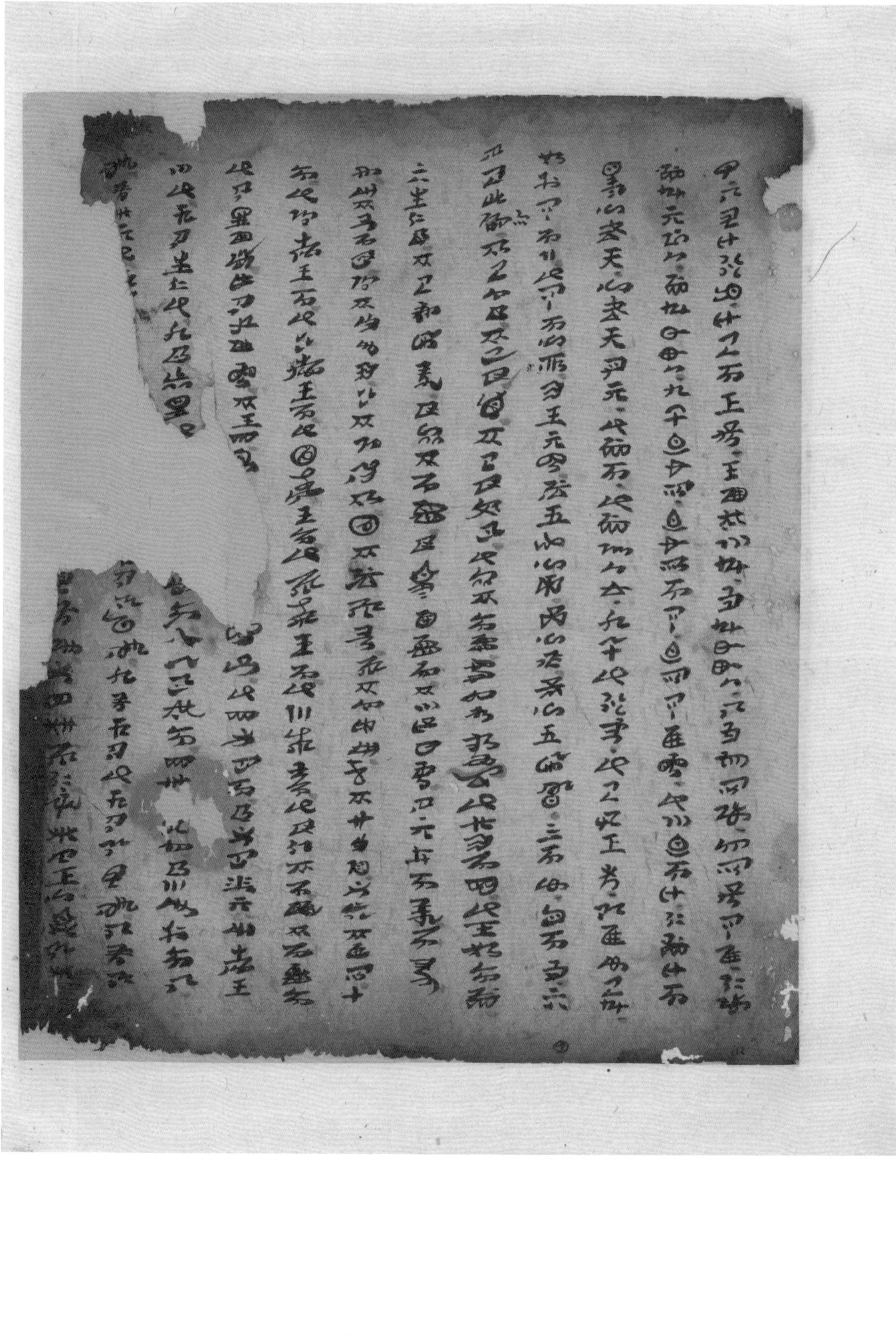

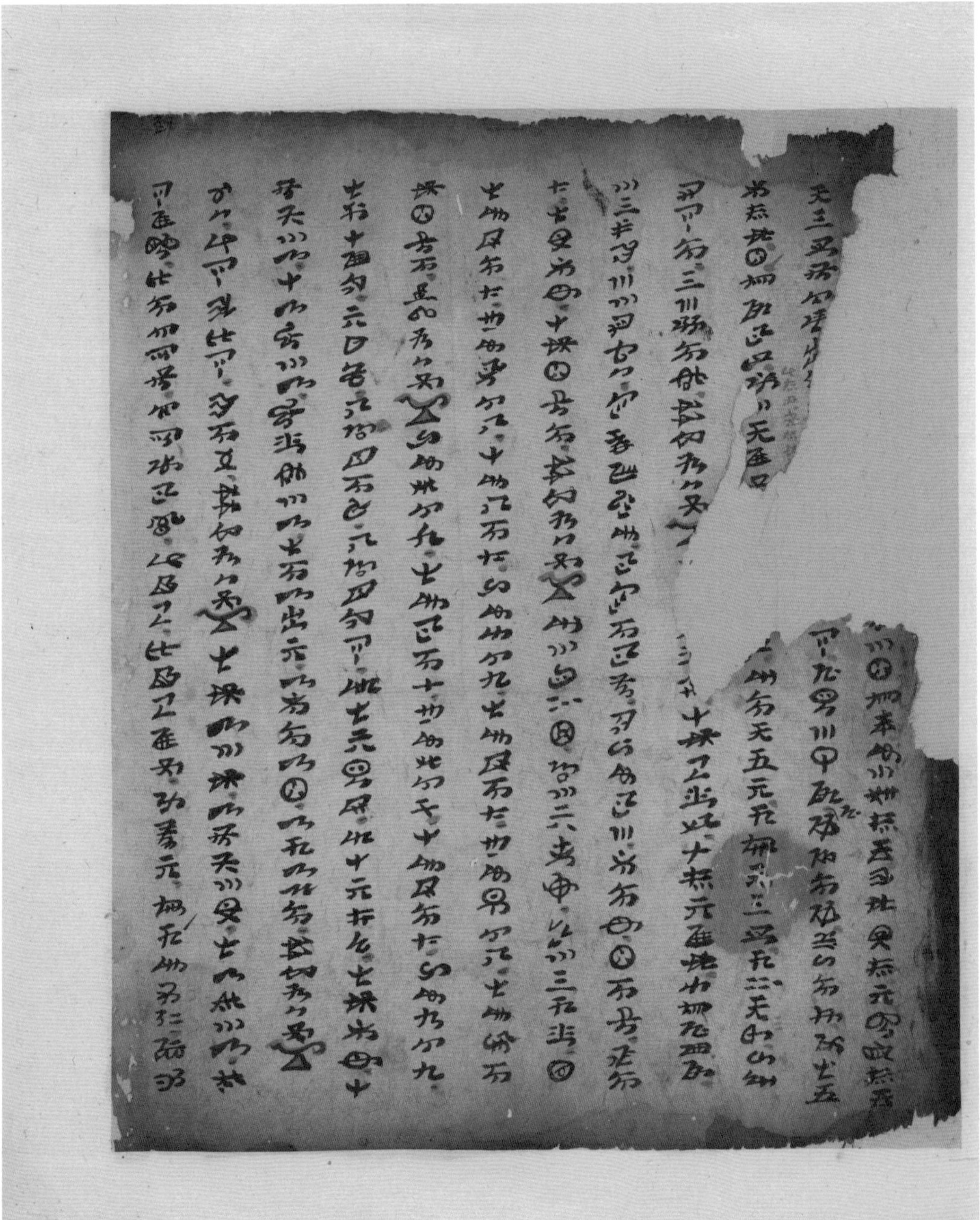

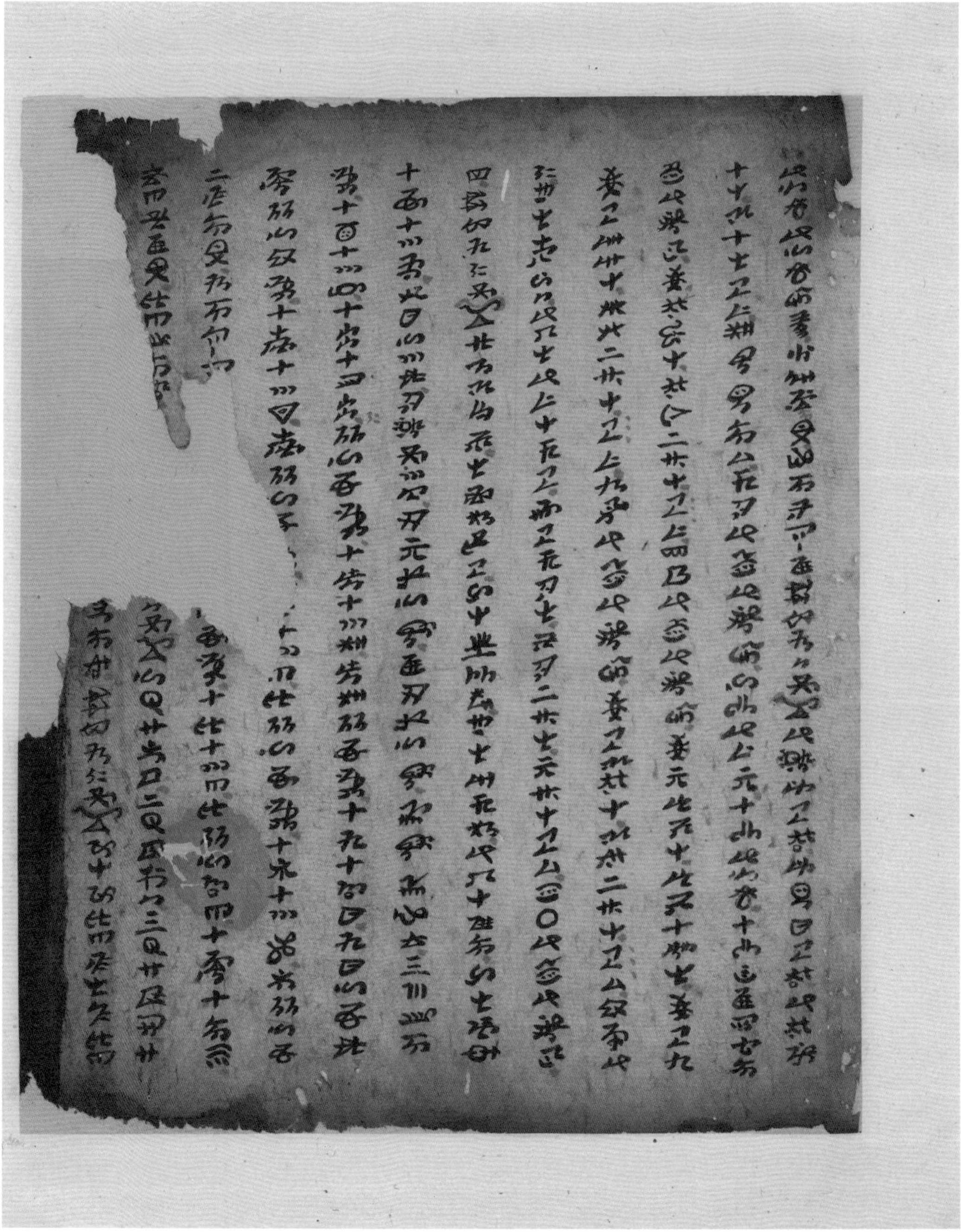

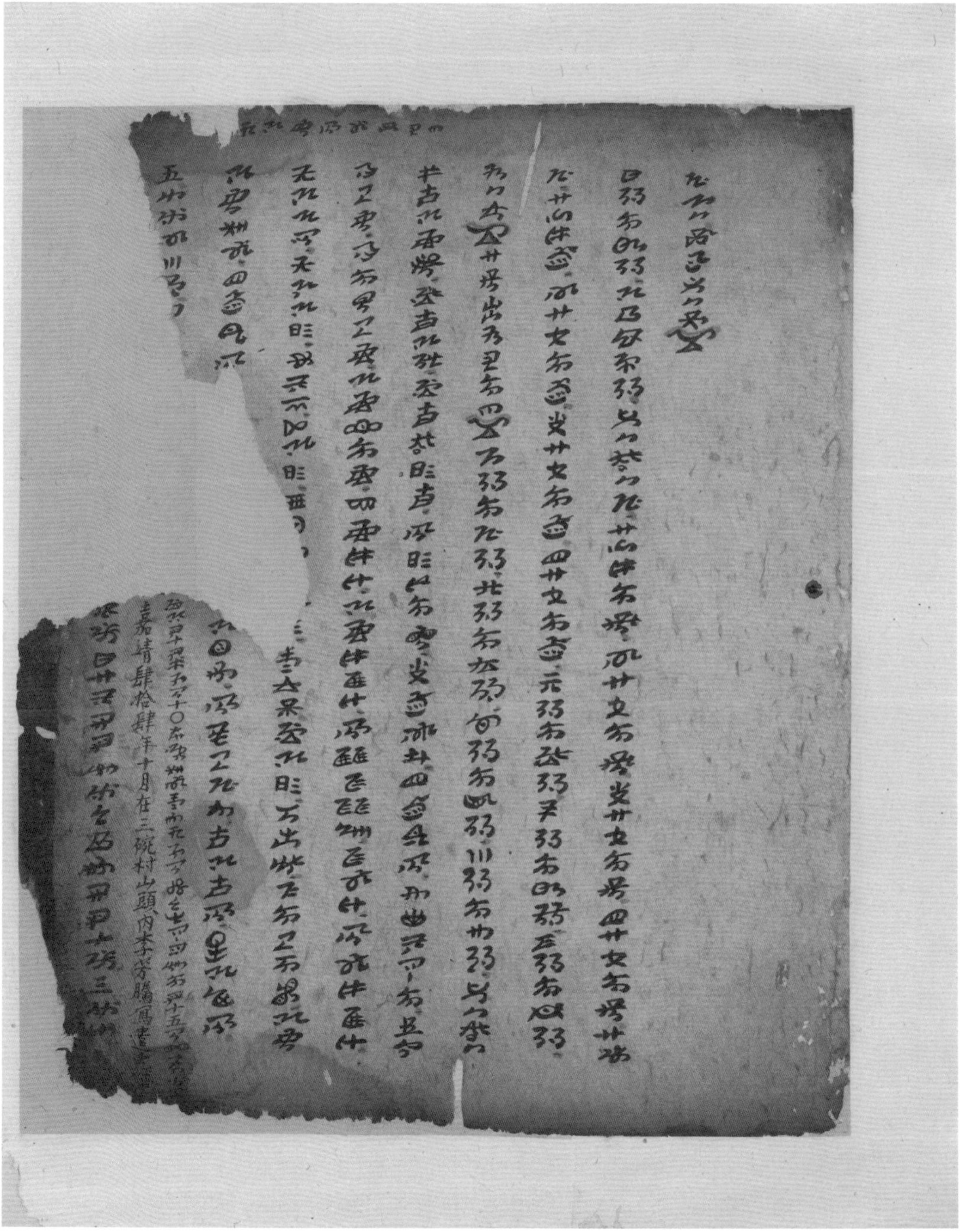
嘉靖肆拾肆年十月在三碗村山頭內李芳騰寫書遺

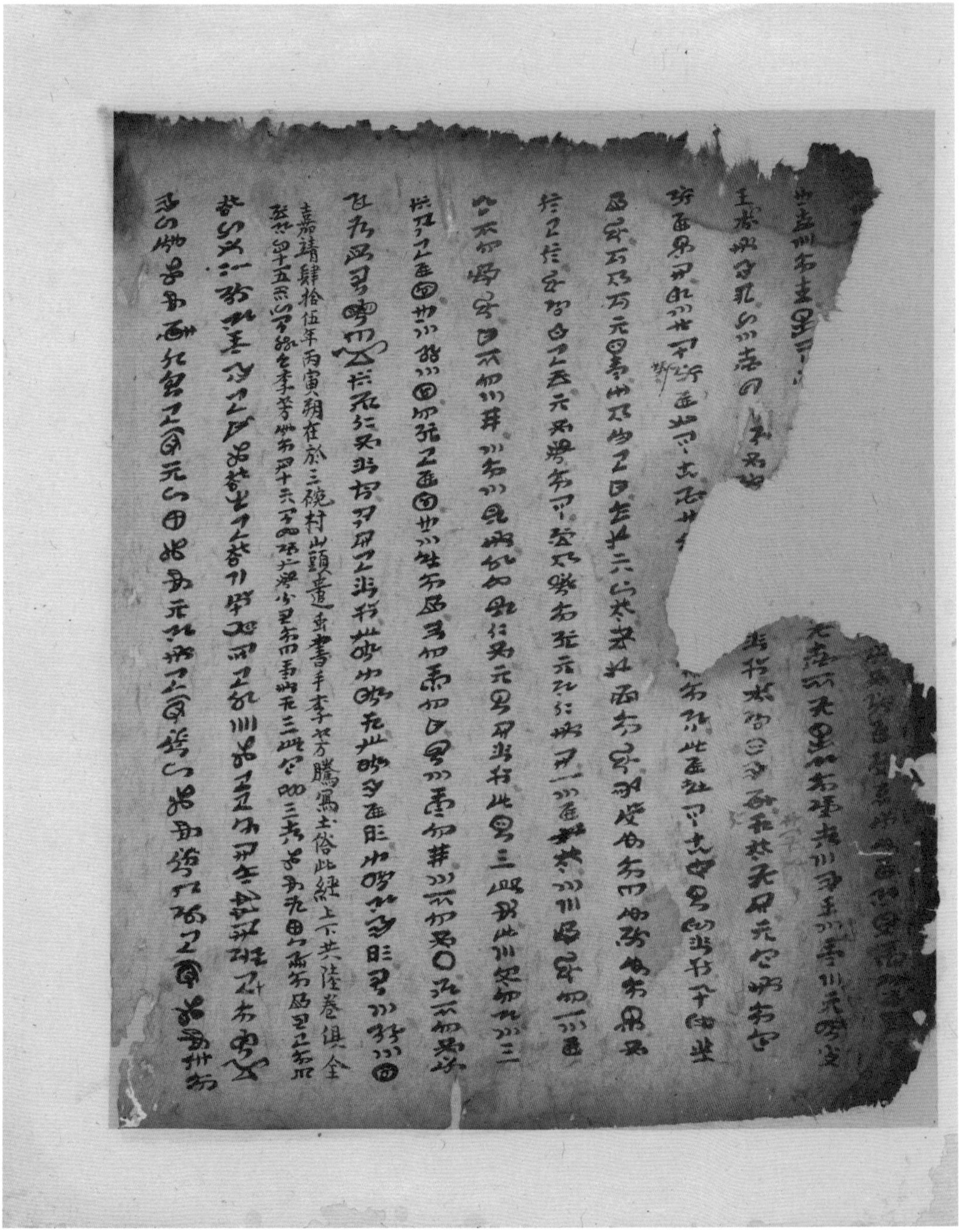
嘉靖肆拾伍年丙寅朔在於三碗村山顛遣書手李方騰寫土俗此經上下共陸卷俱全

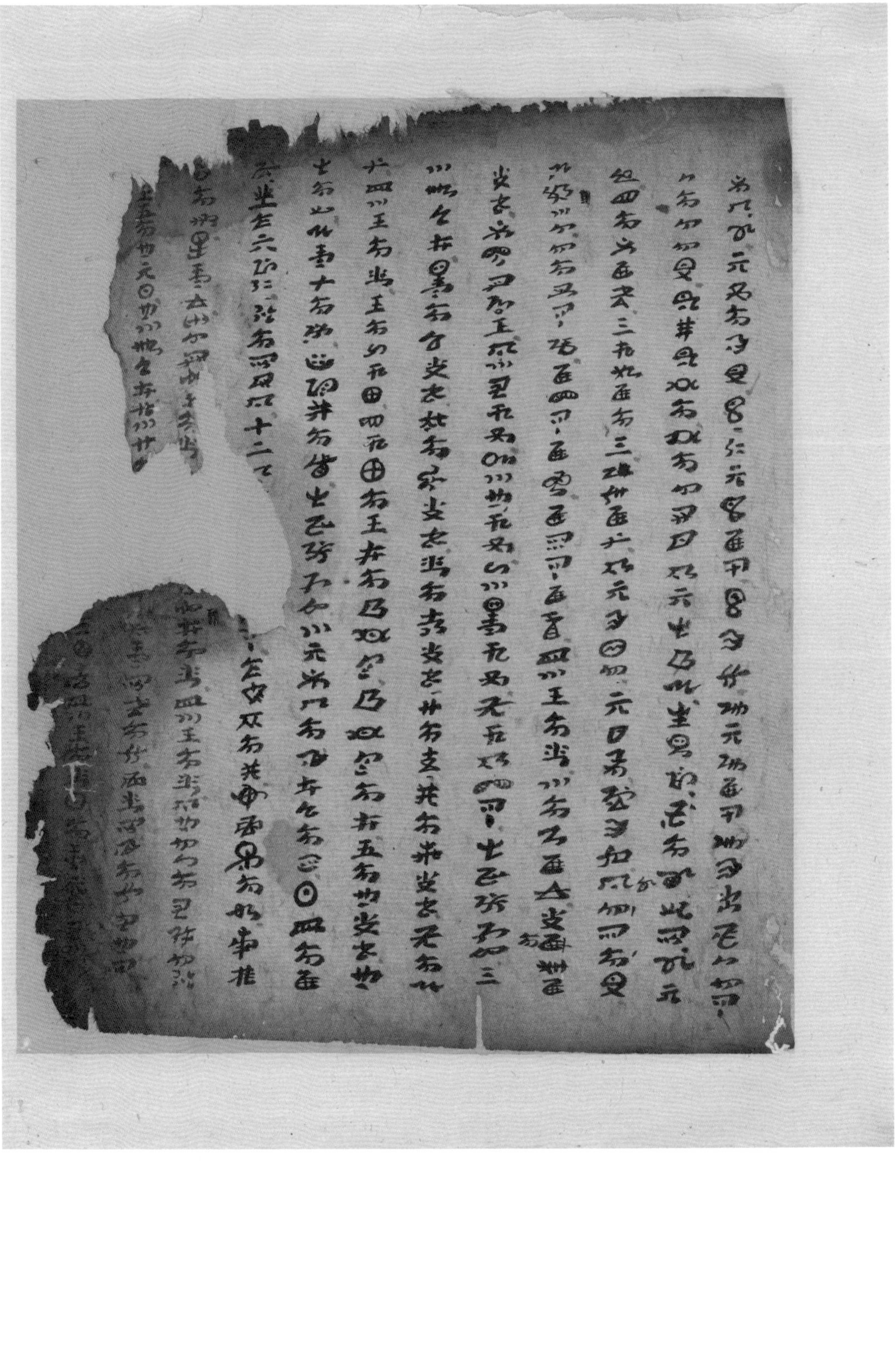

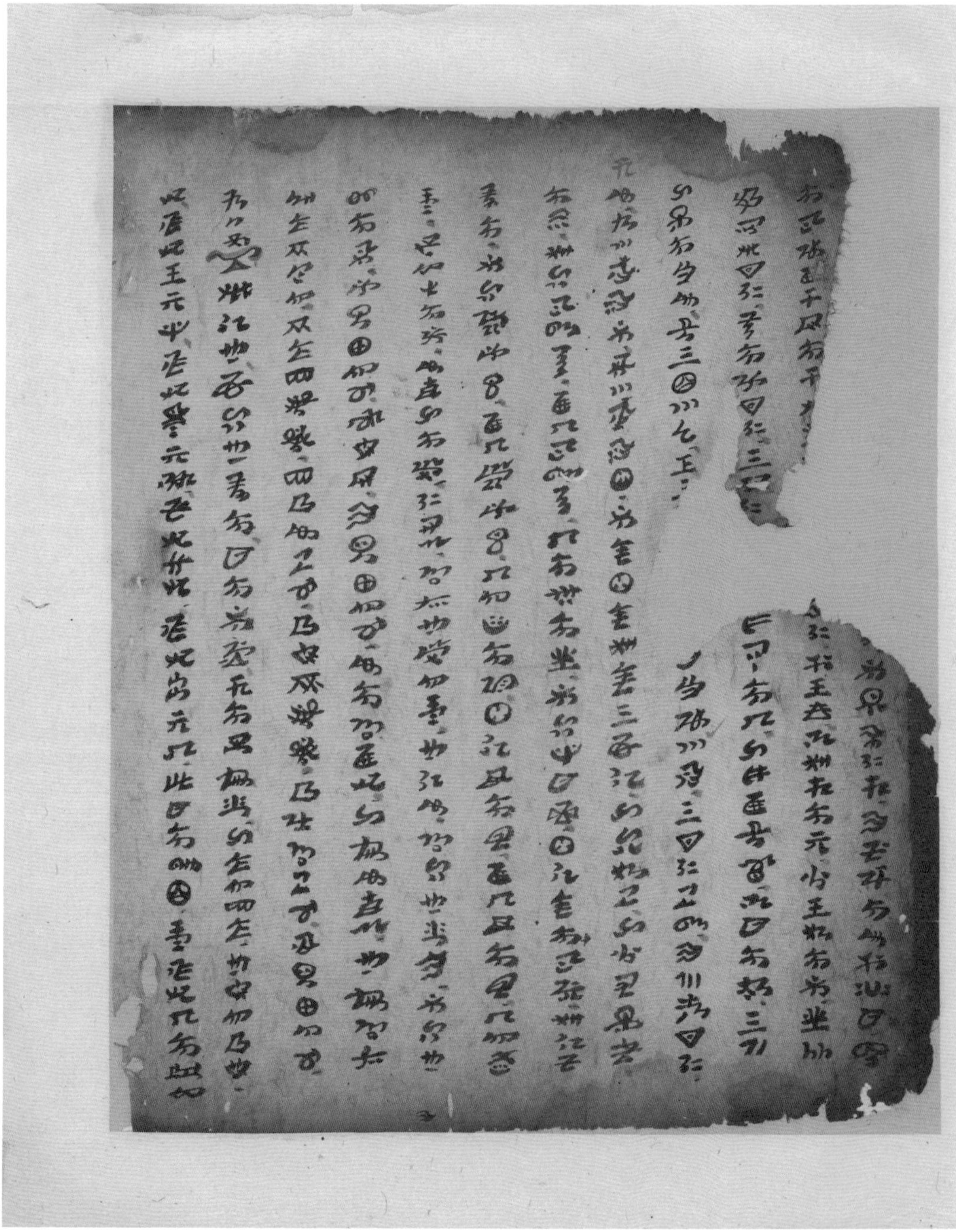

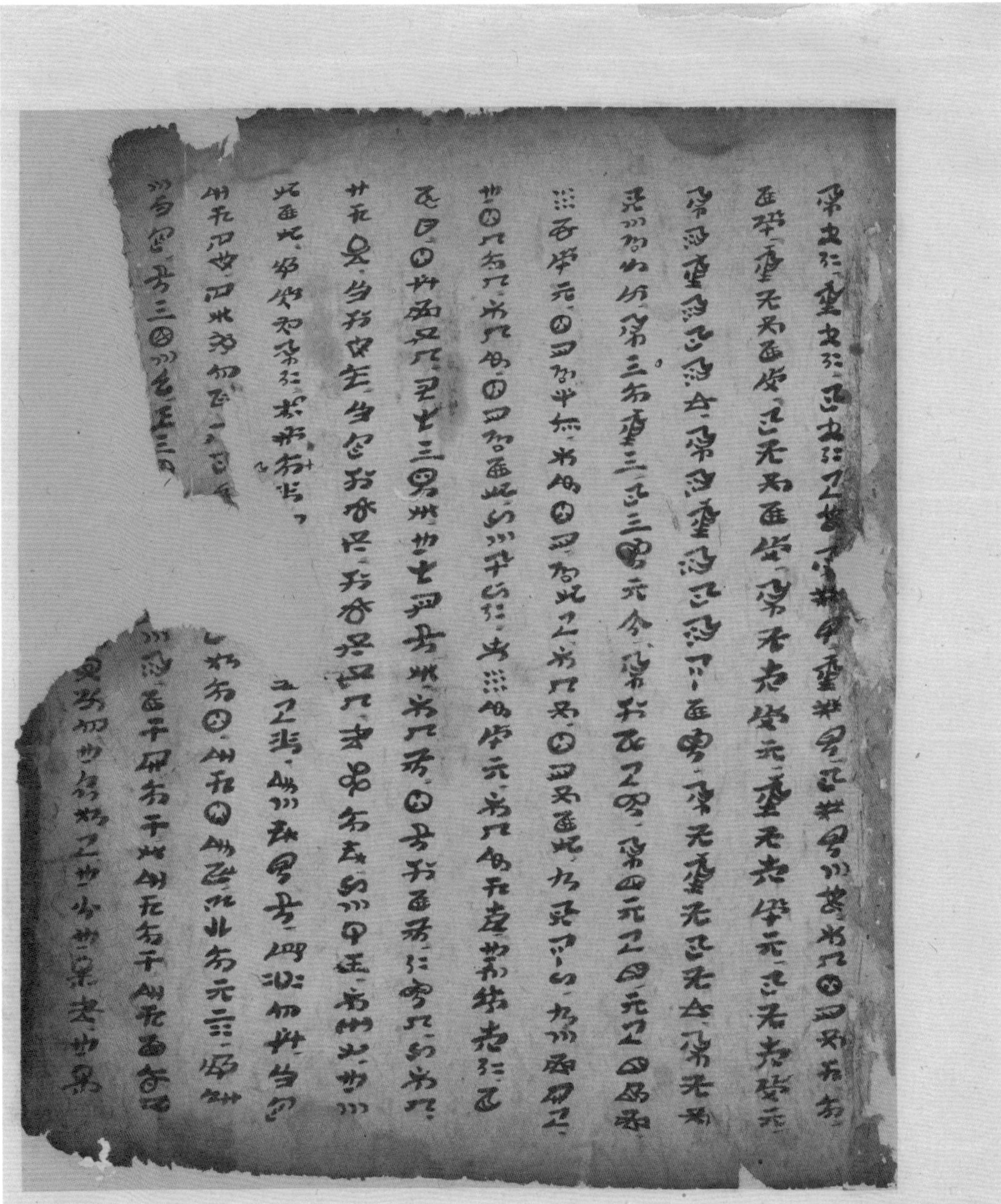

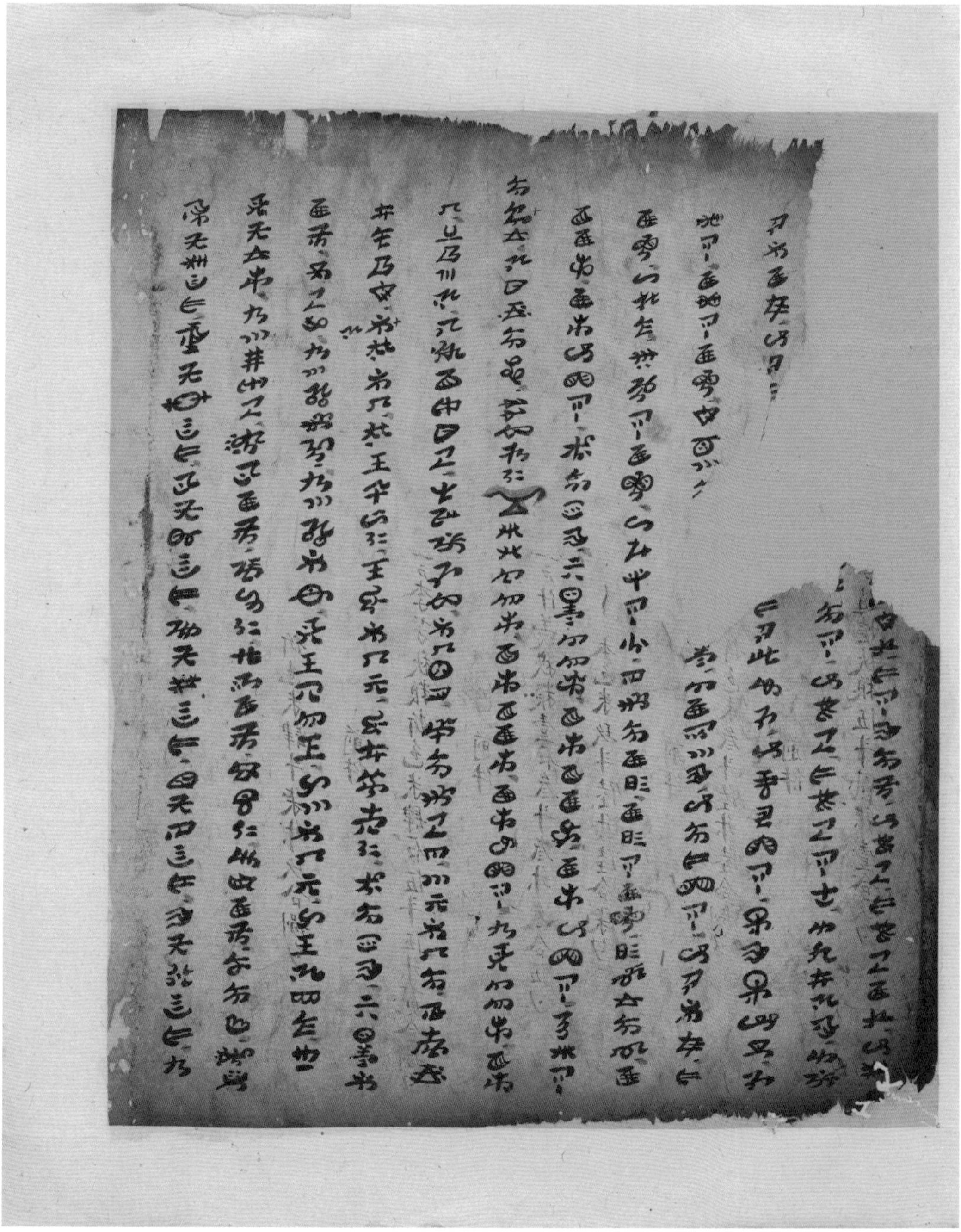

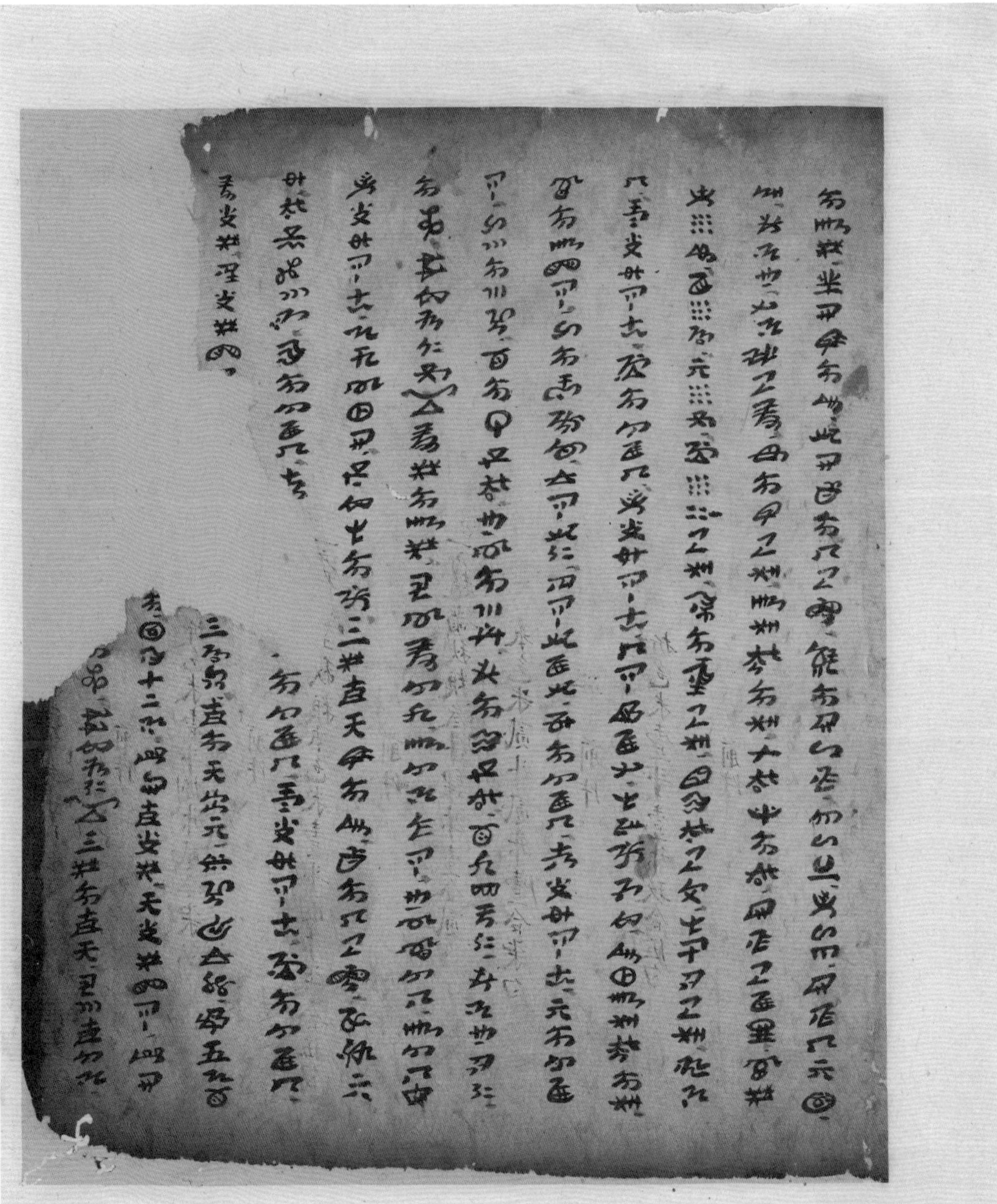

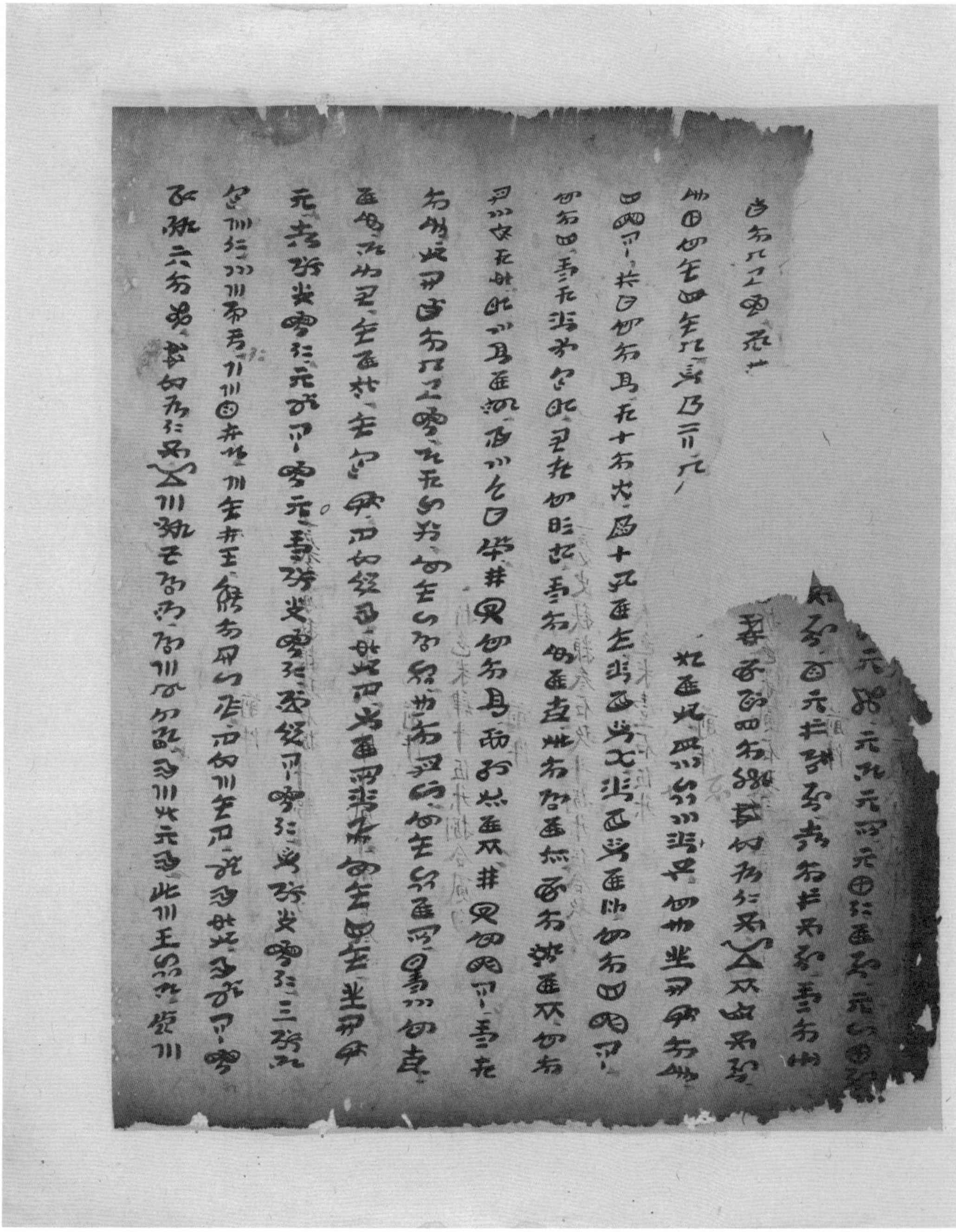

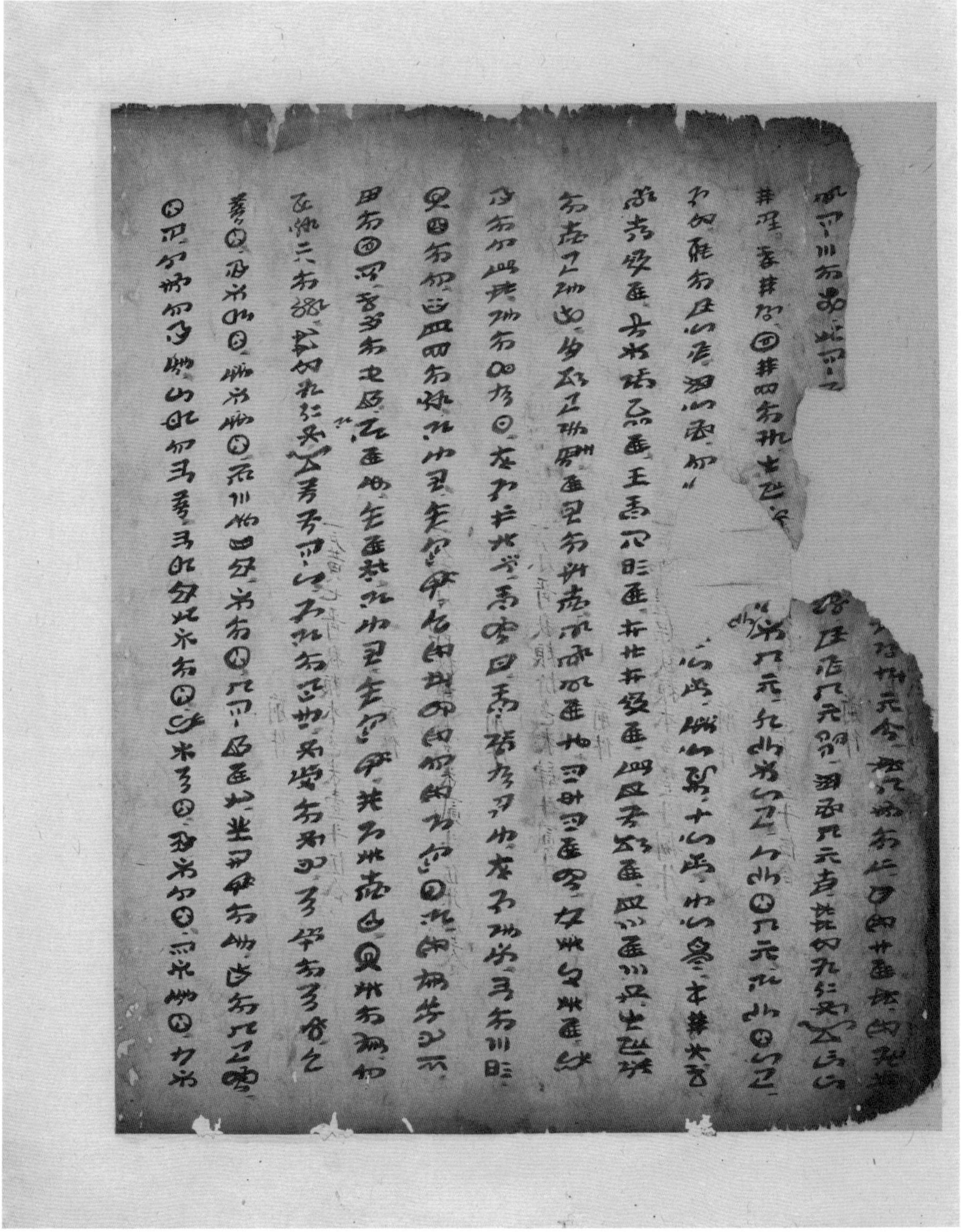

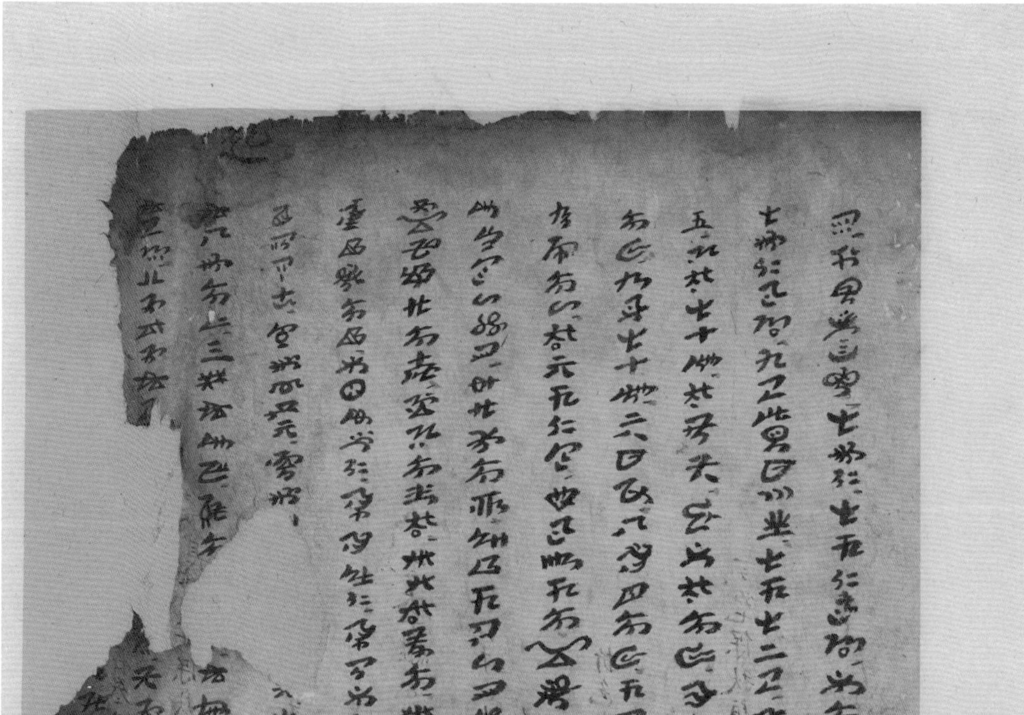

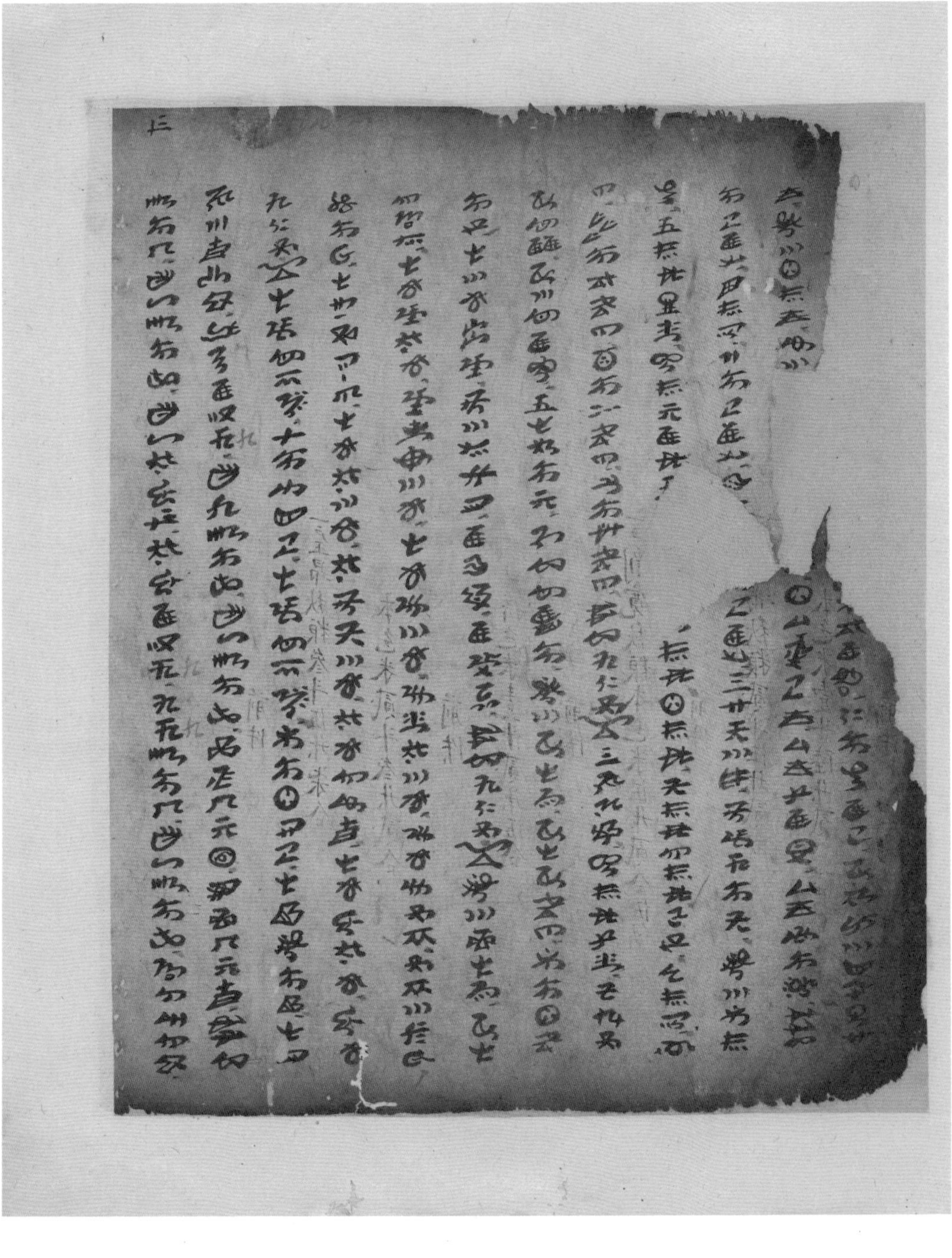

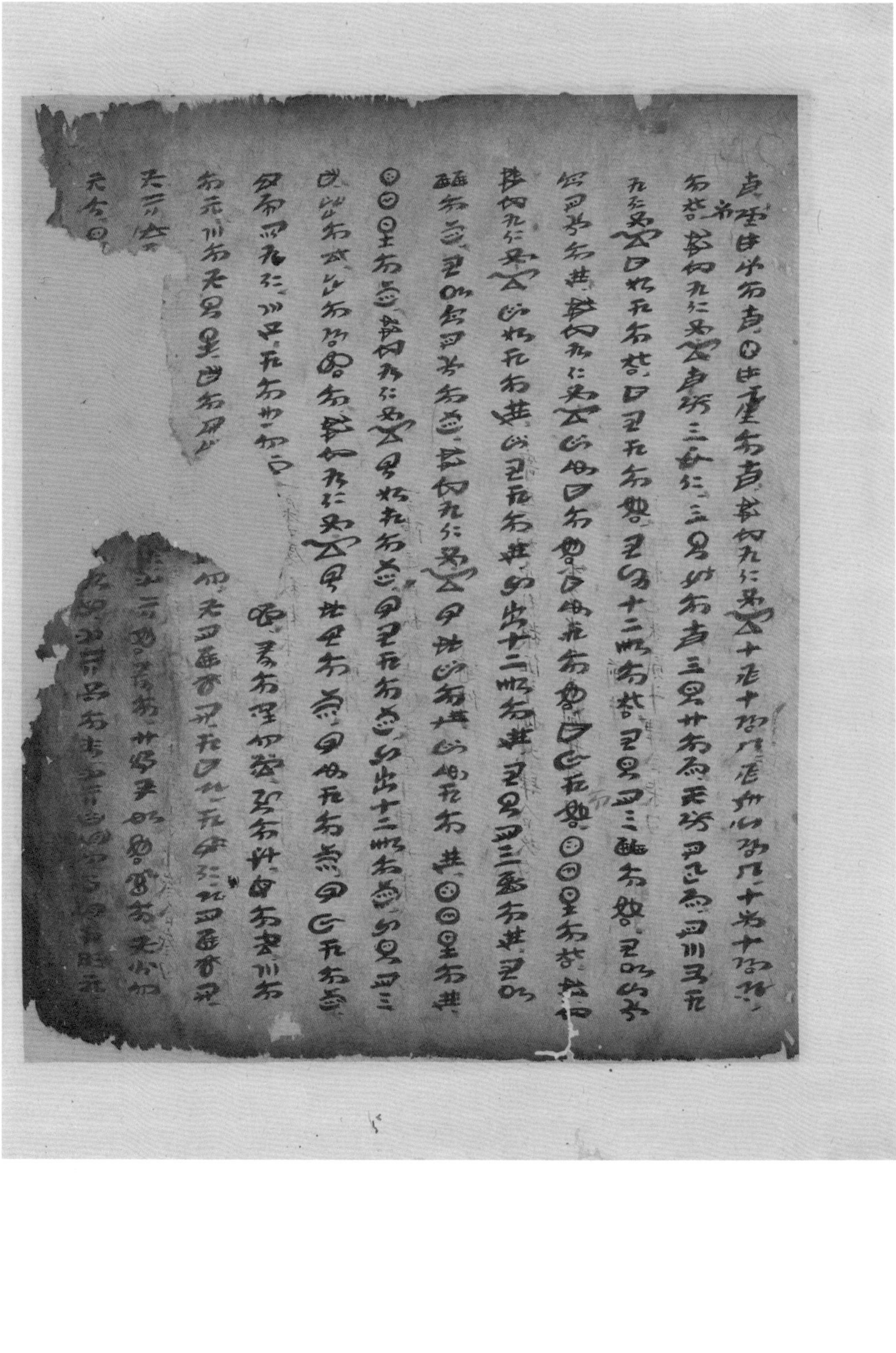

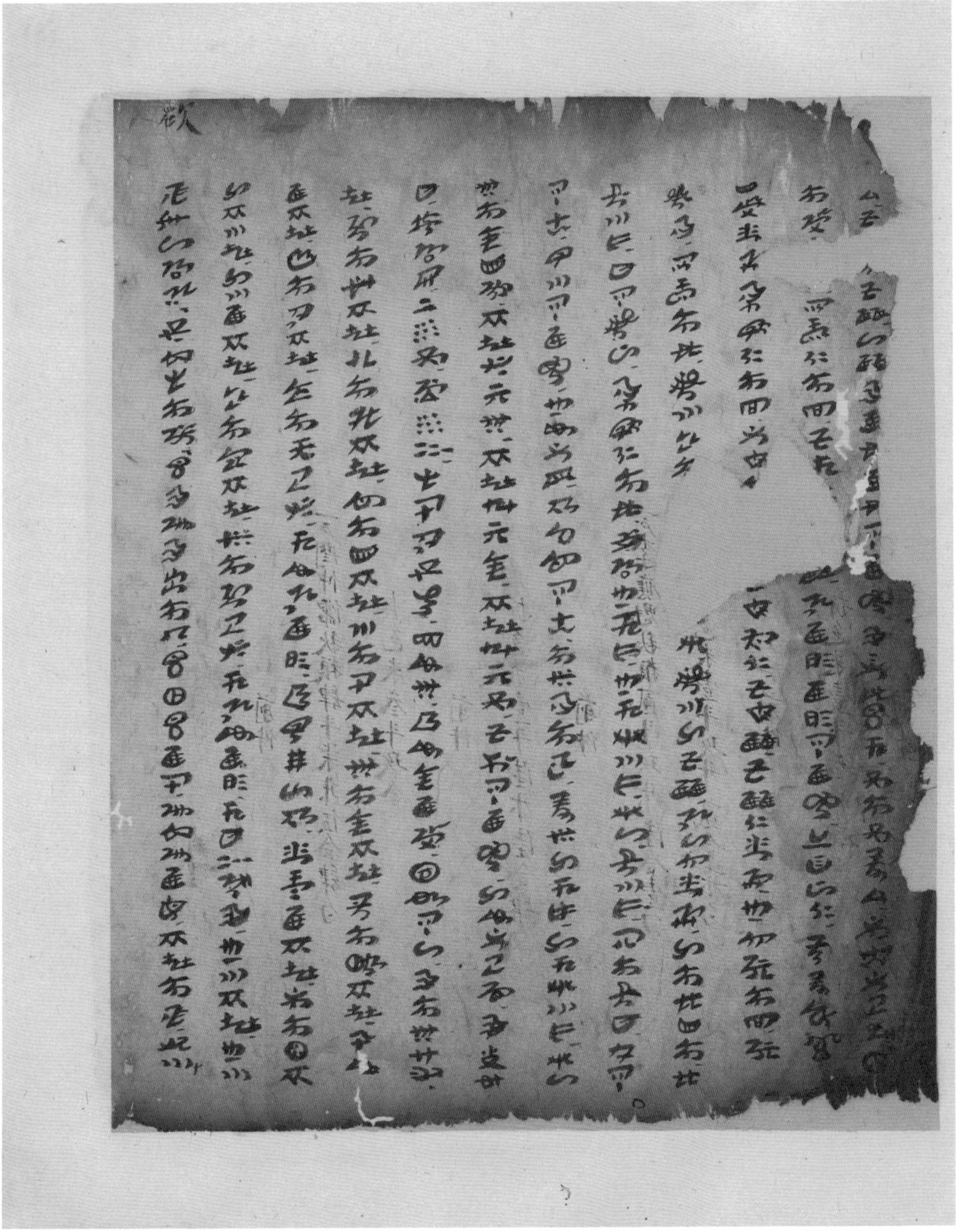

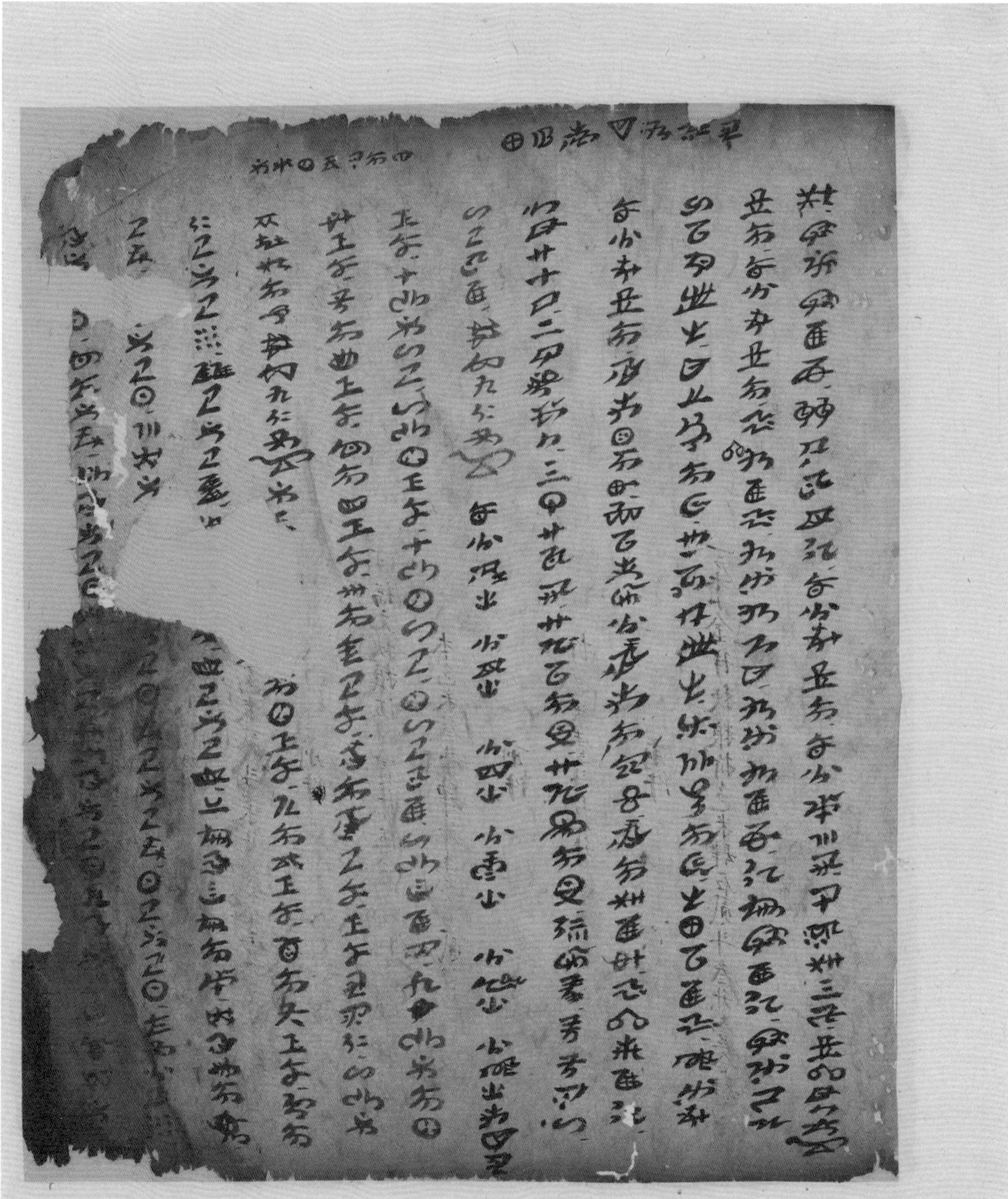

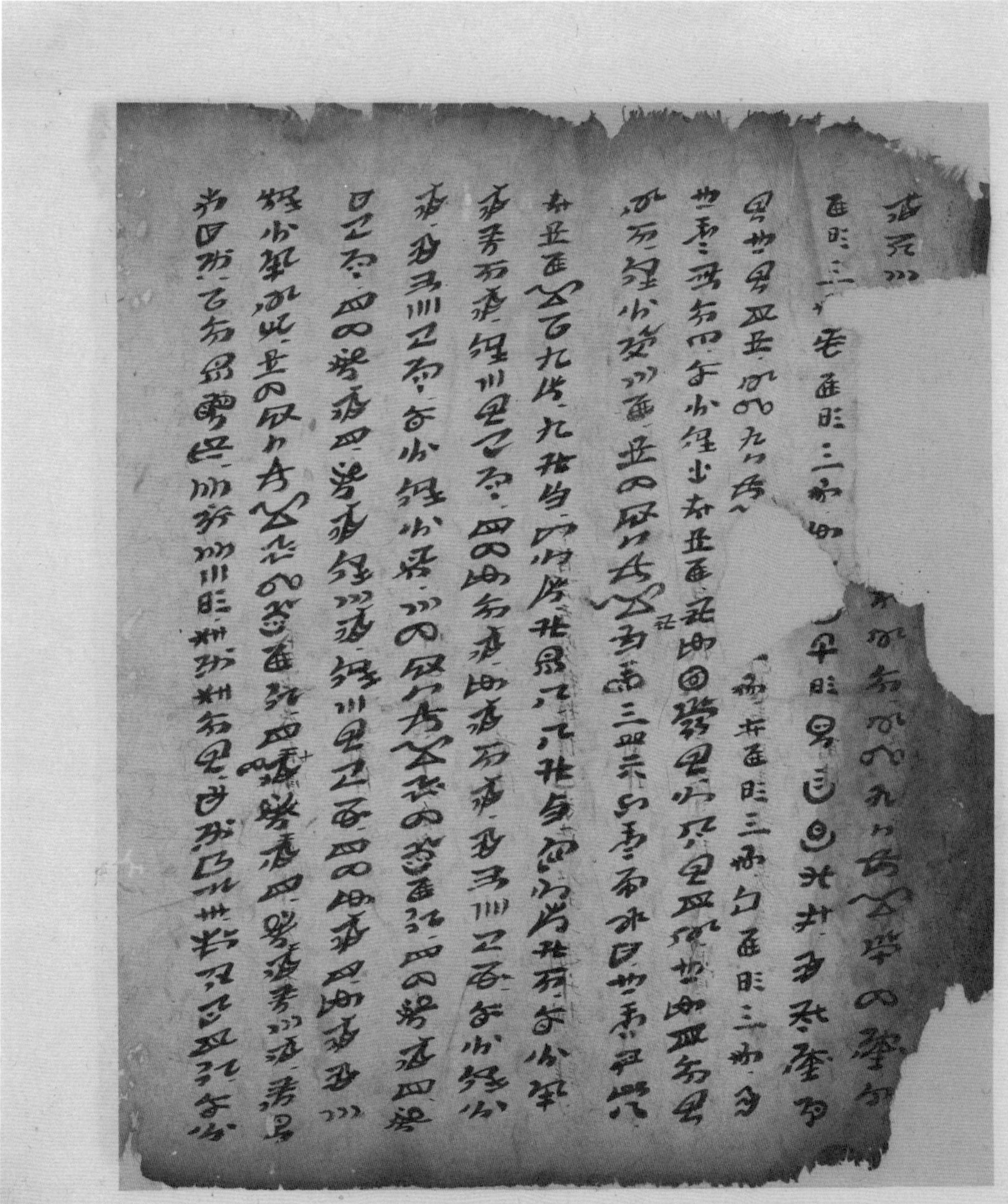

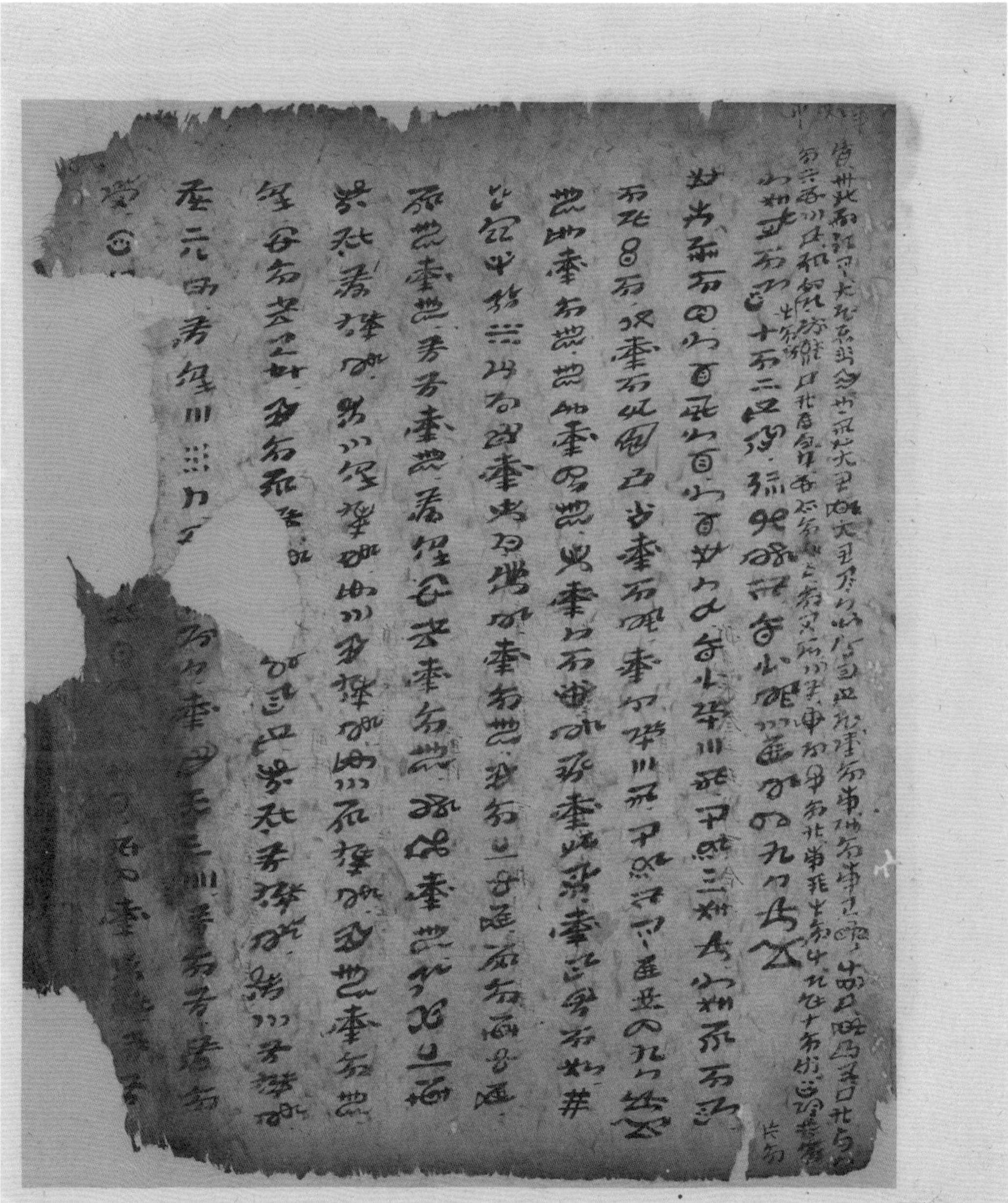

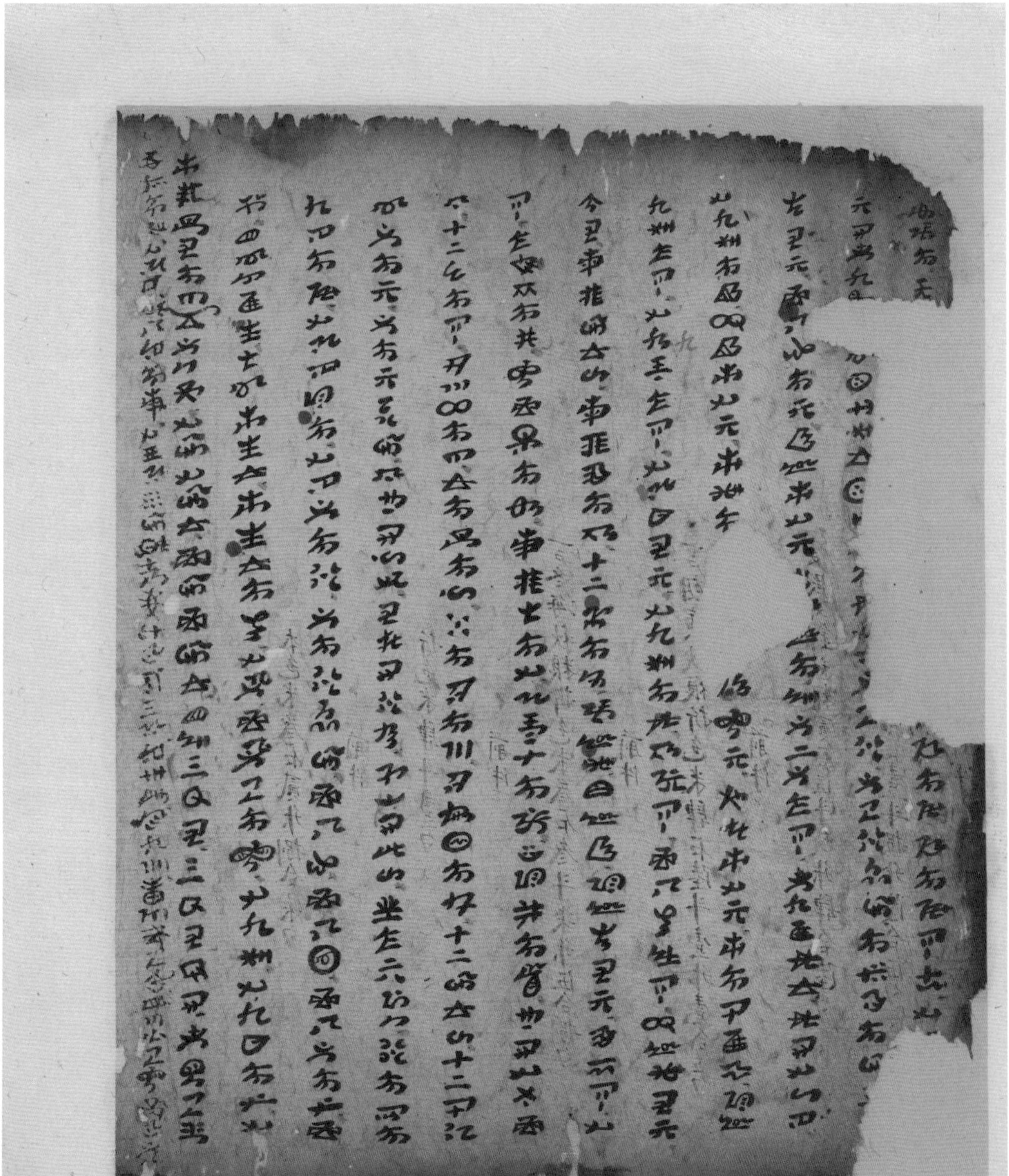

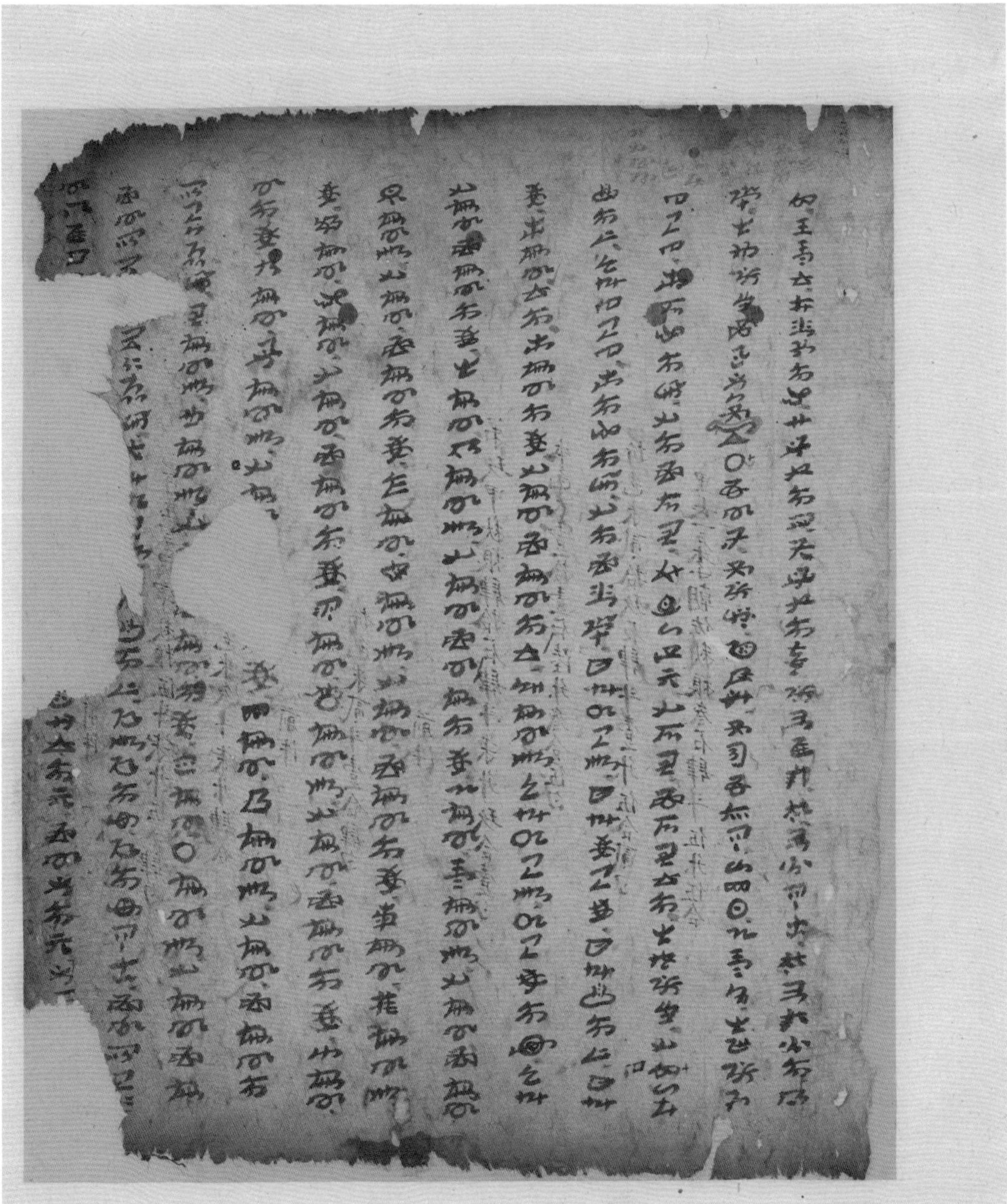

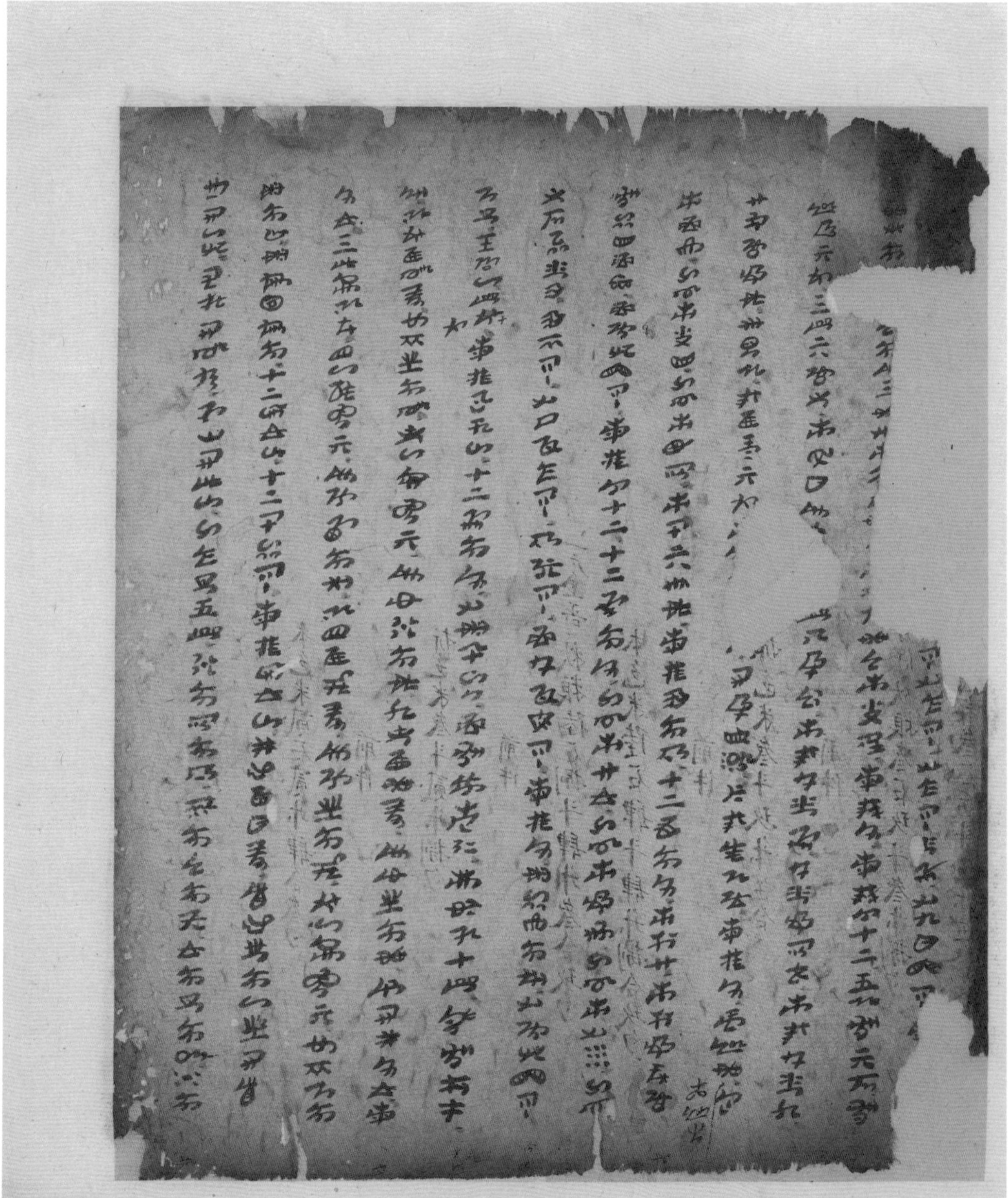

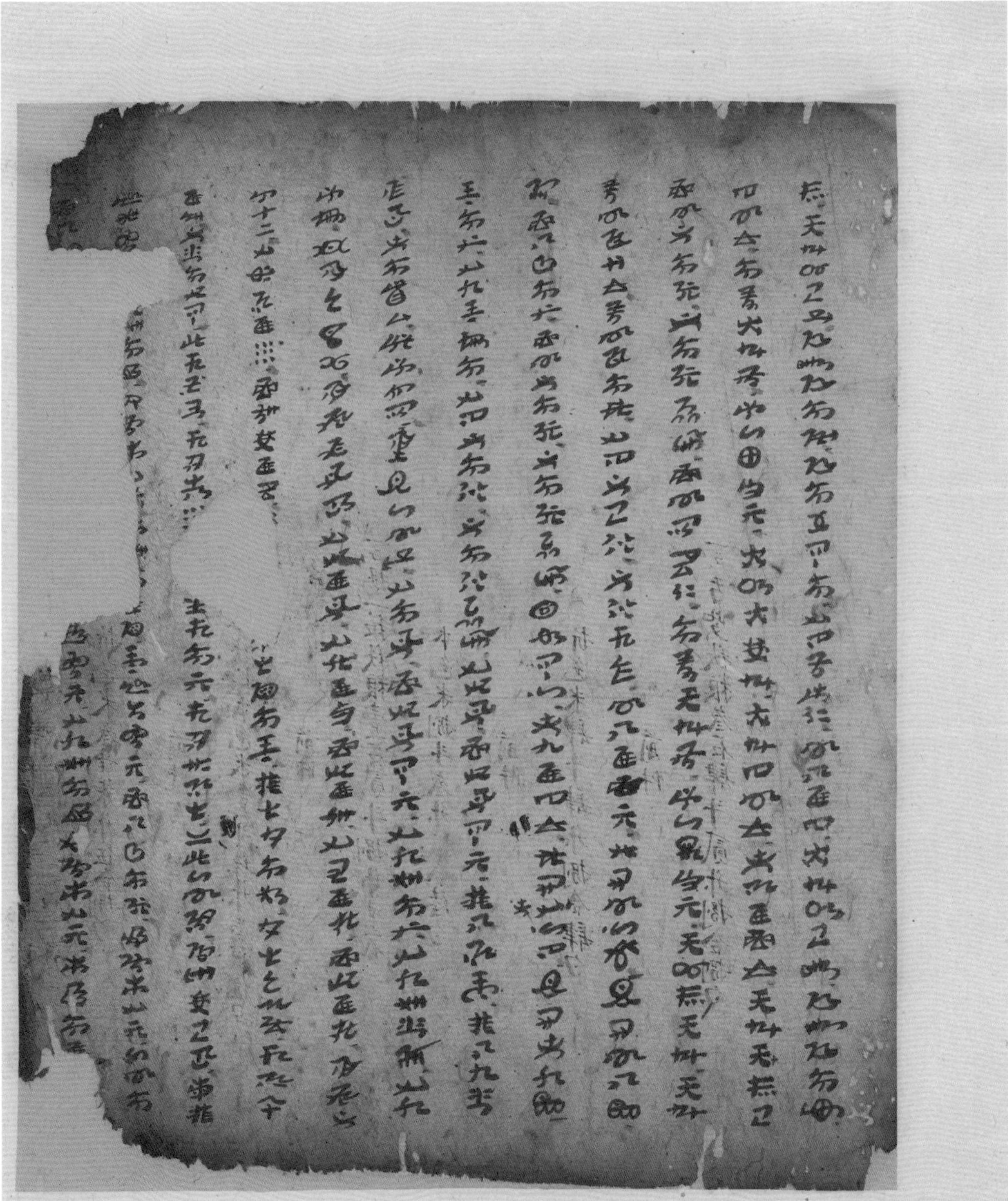

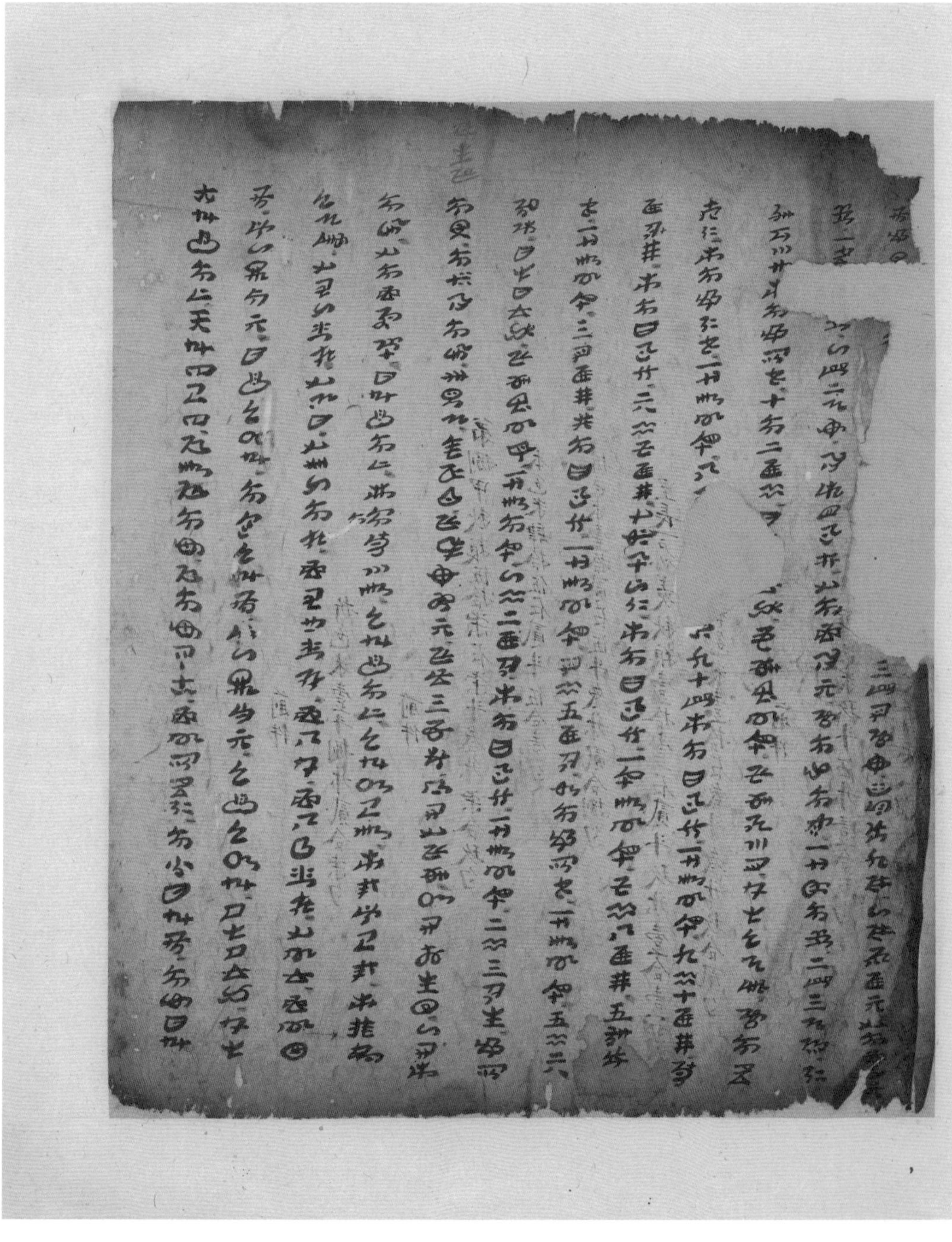

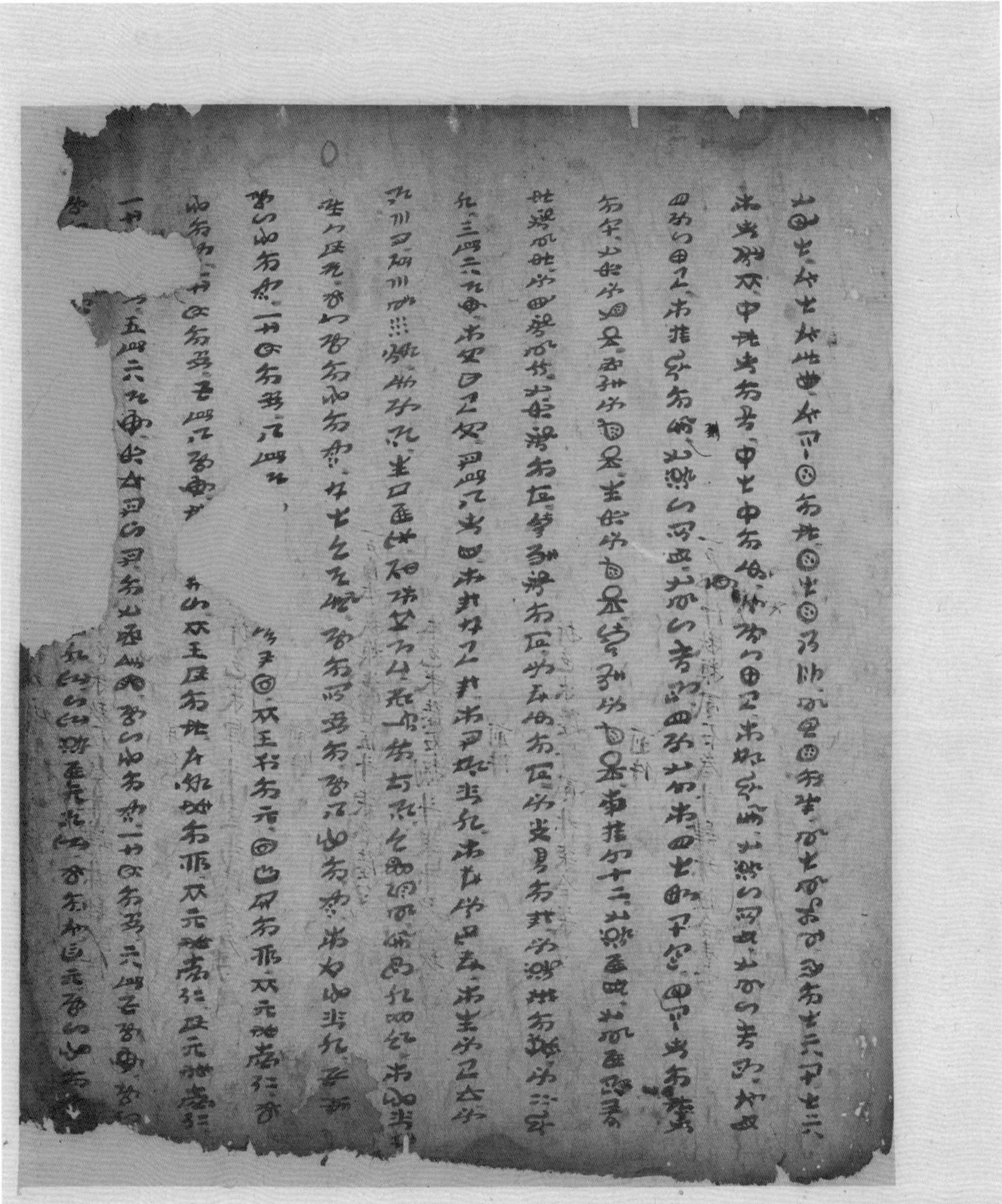

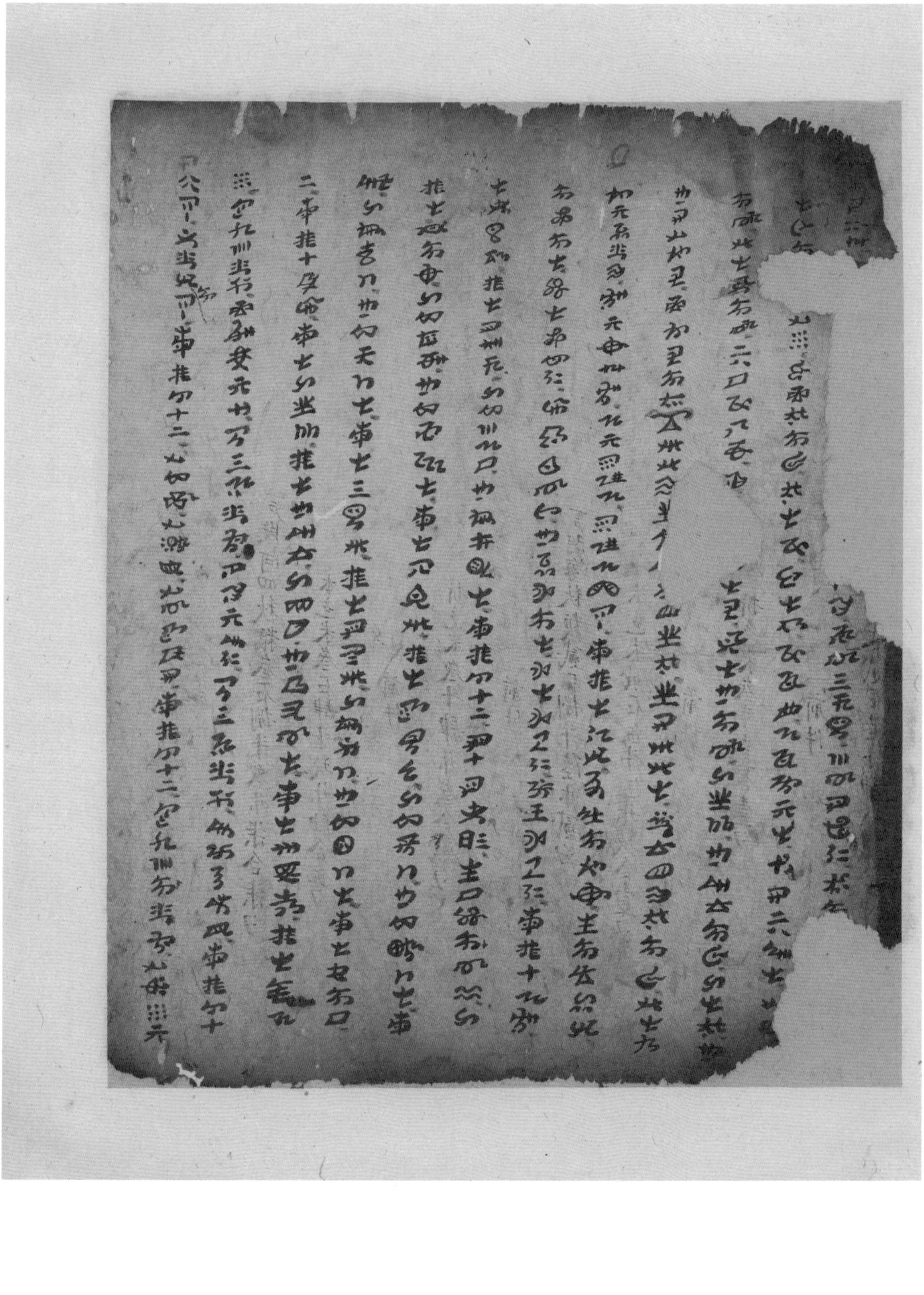

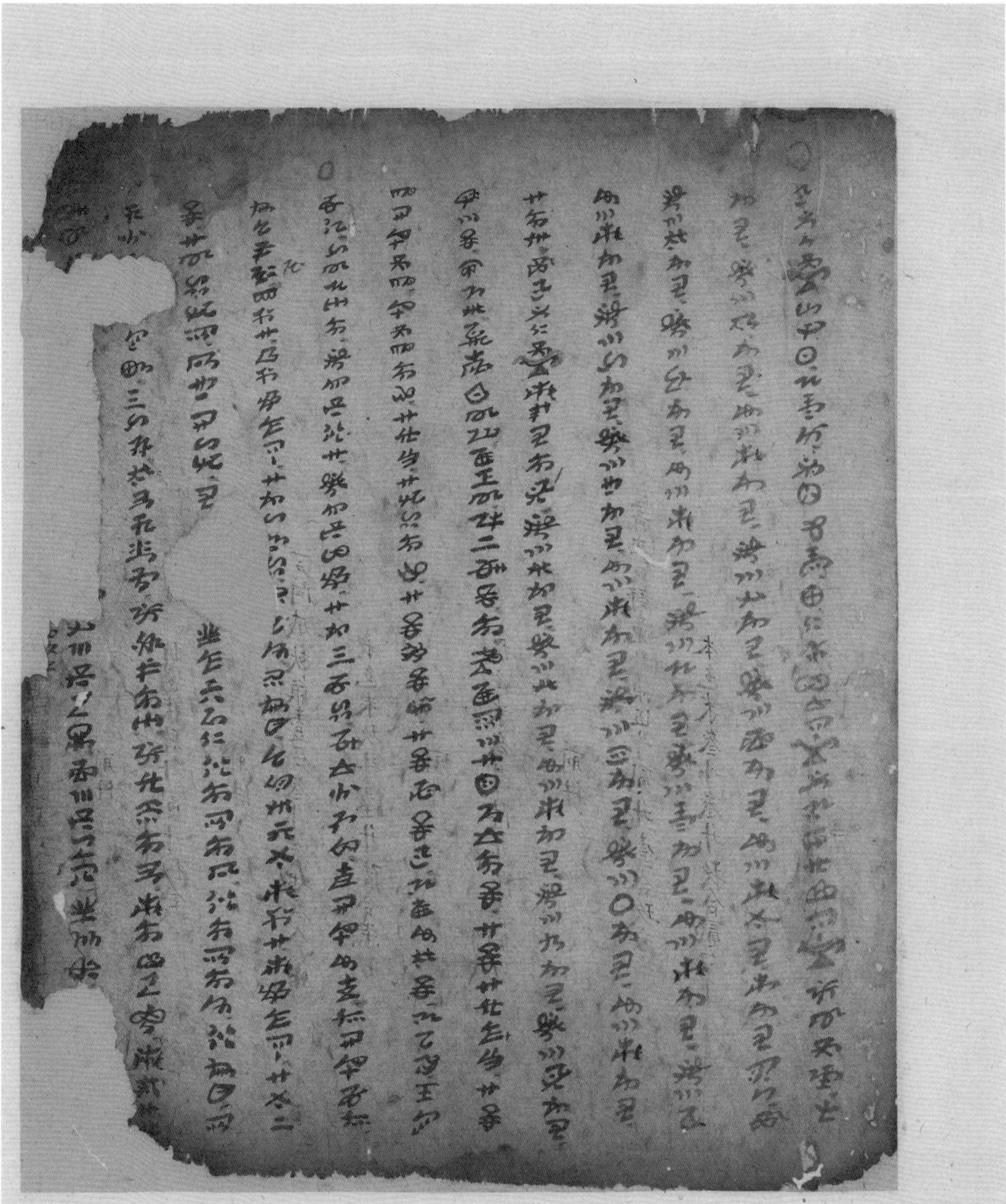

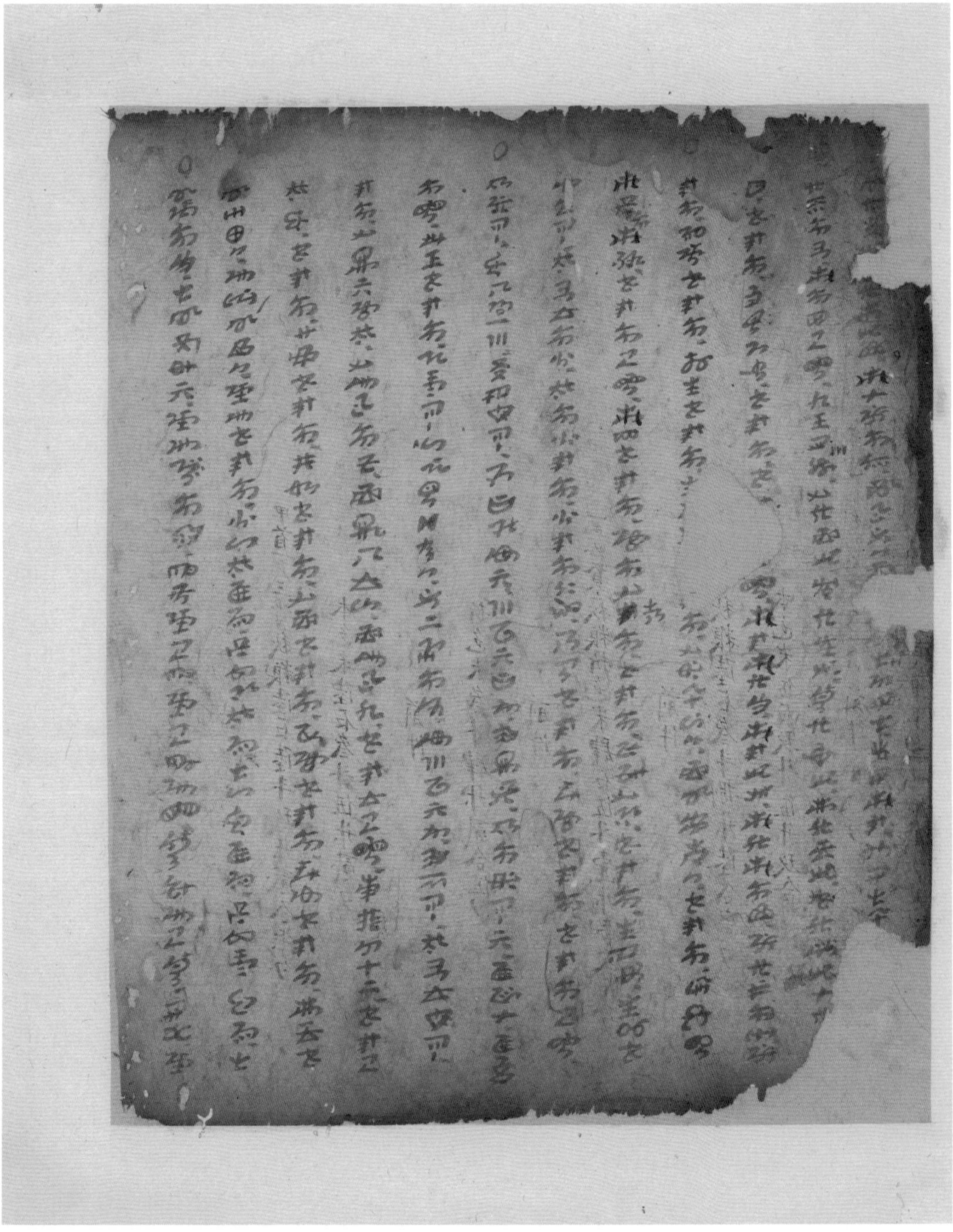

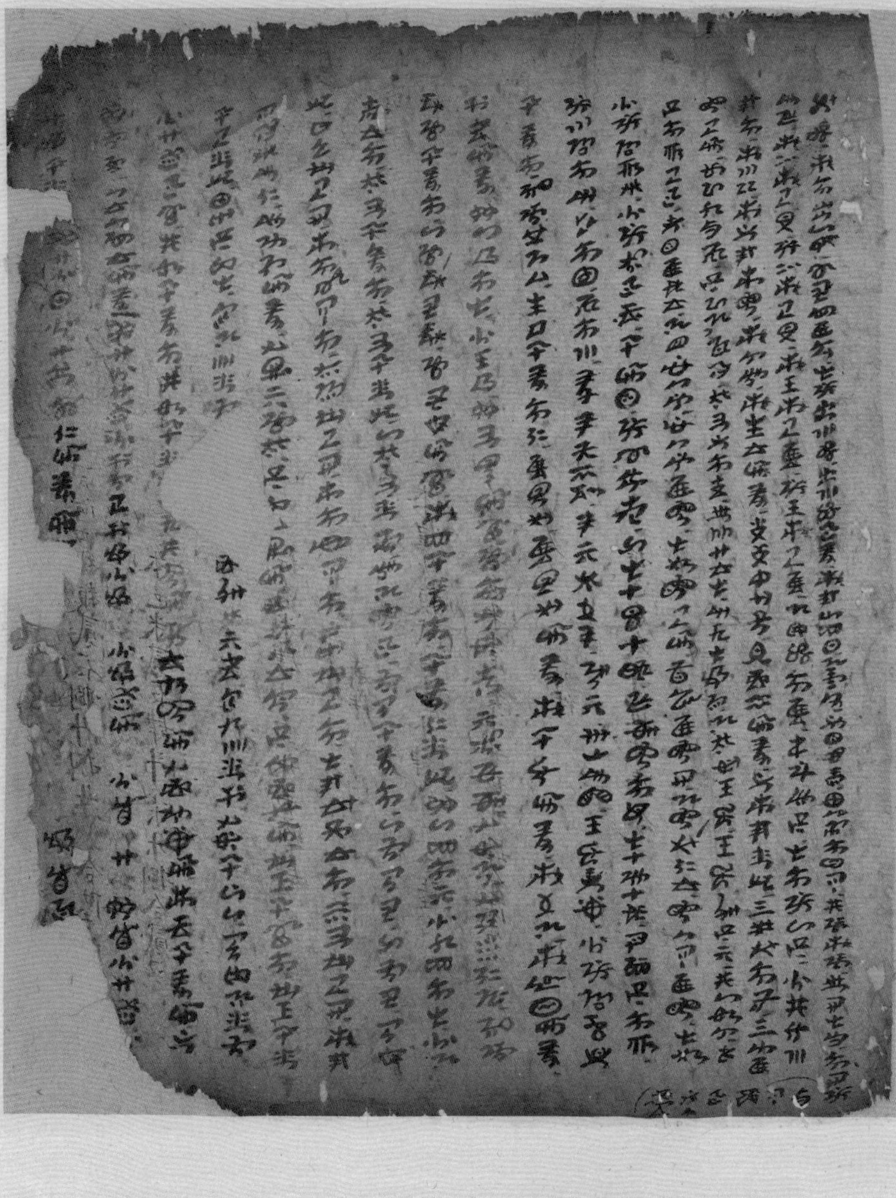

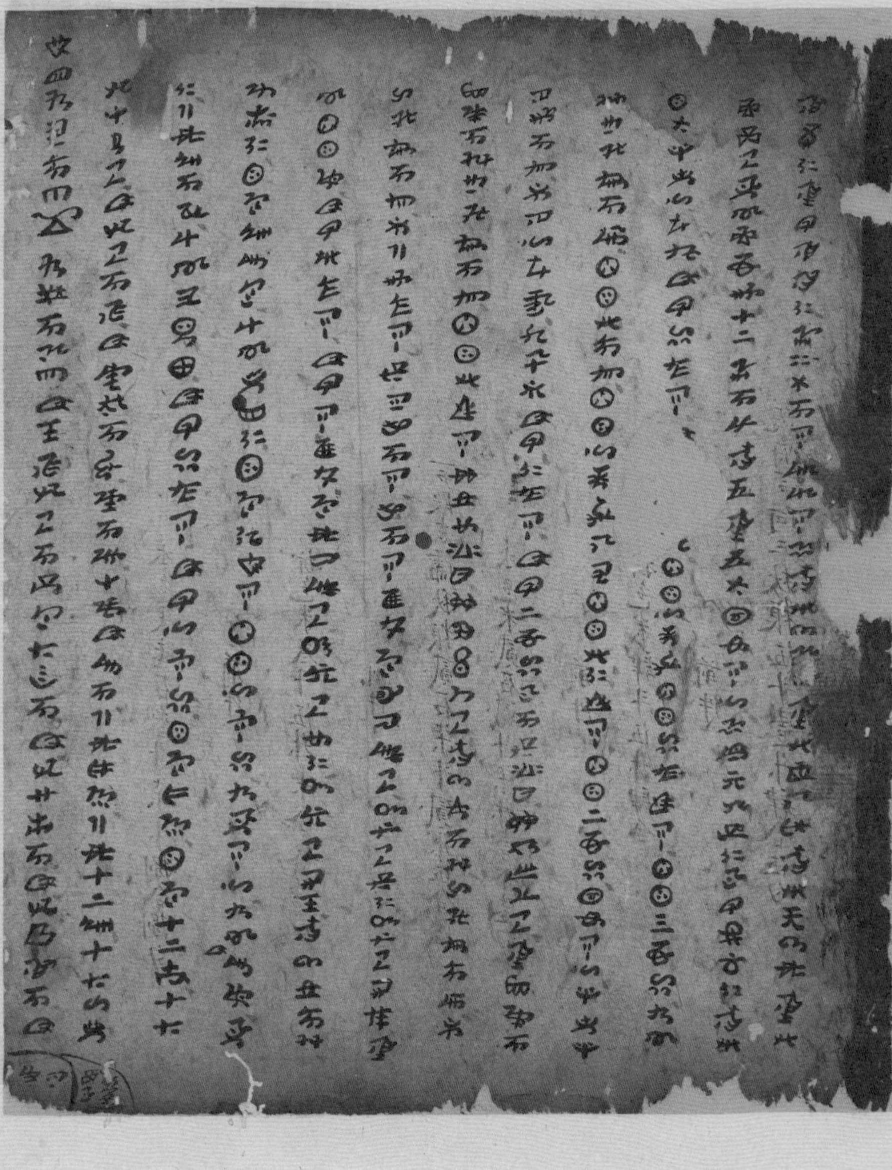

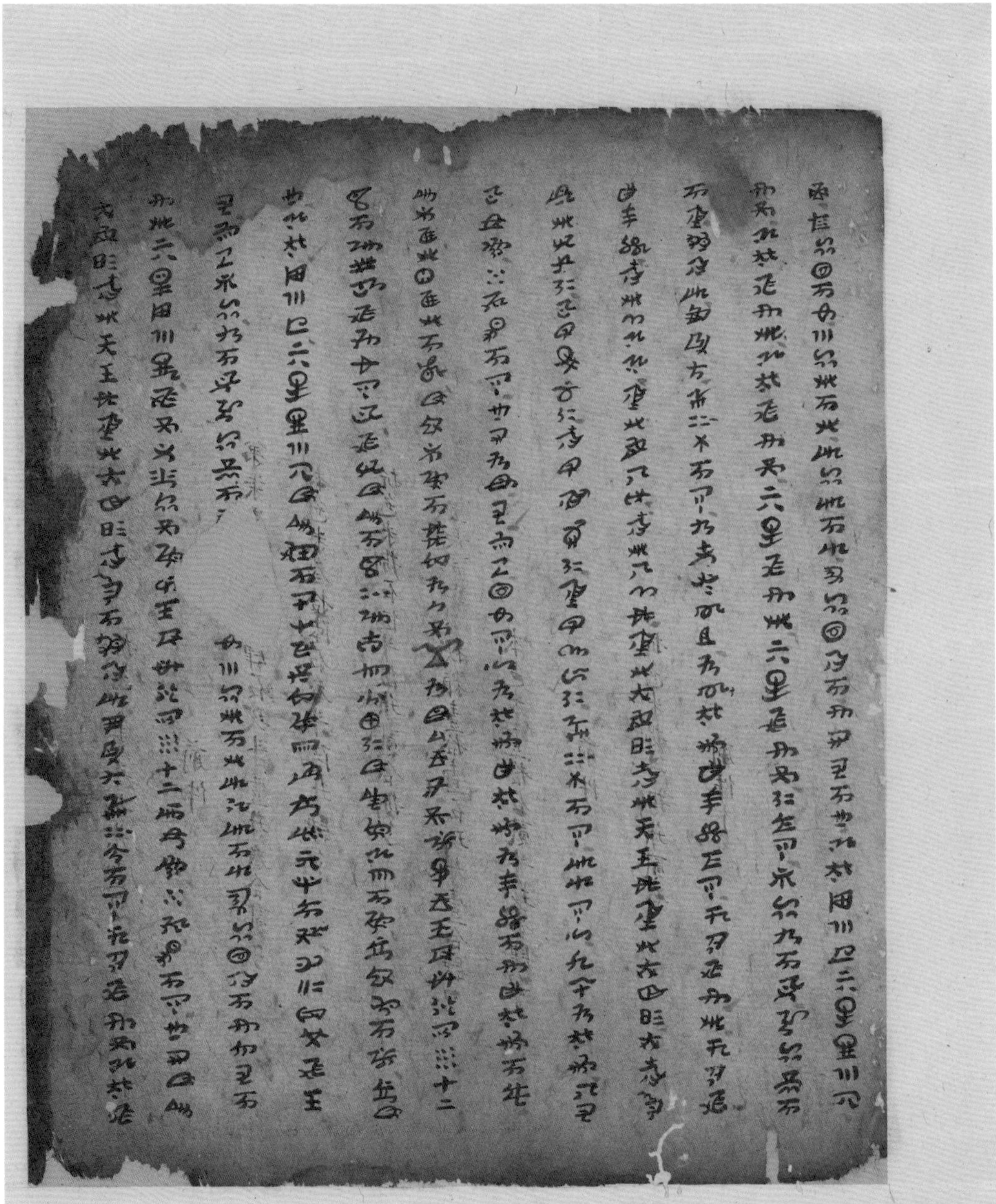

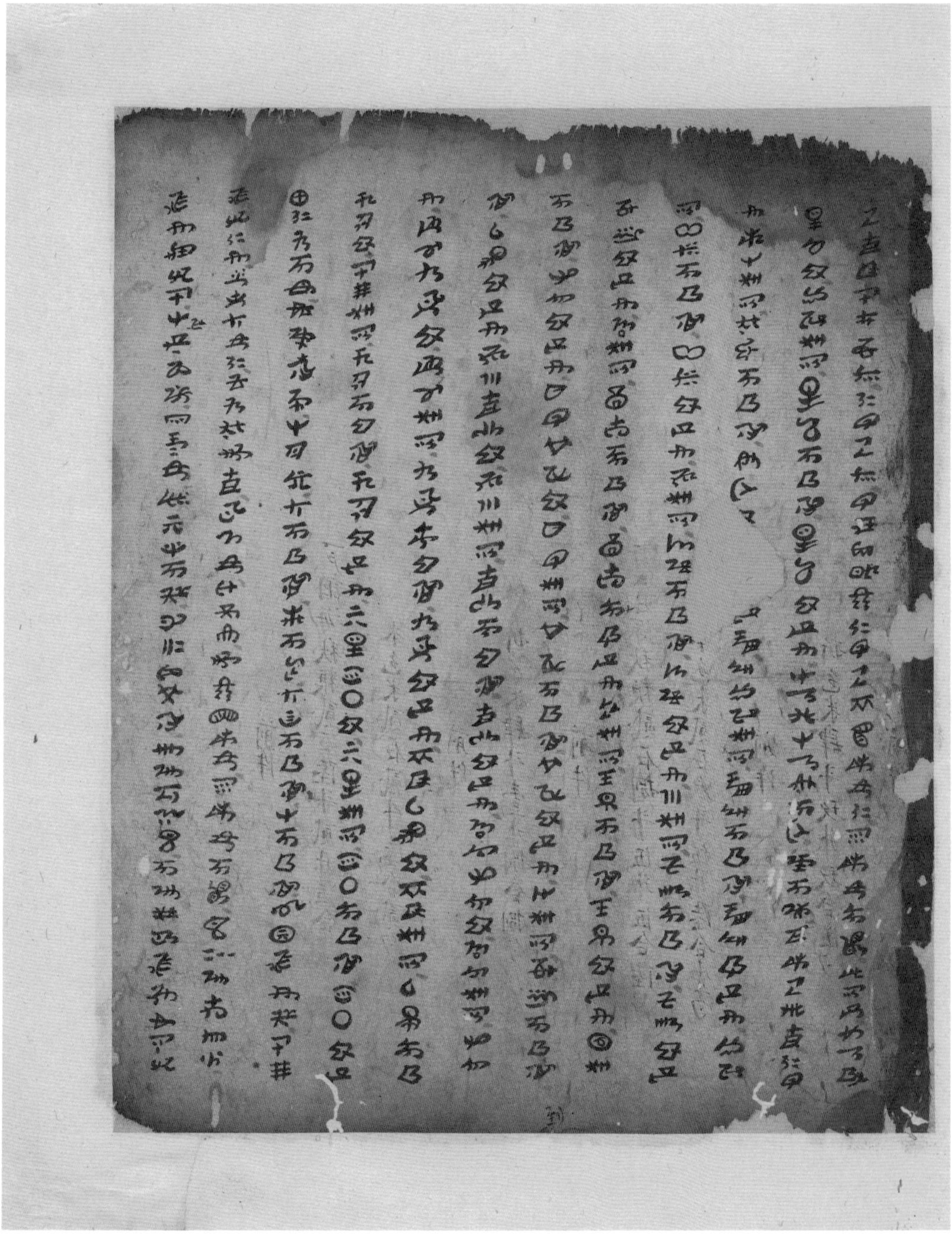

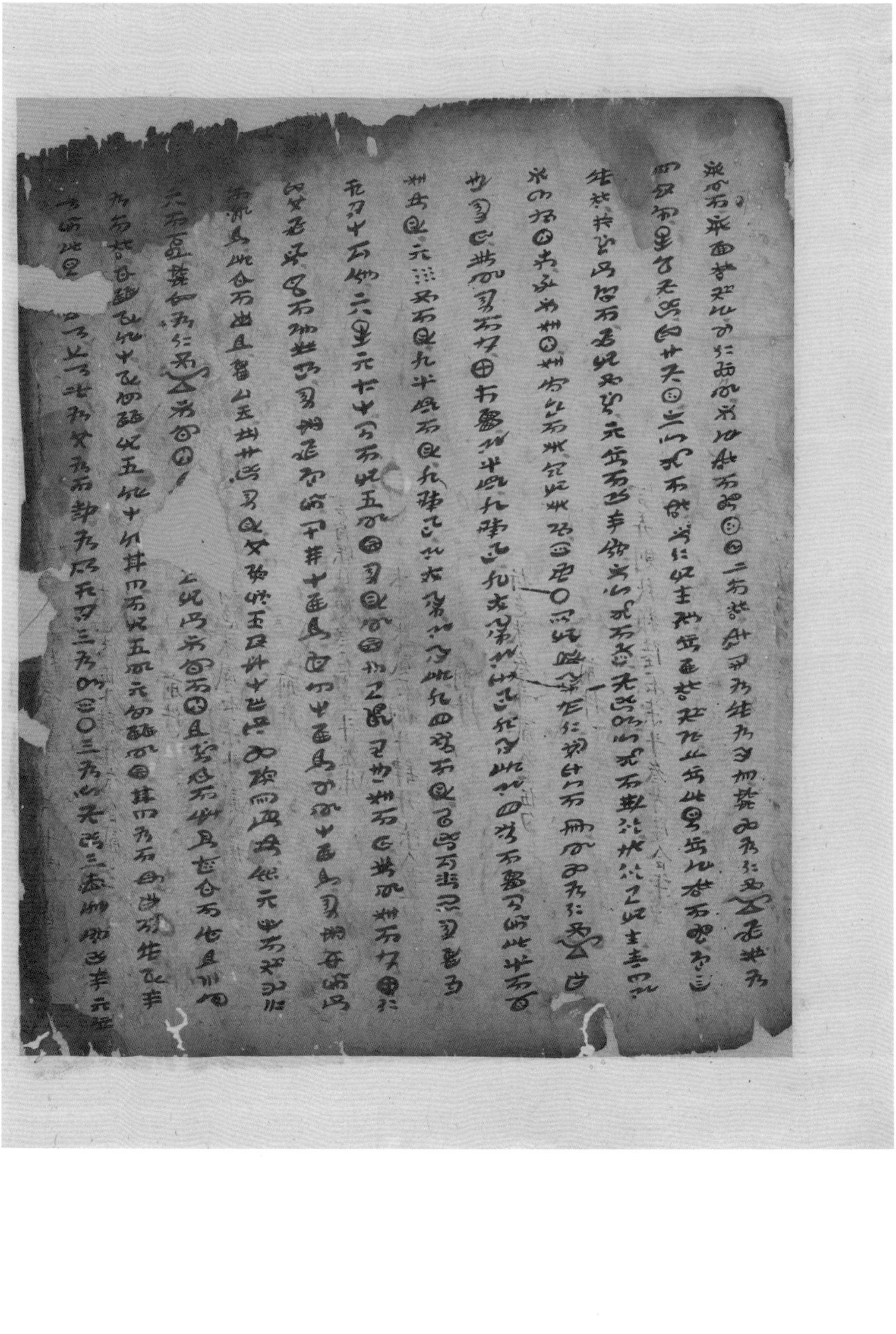

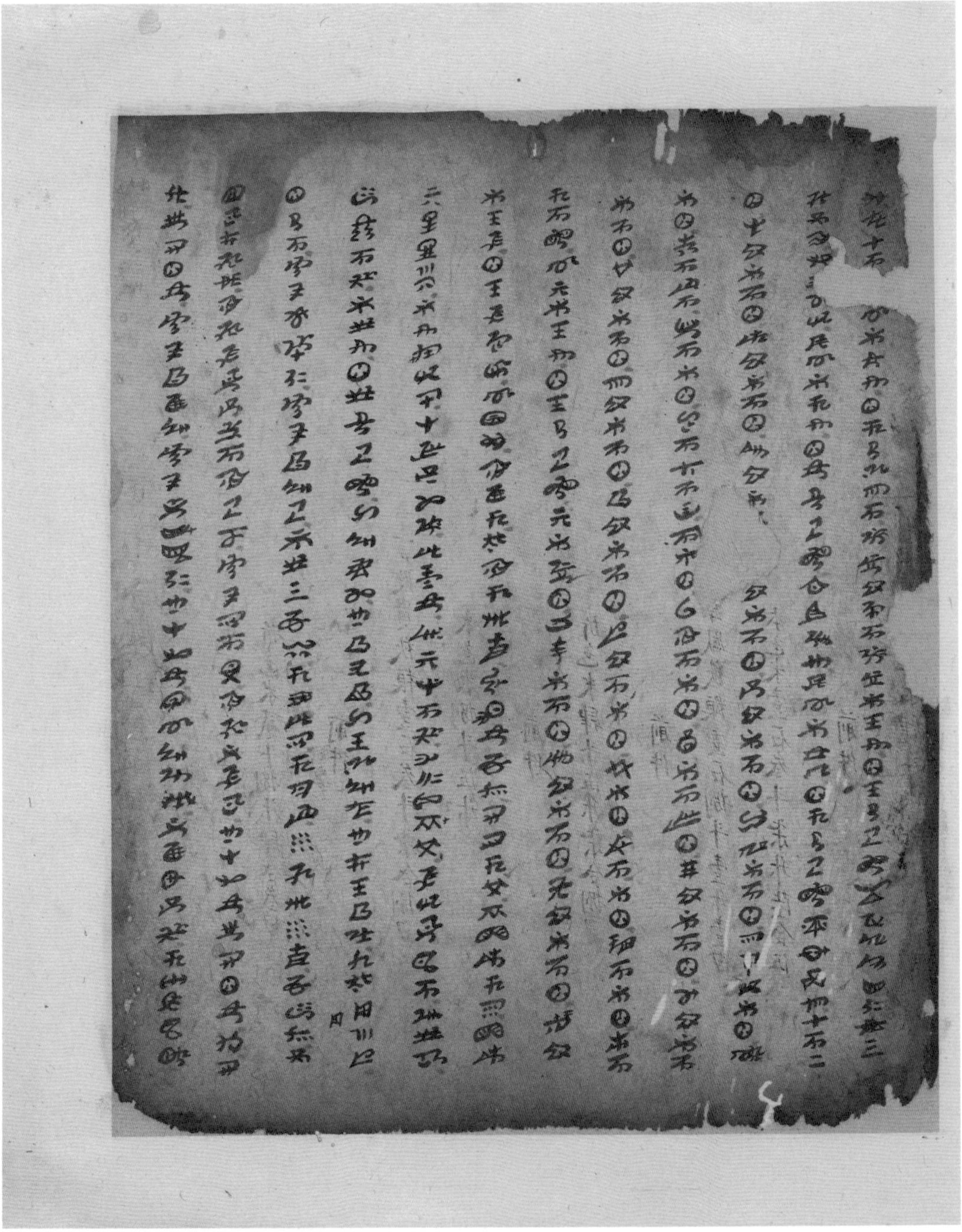

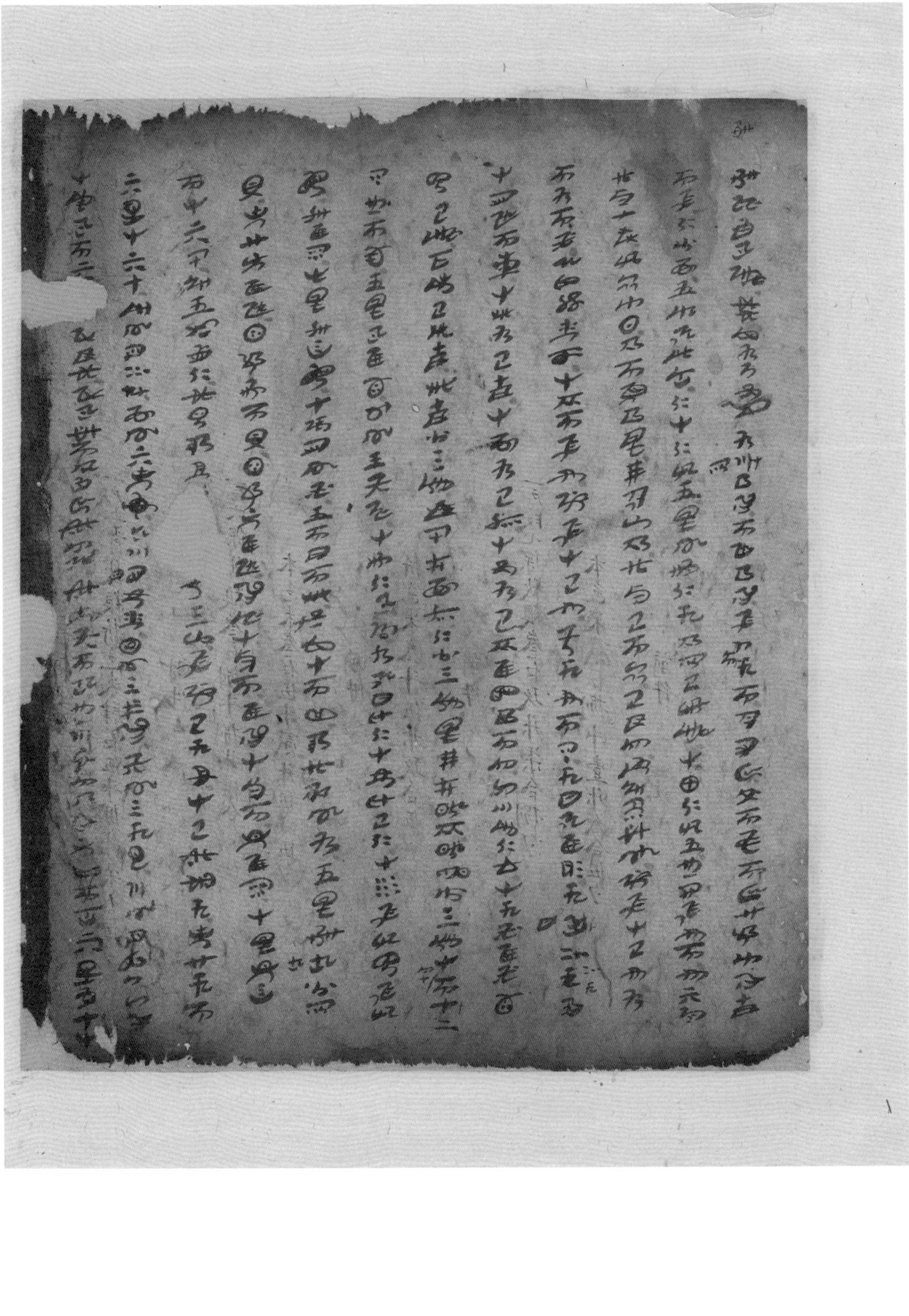

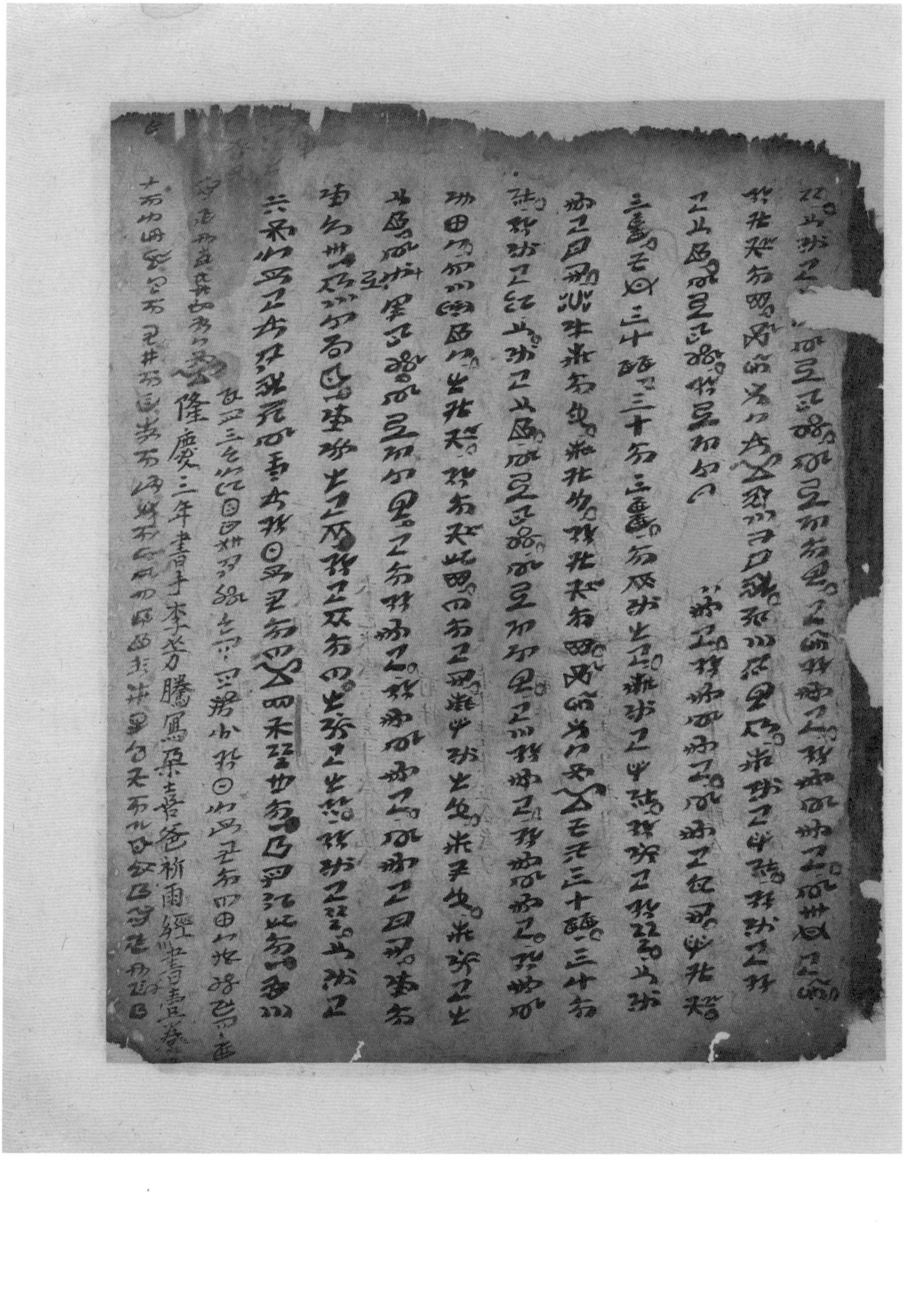
隆慶三年書手李芳騰寫

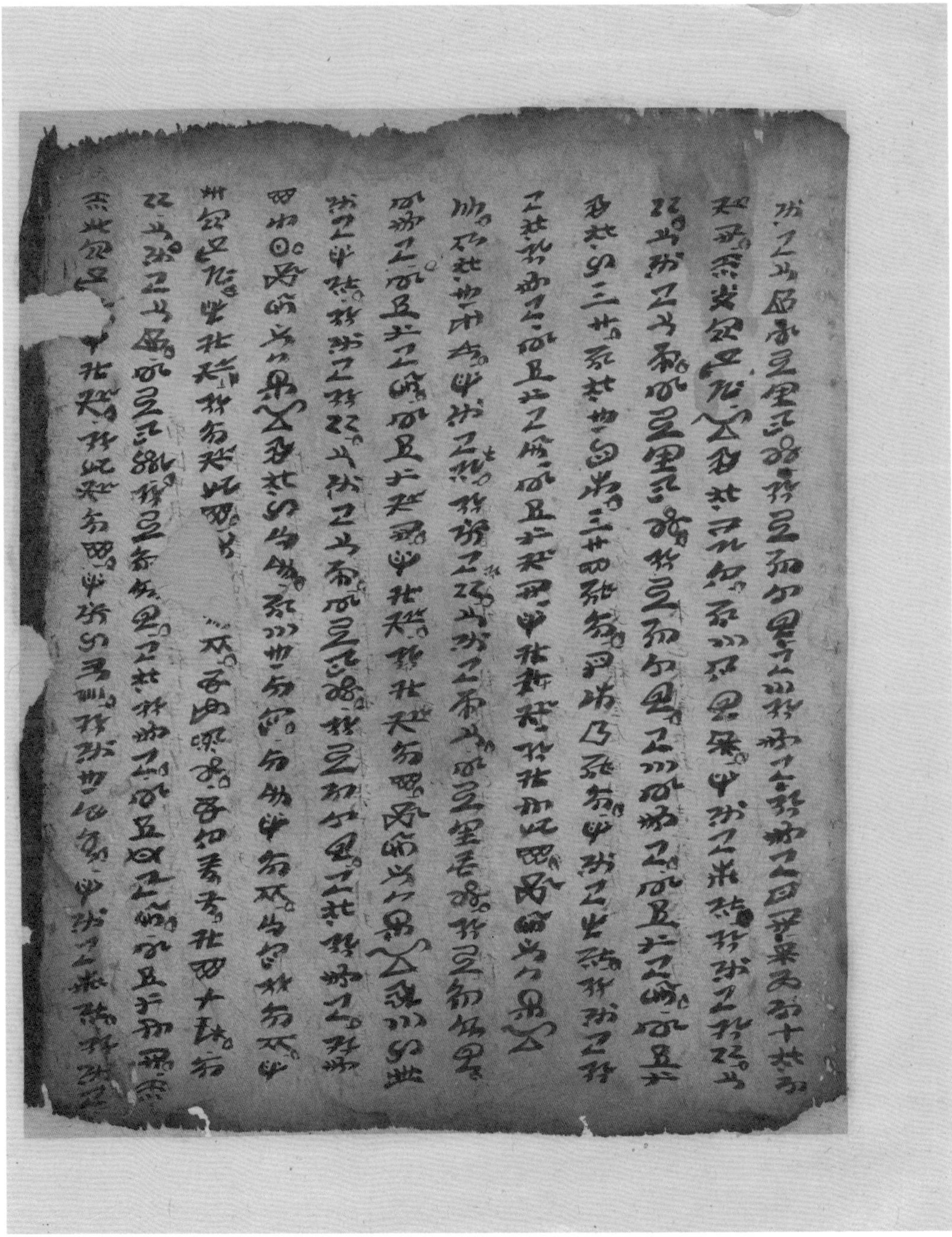

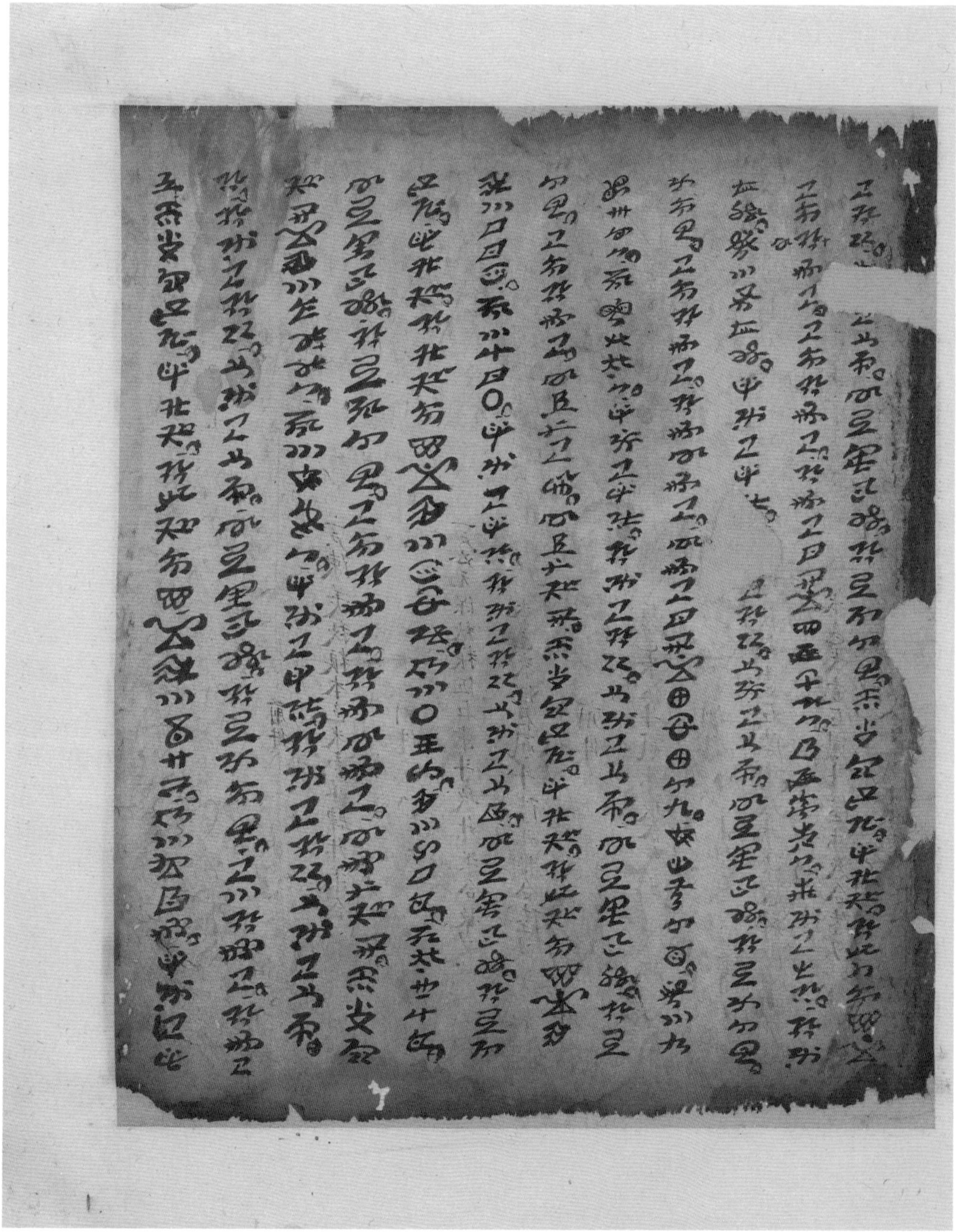

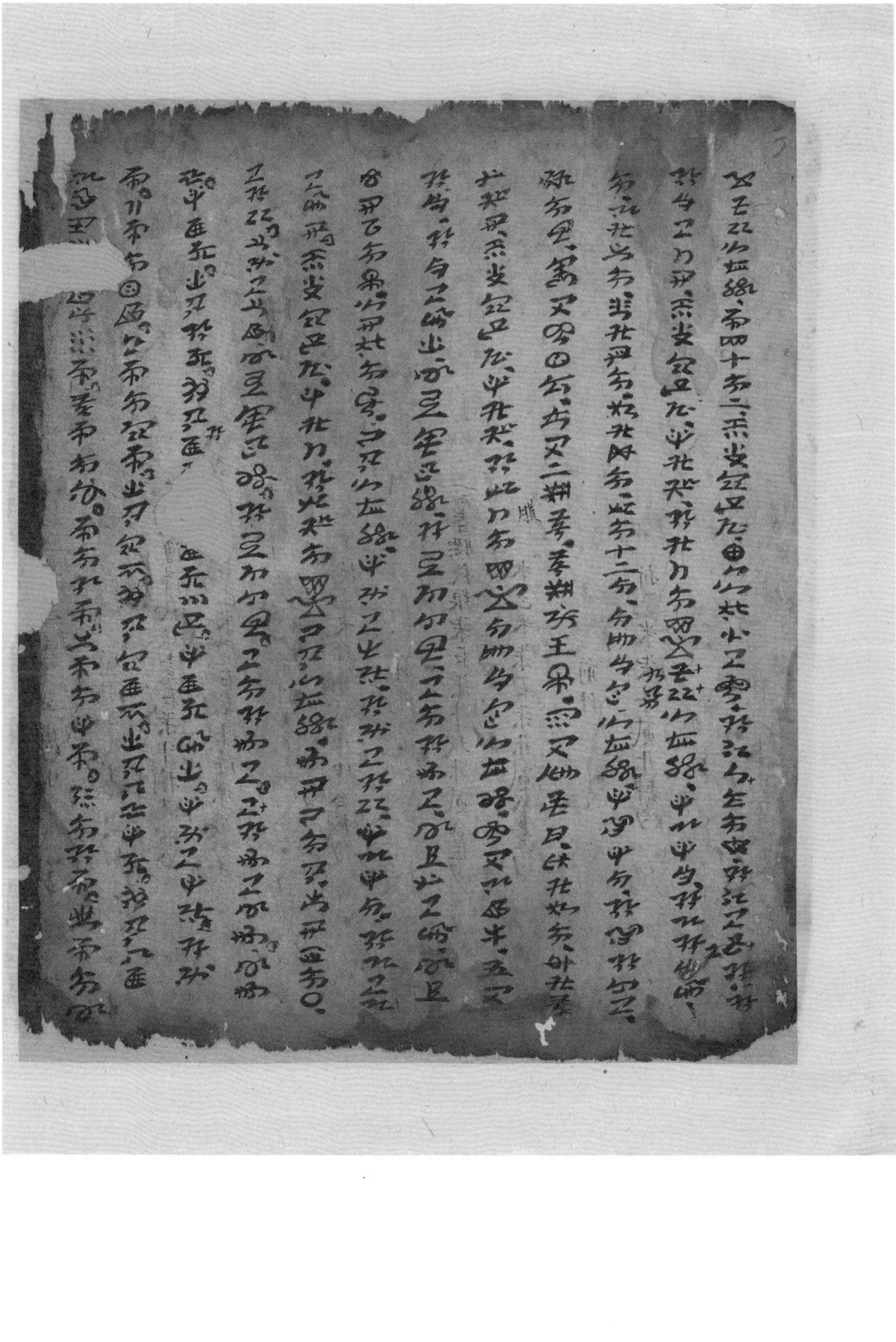

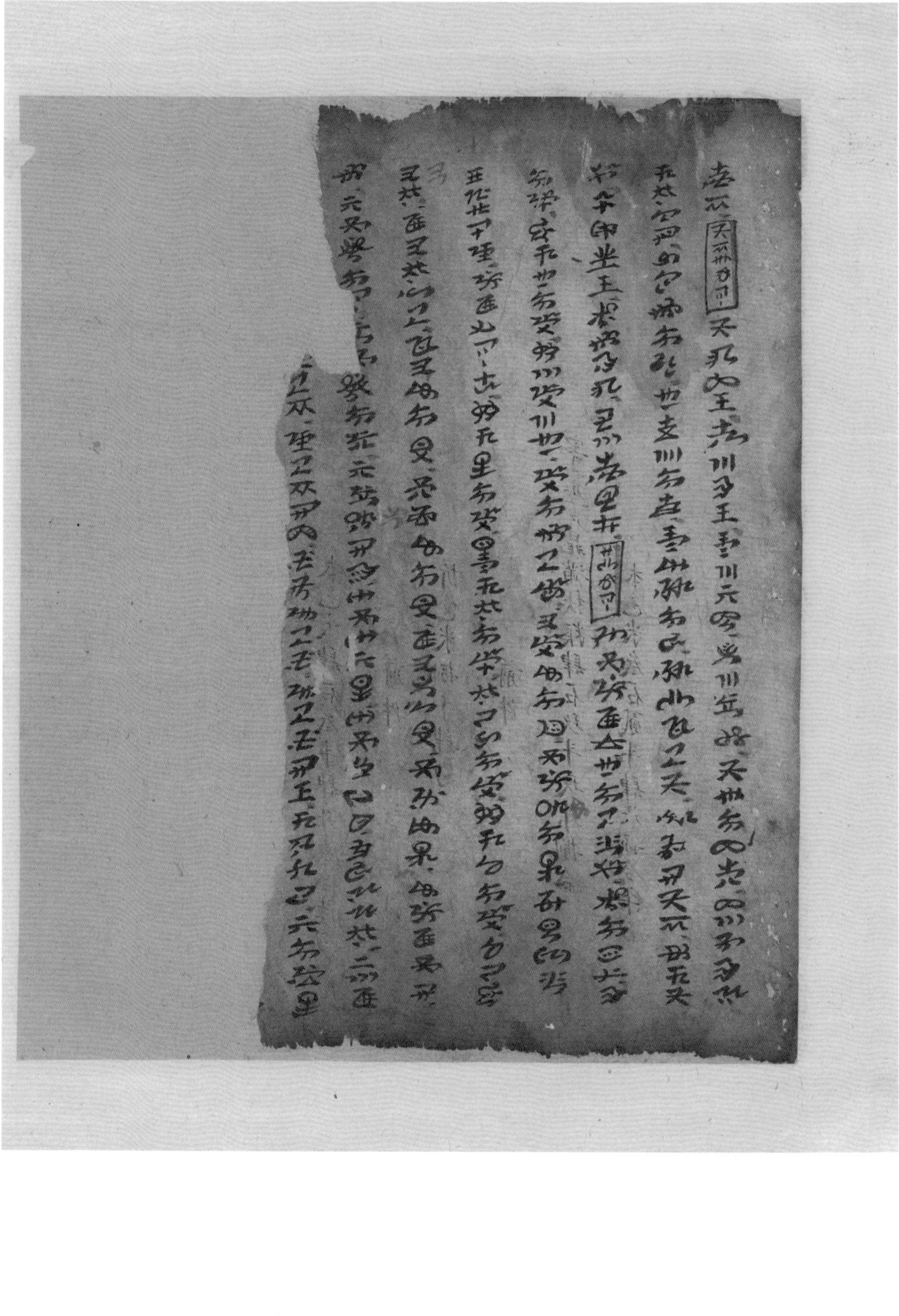

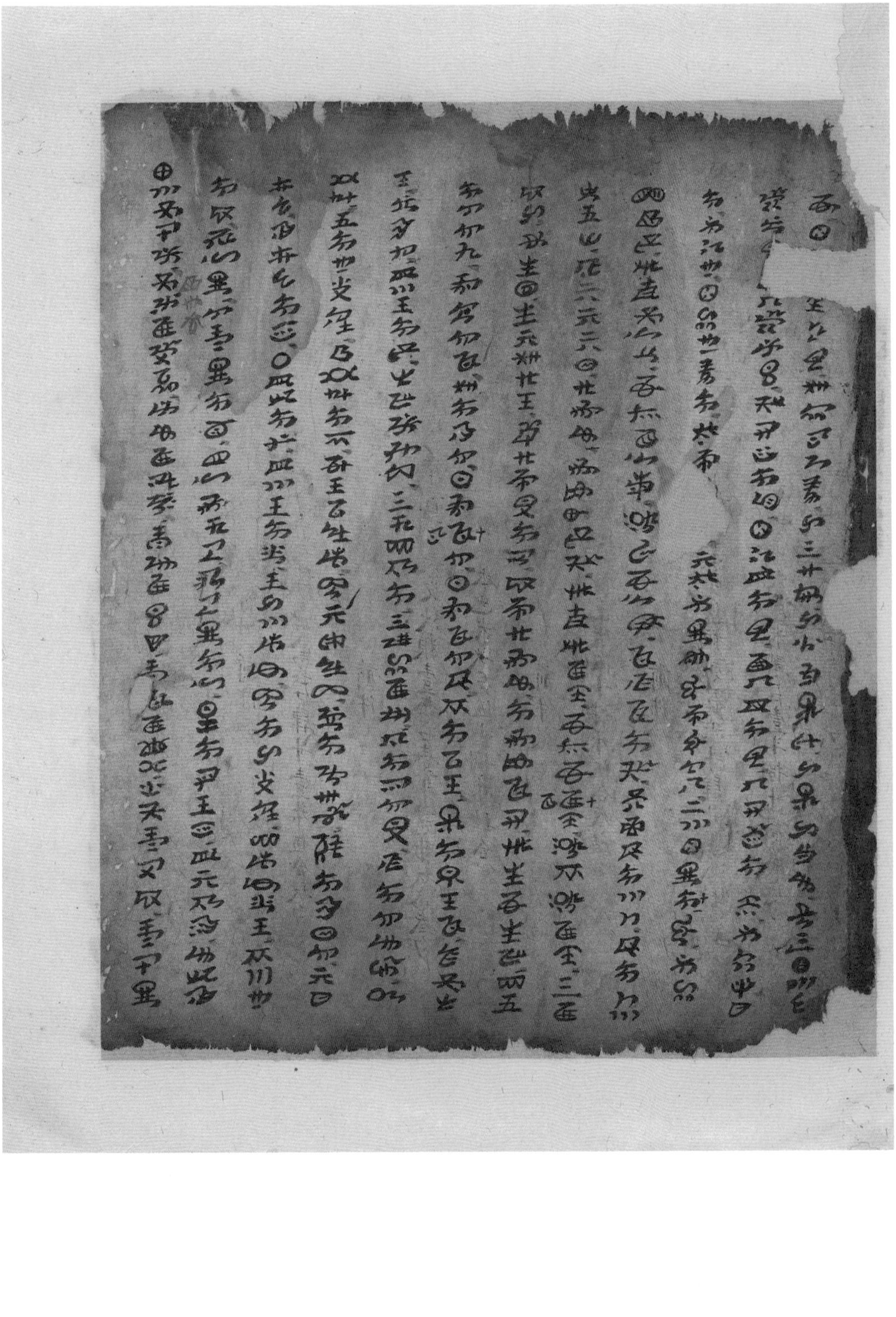

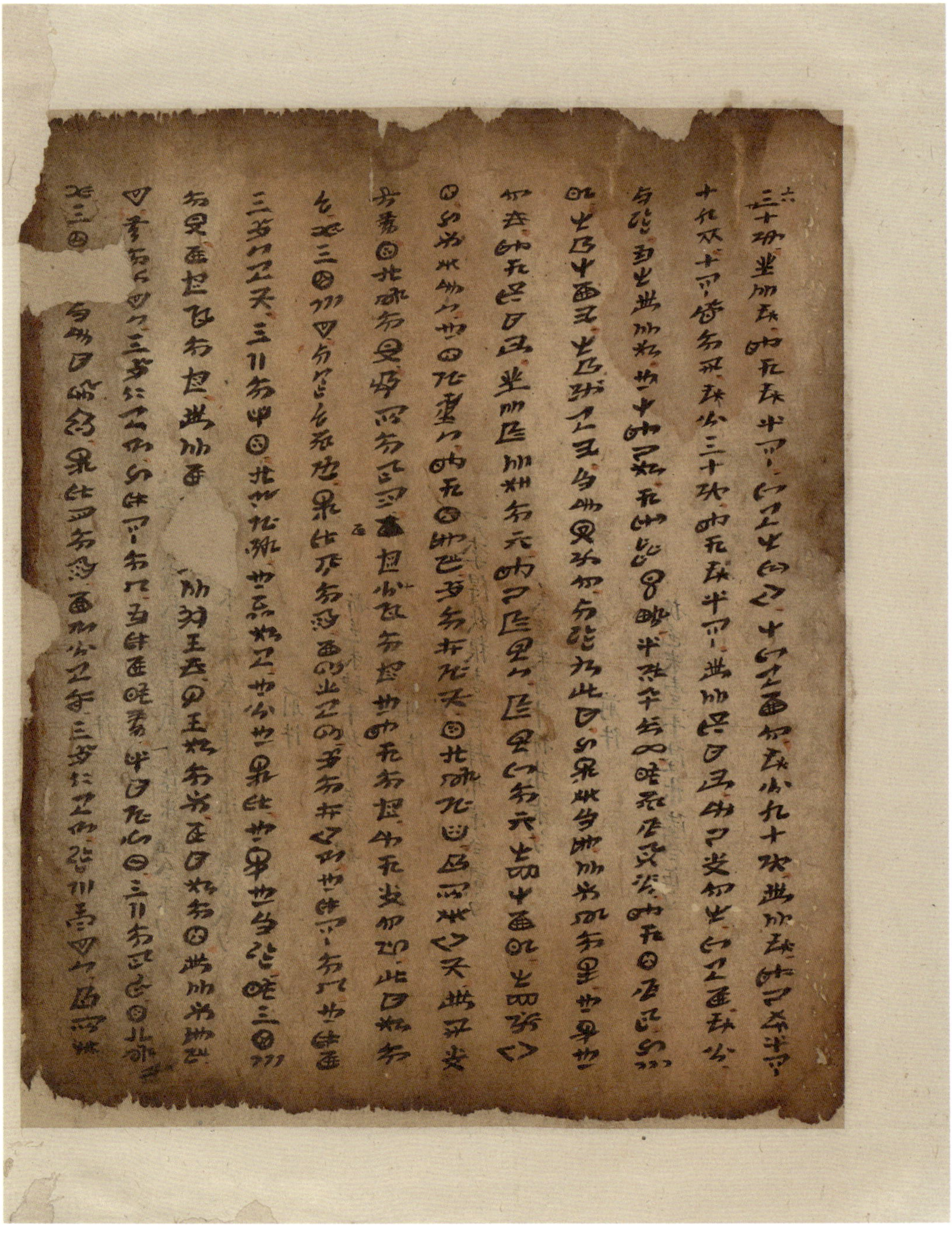

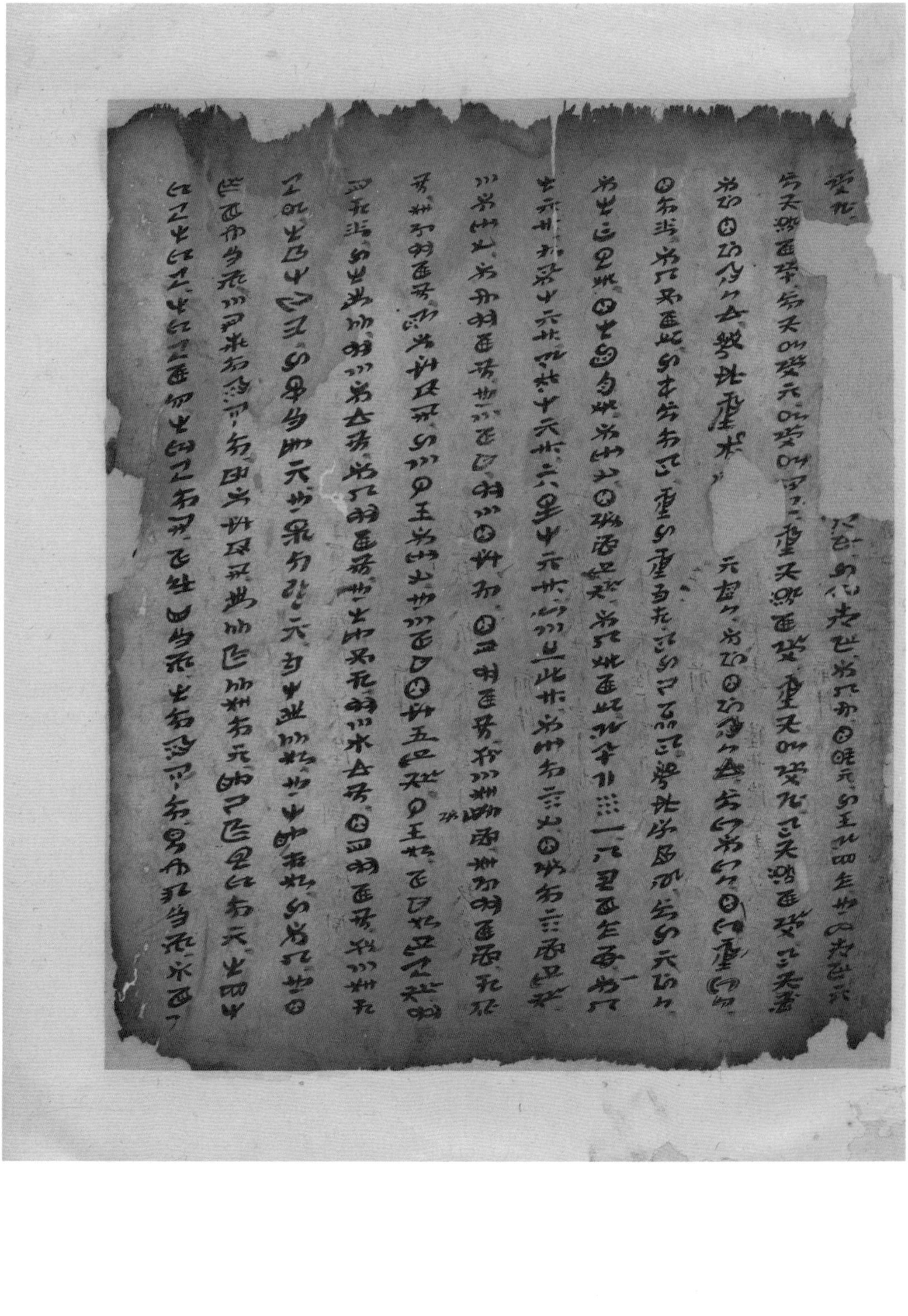

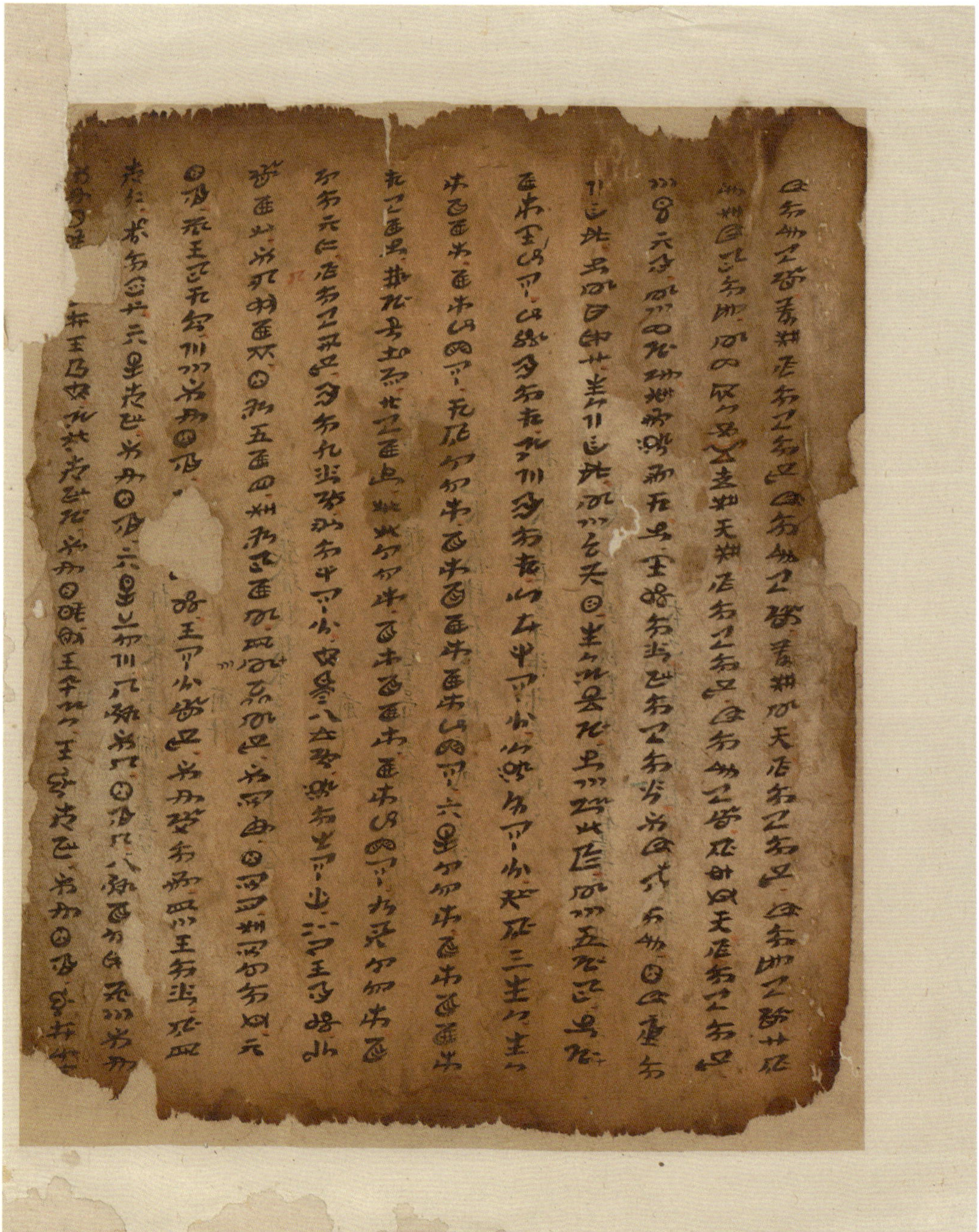

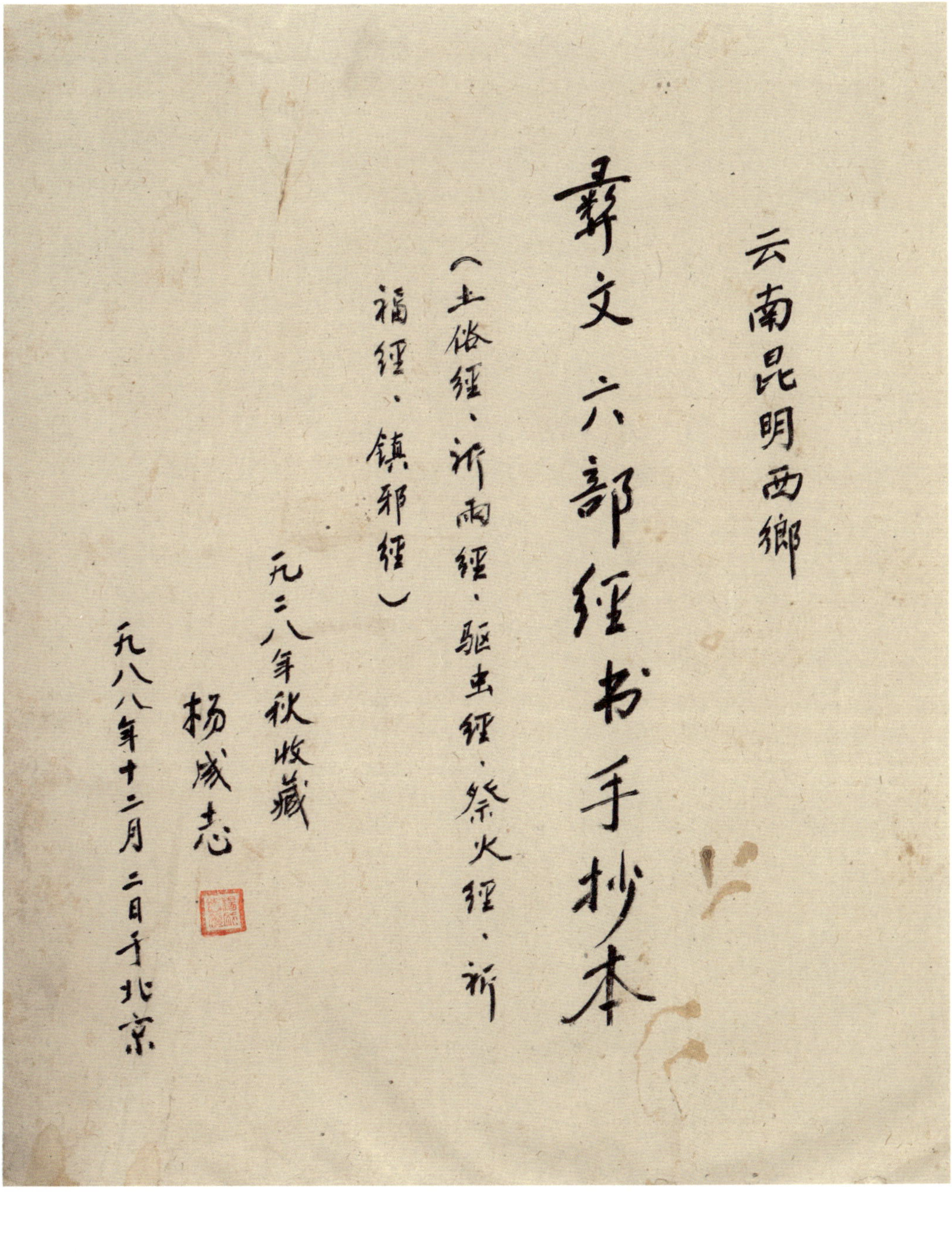
云南昆明西鄉

彝文六部經书手抄本

（土俗經、祈雨經、驱虫經、祭火經、祈福經、镇邪經）

一九二八年秋收藏

杨成志

一九八八年十二月二日于北京

共 58頁

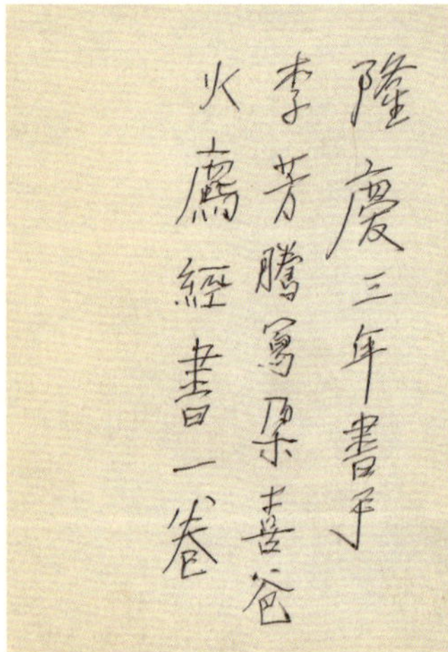
隆慶三年書手
李芳騰寫梁喜倉
火鷹經書一卷

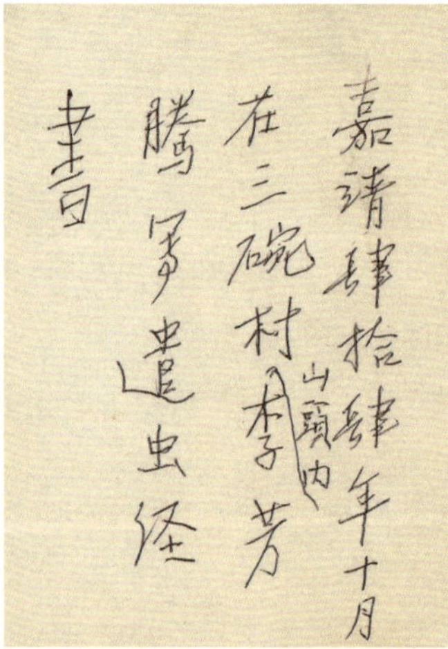
嘉靖肆拾肆年十月
在三碗村山頭内李芳
騰寫遺虫経
書

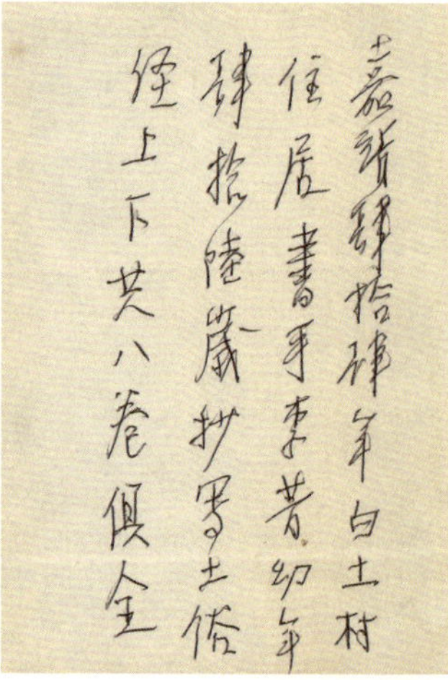
嘉靖肆拾肆年白土村
住居書手李芳幼年
肆拾陸歲抄寫土俗
経上下共八卷俱全

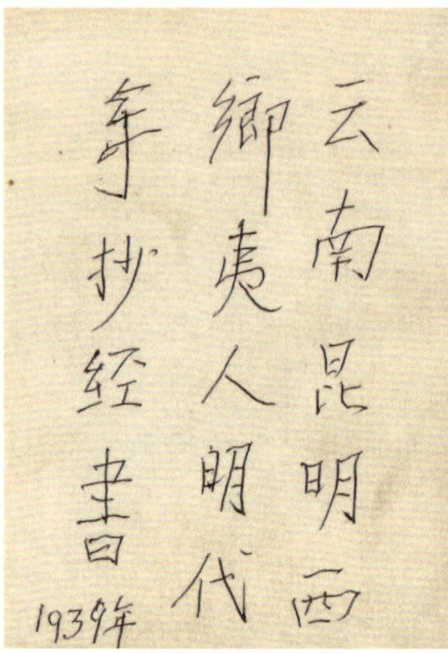
云南昆明西
鄉夷人明代
手抄經書
1939年

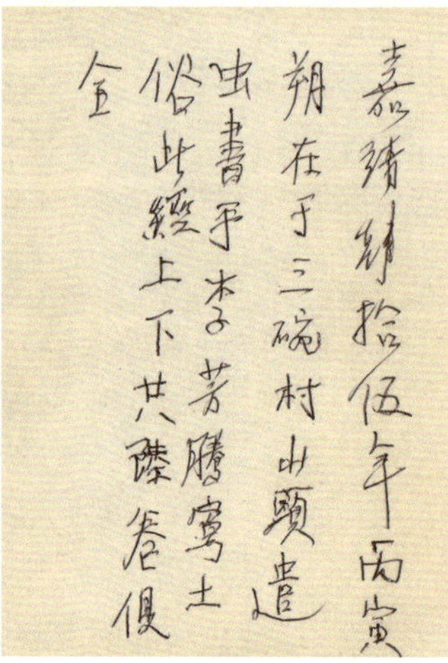
嘉靖肆拾伍年丙寅
朔在于三碗村山頭遺
虫書手李芳騰寫土
俗此經上下共柒卷俱
全

勸善經

明刻本。版框22.5釐米×14.0釐米。館藏號：yi485。

雲南省武定縣萬德鄉木刻本，彝文古籍中僅見的刻本。該書譯述了道教經典《太上感應篇》，並結合彝族的宗教禮俗、社會思想、倫理道德等内容，規勸人們行善戒惡。入選第一批《國家珍貴古籍名録》，名録號02345。

俊民
485

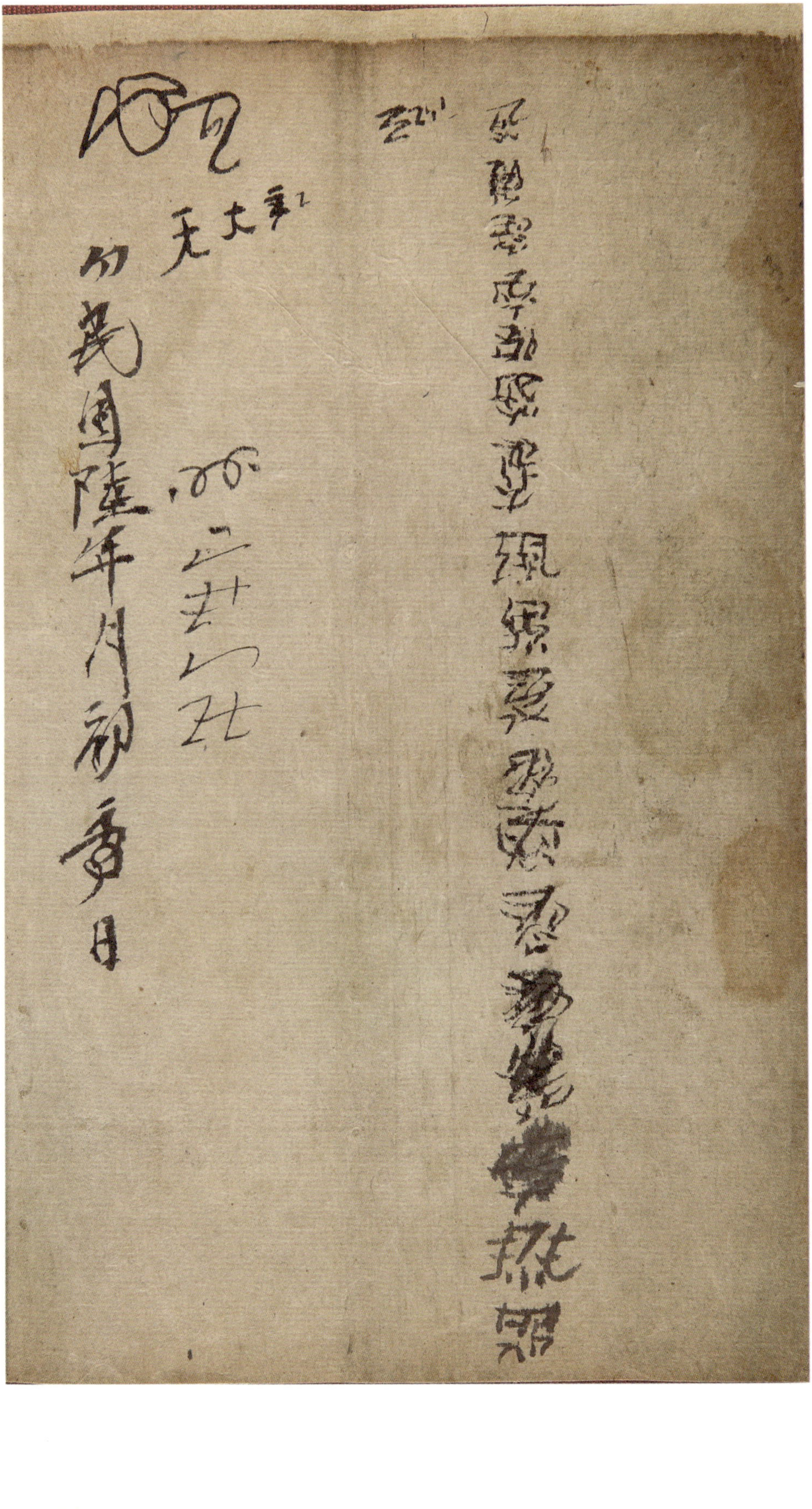

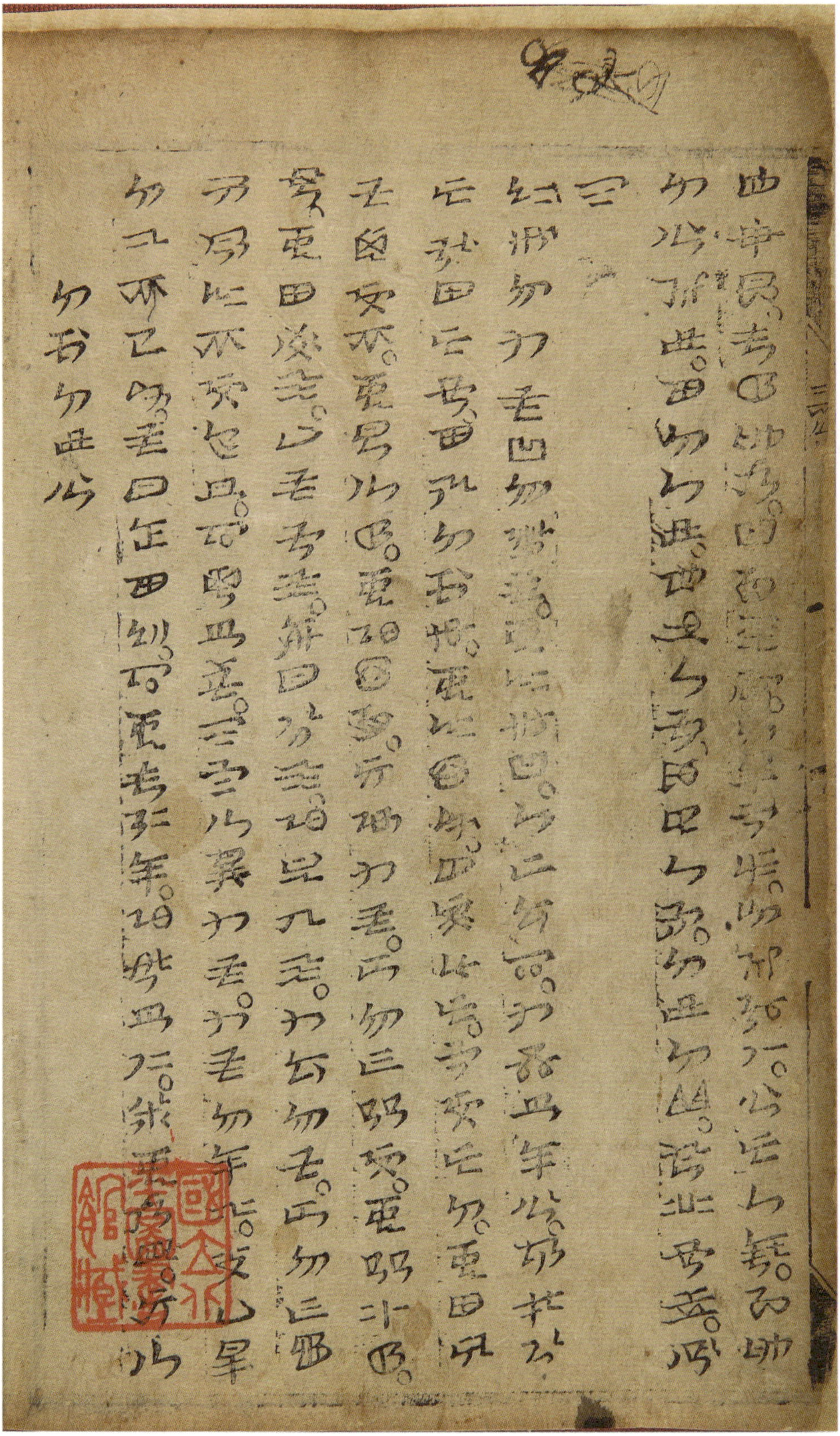

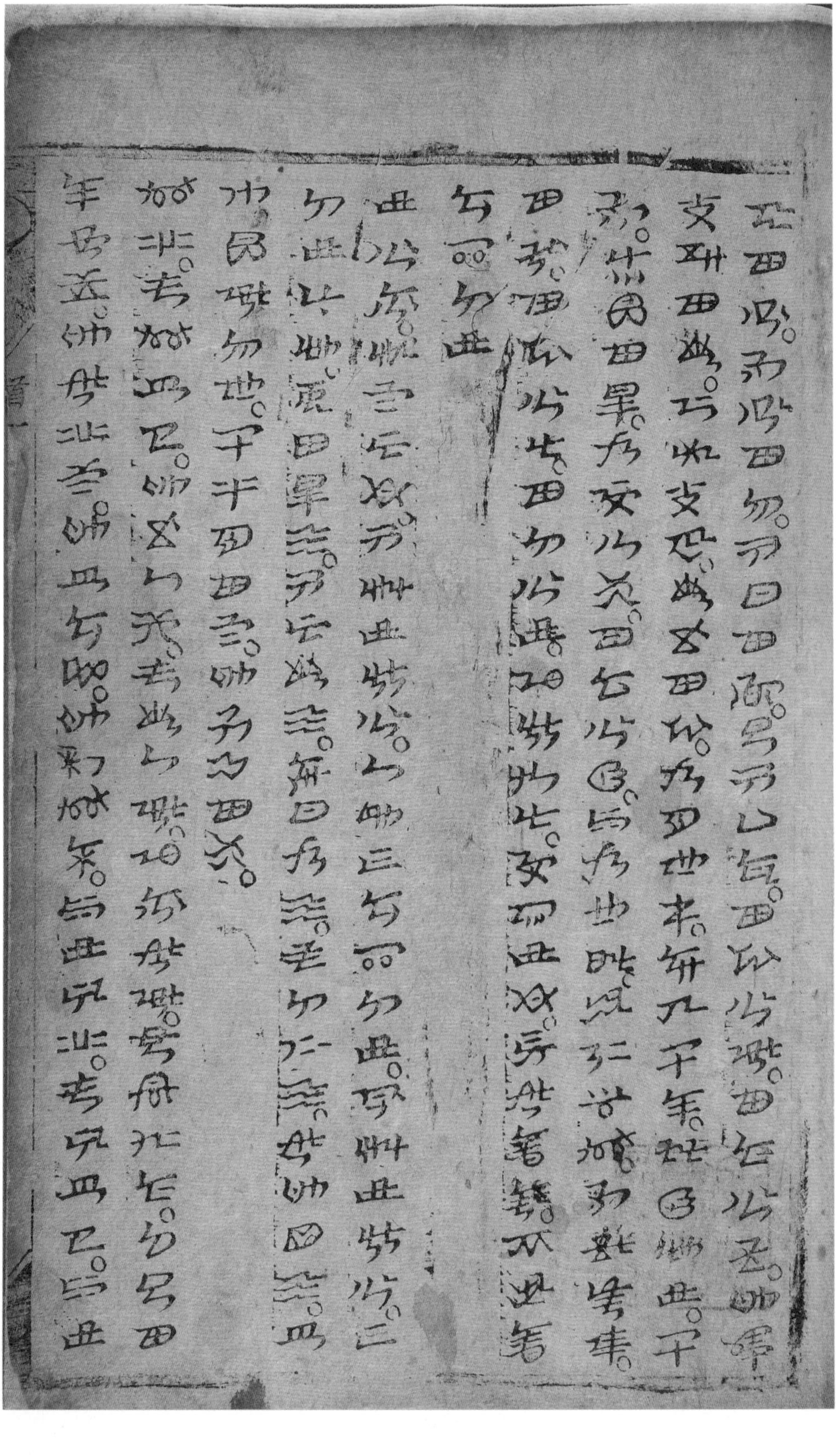

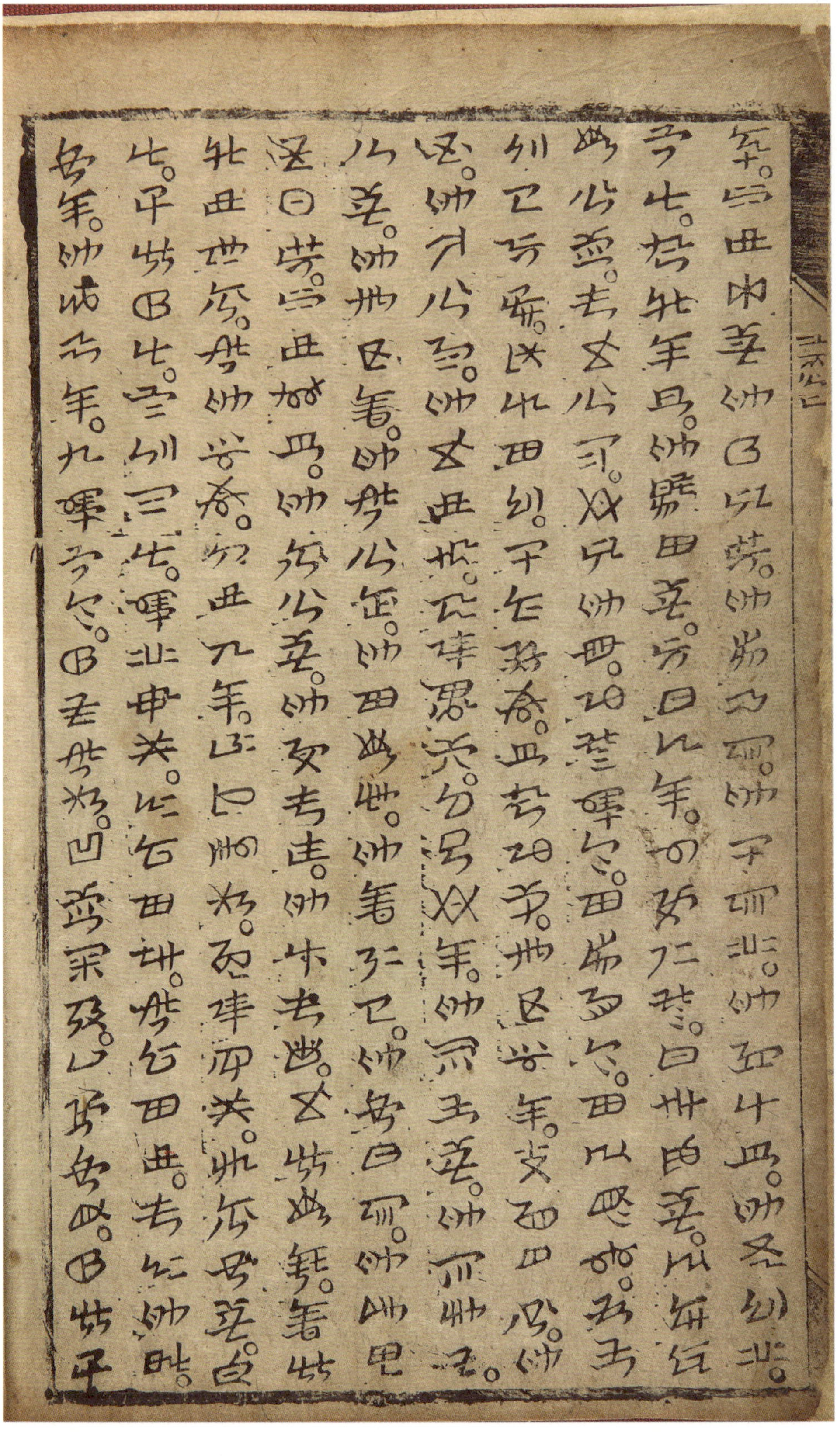

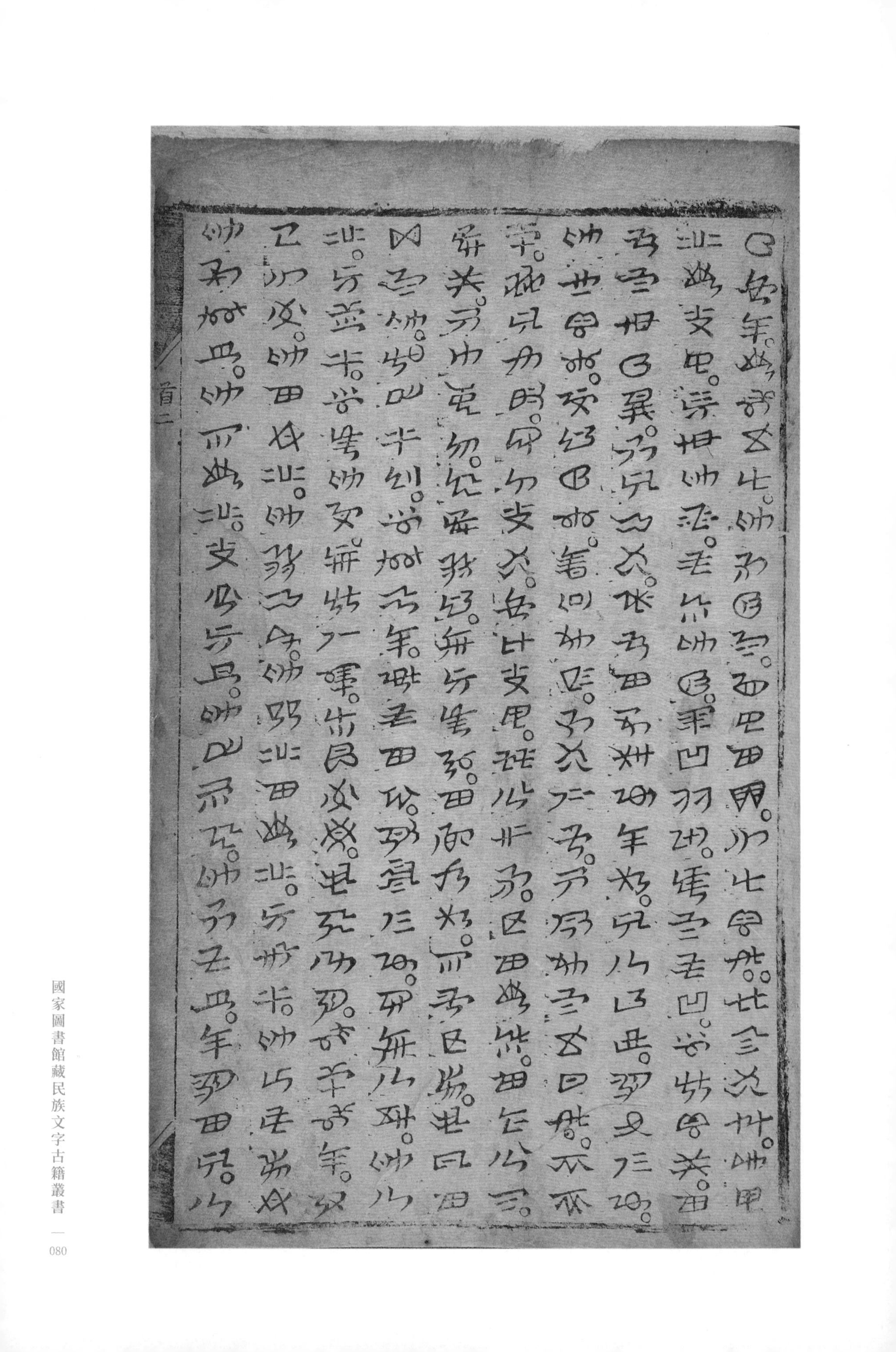

首二

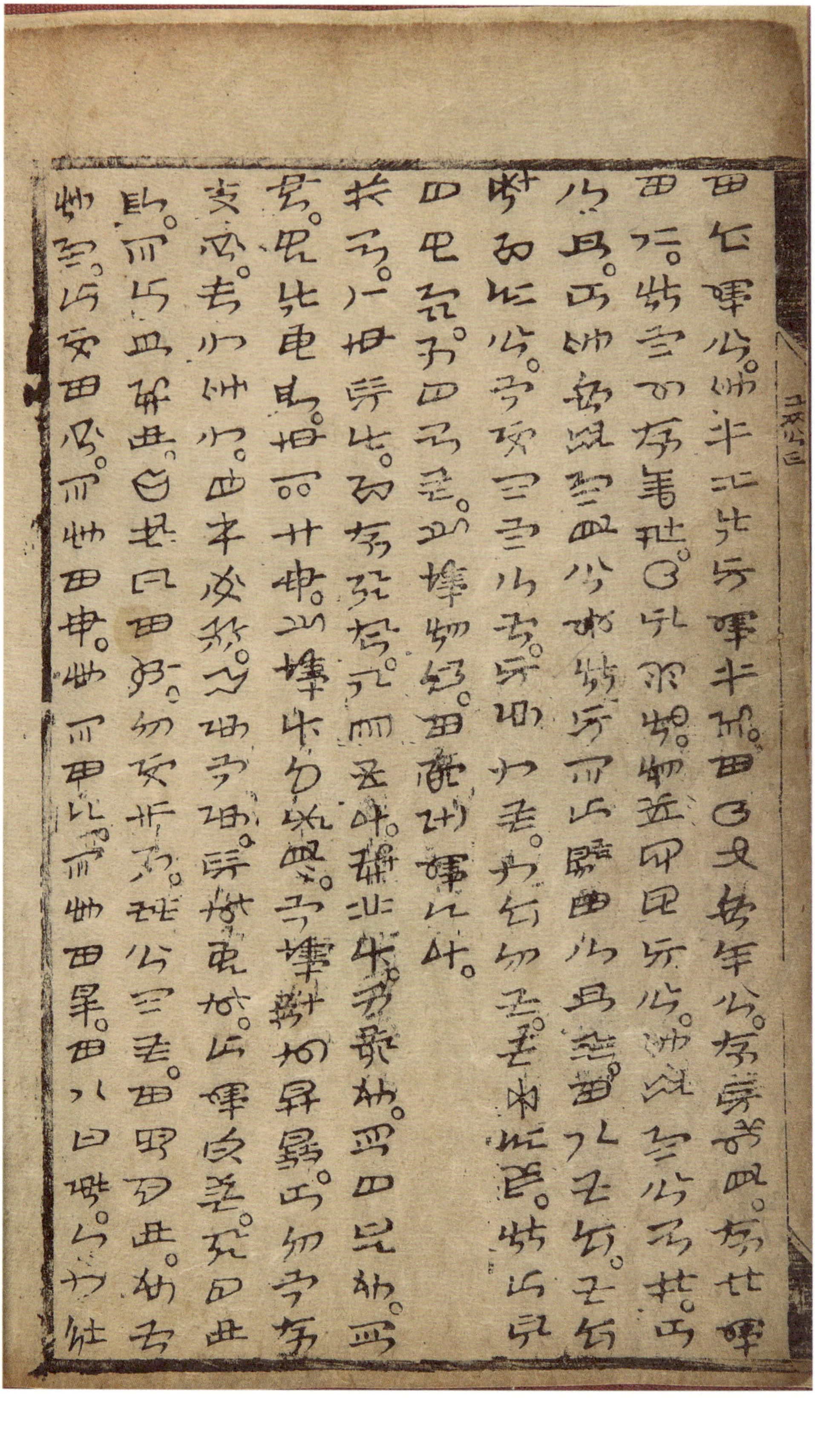

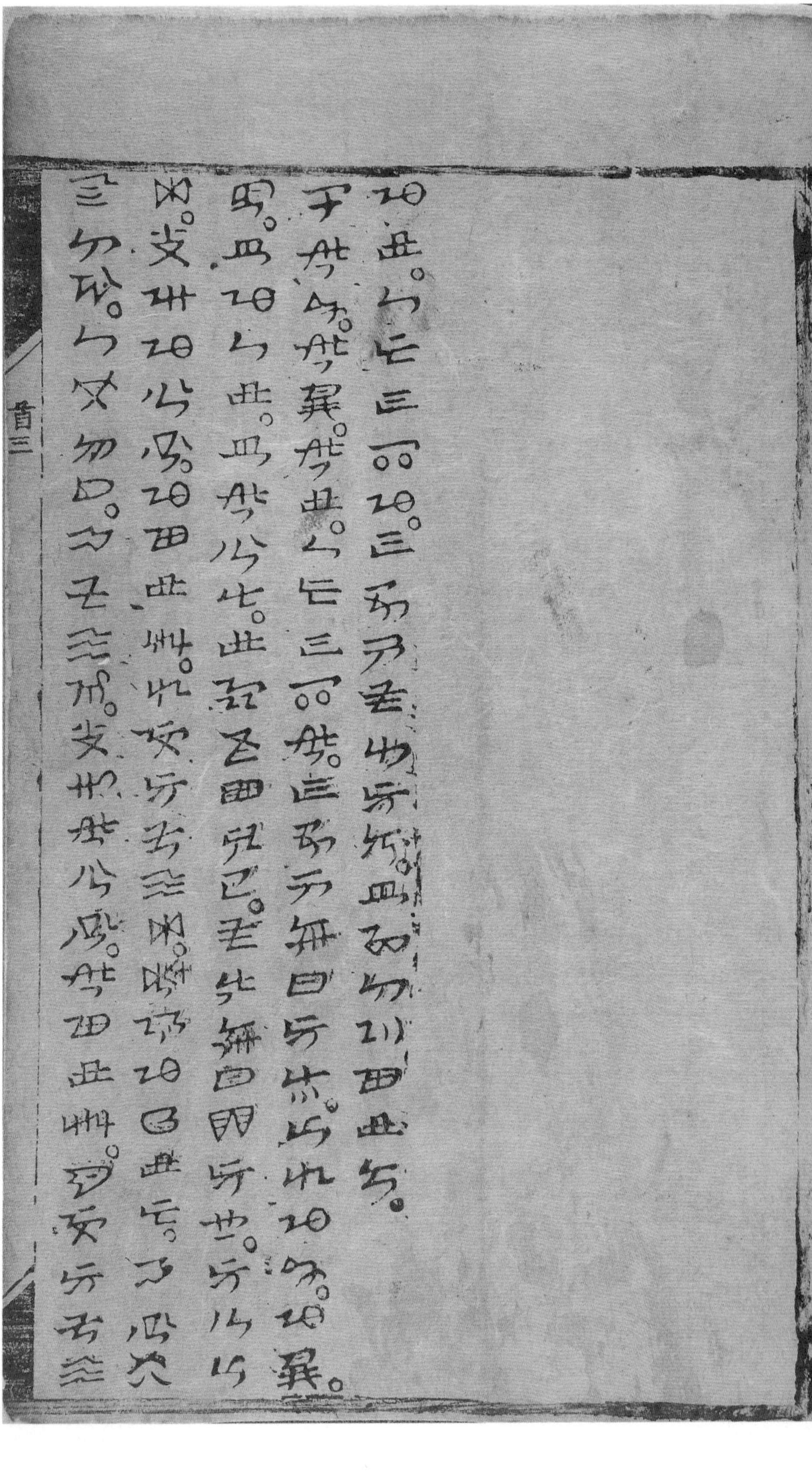
首三

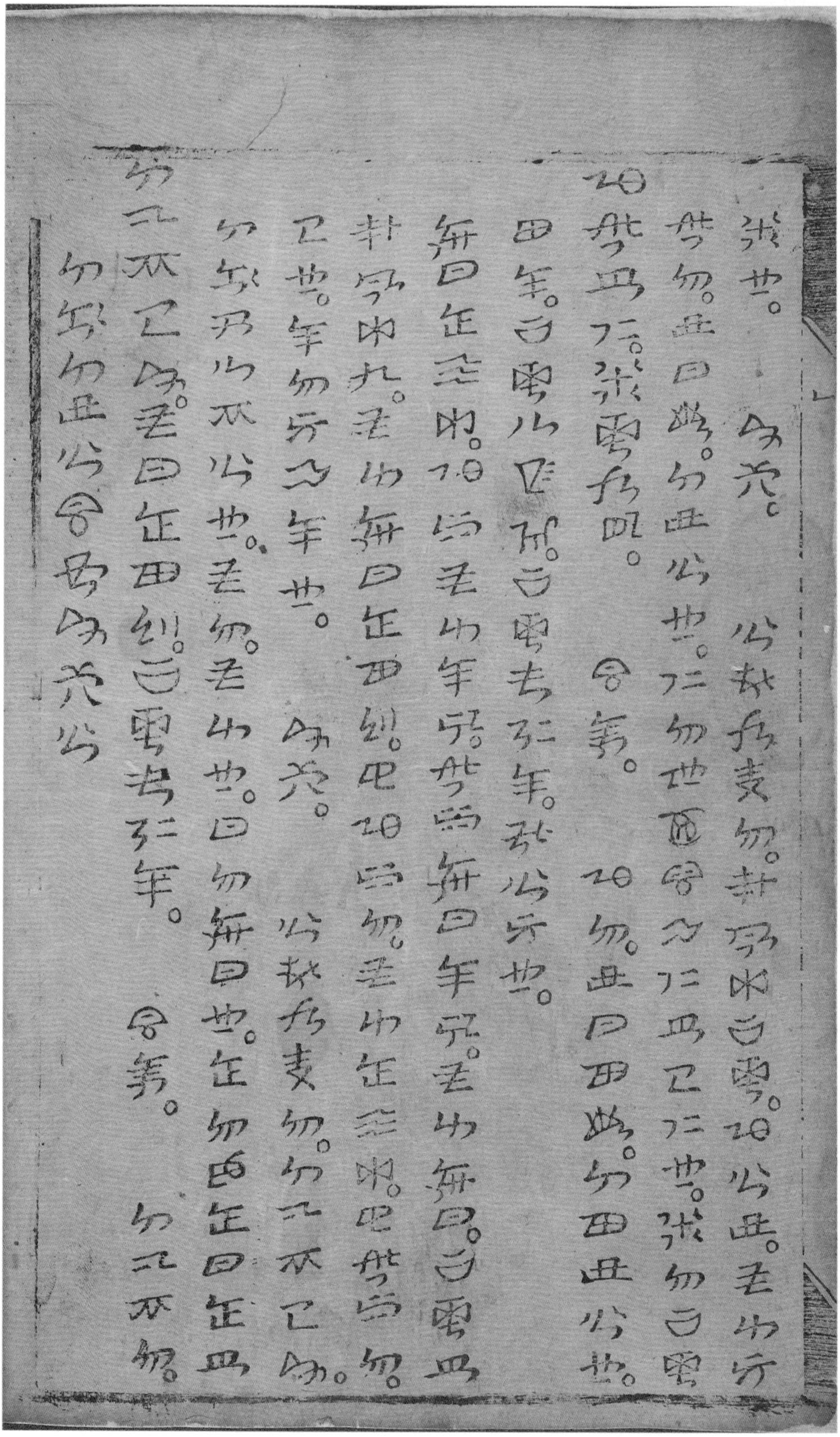

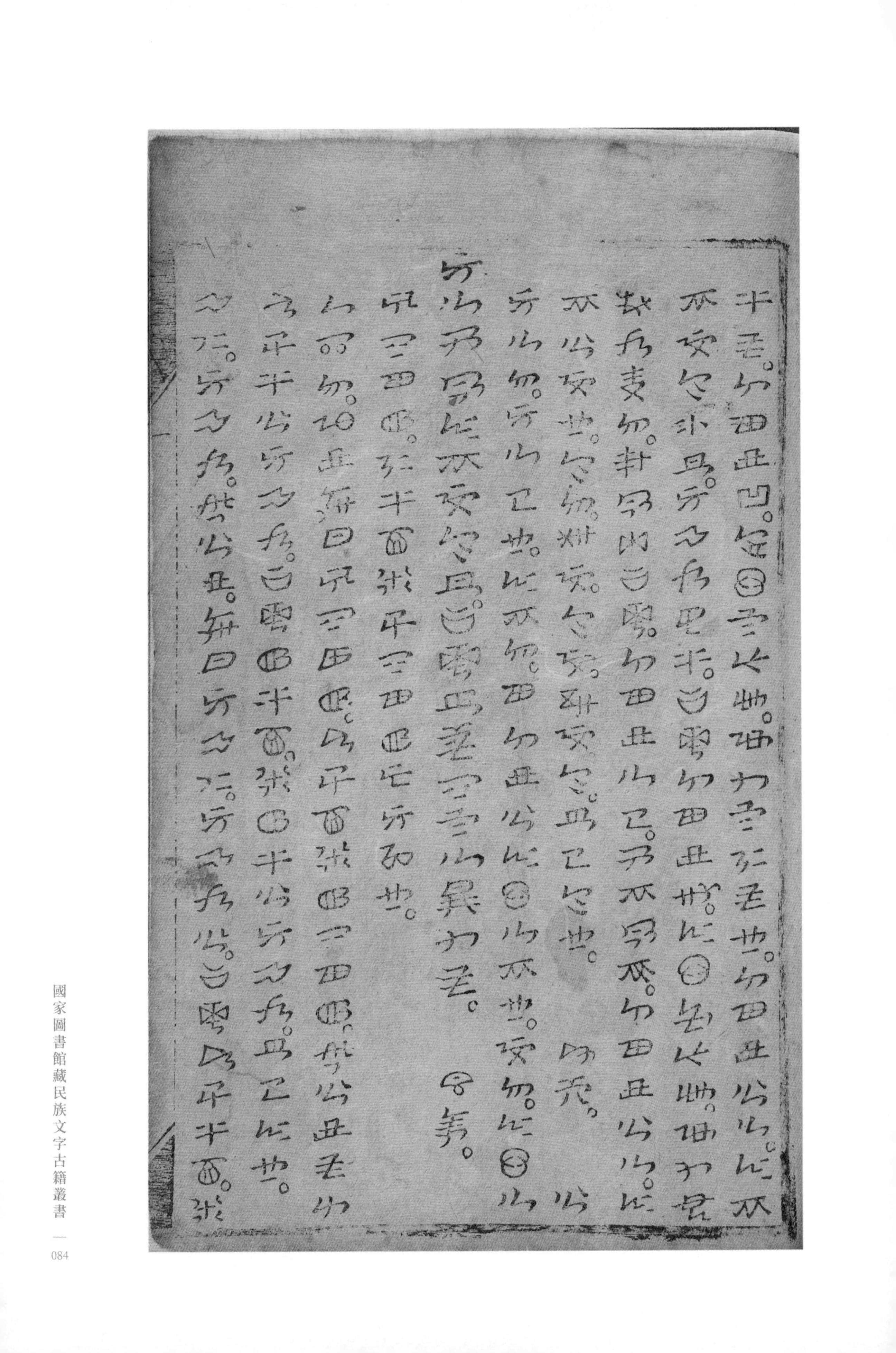

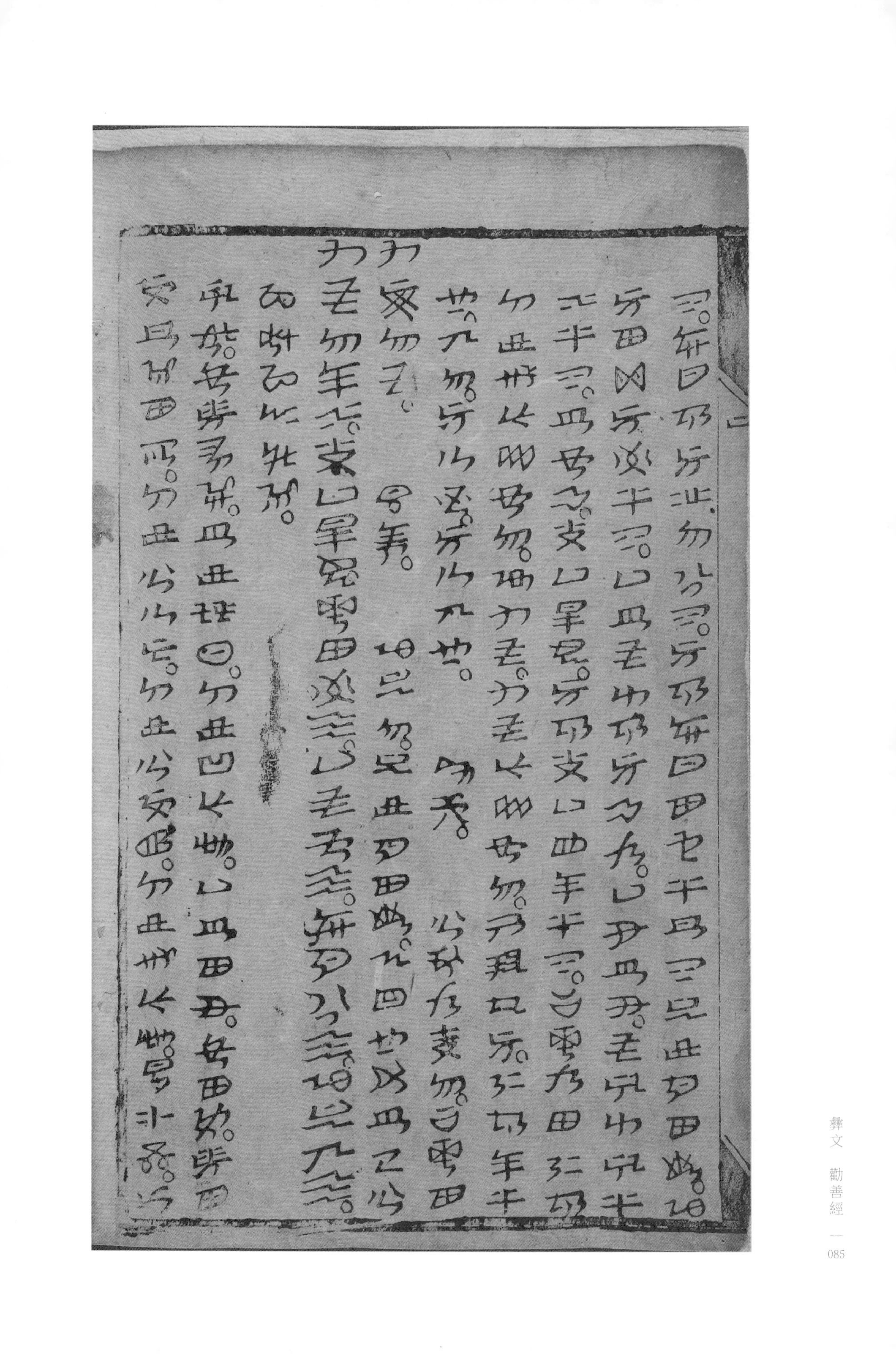

二

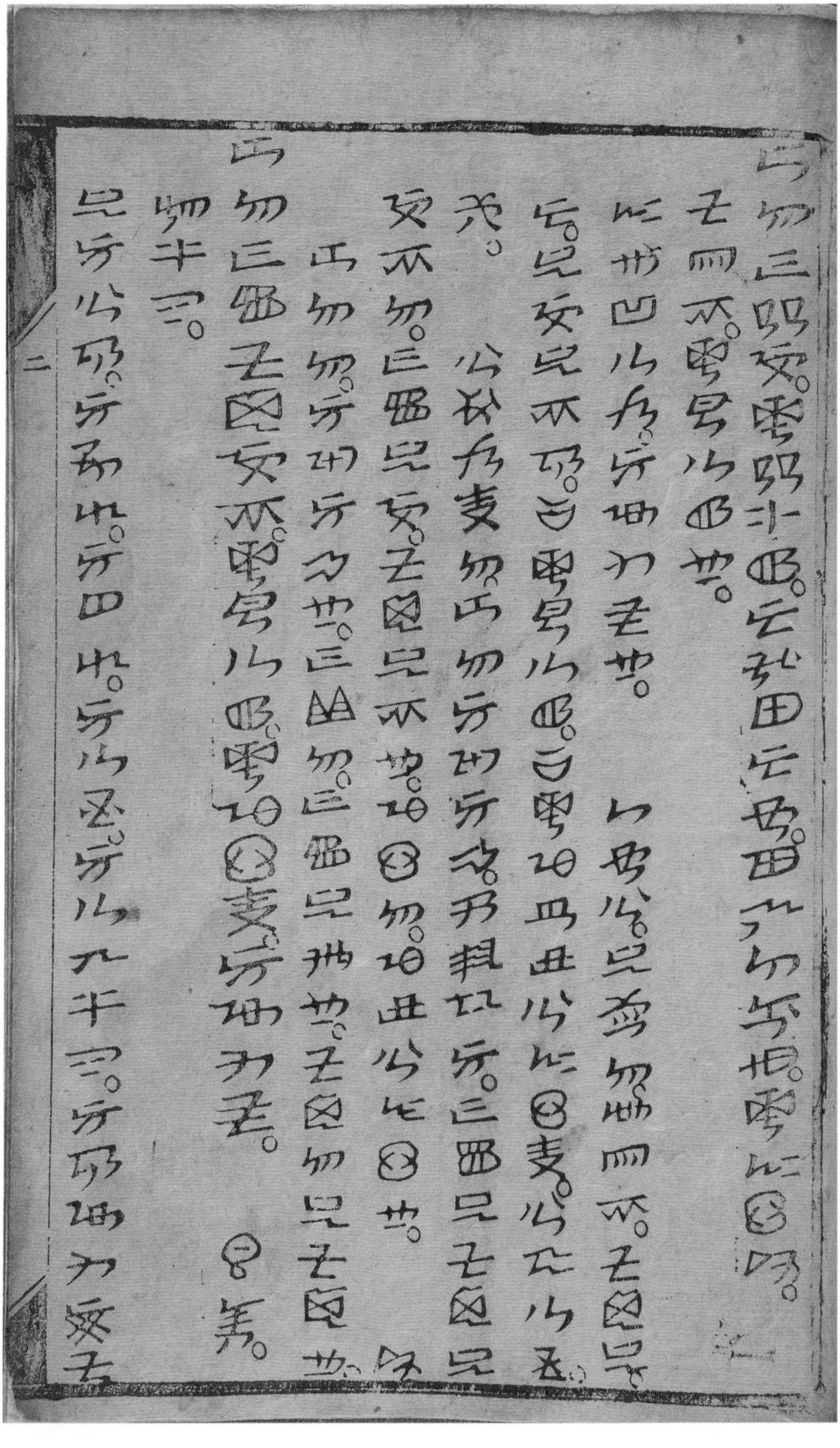
二

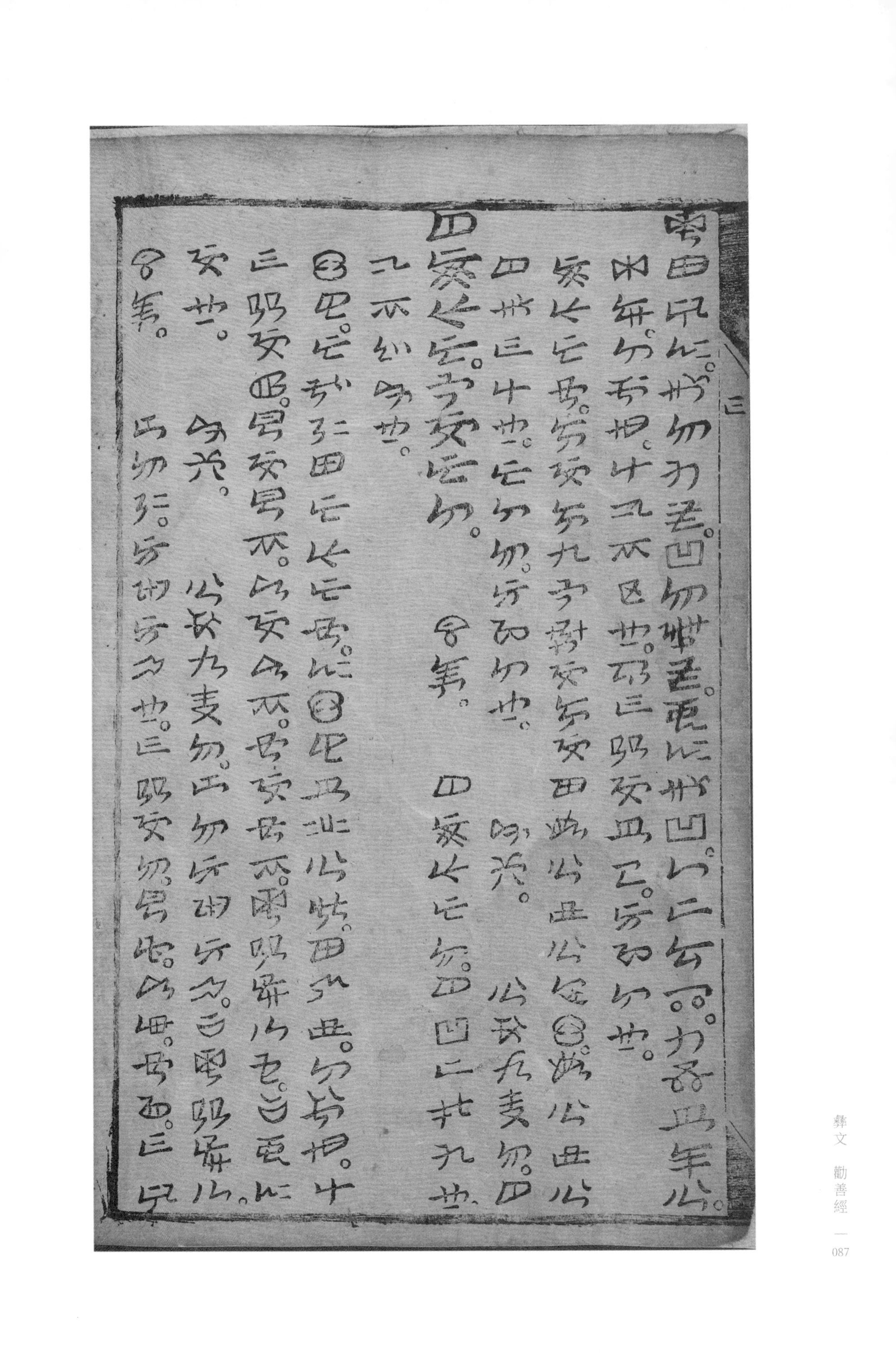

[illegible]

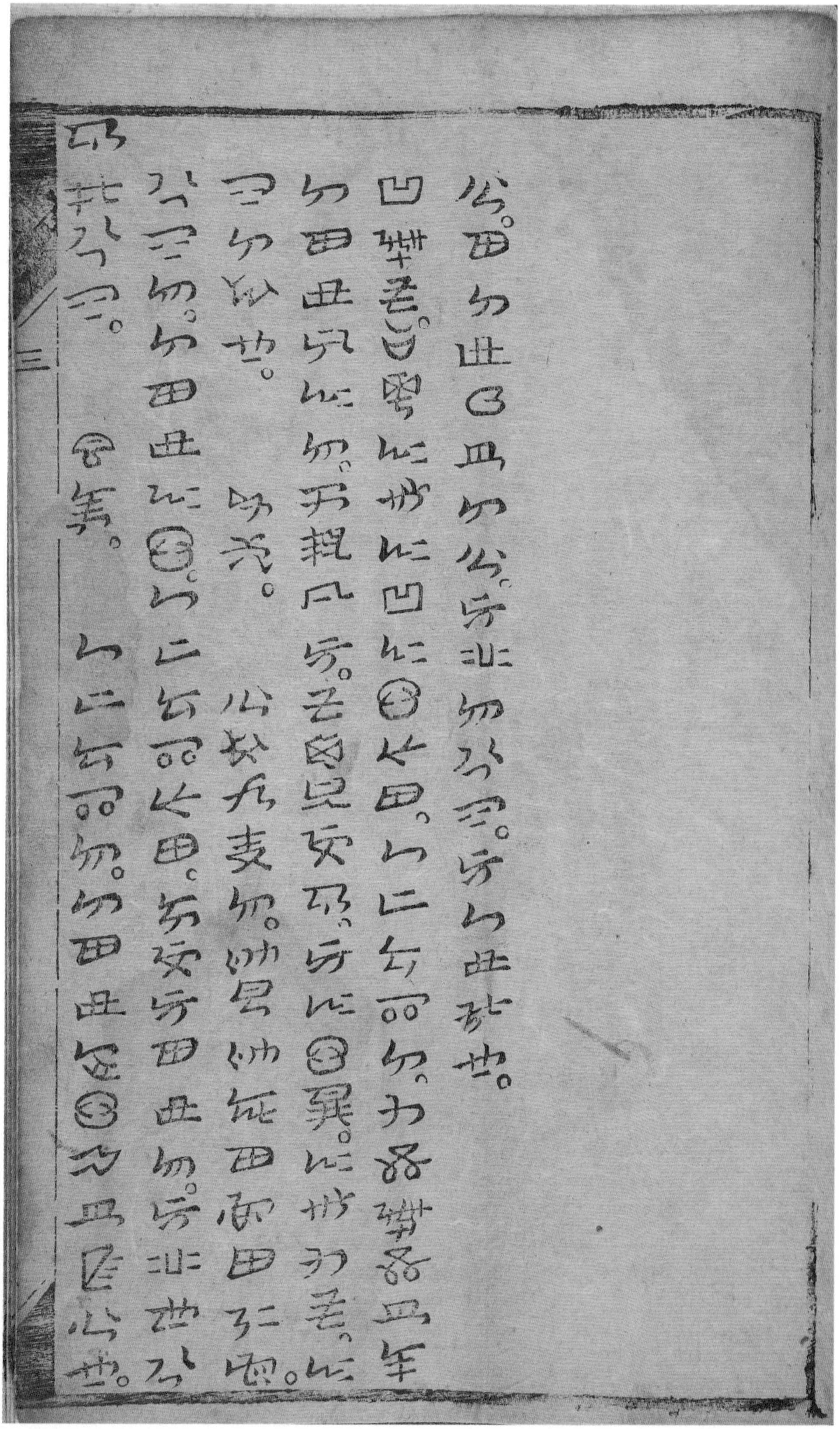

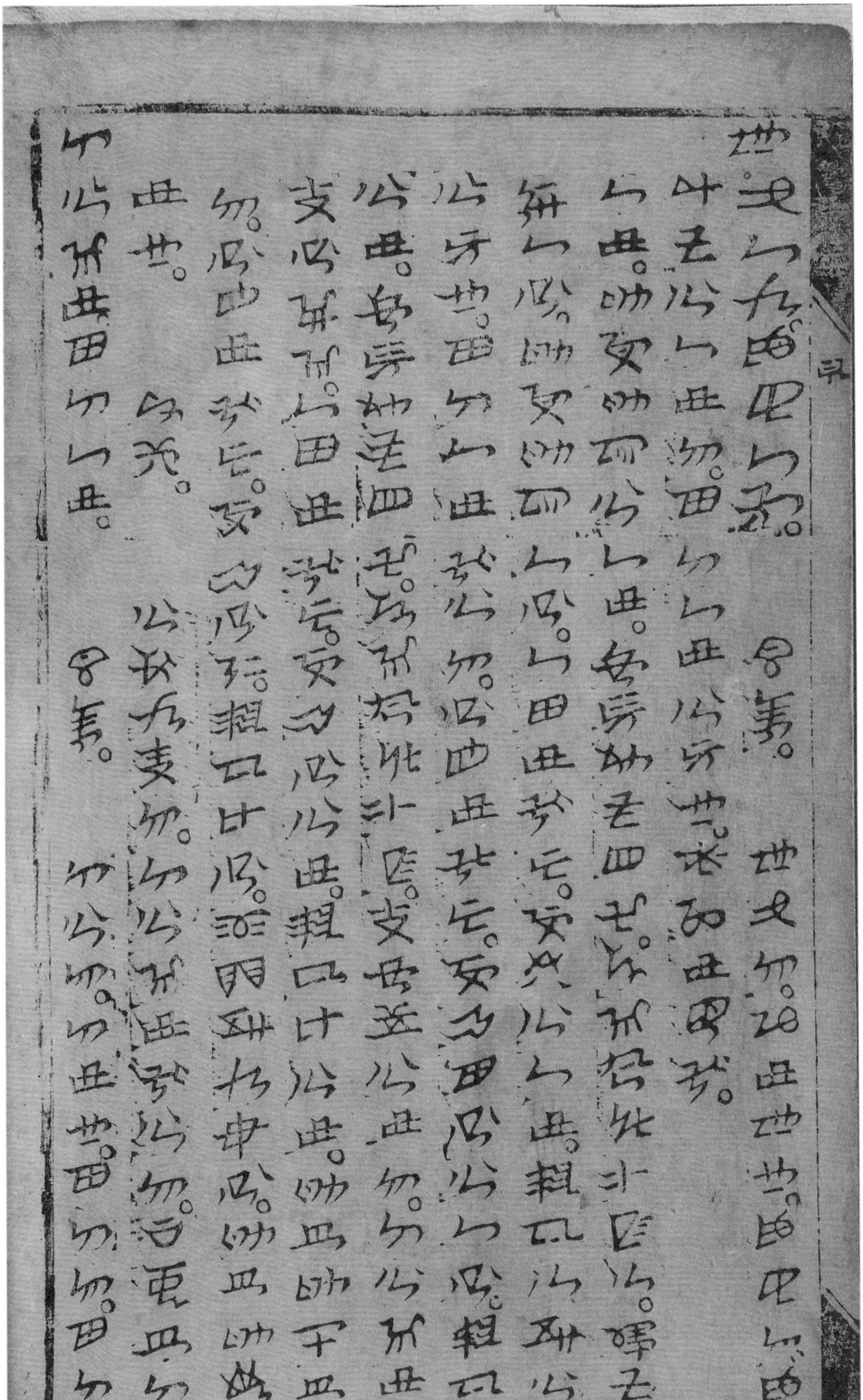

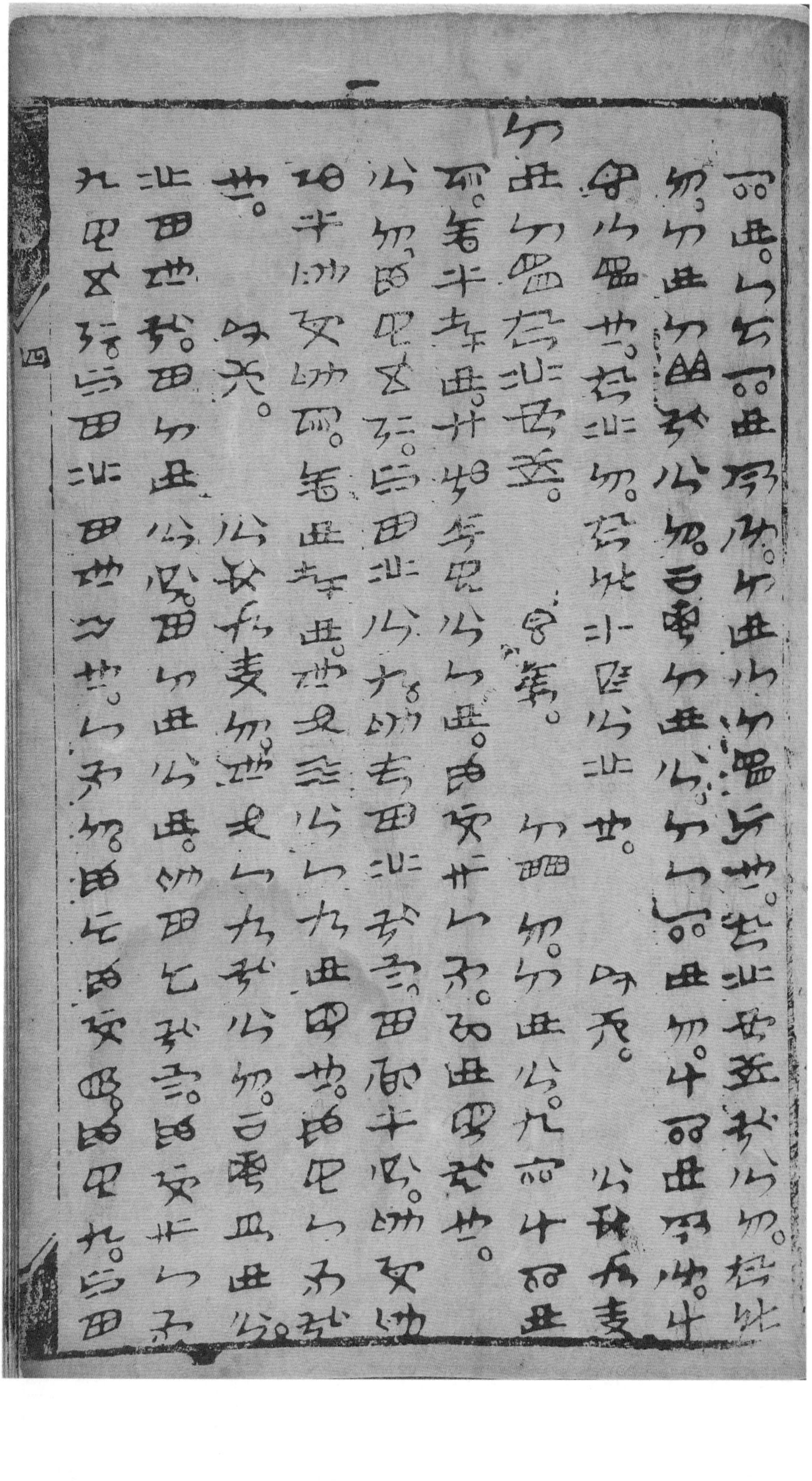

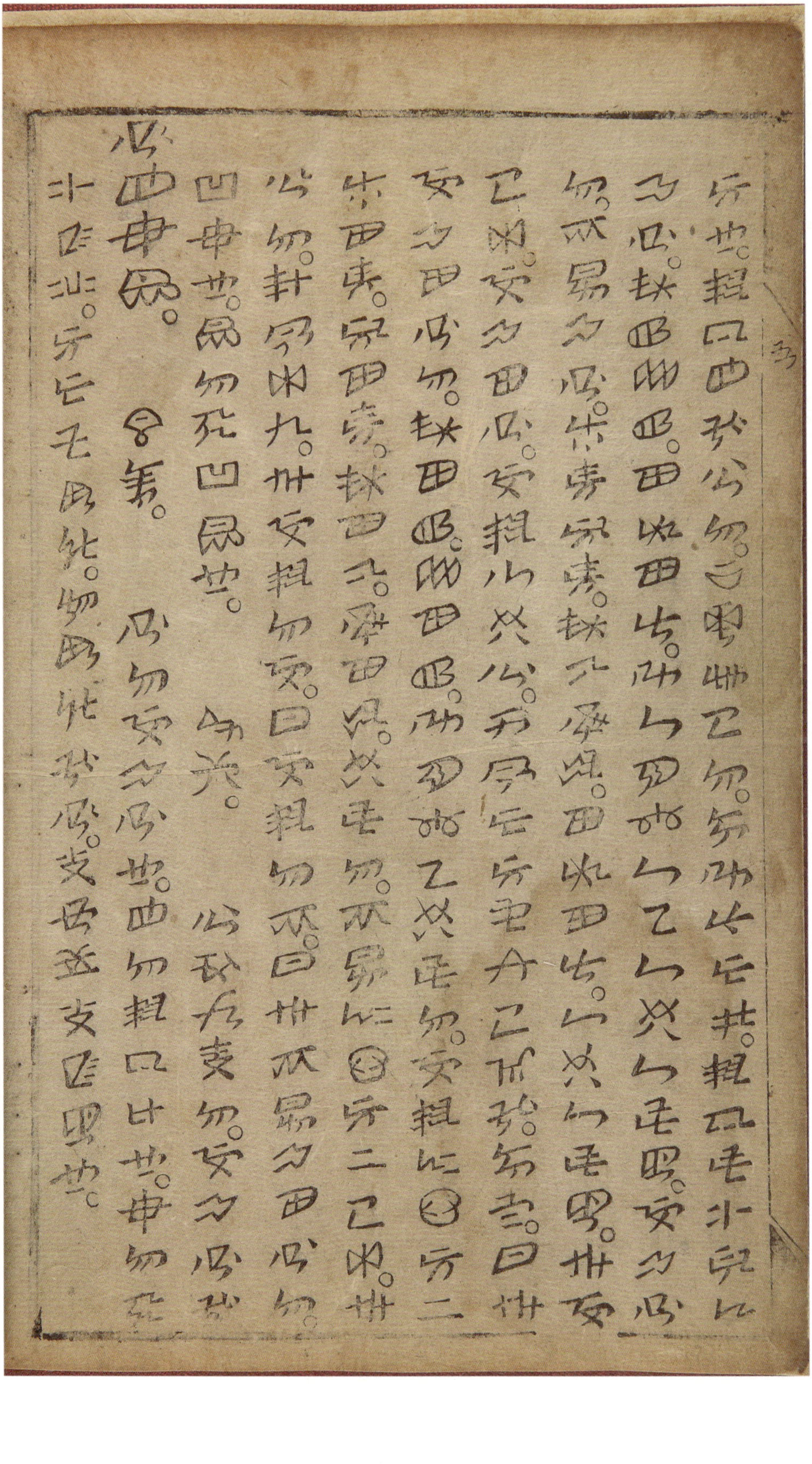

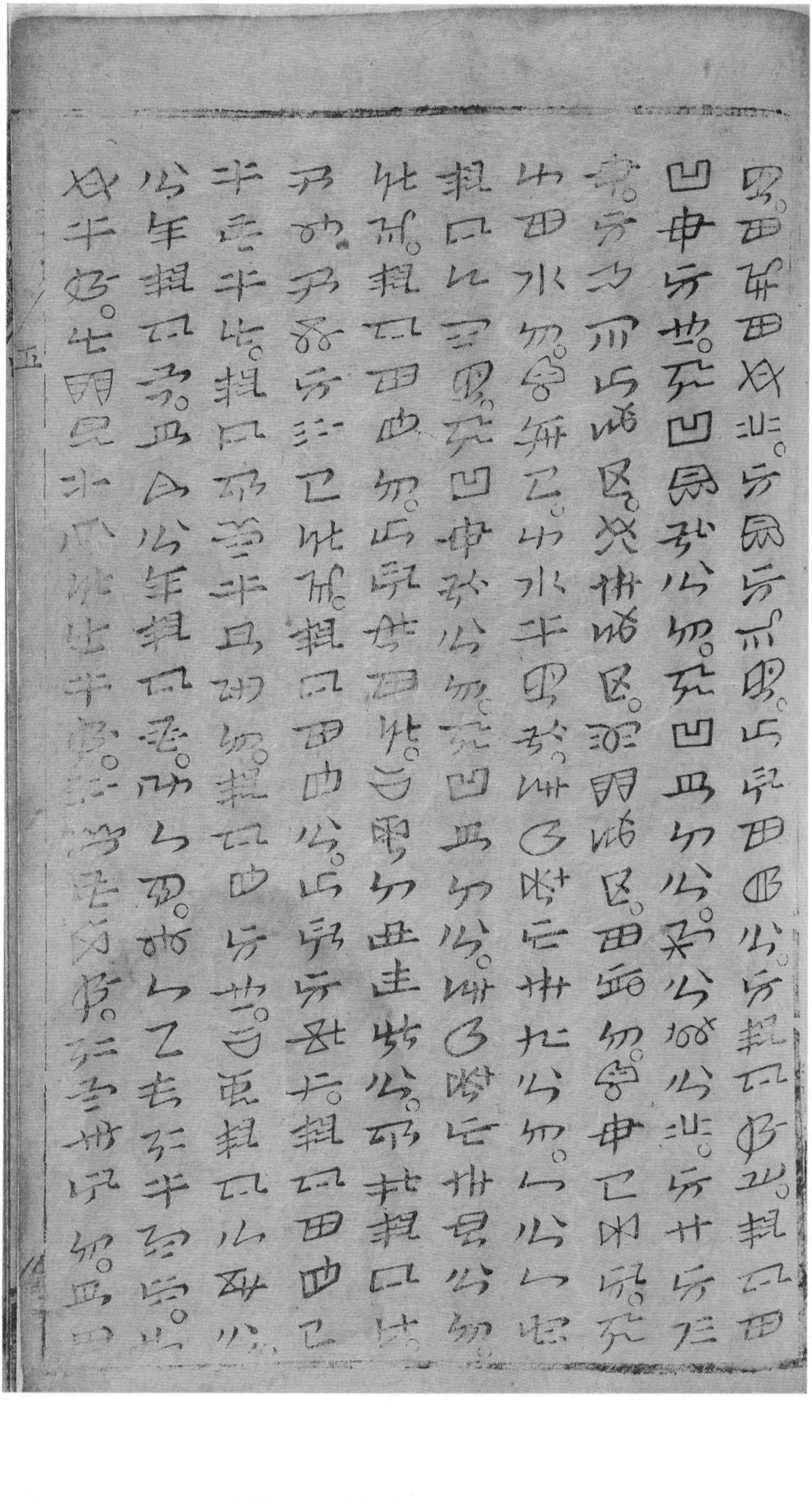

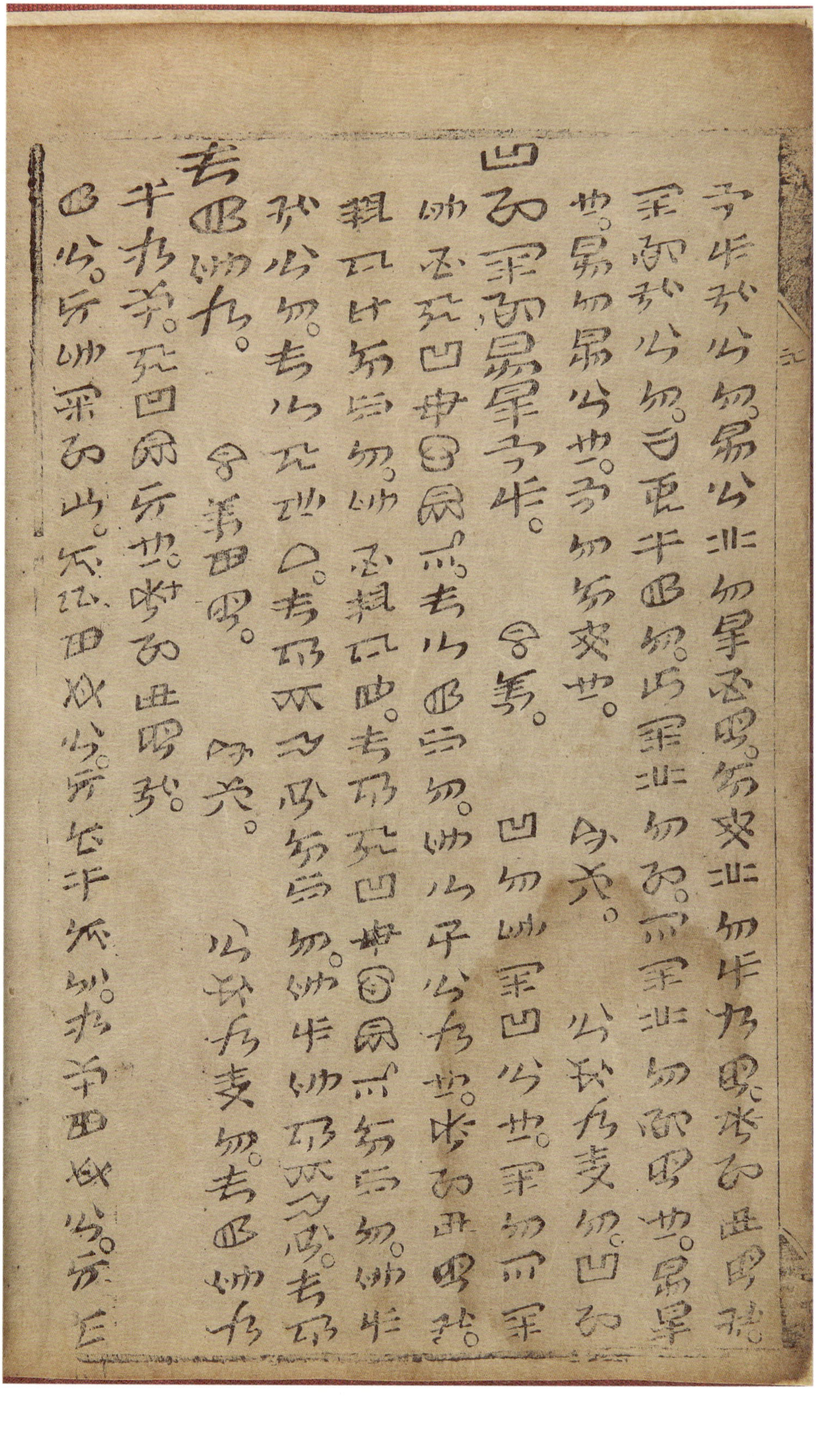

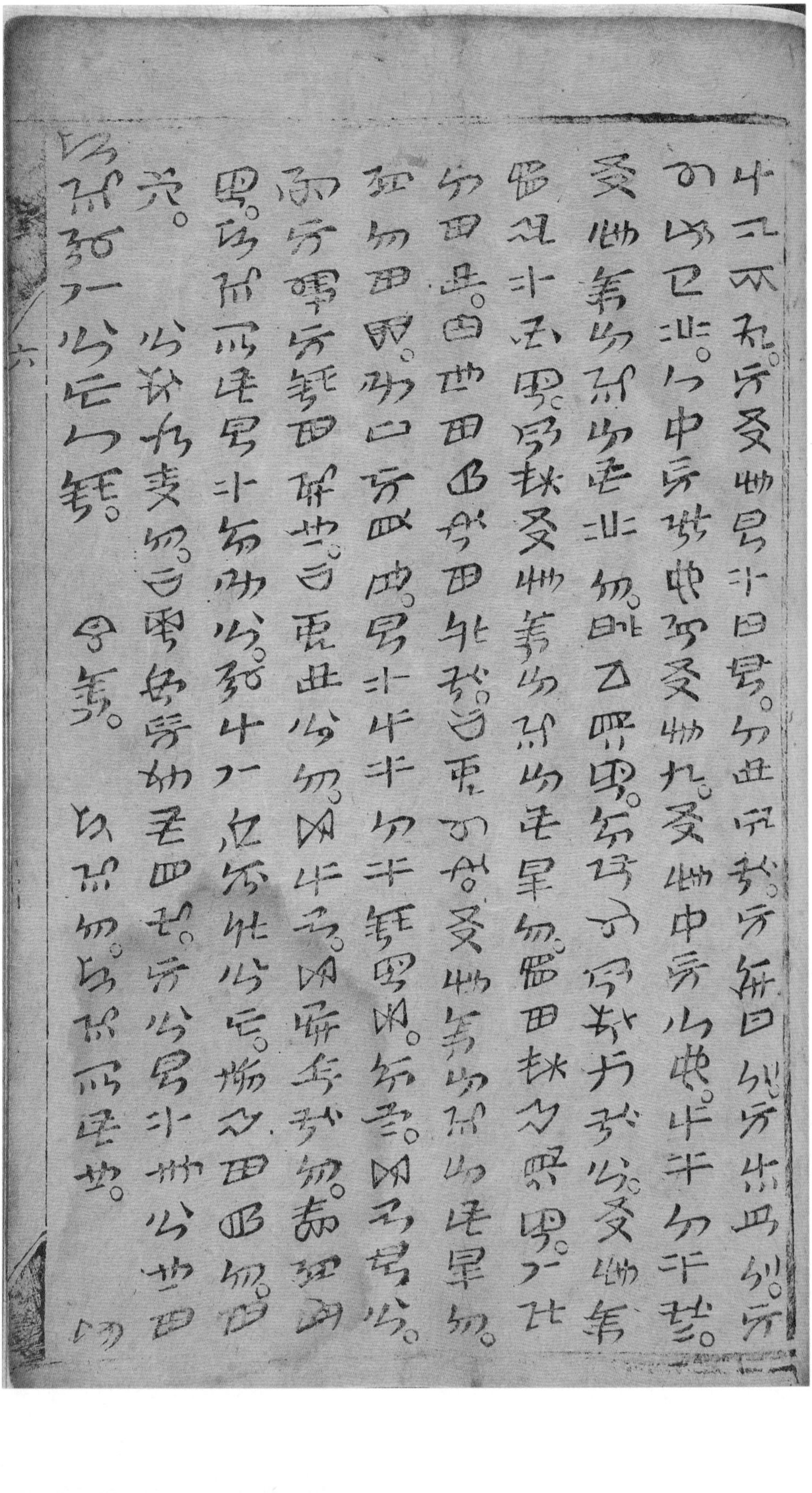

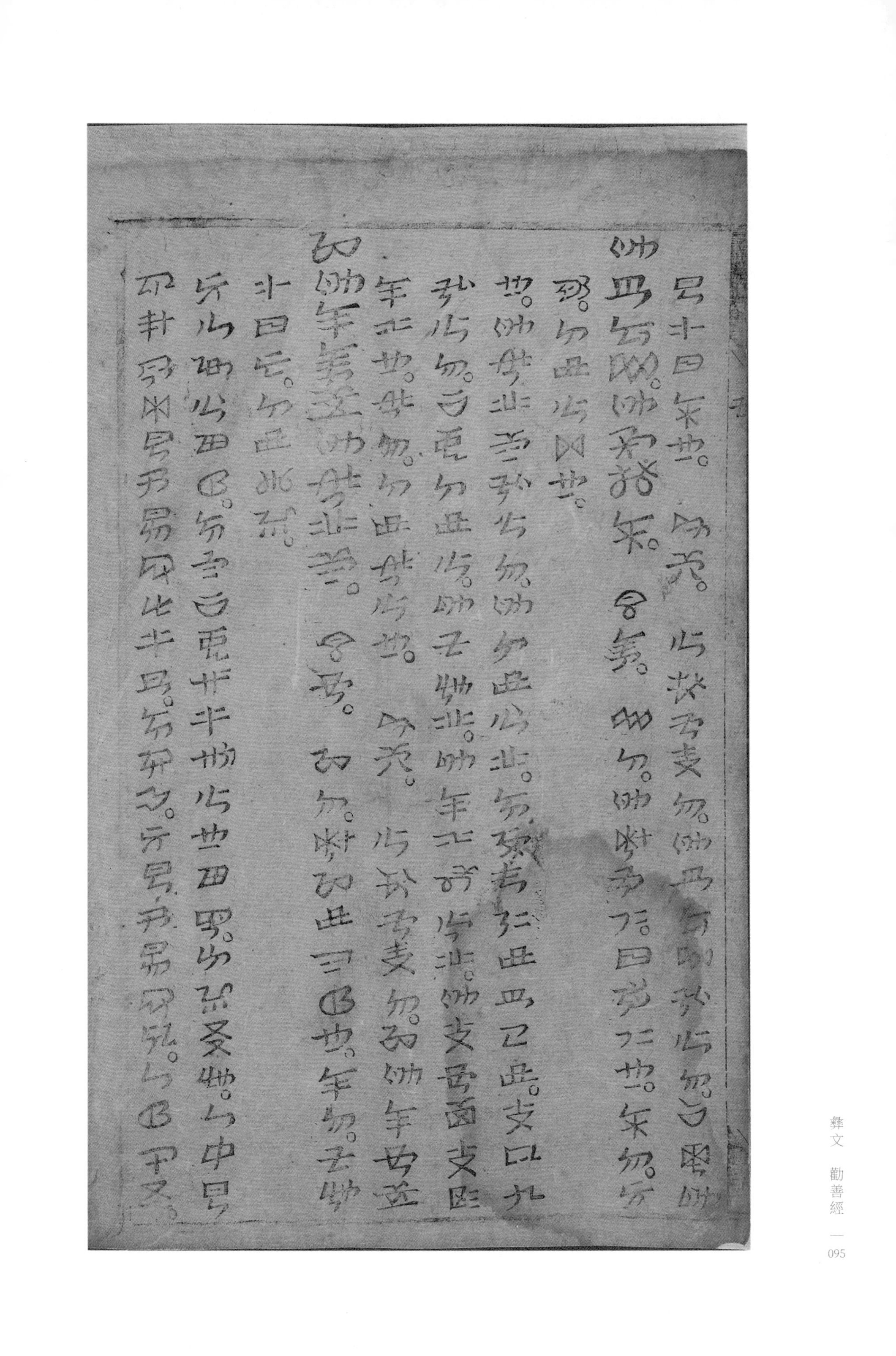

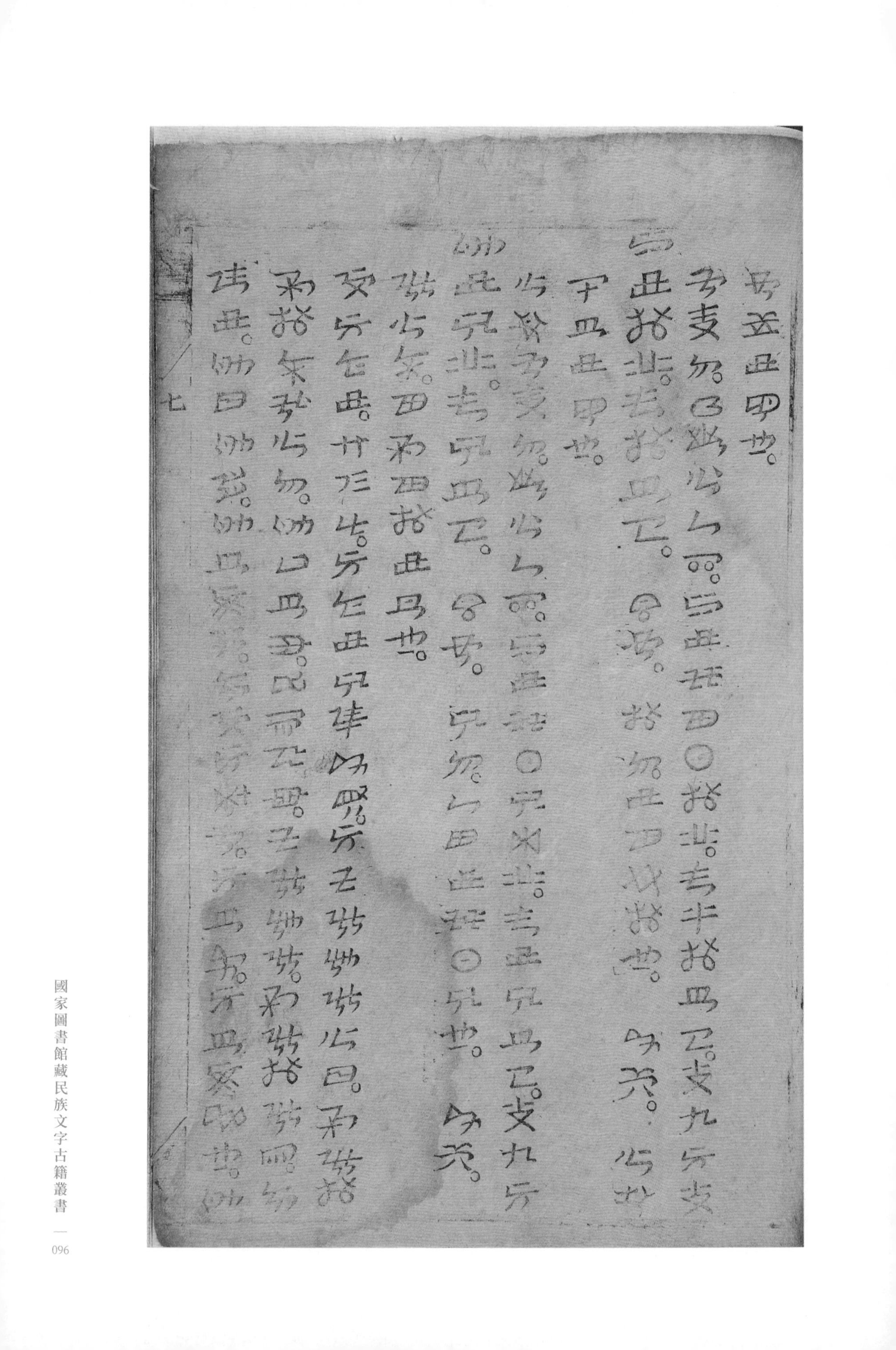

七

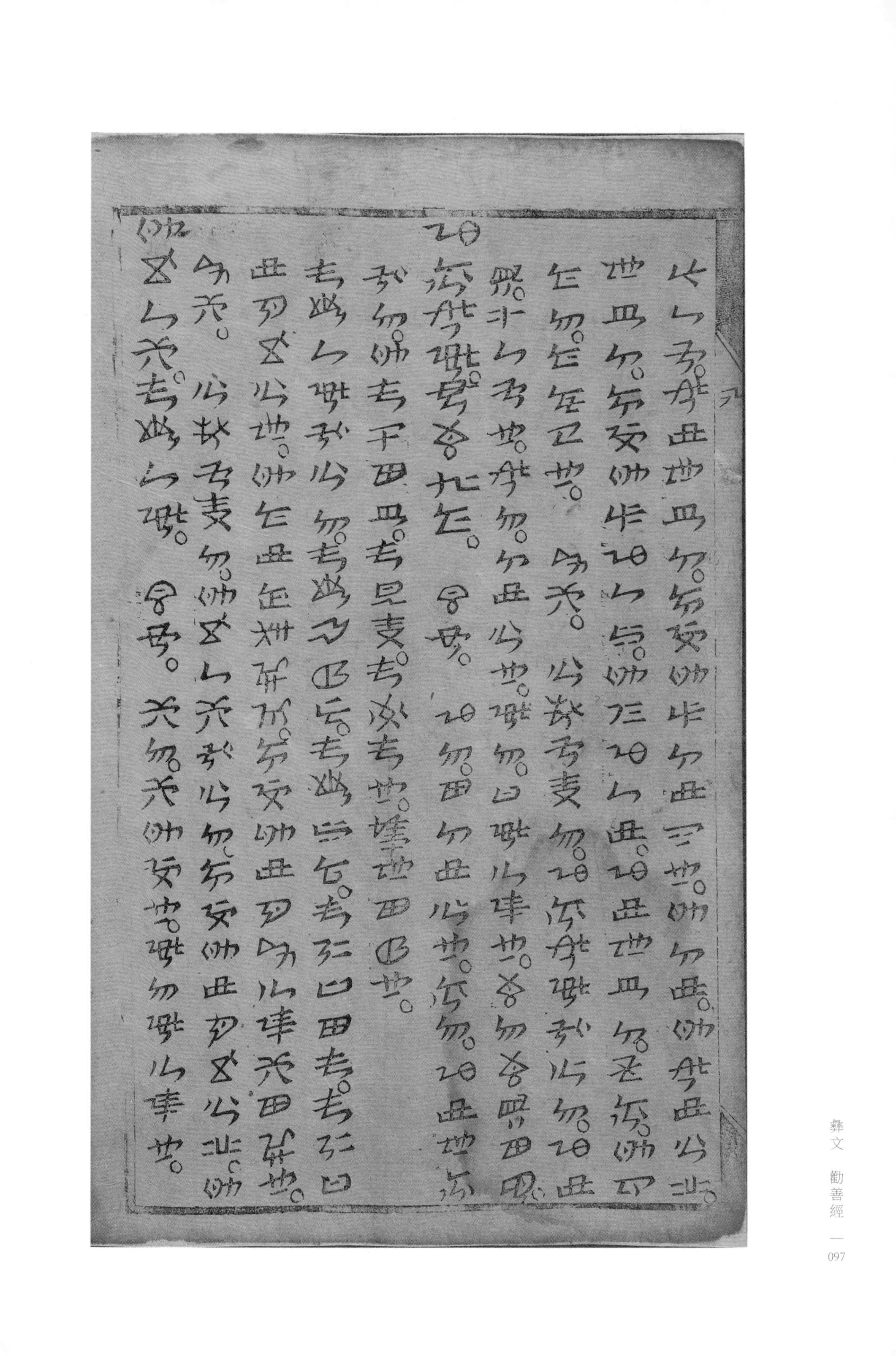

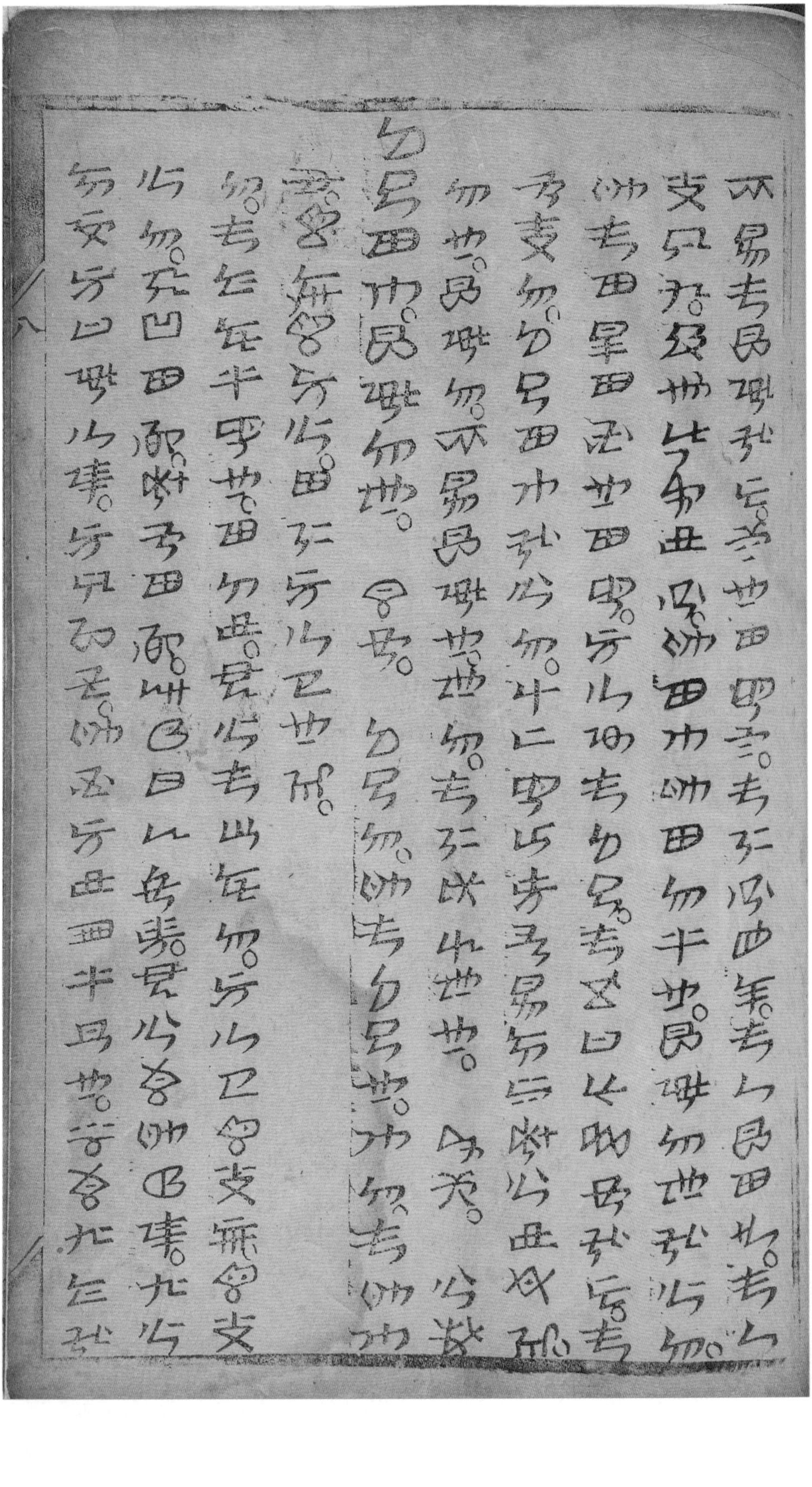
八

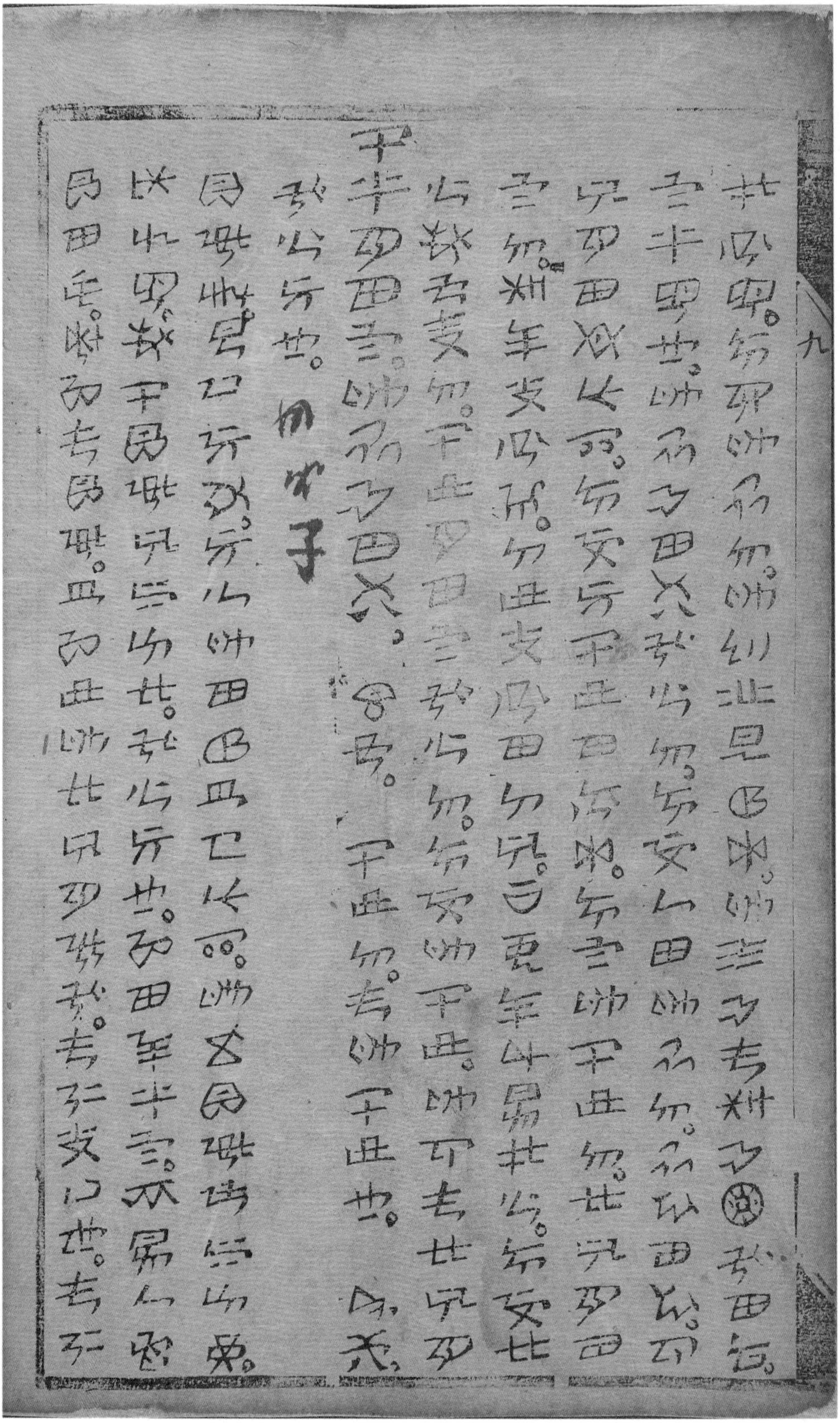
九

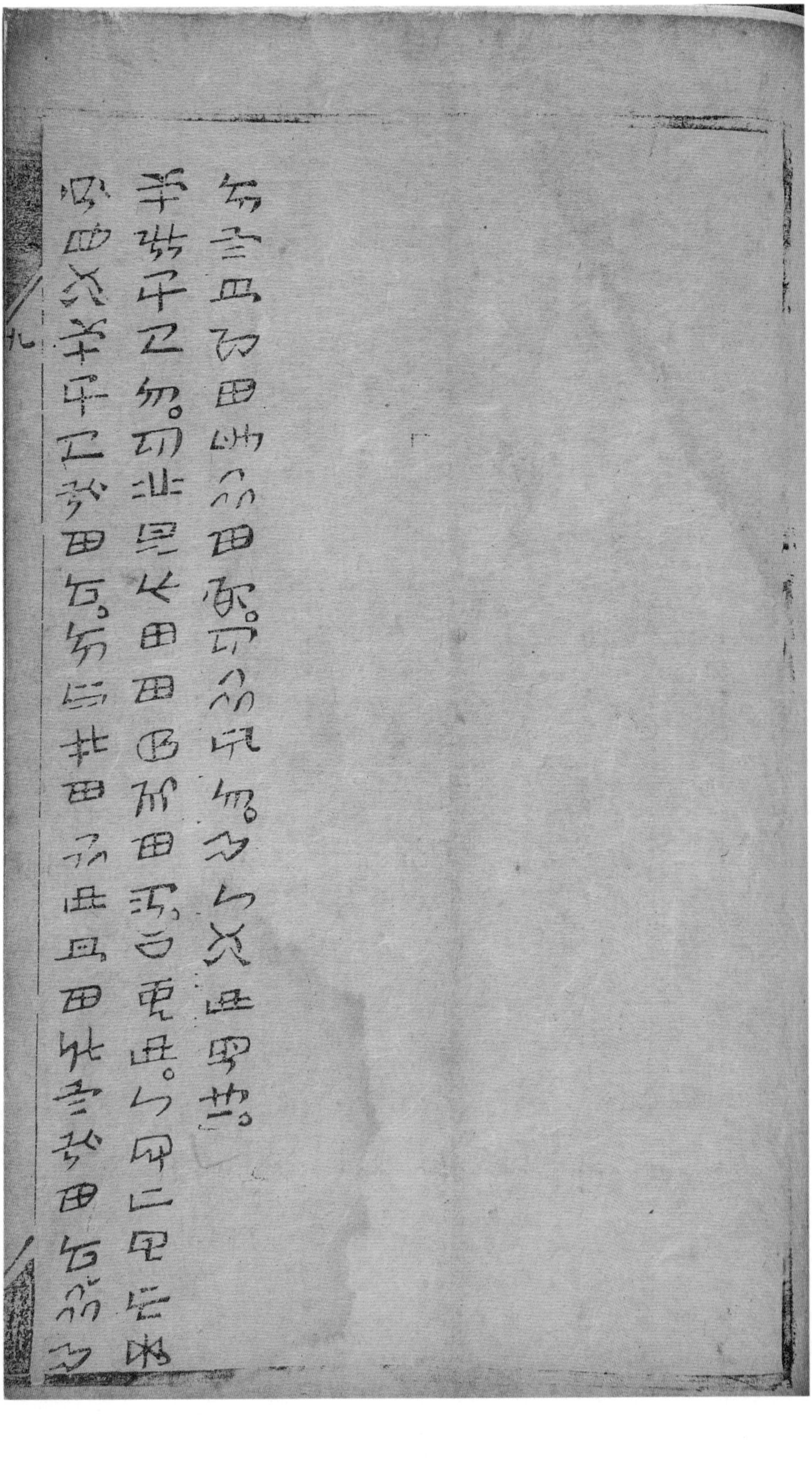

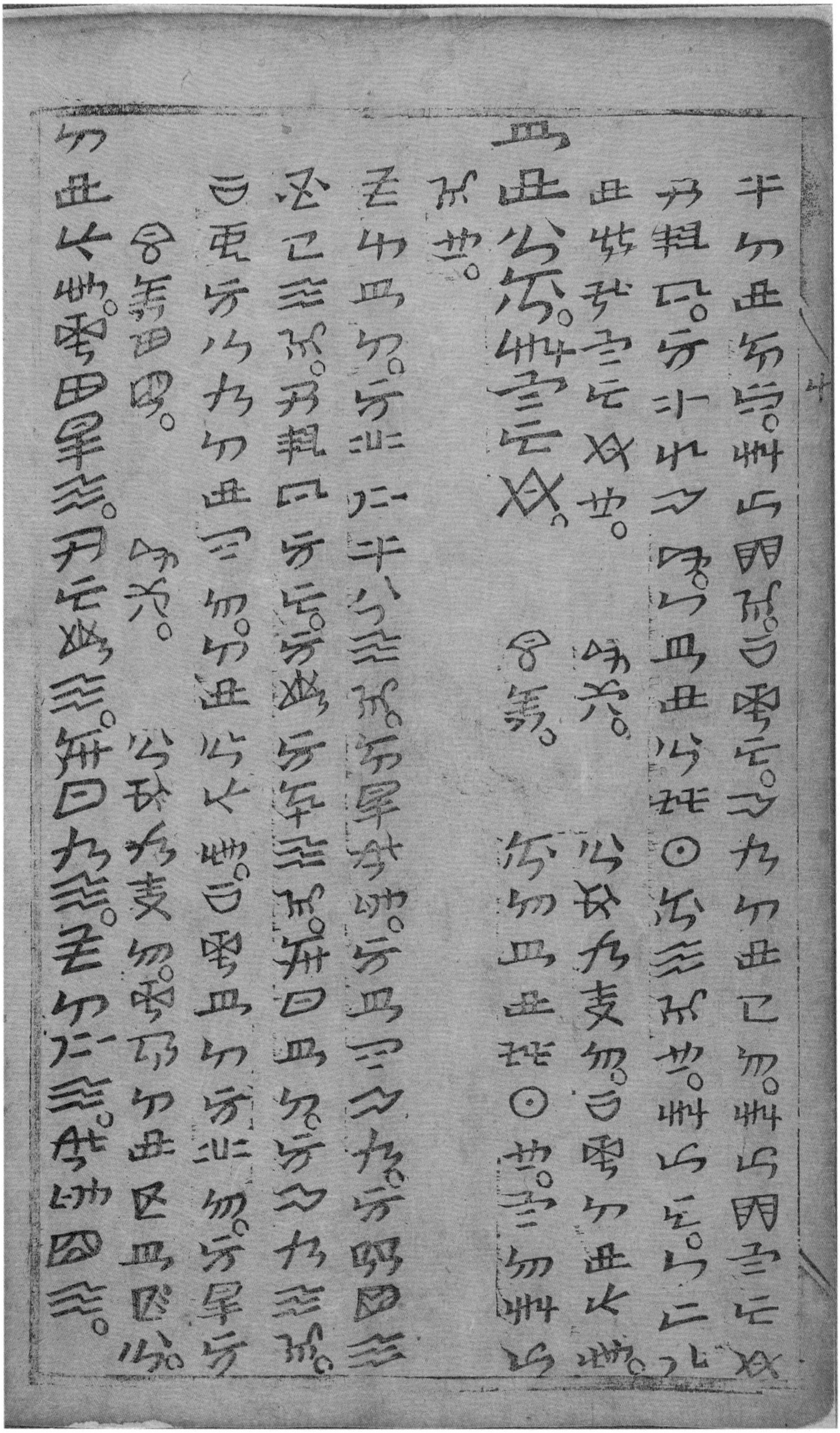

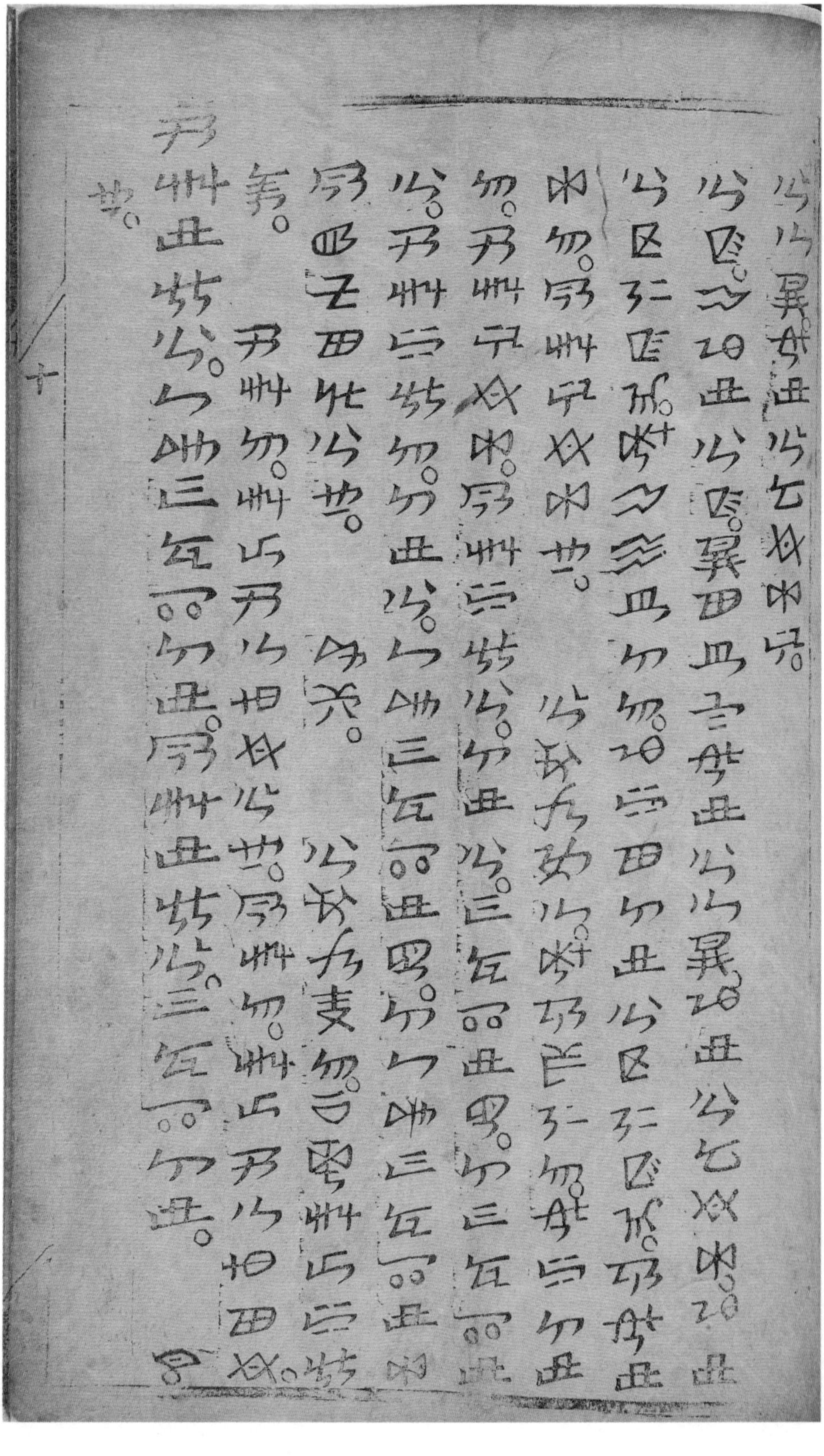

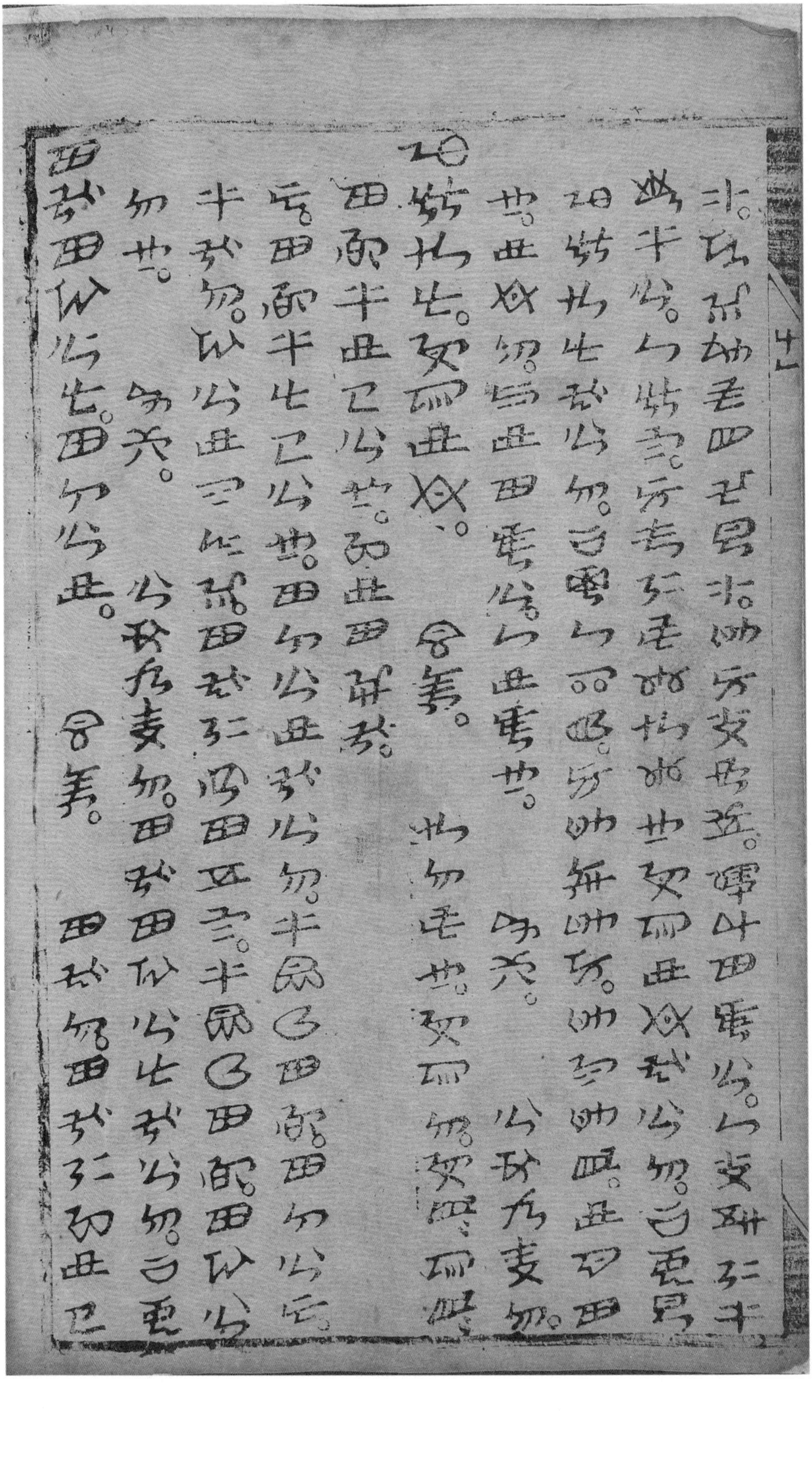

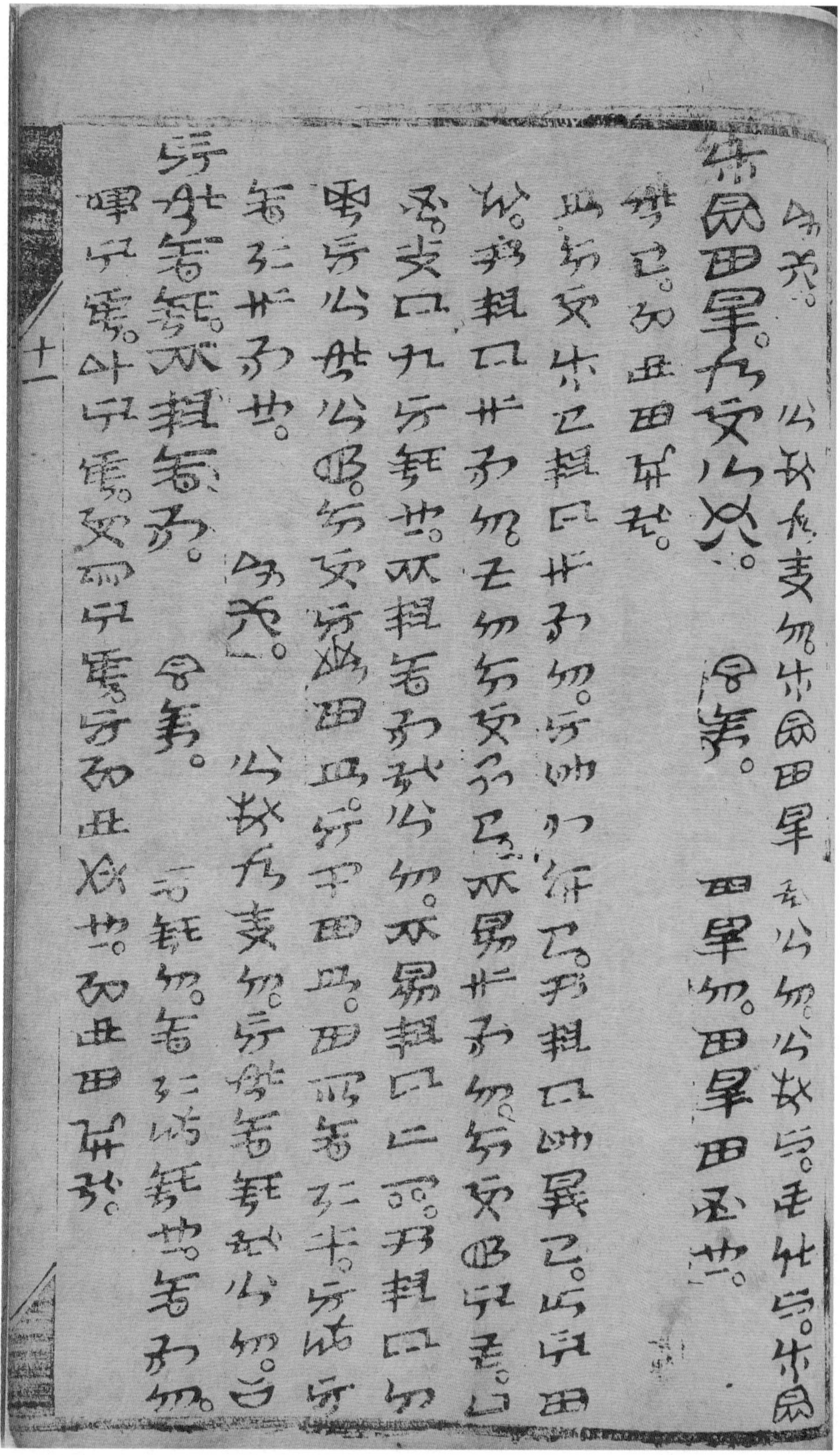
十一

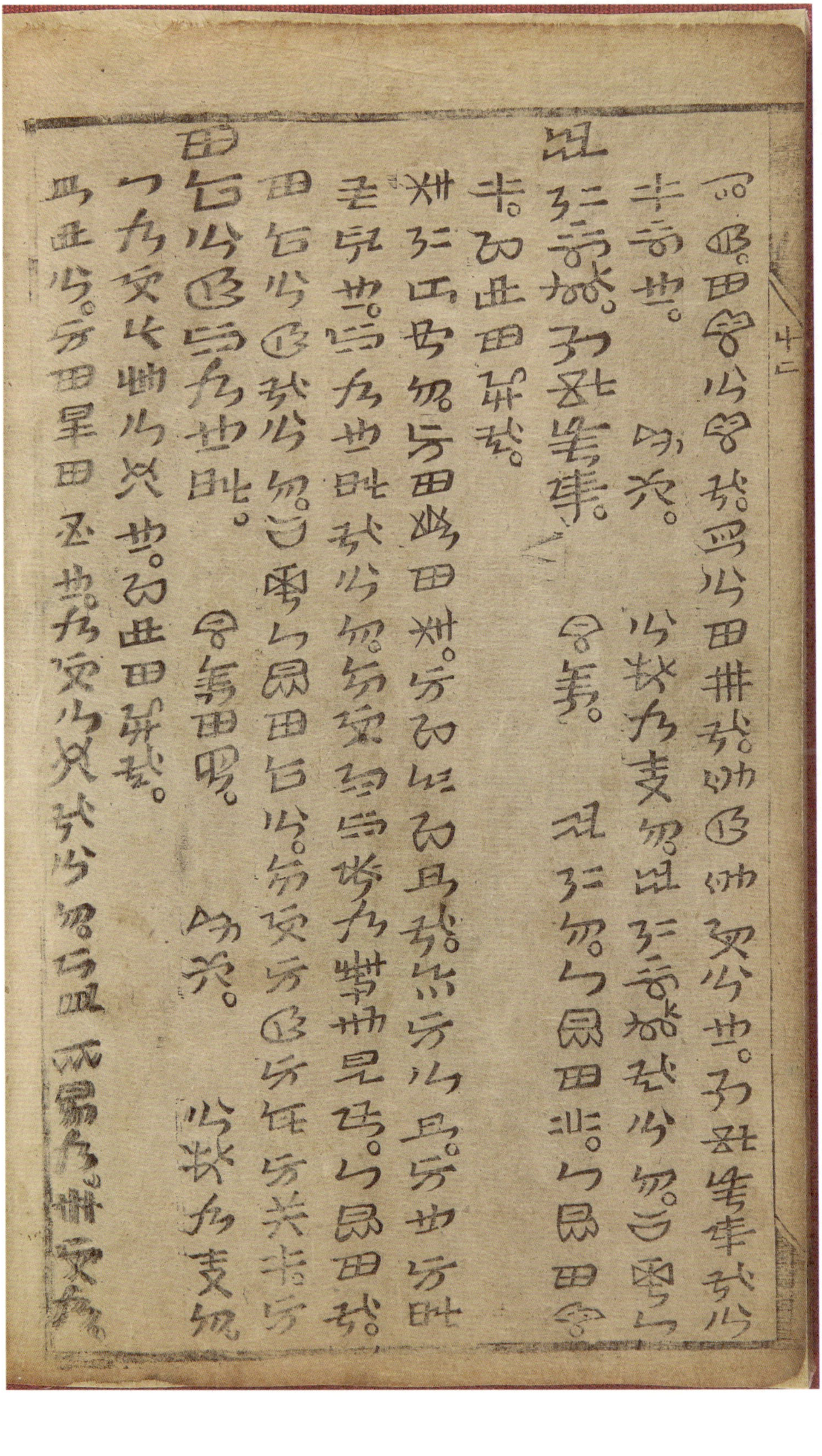

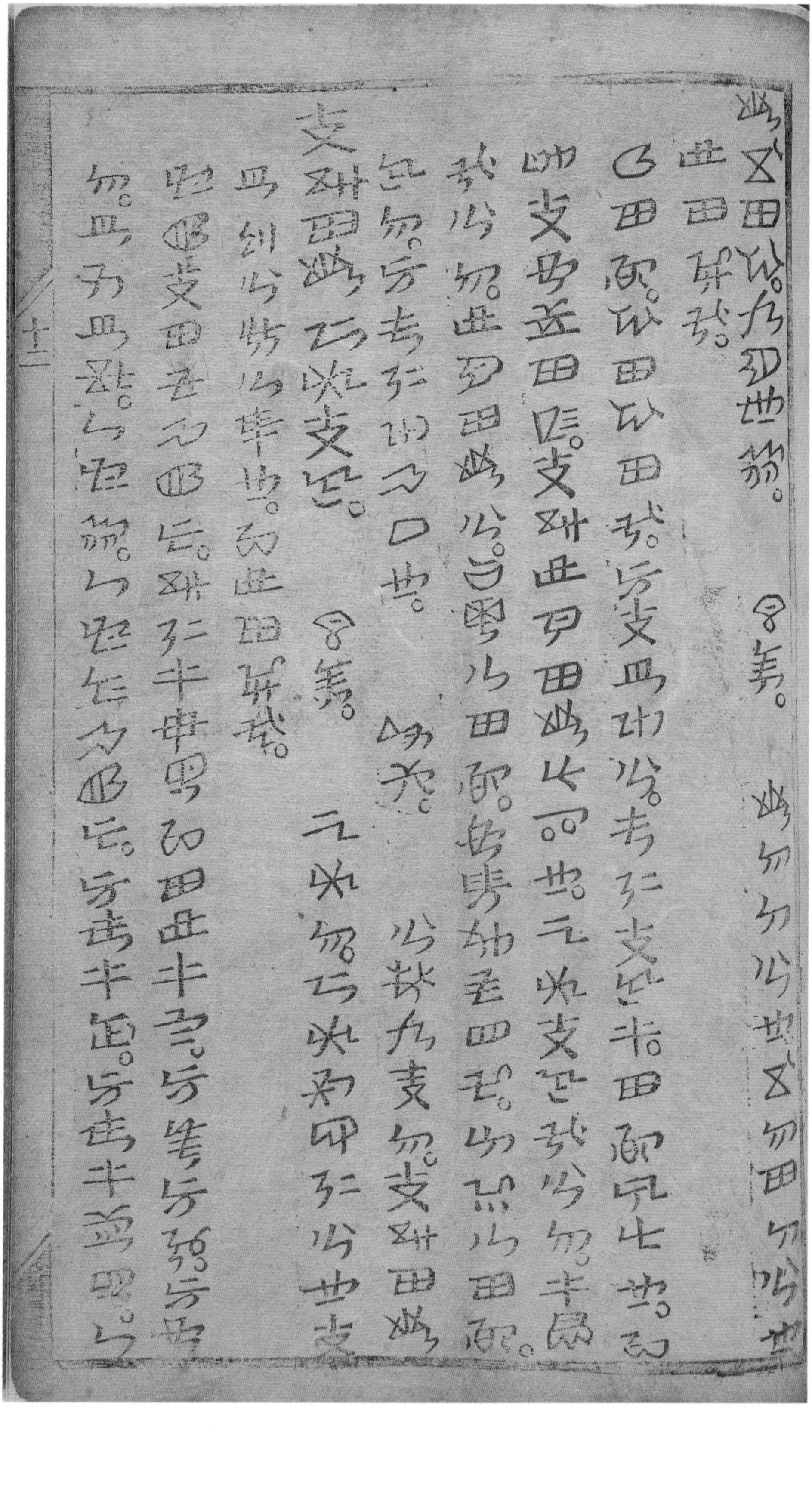

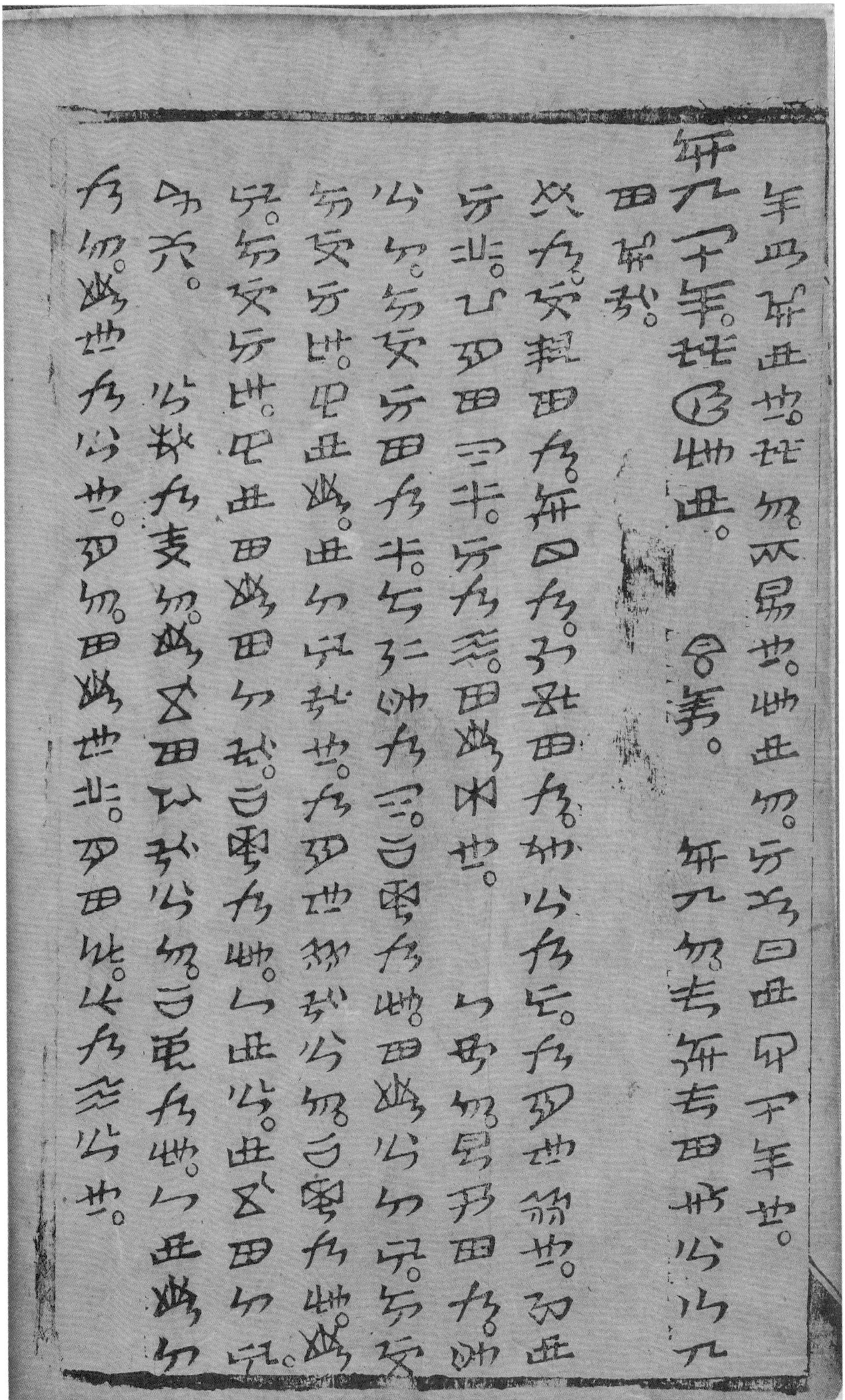

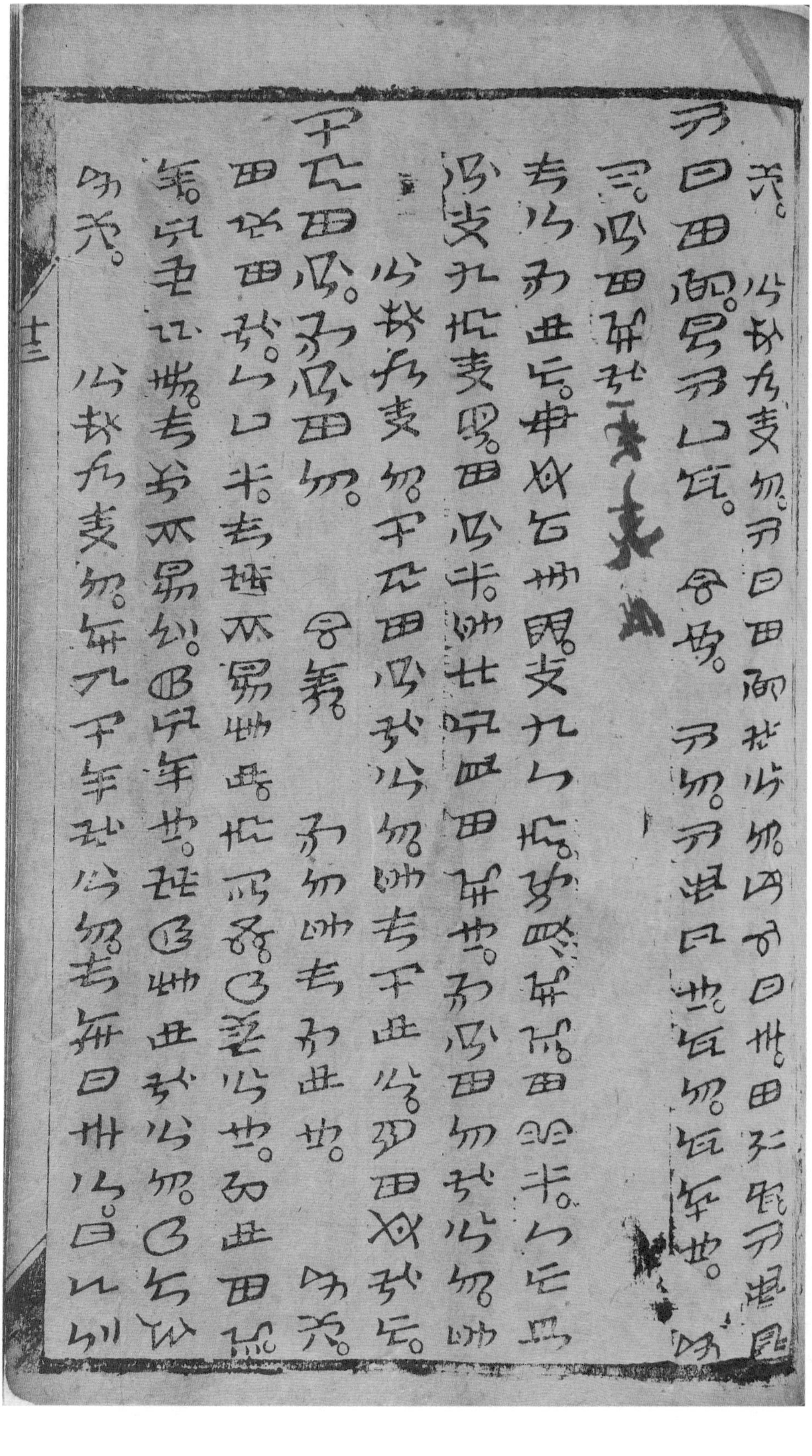

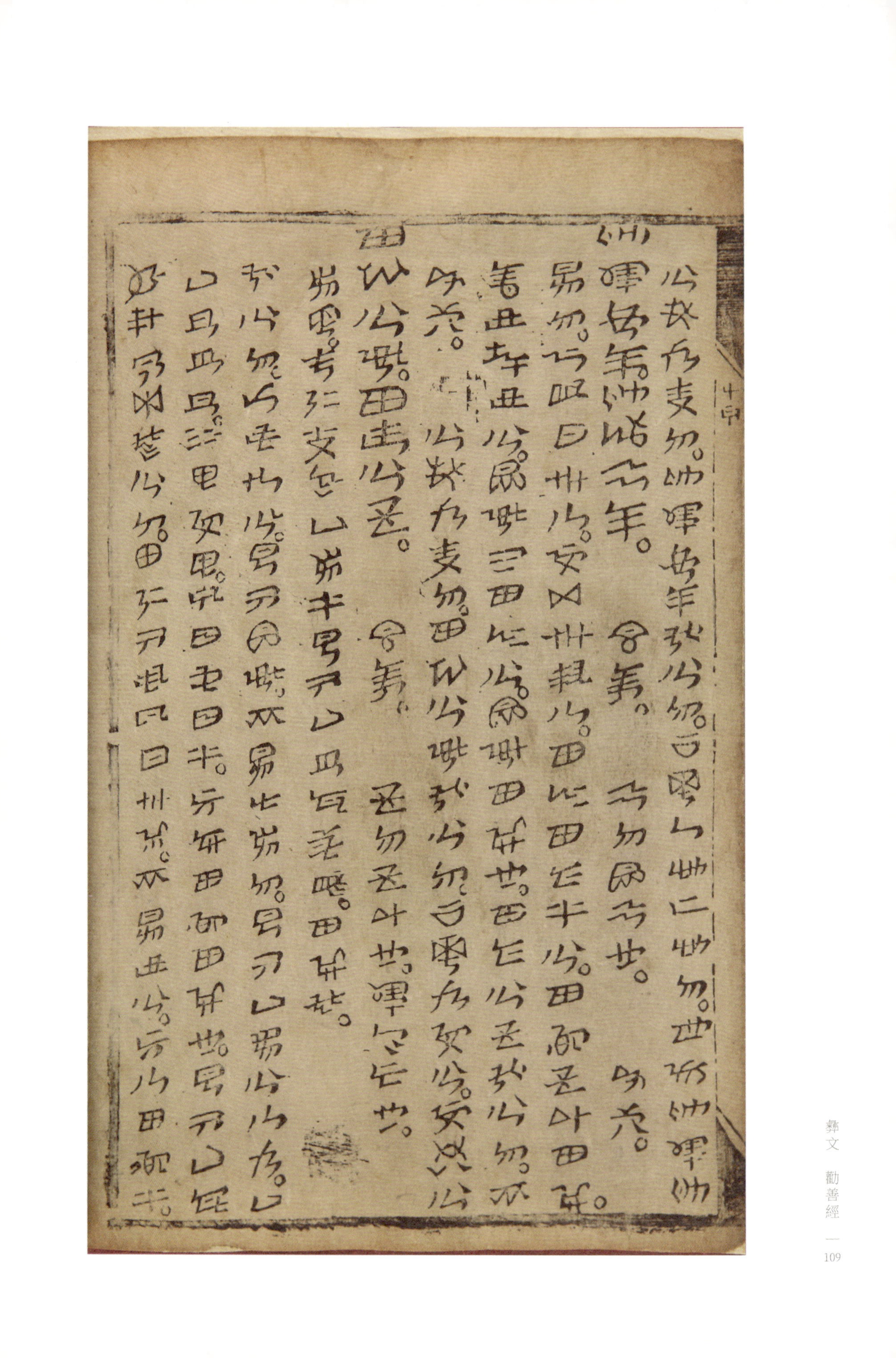

十四

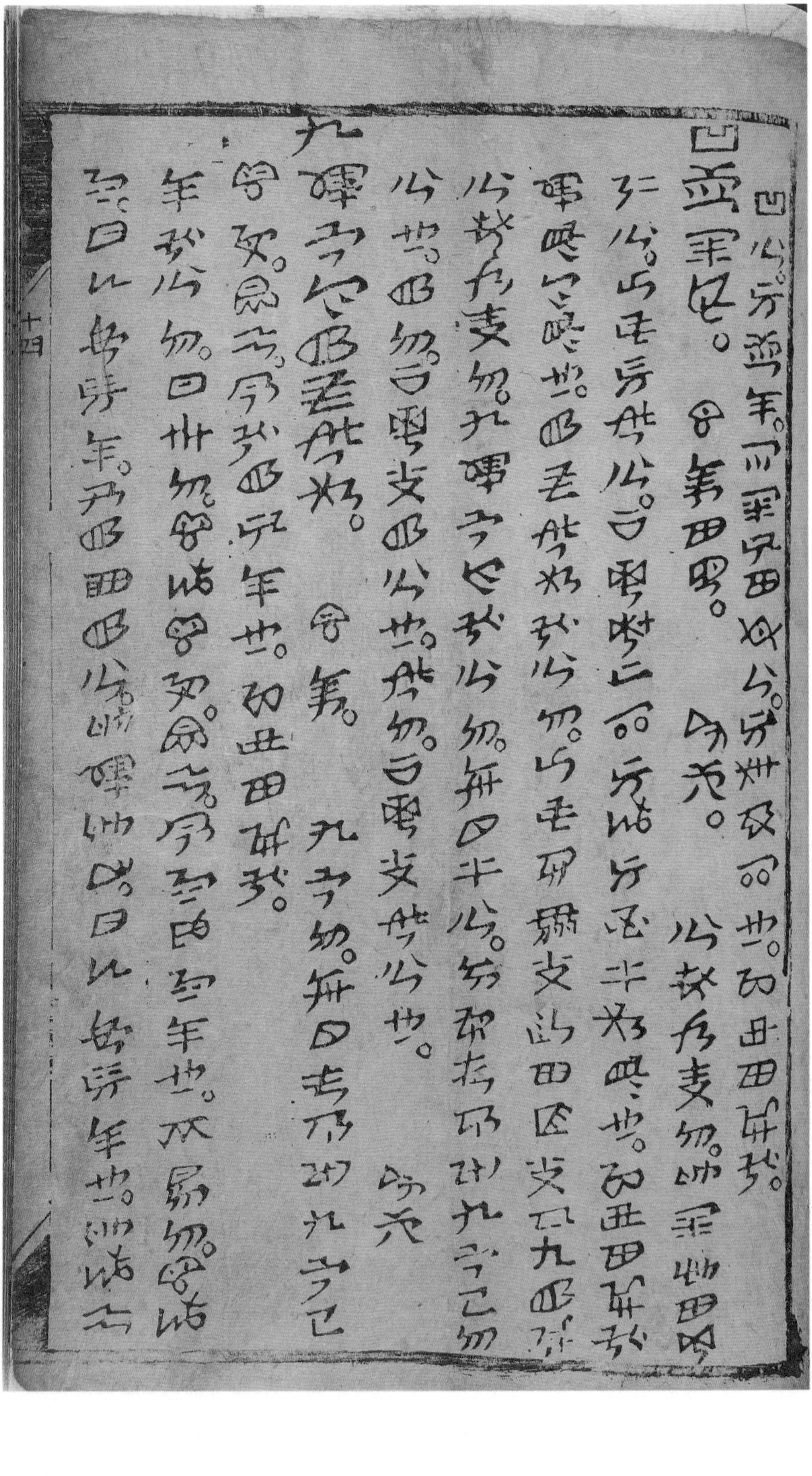

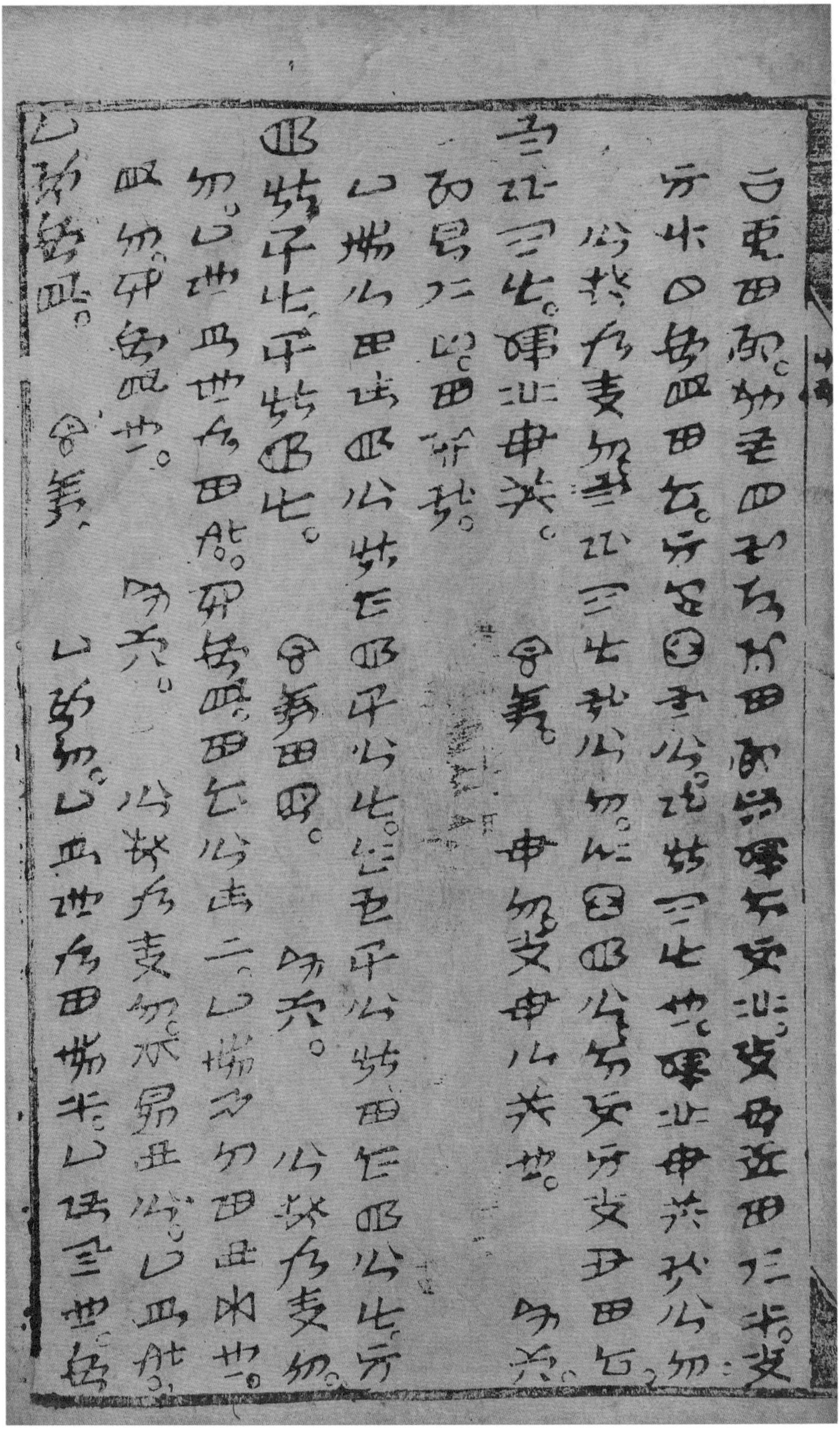

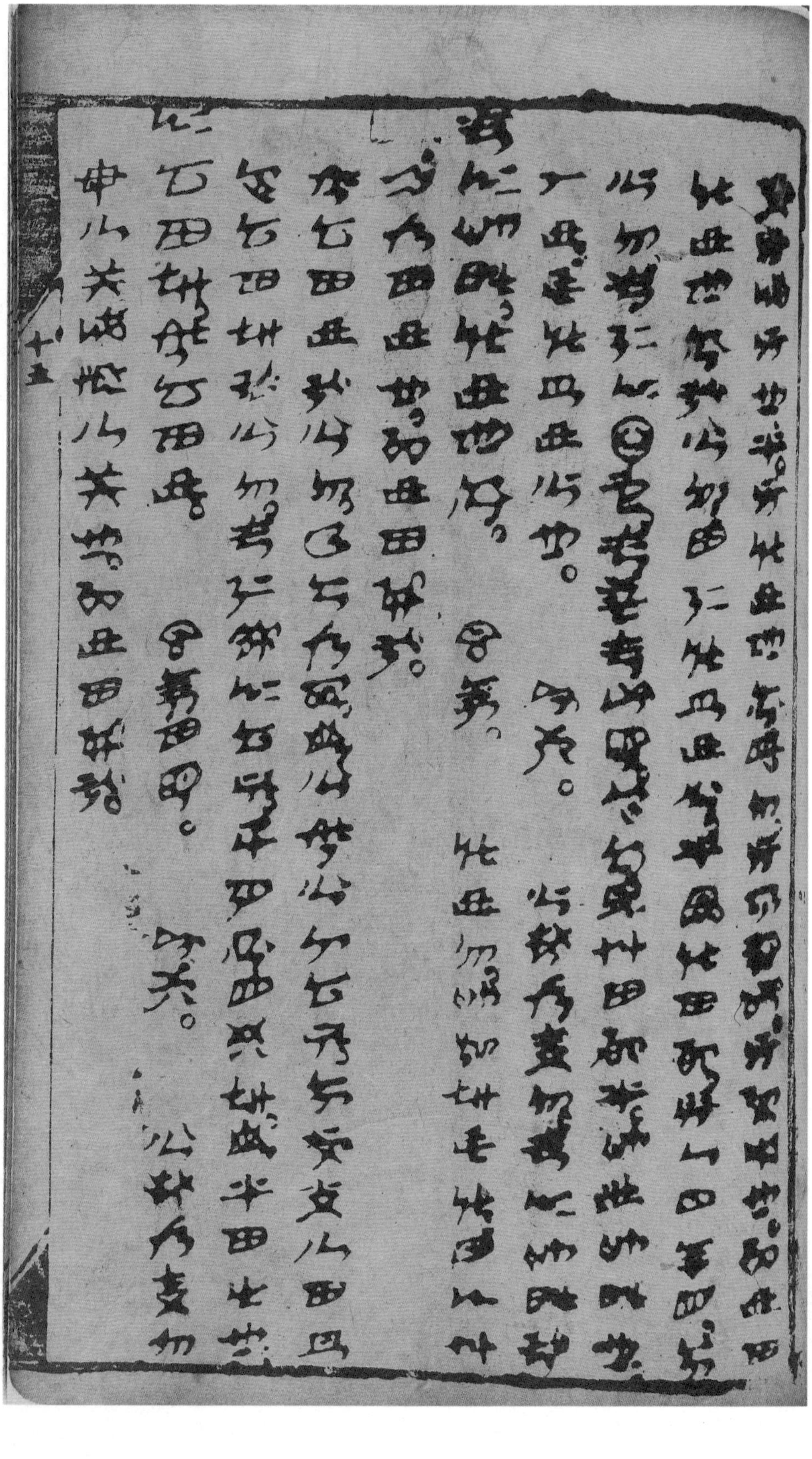
十五

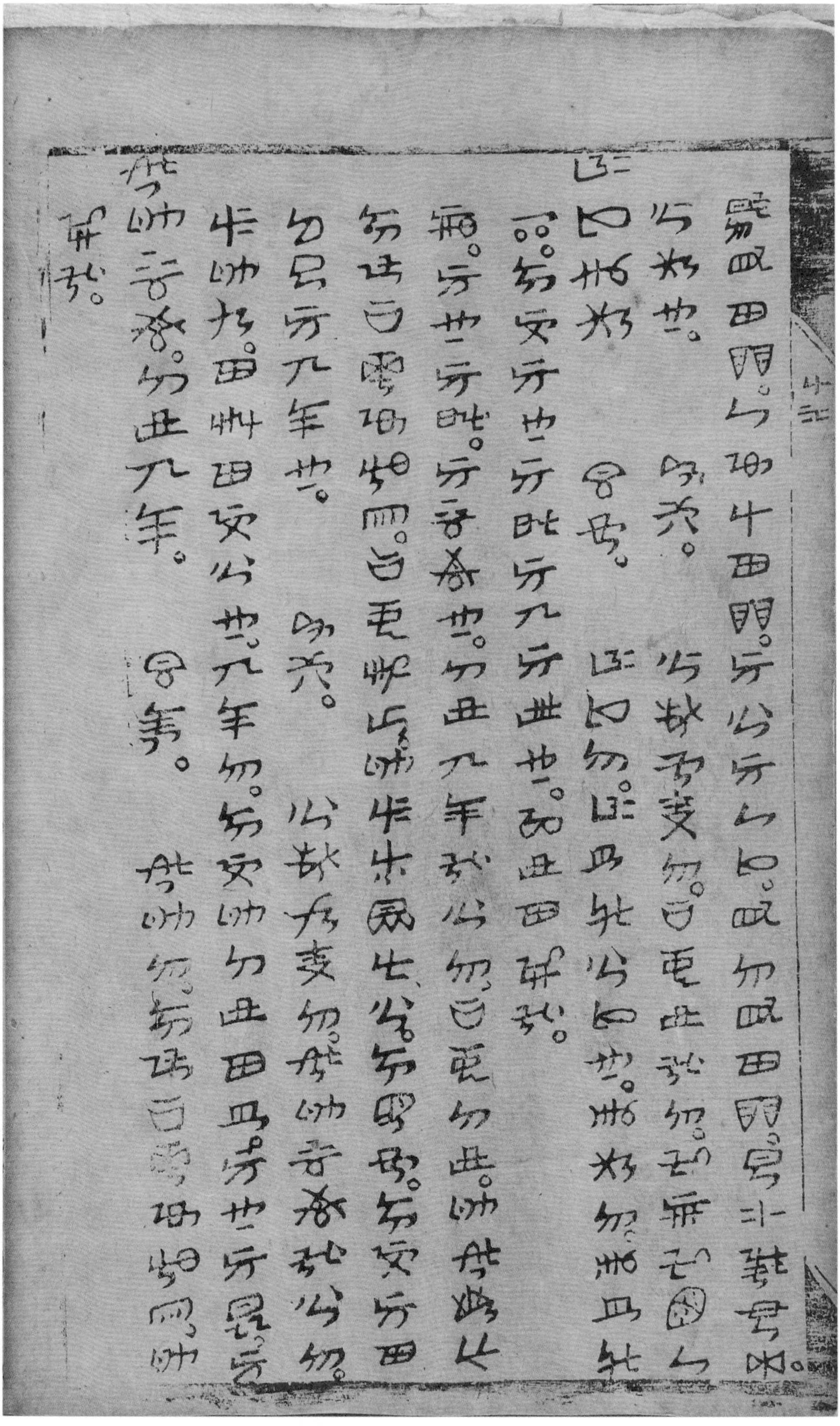

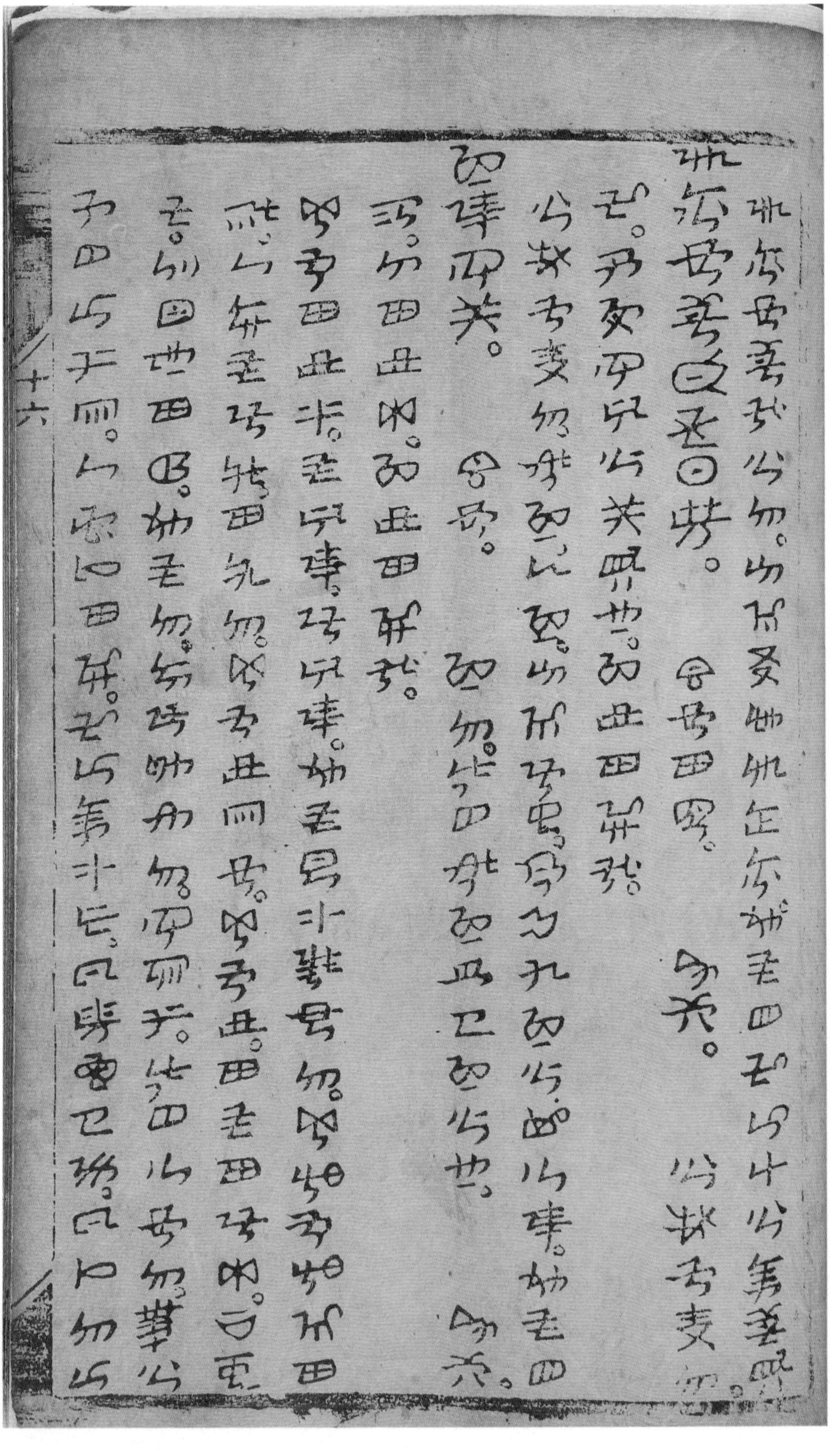

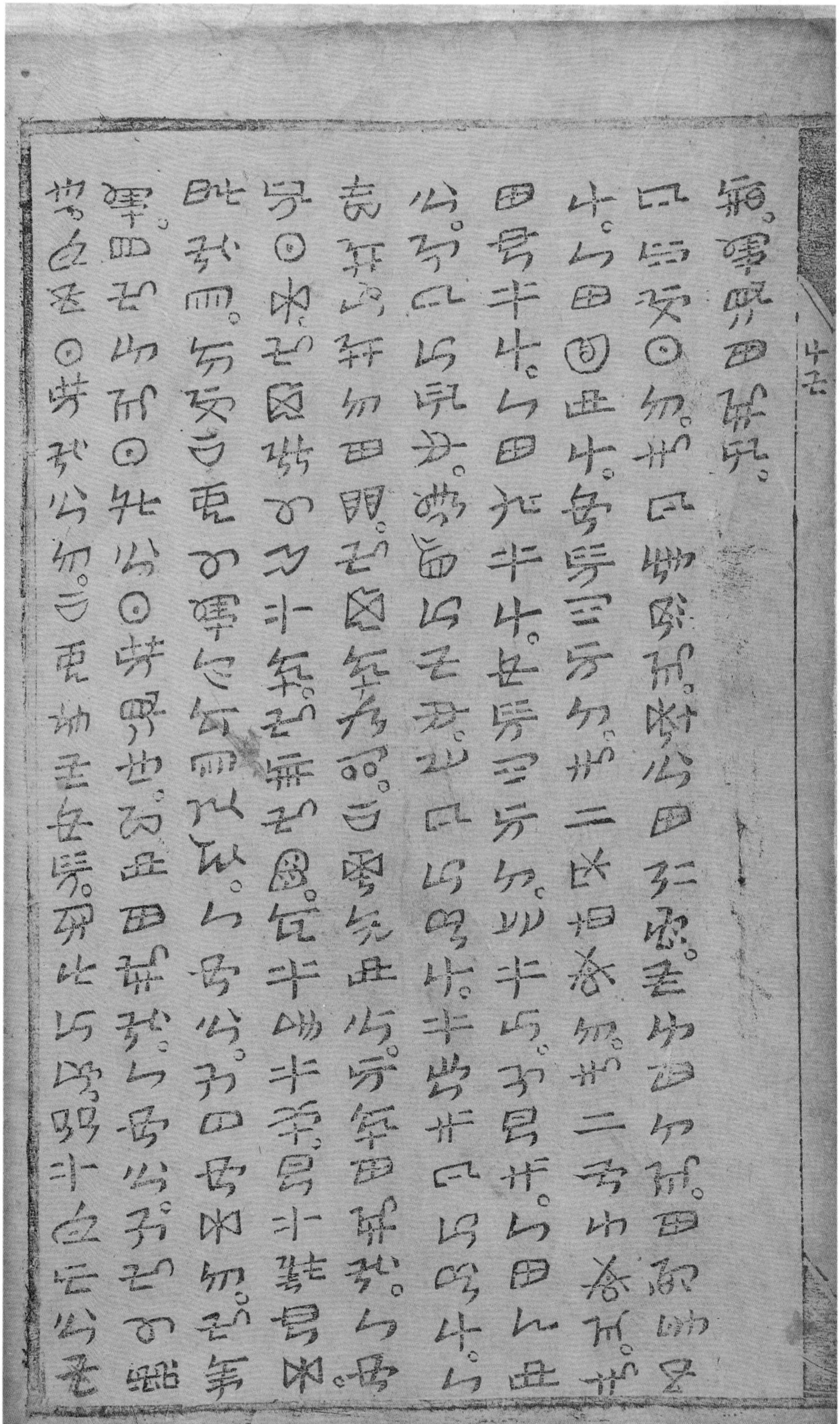

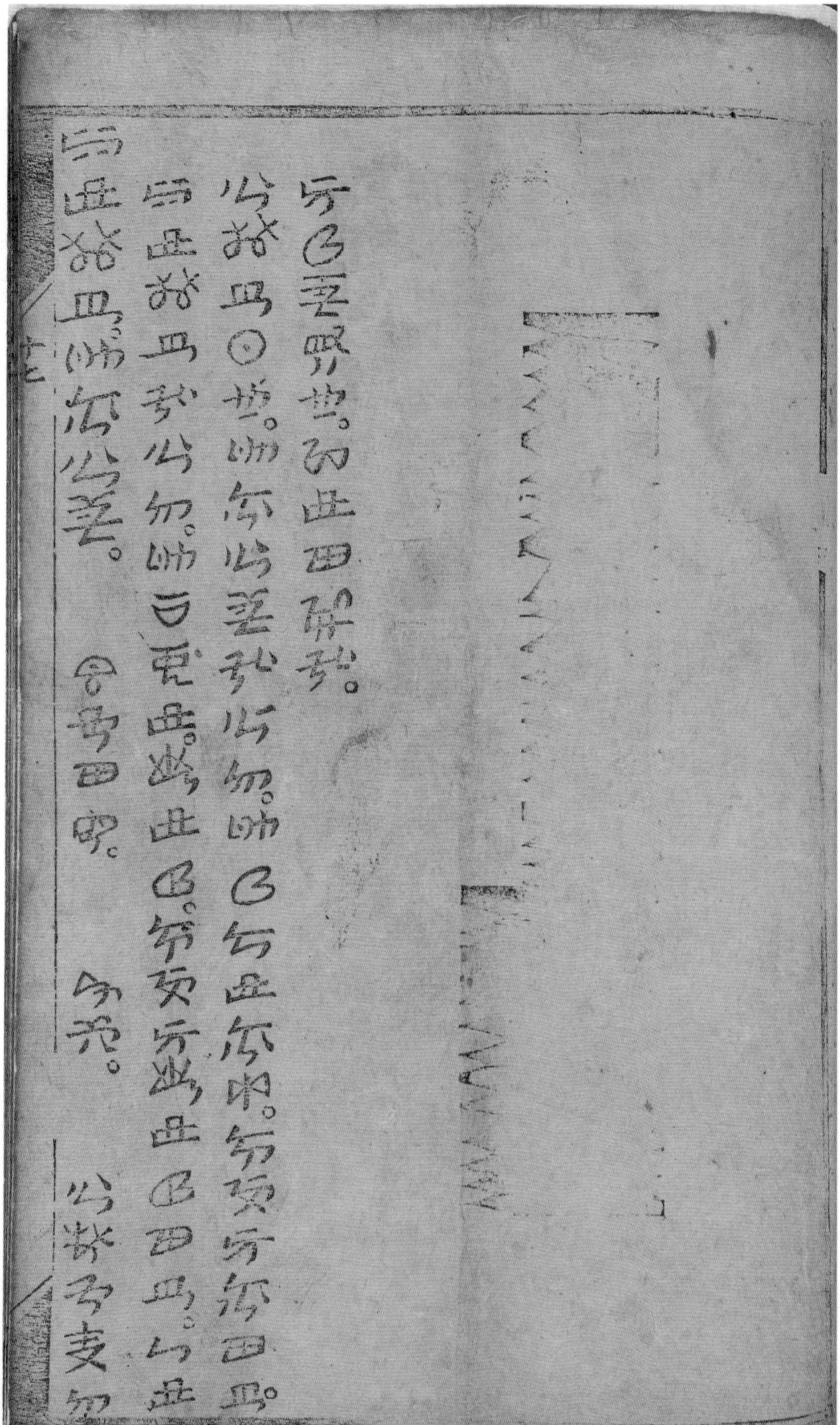

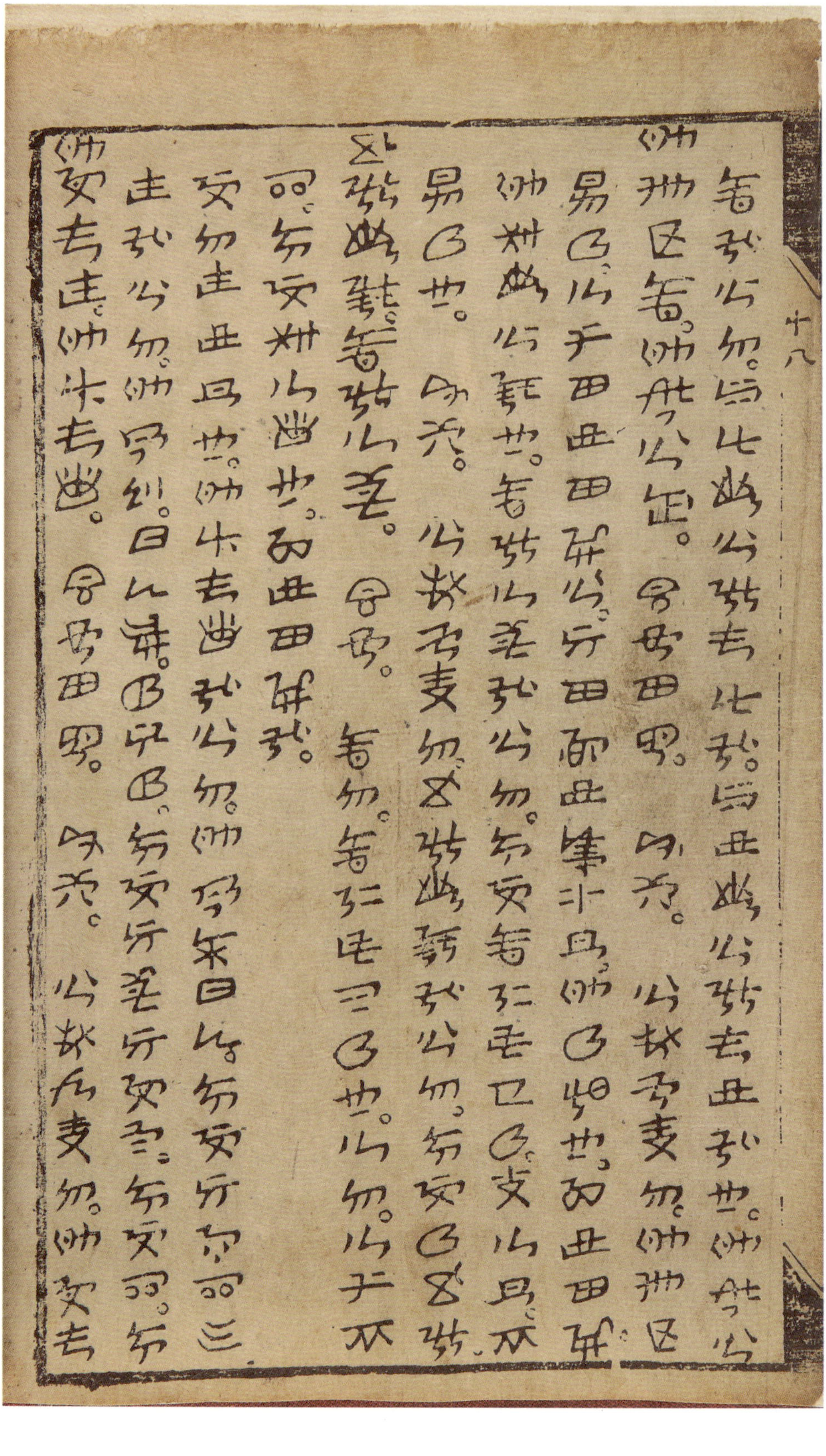
十八

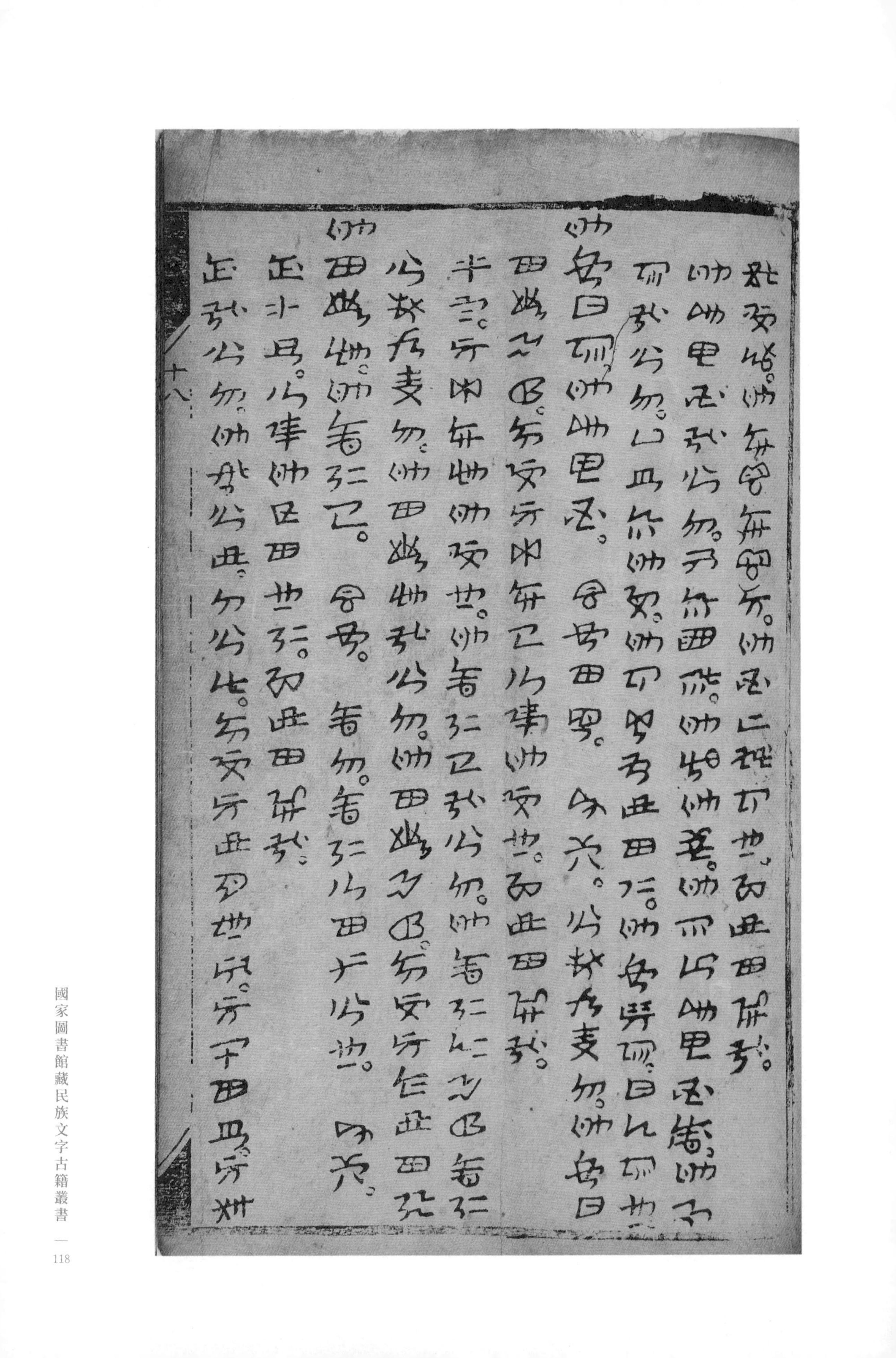

十八

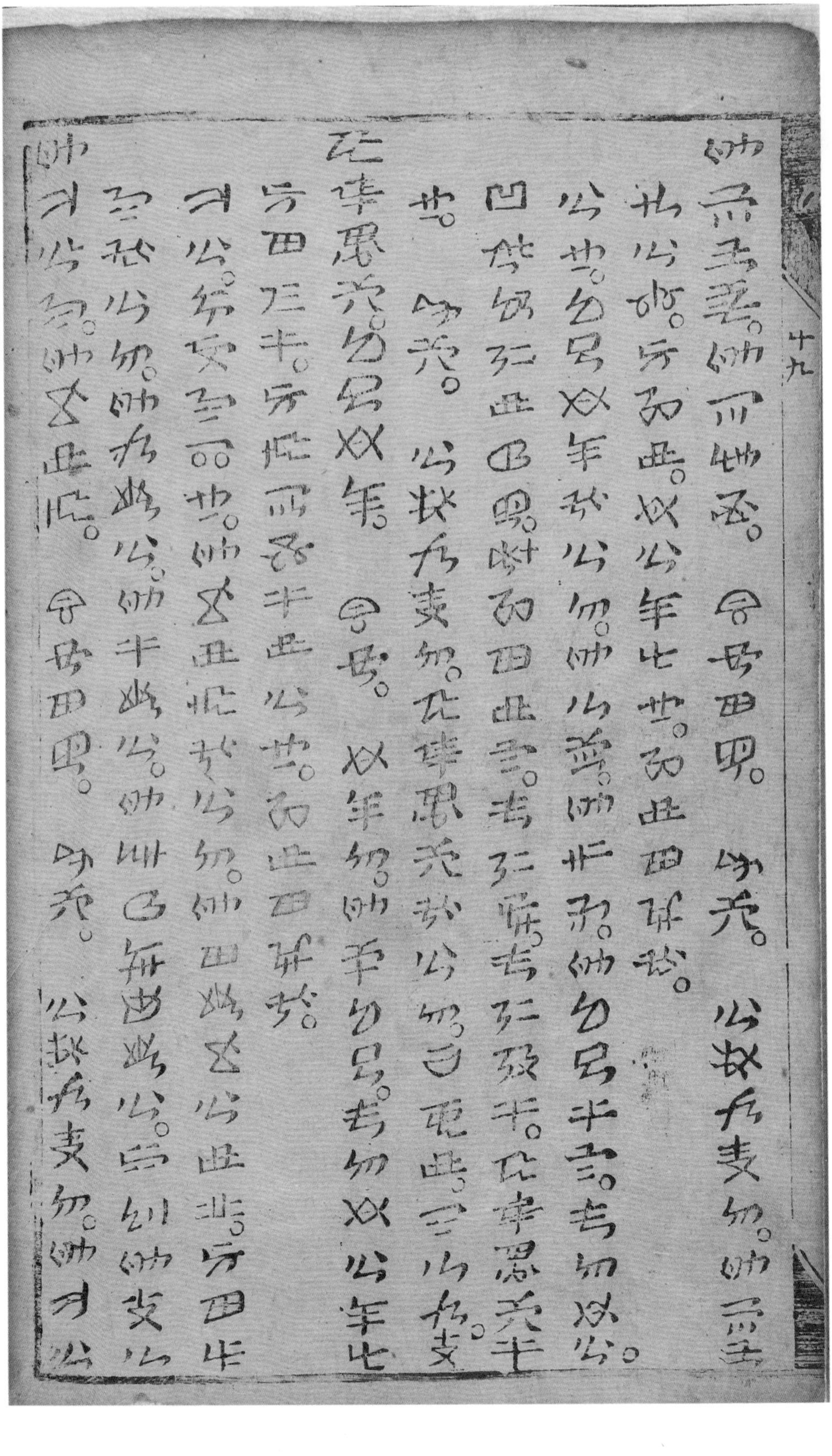
十九

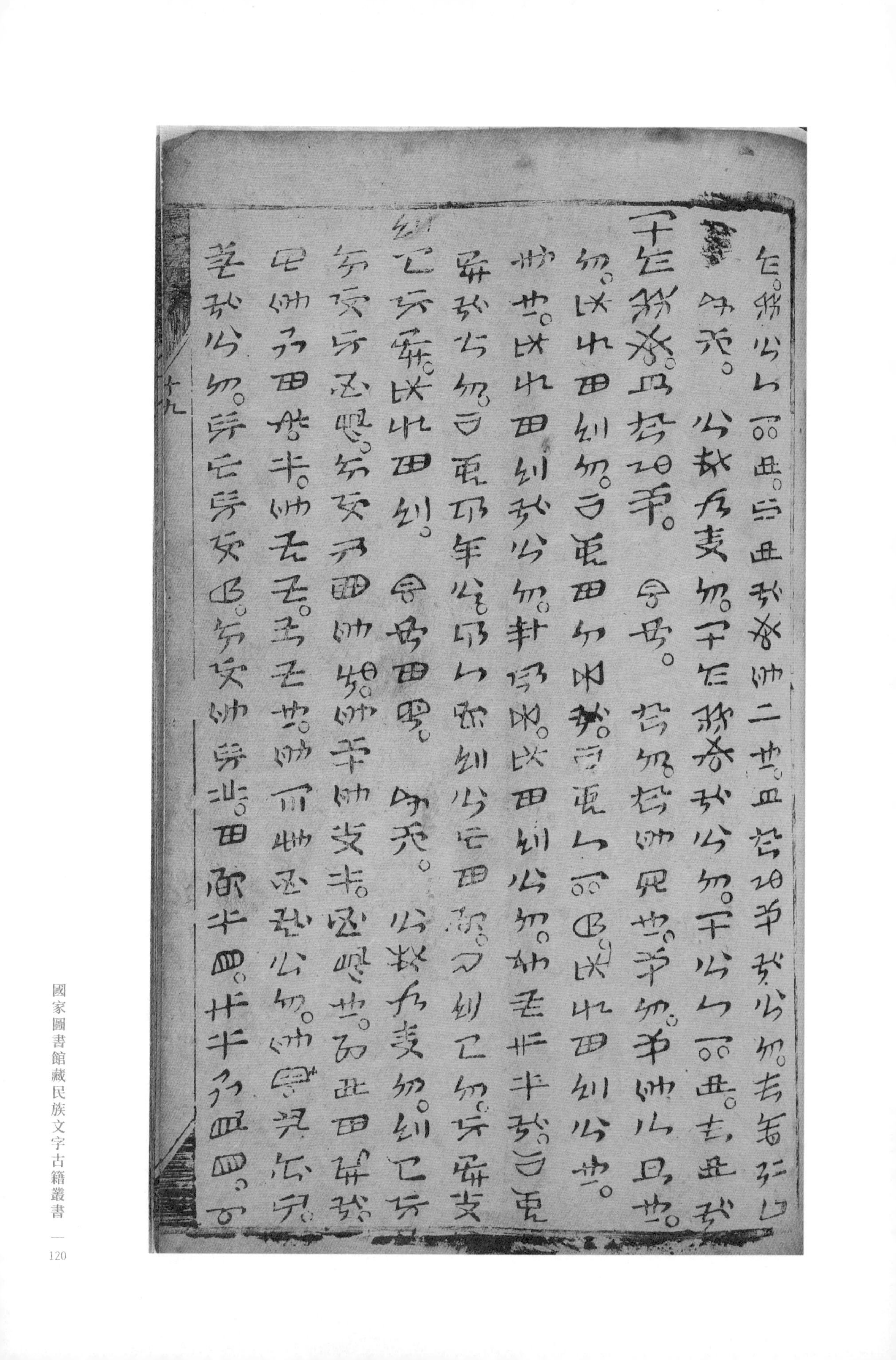

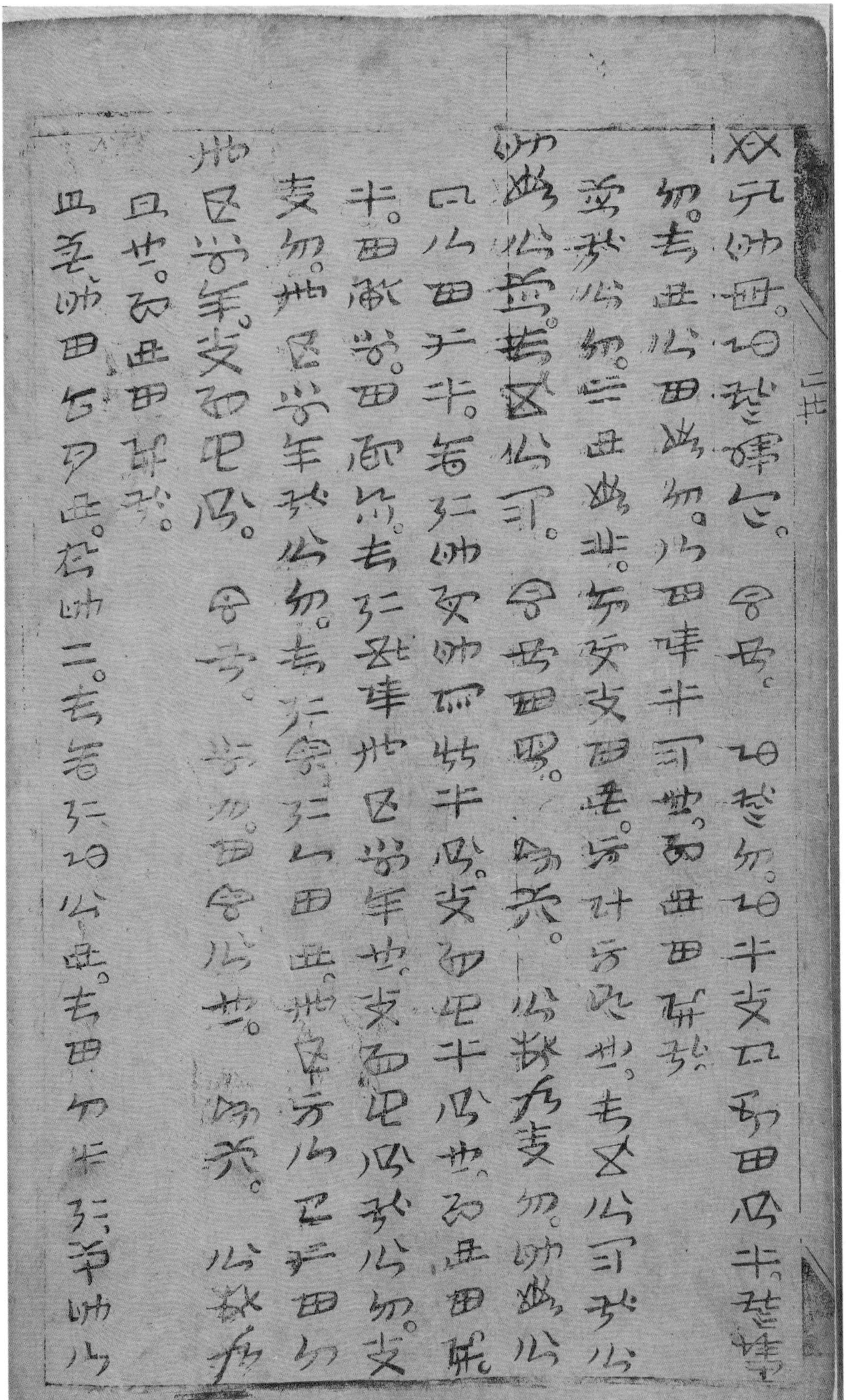

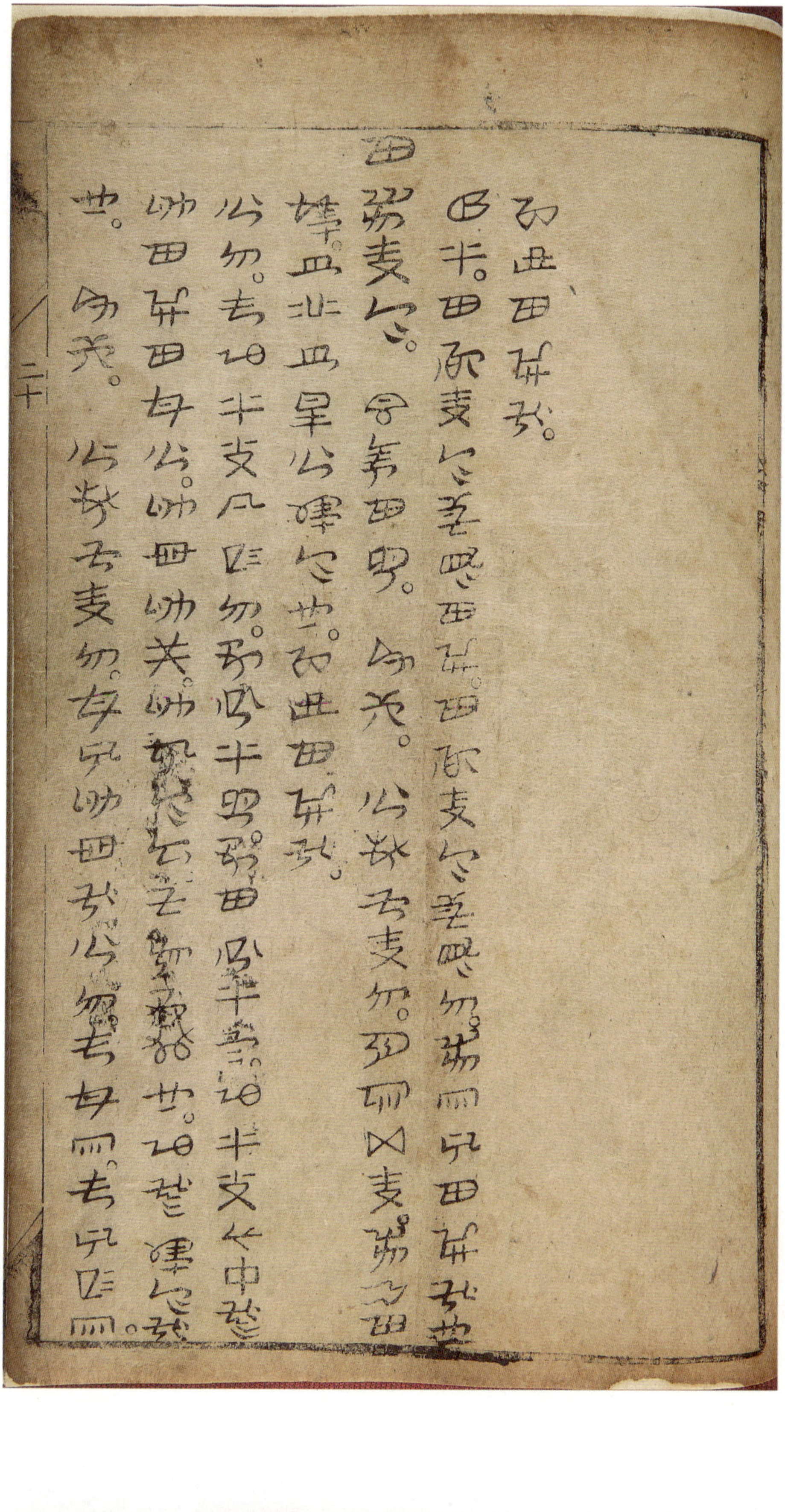
二十

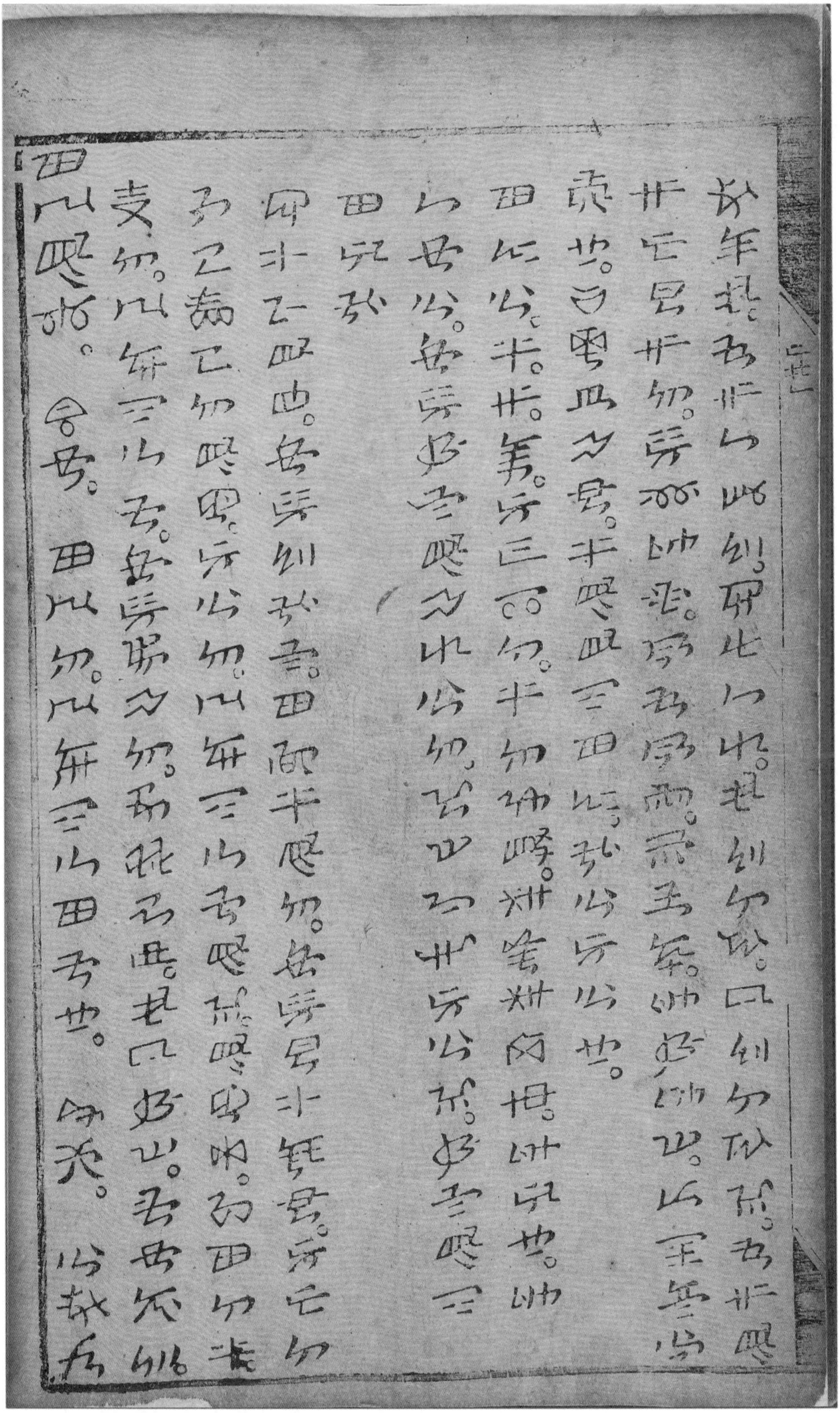

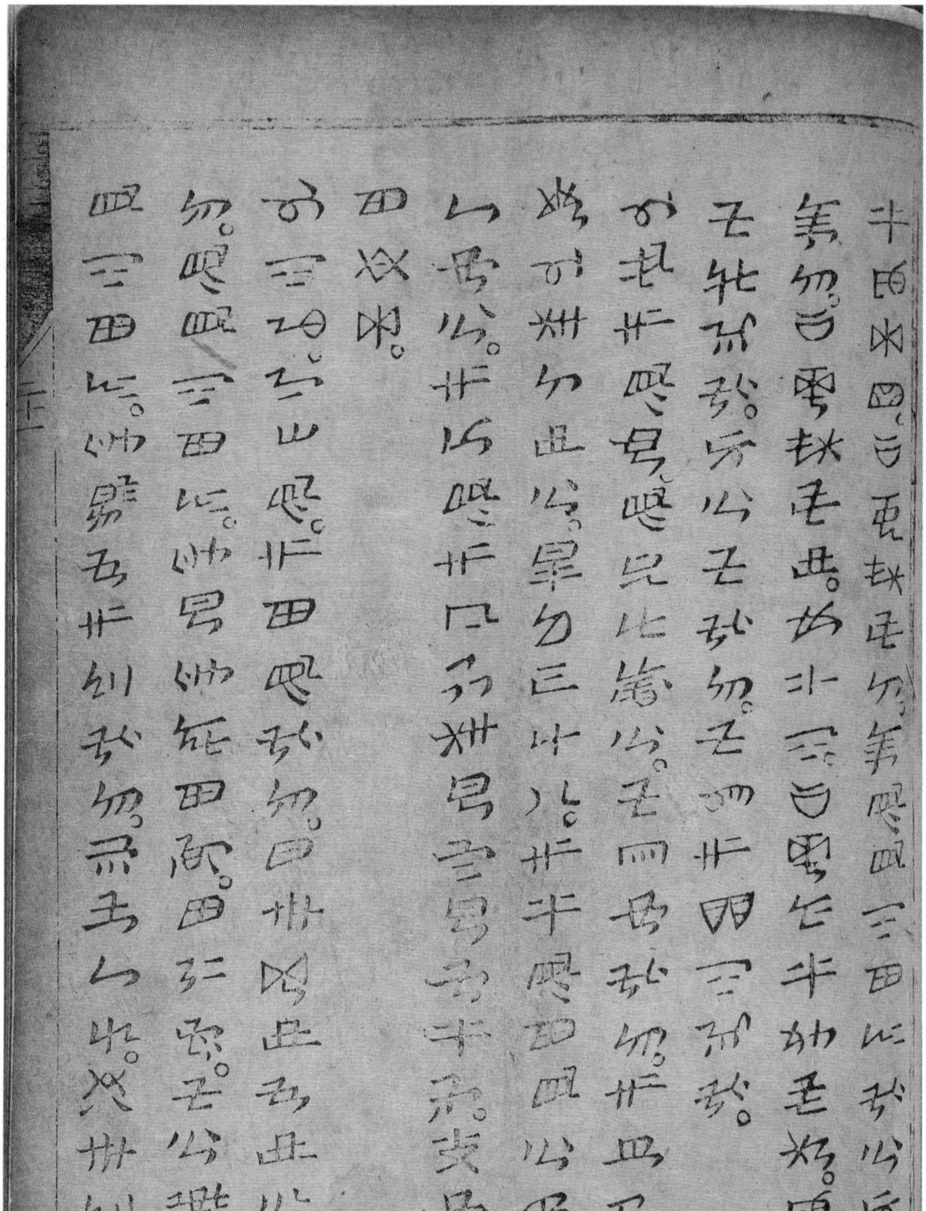

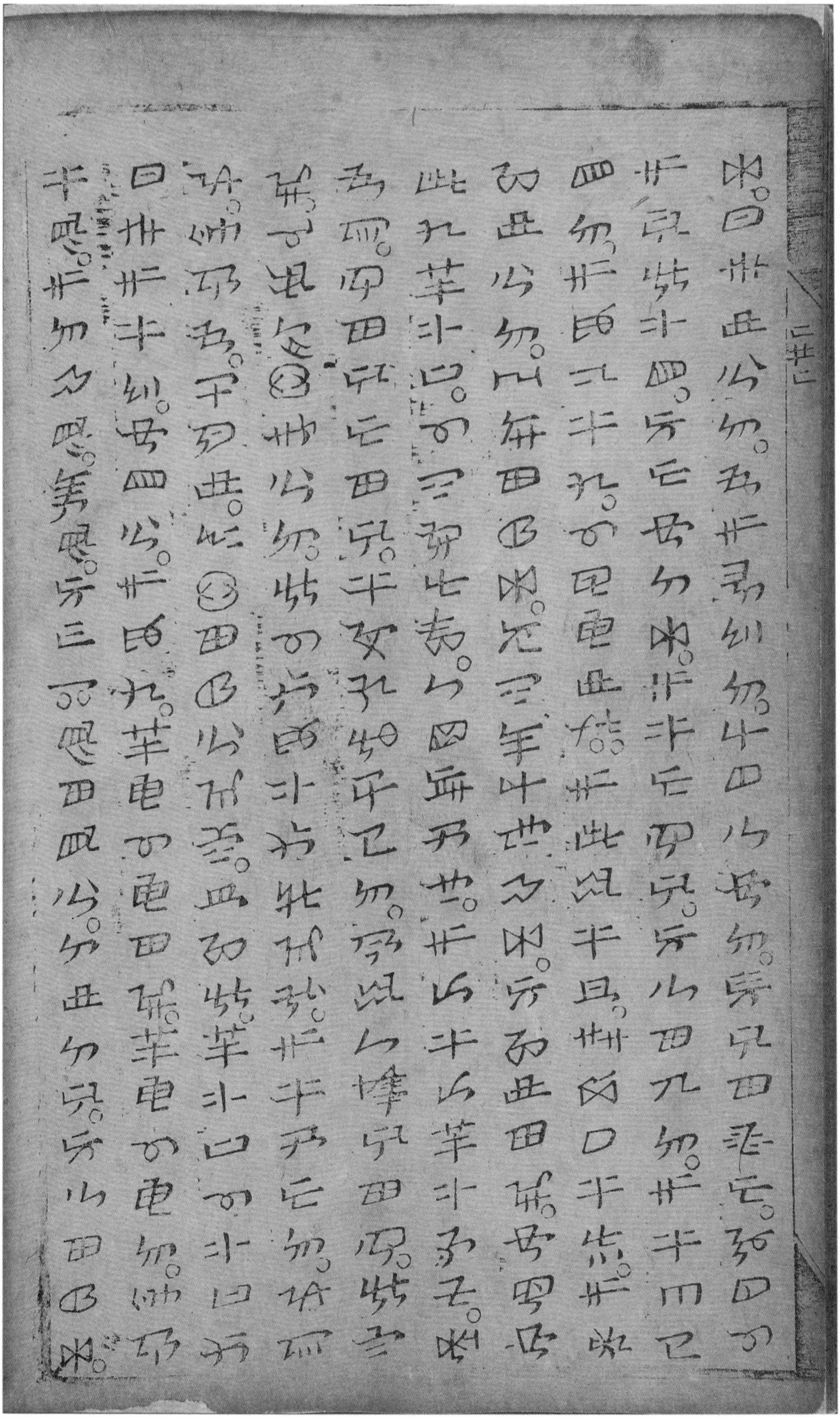

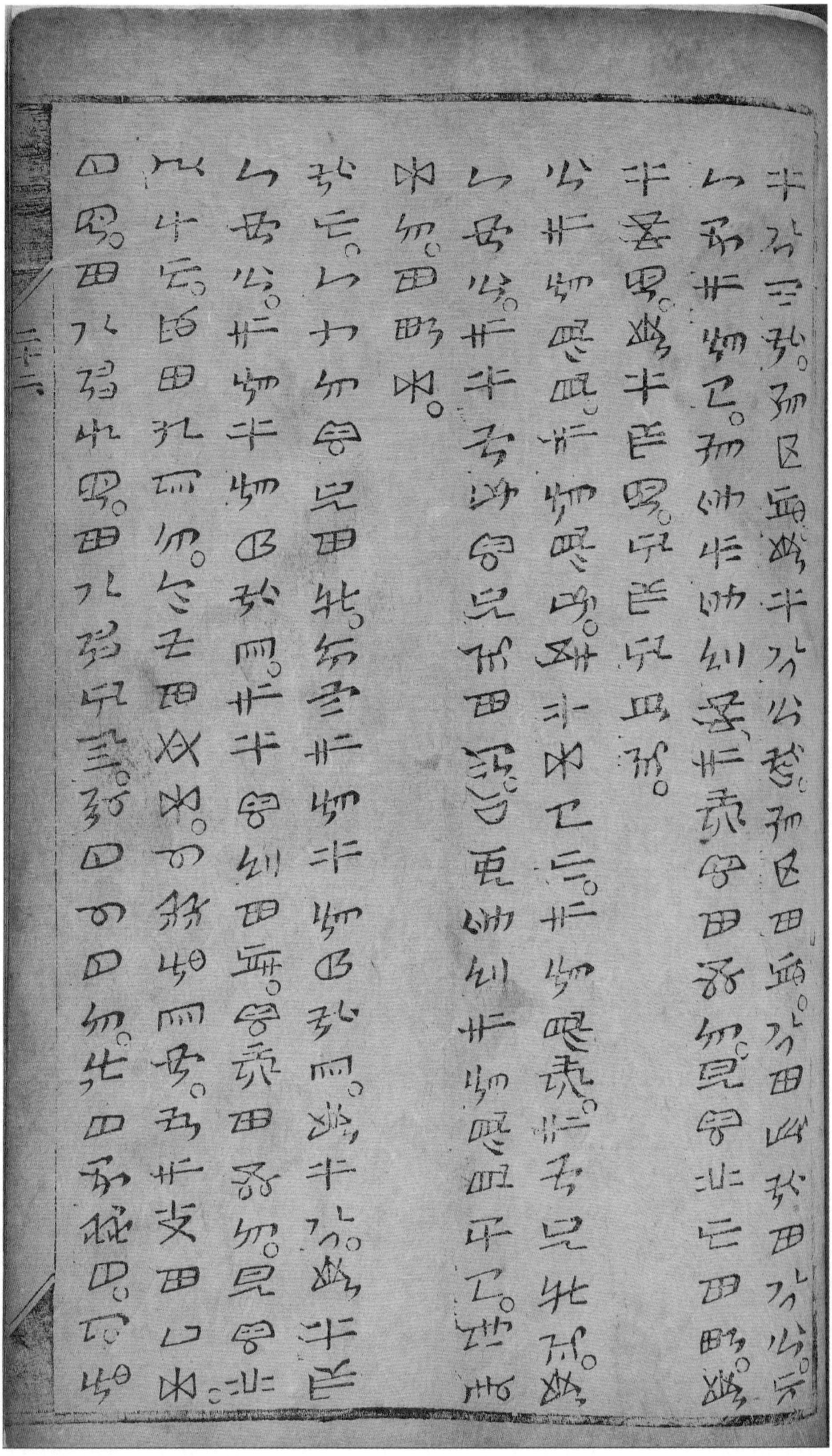
二十二

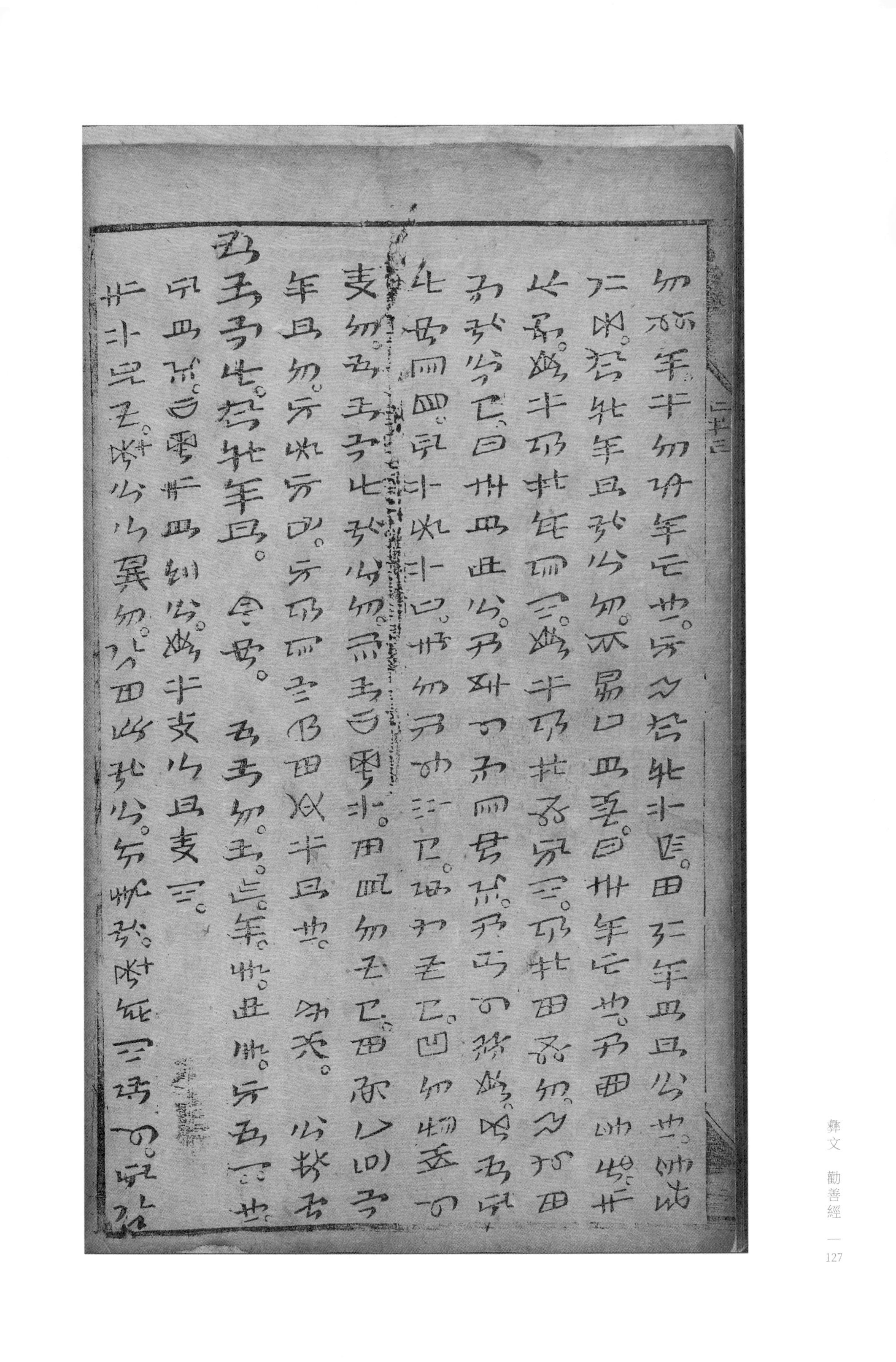

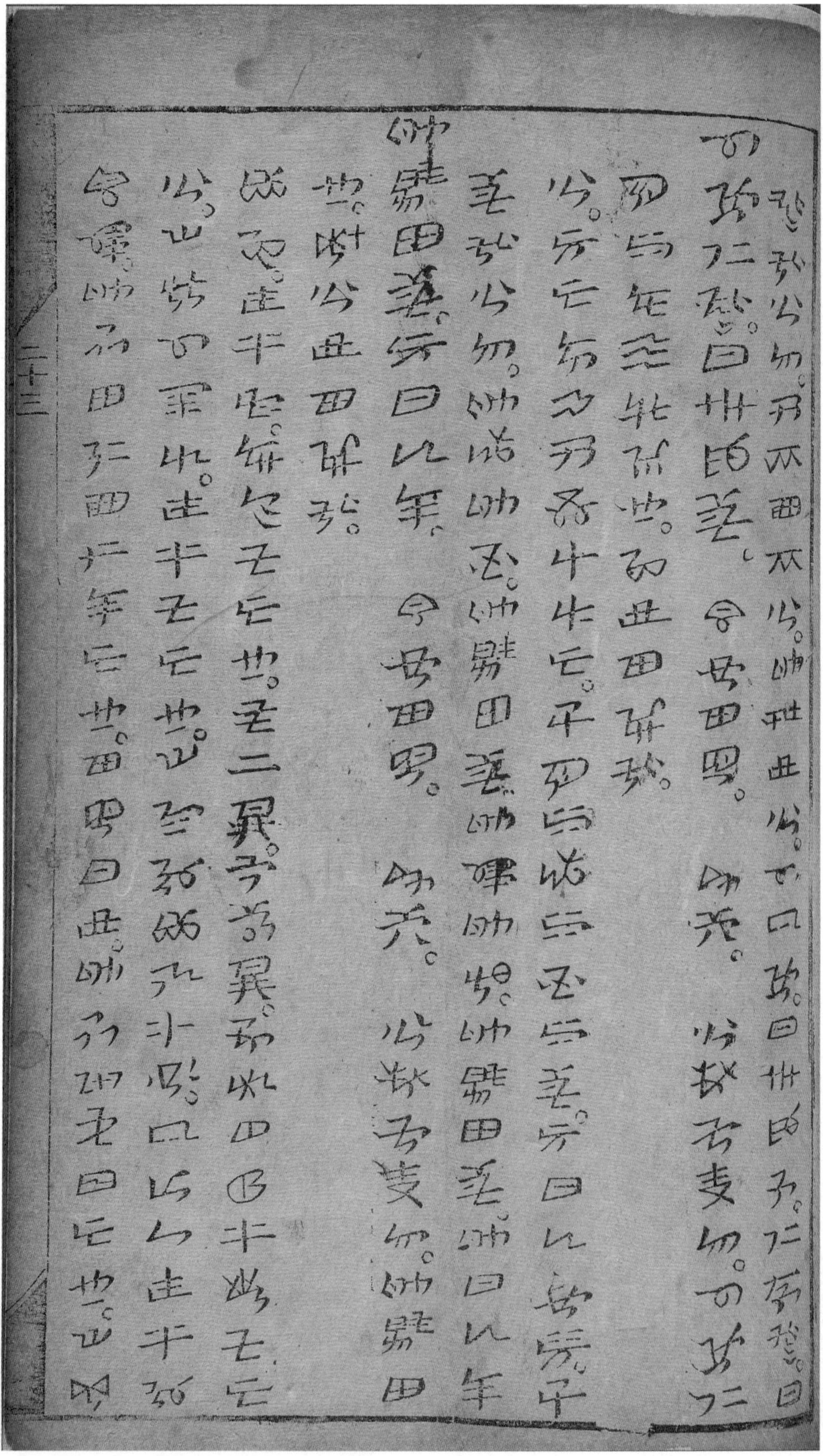
二十三

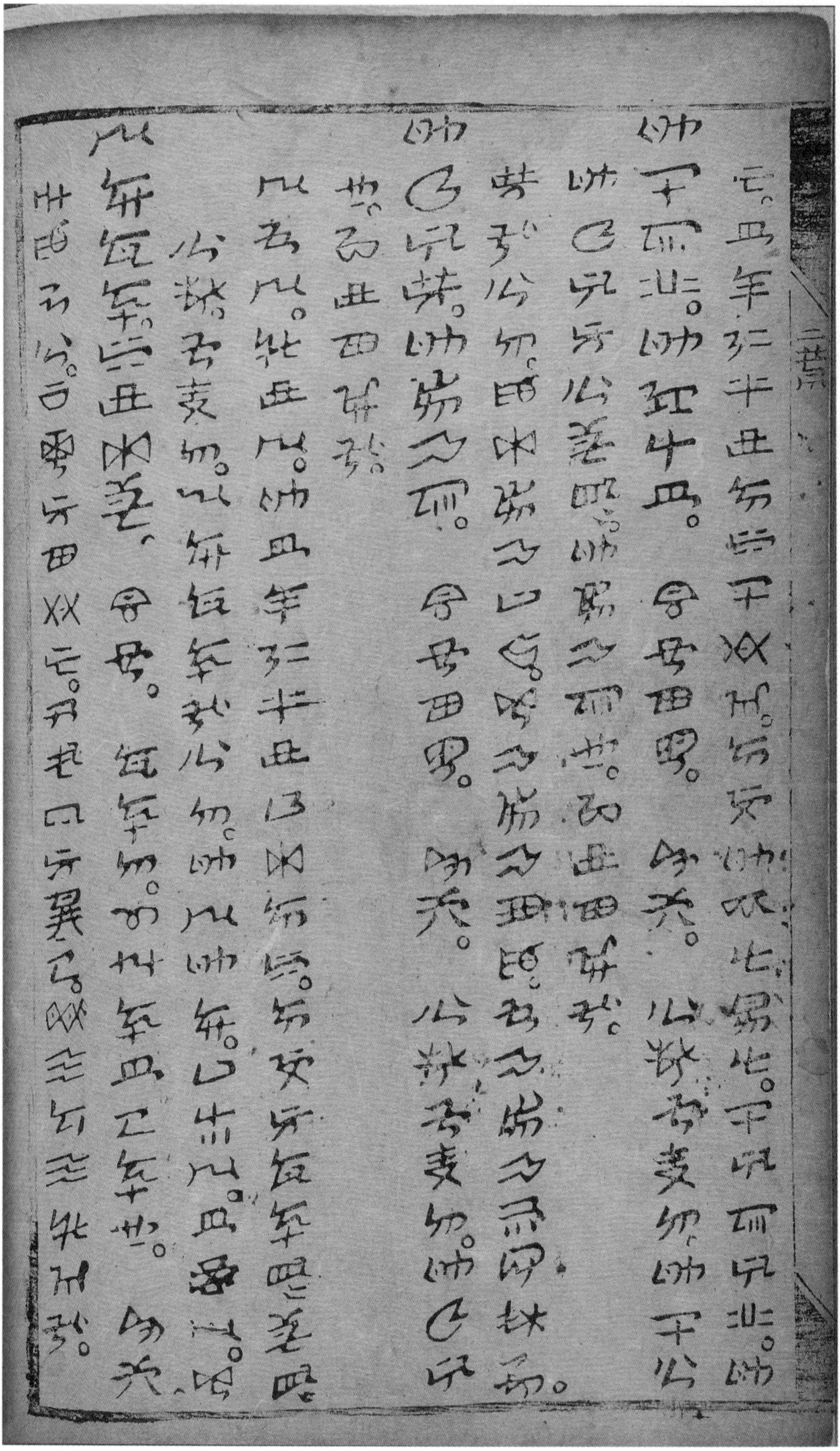

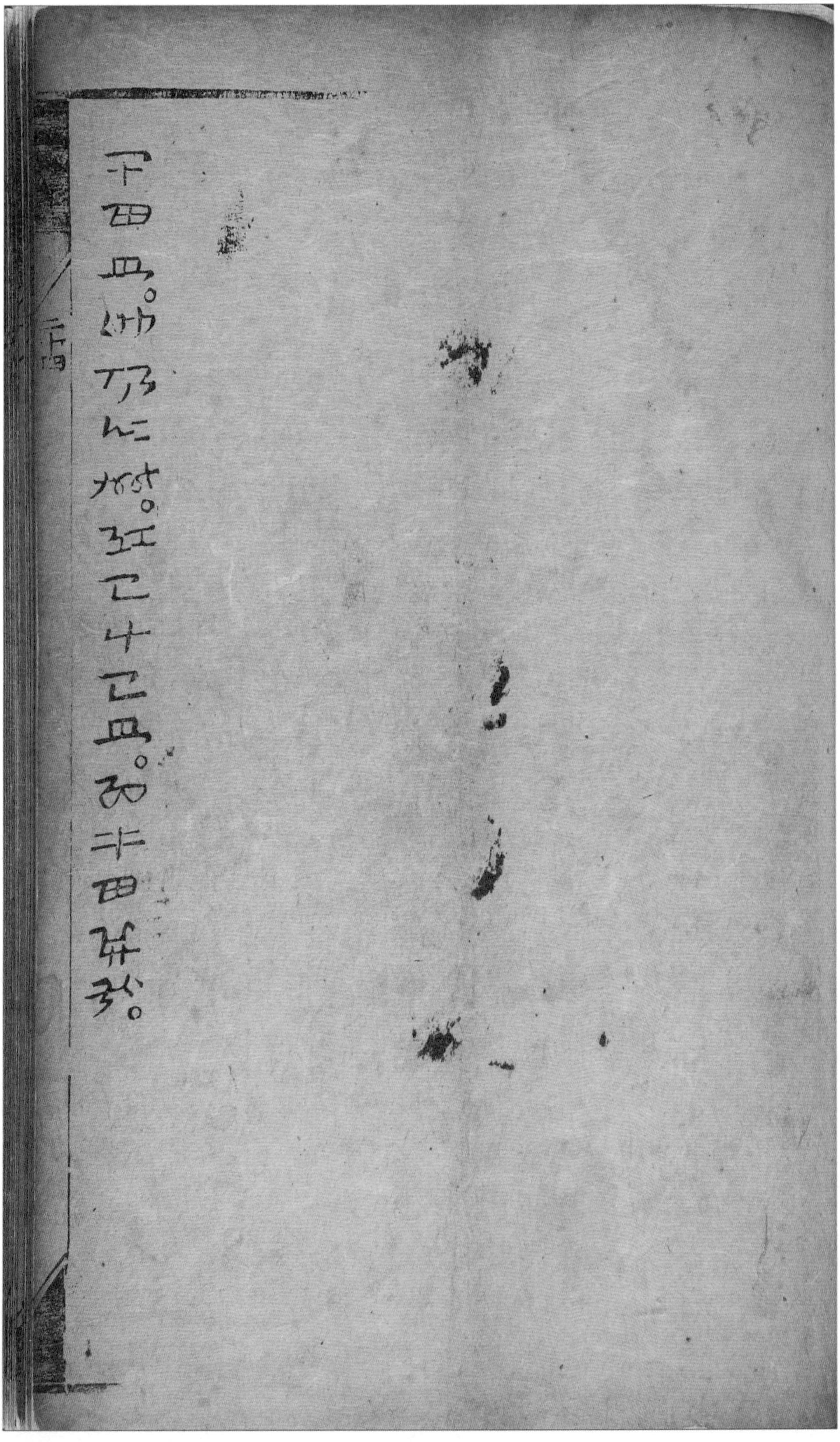

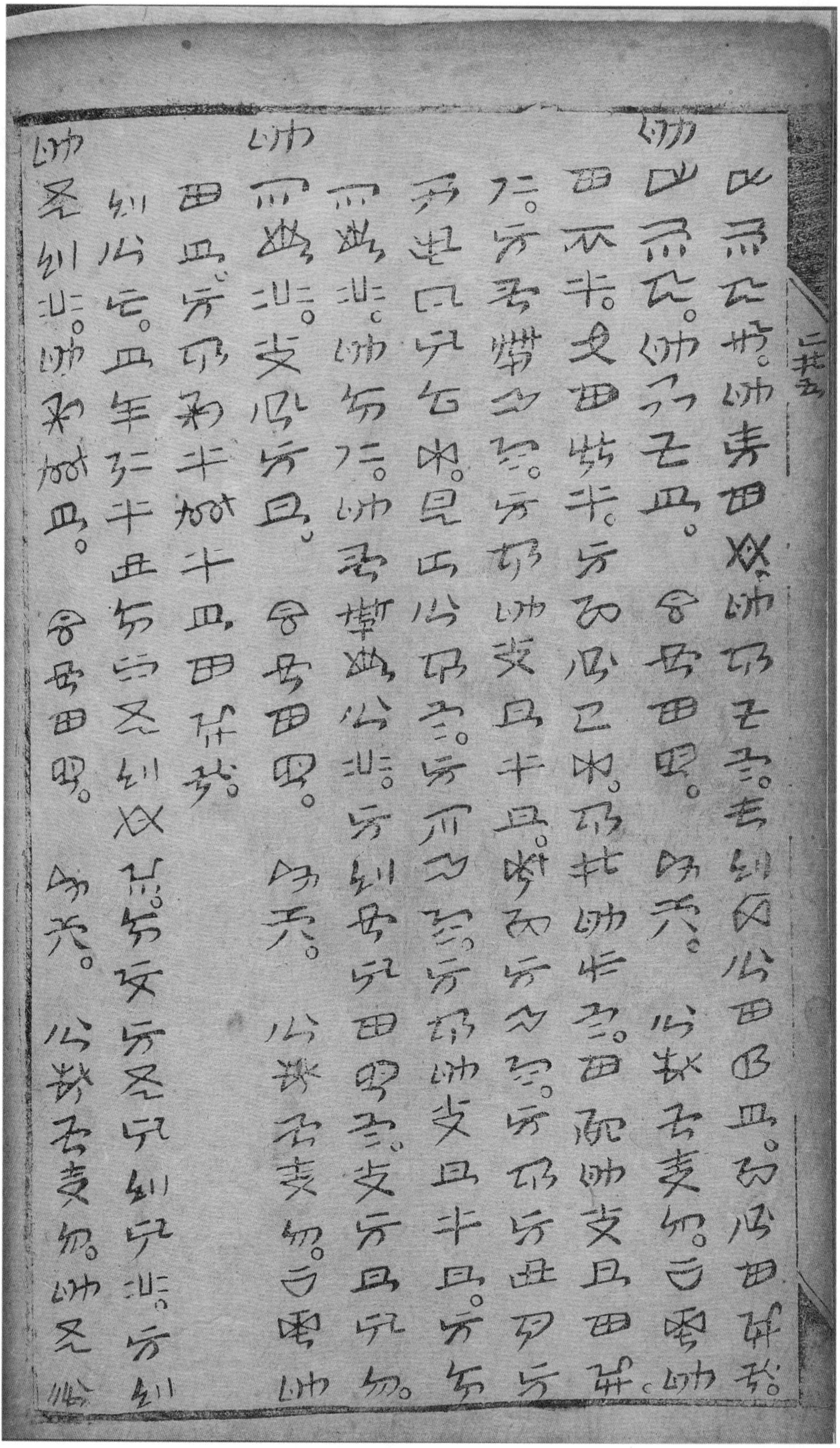

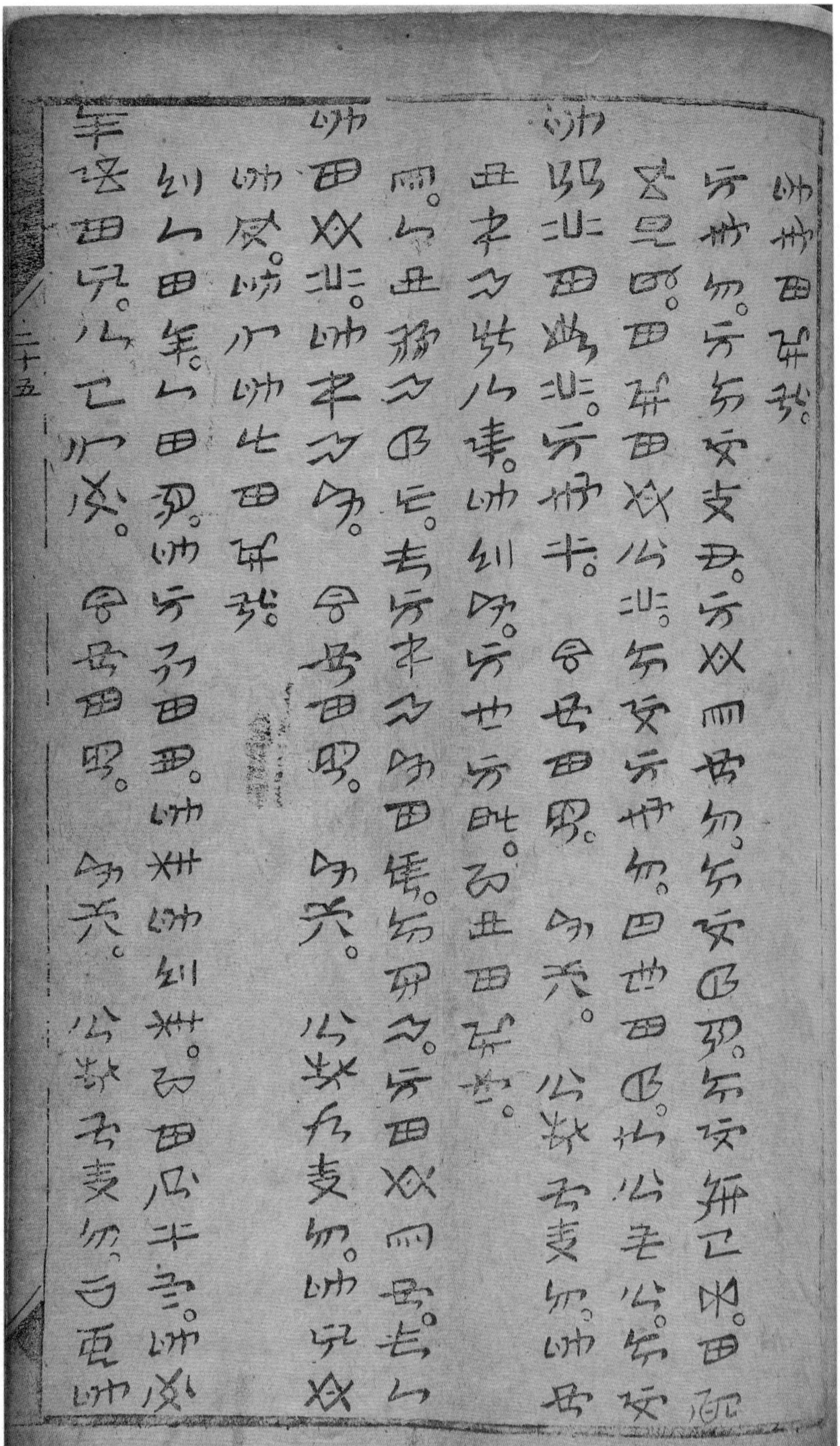
二十五

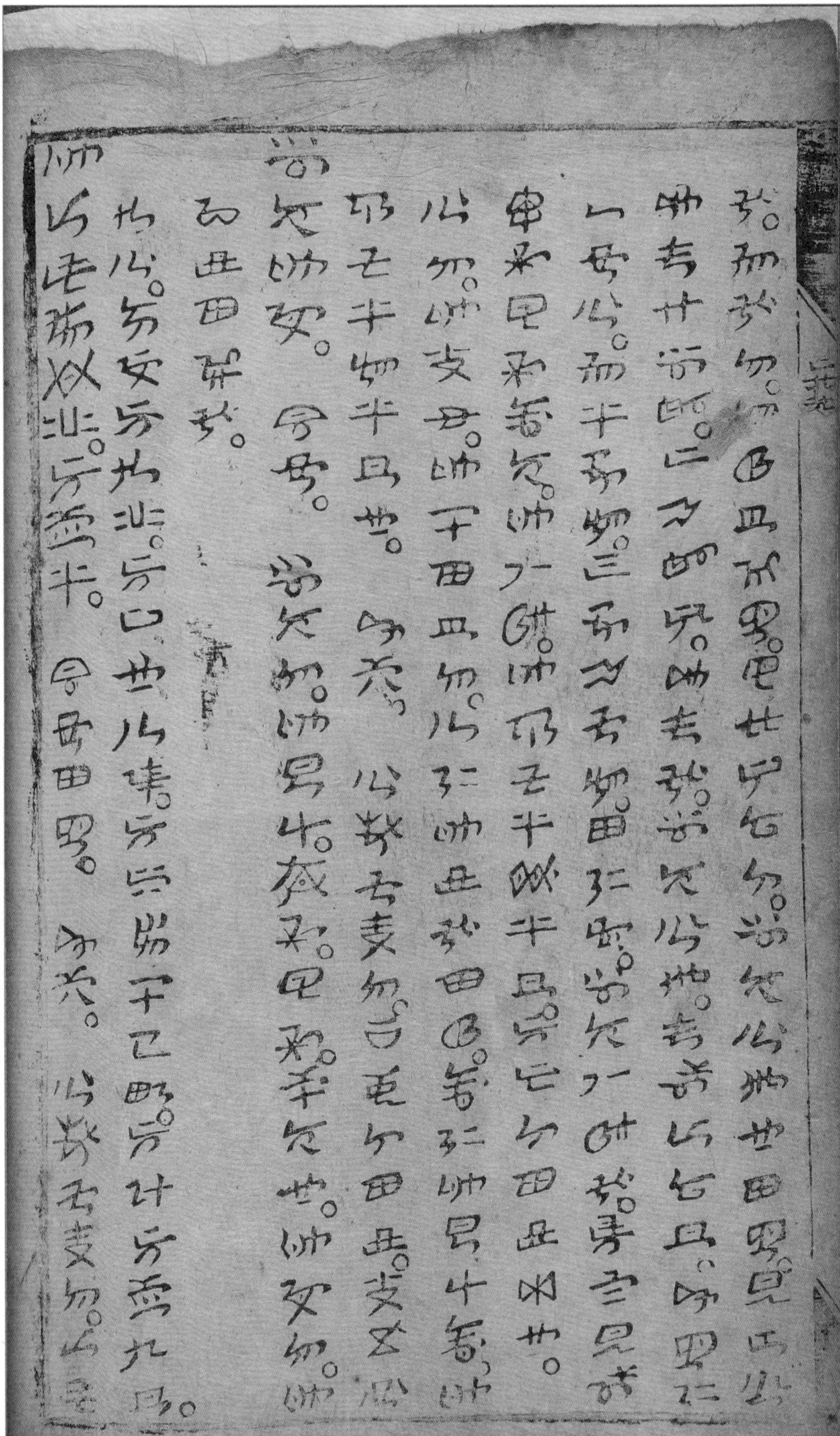

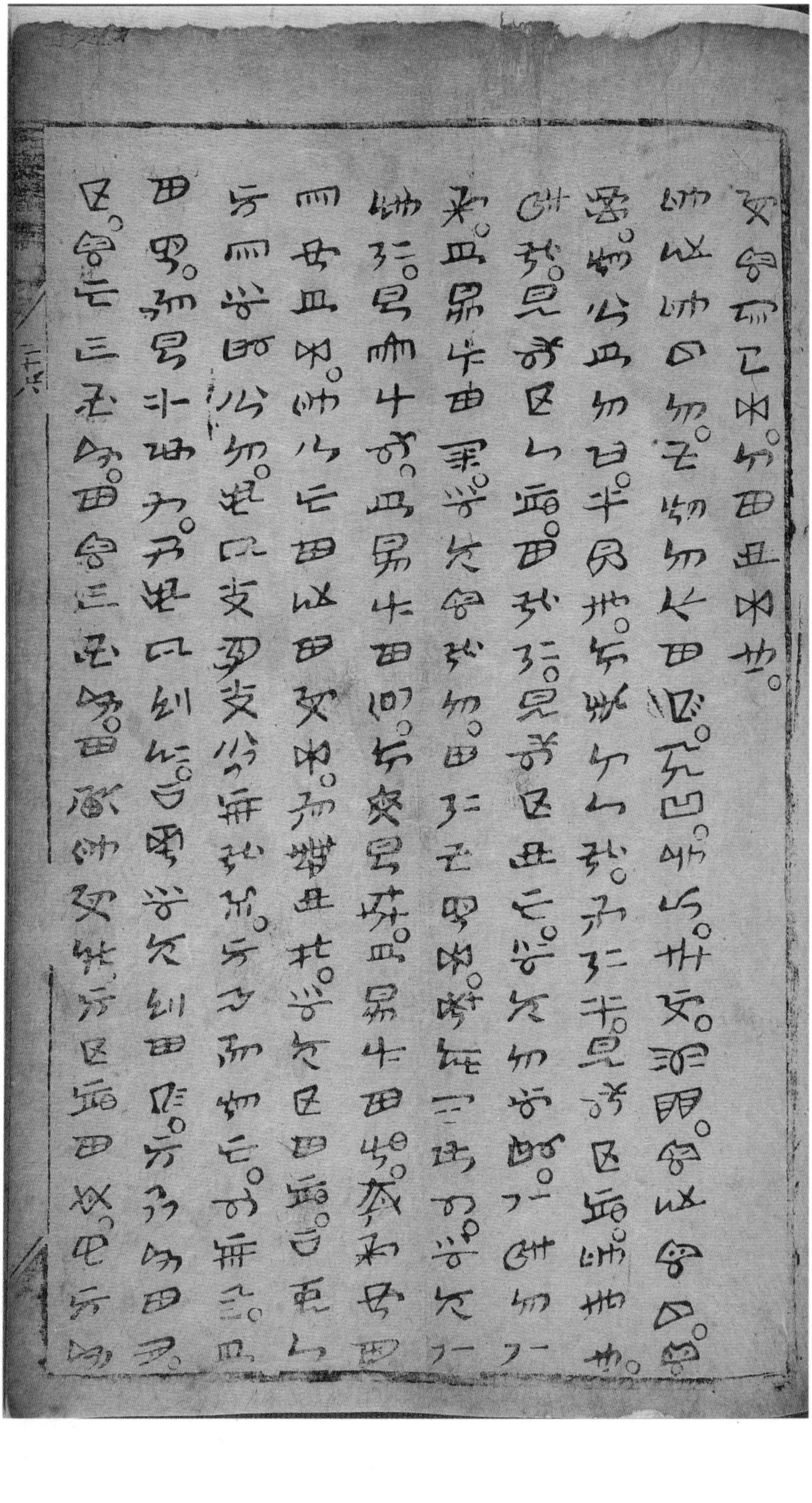

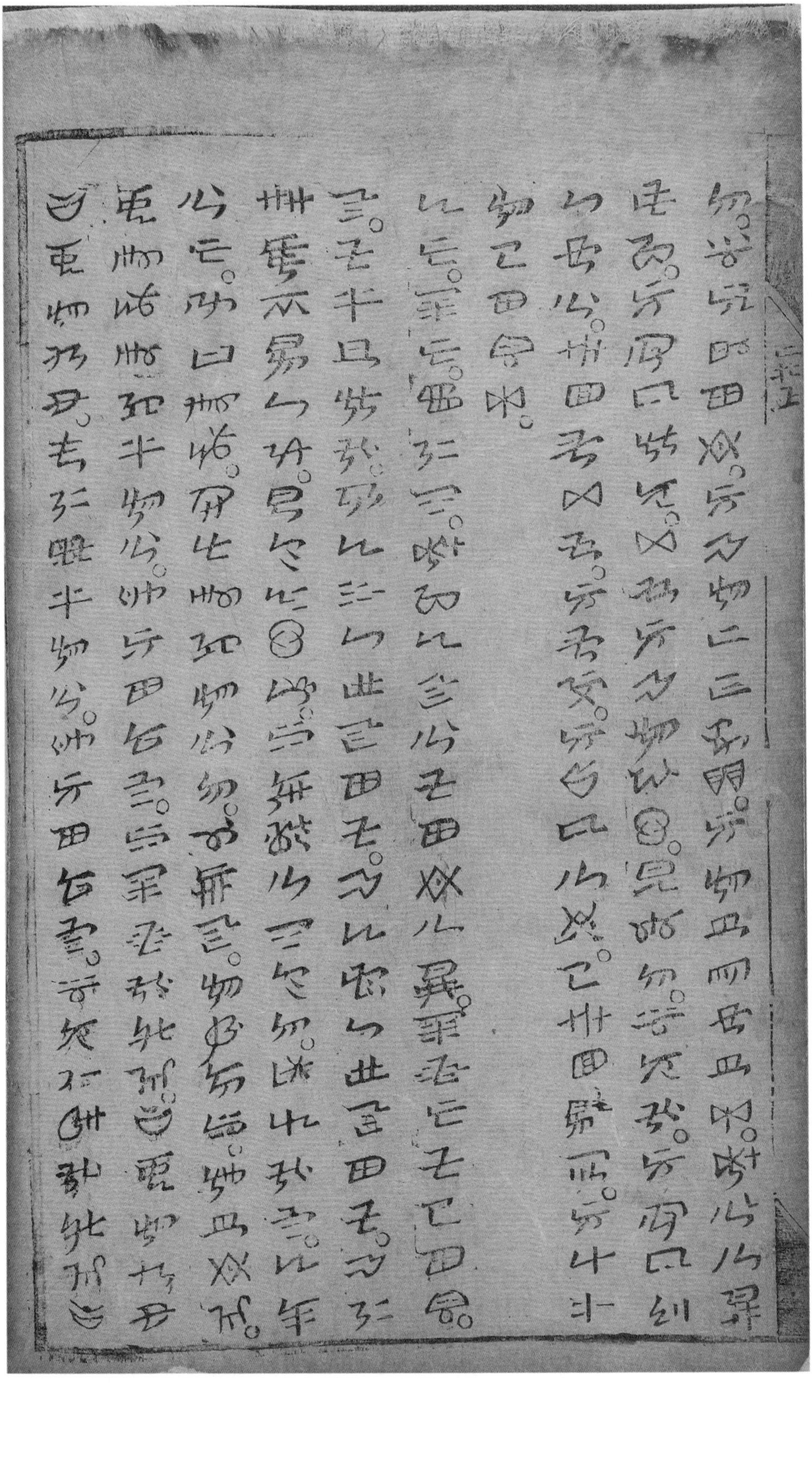

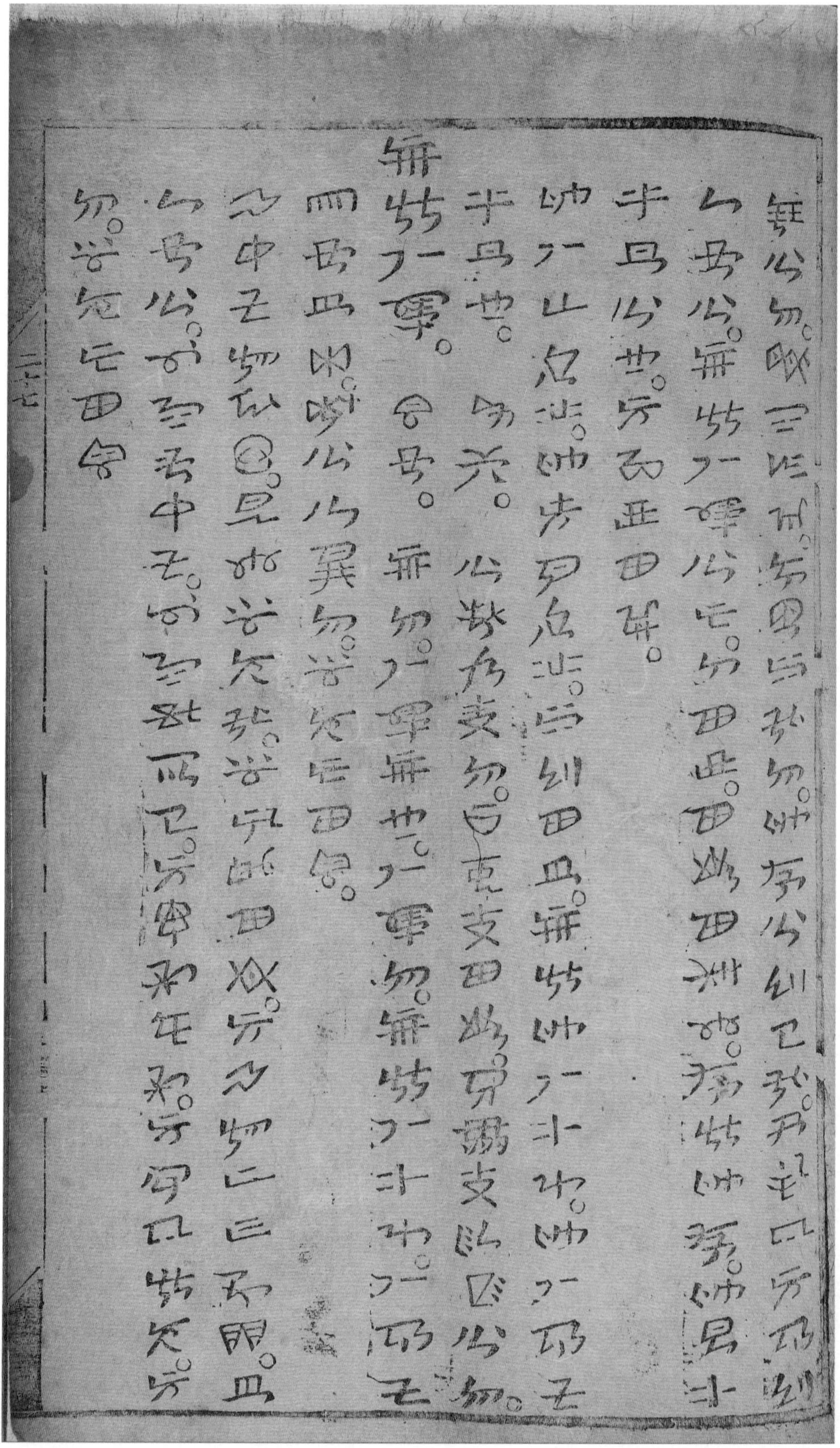
二十七

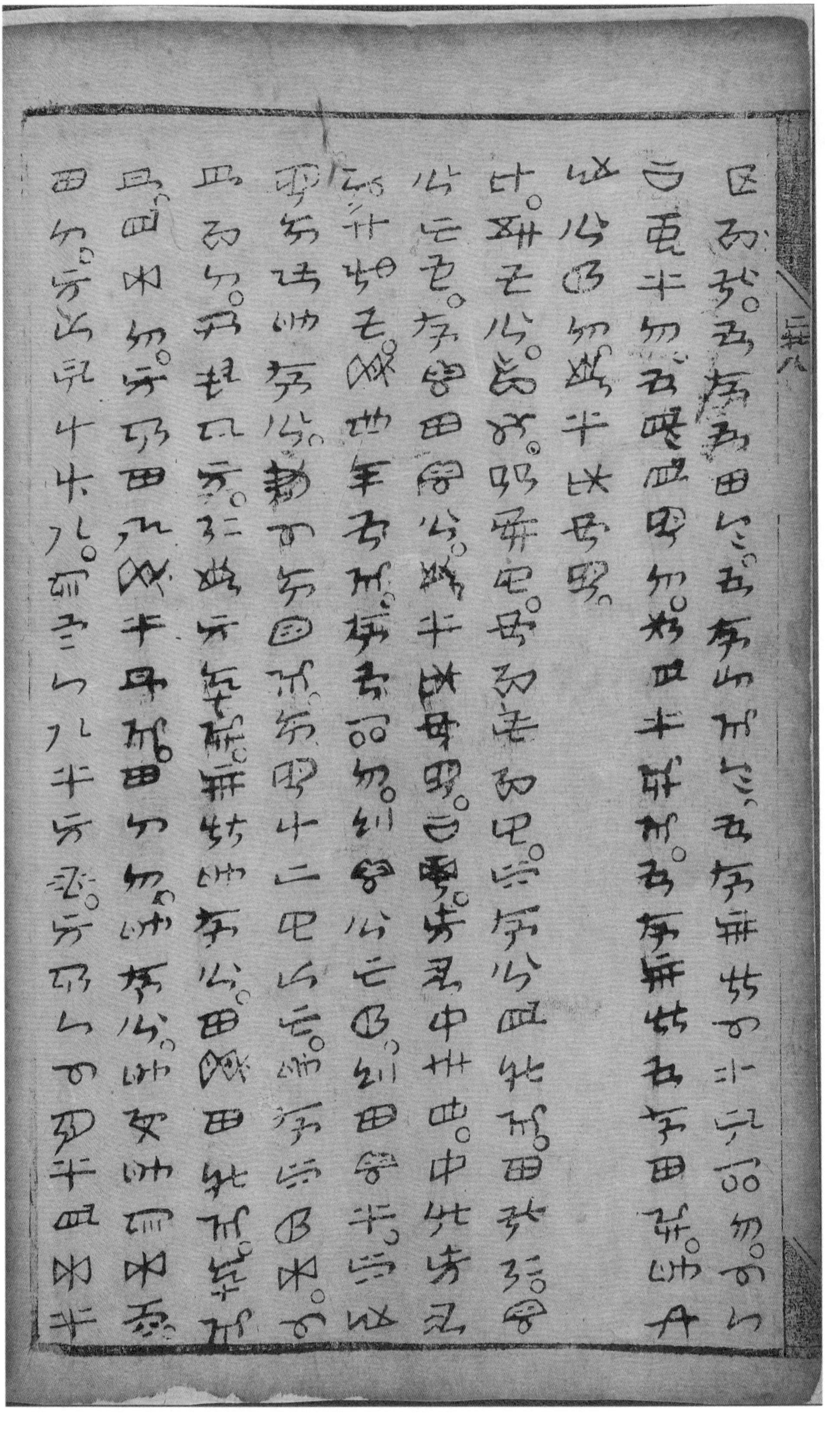

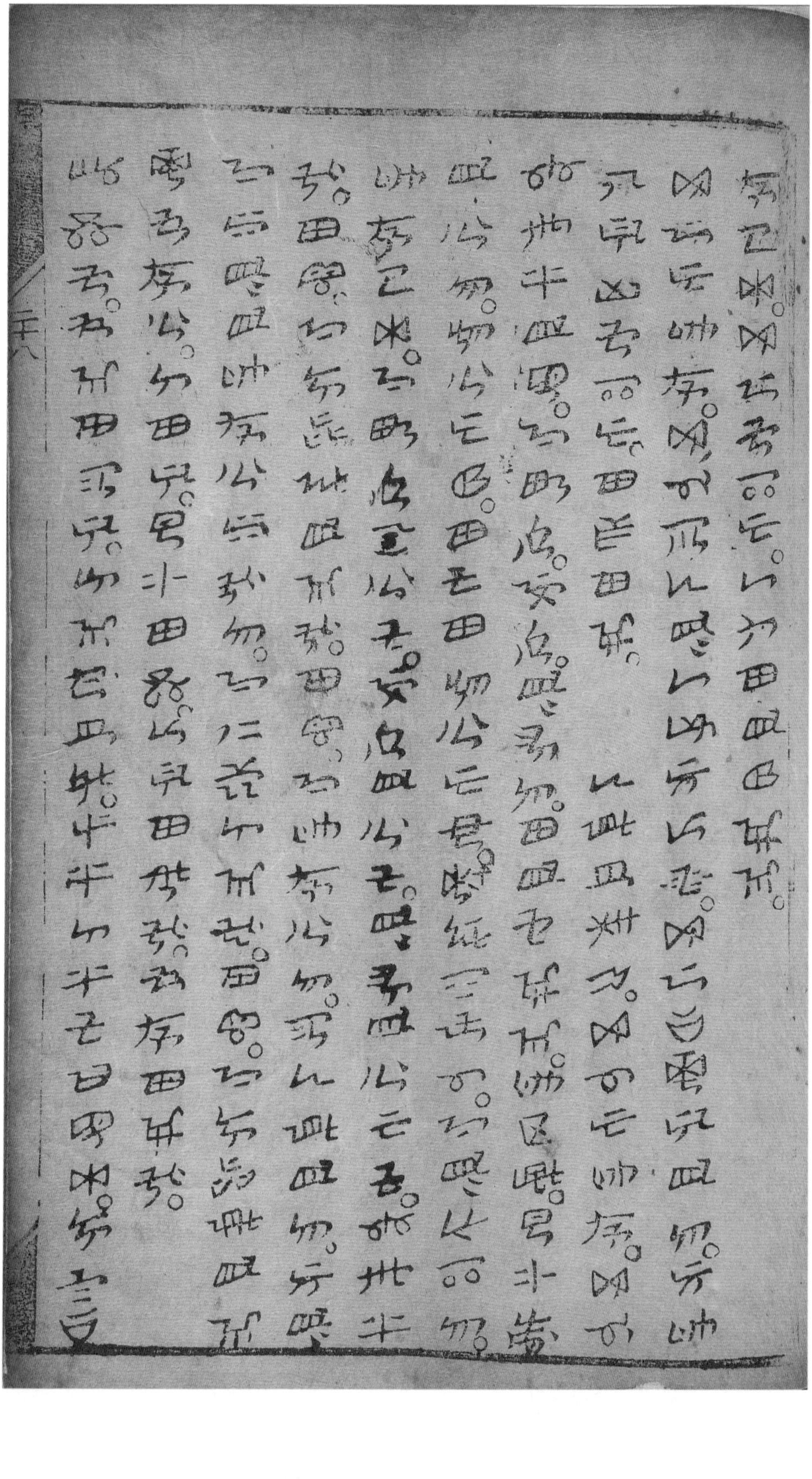

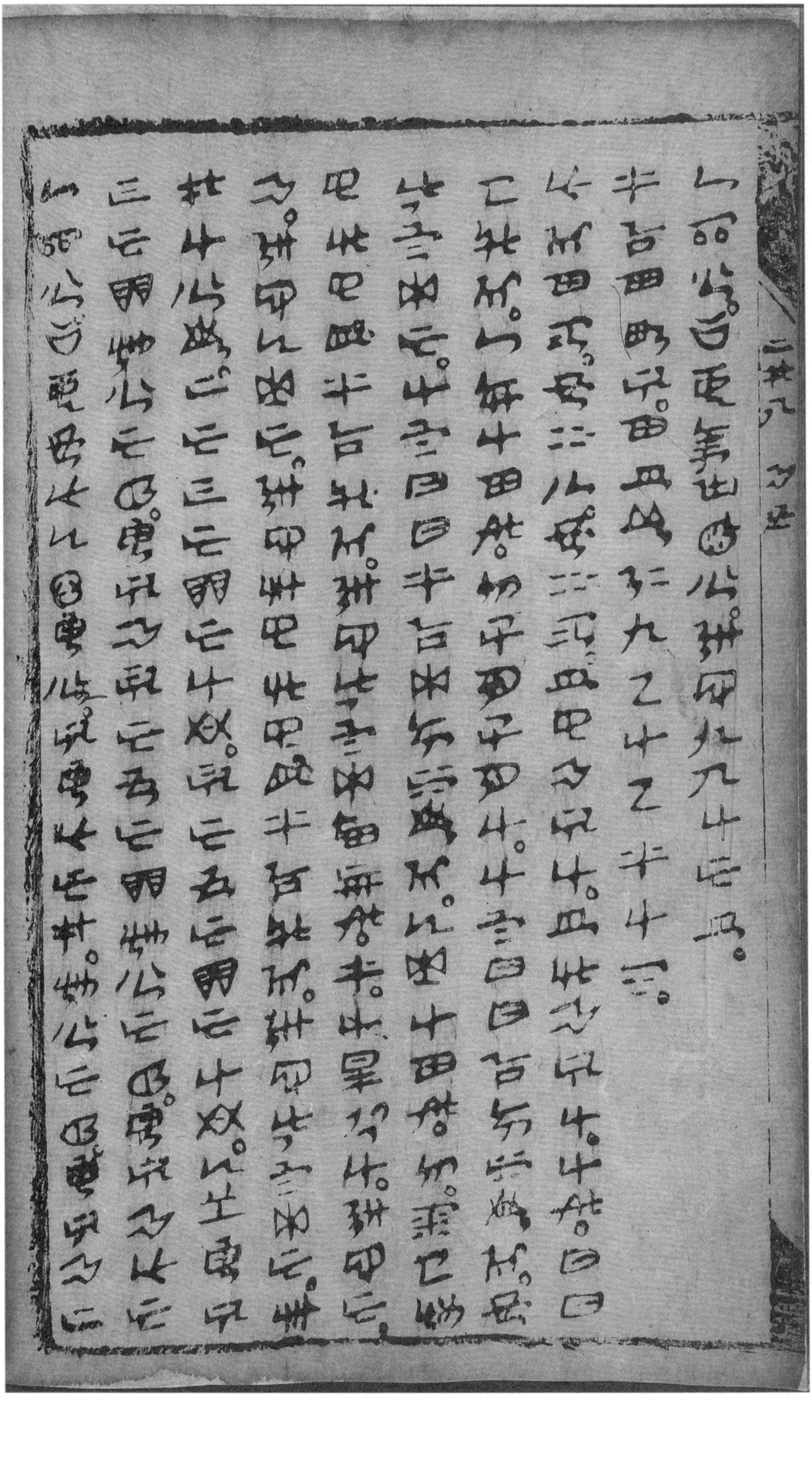

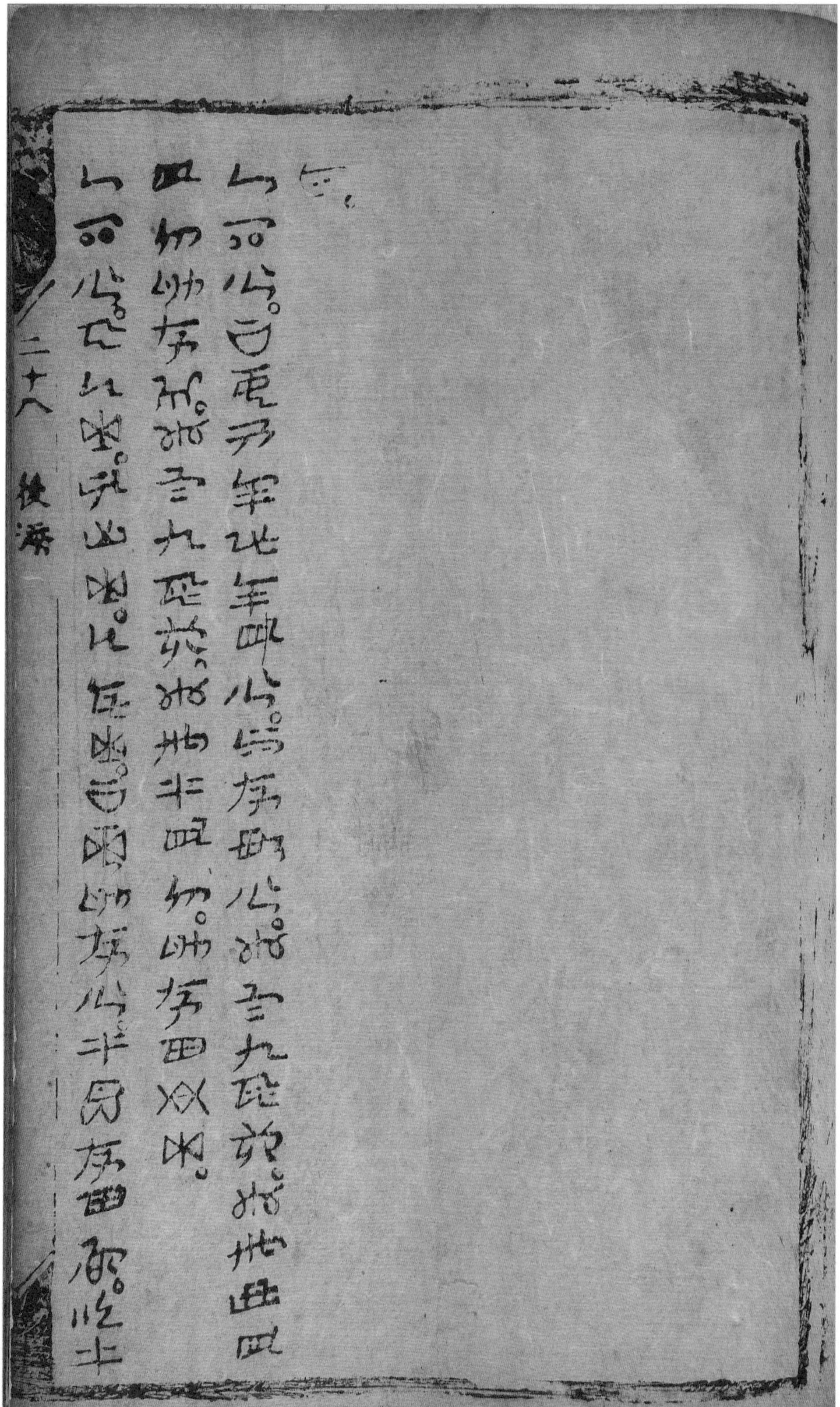
二十八 扶濟

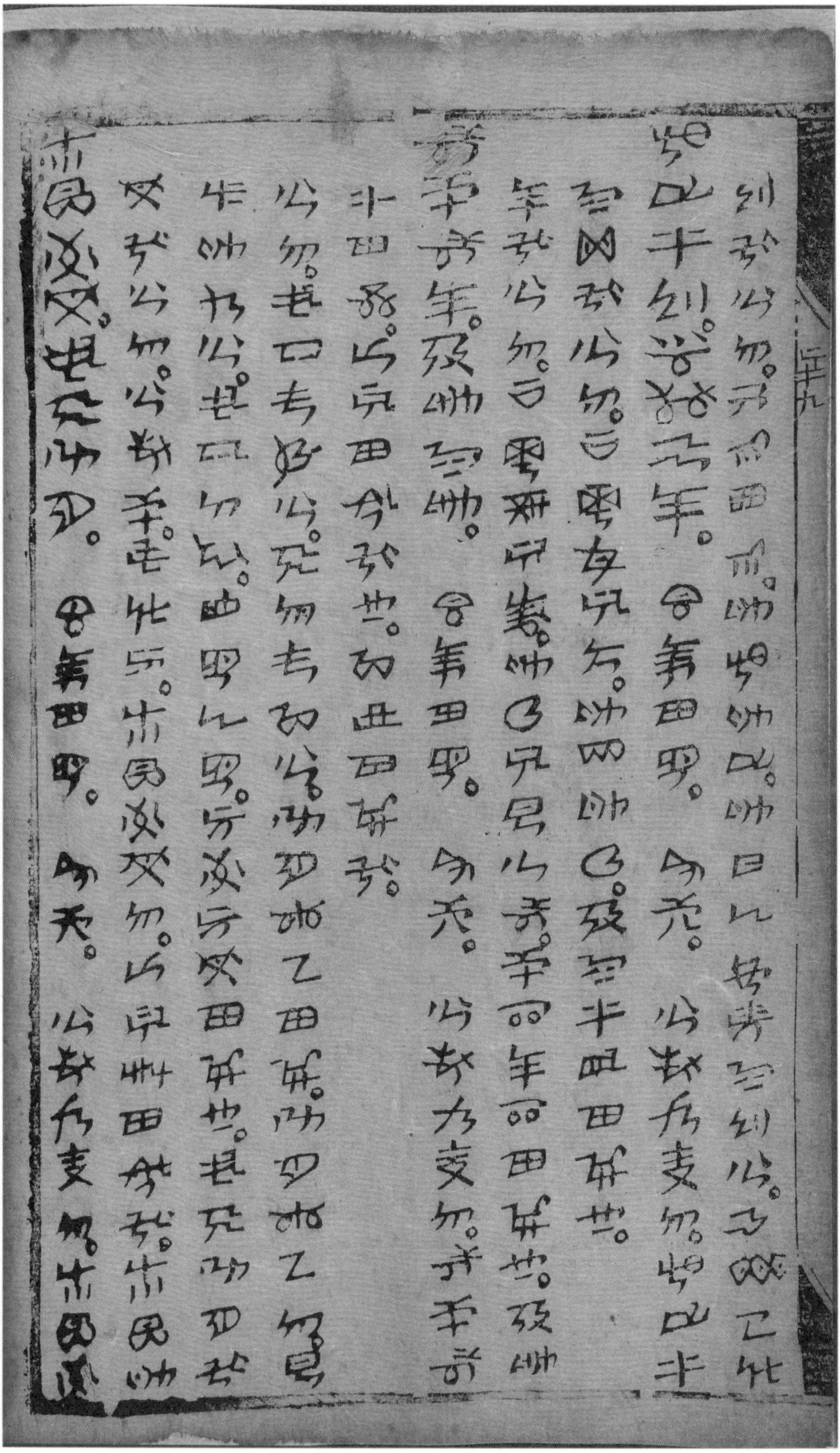

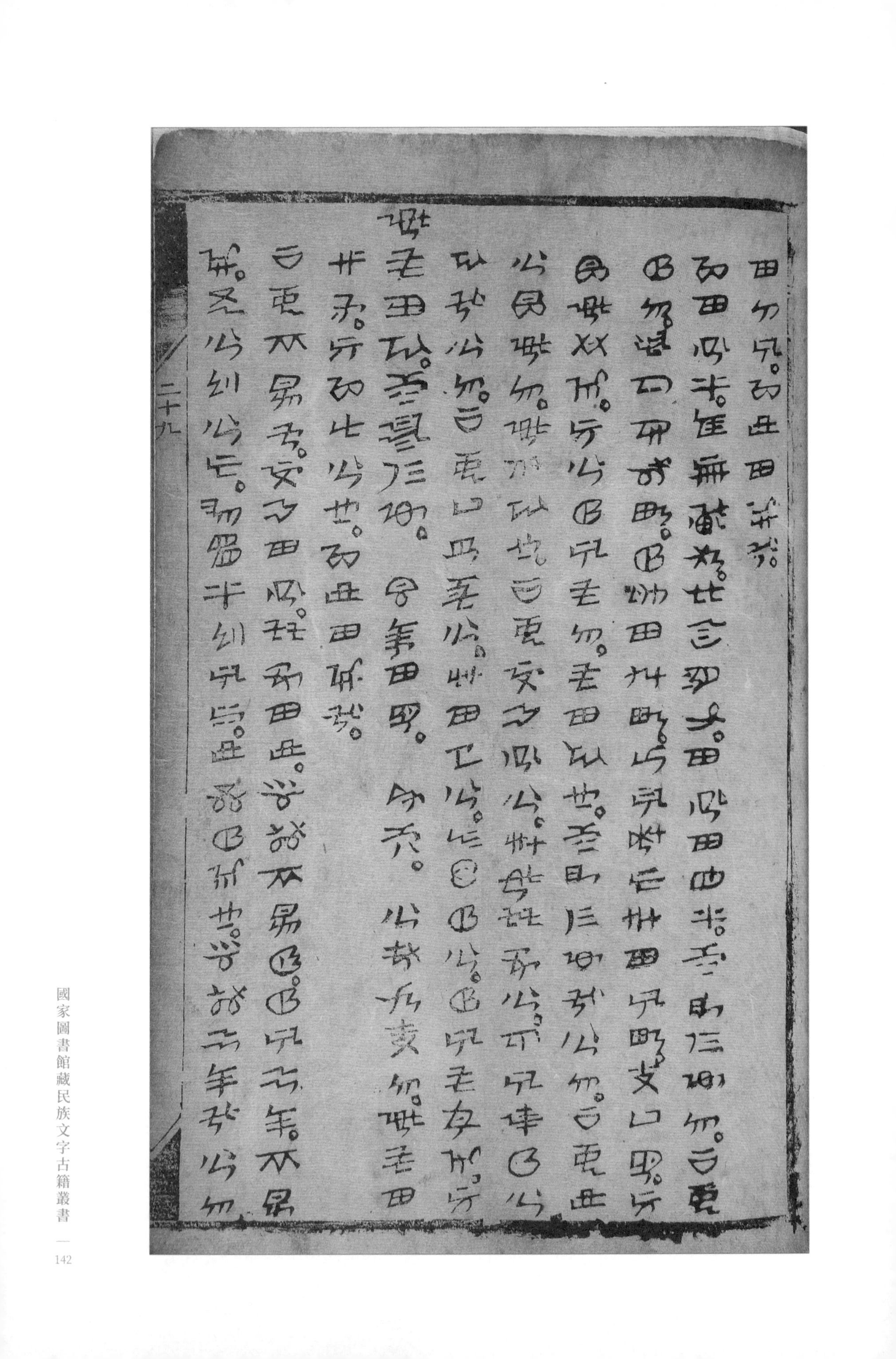

二十九

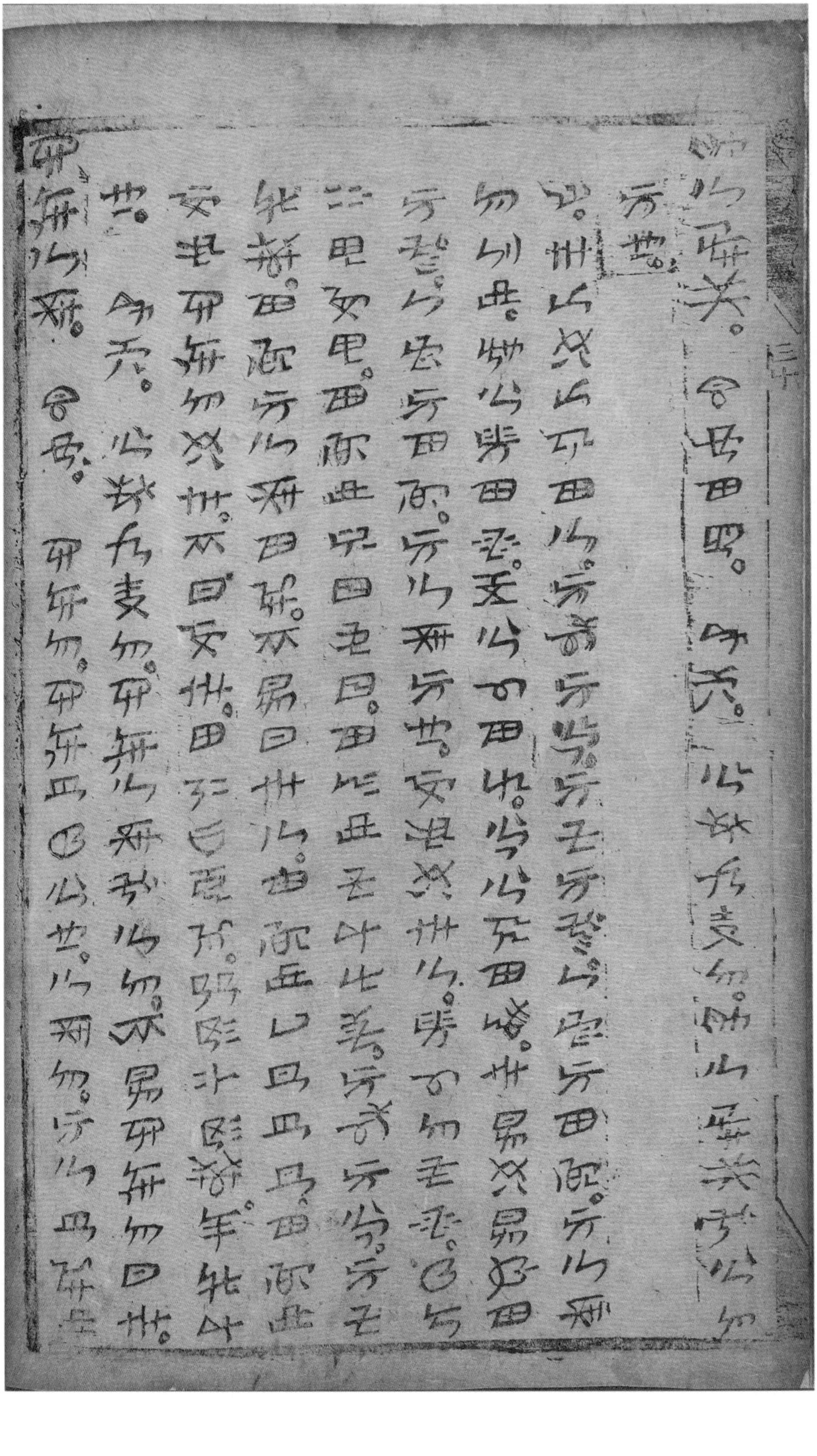

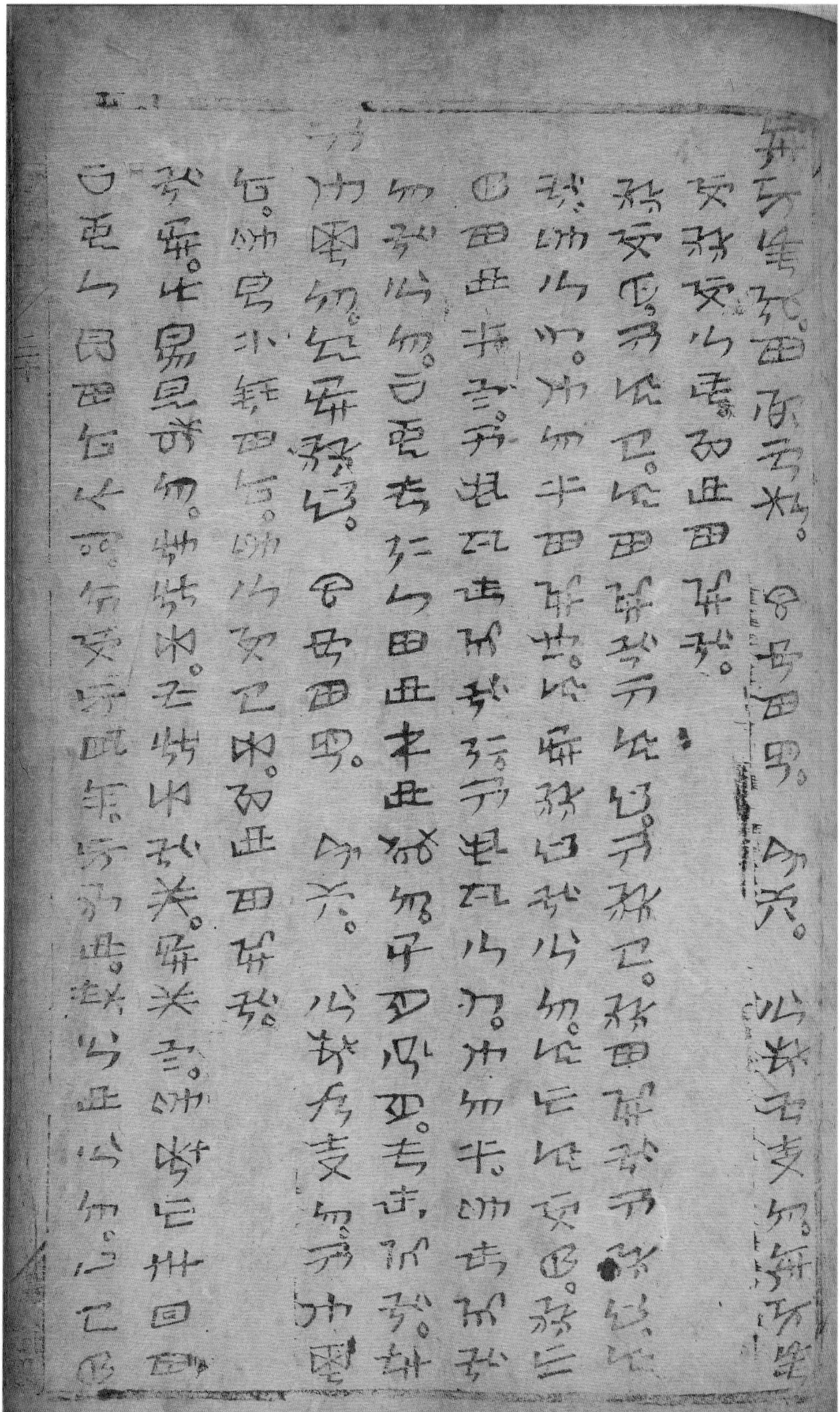

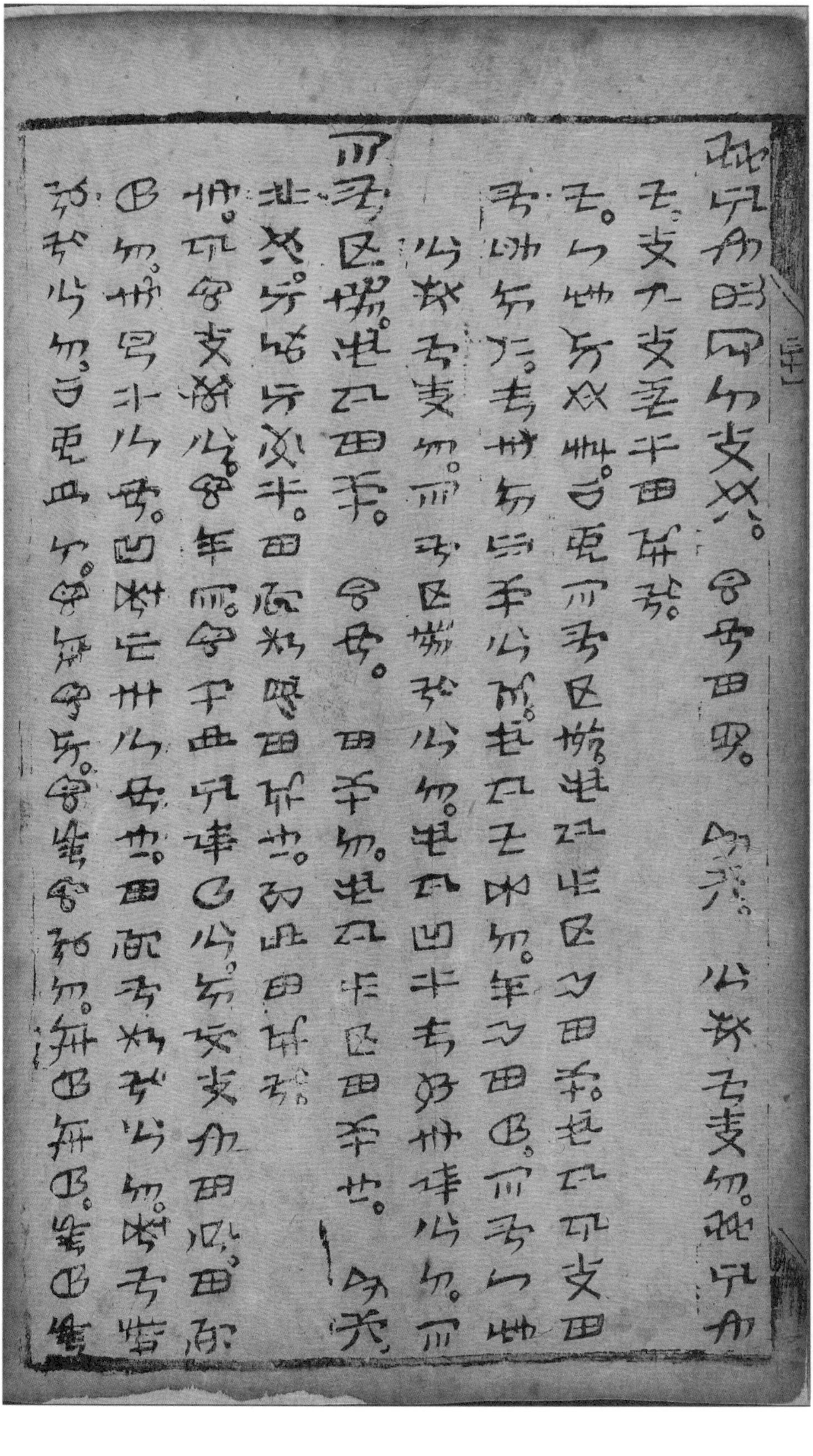

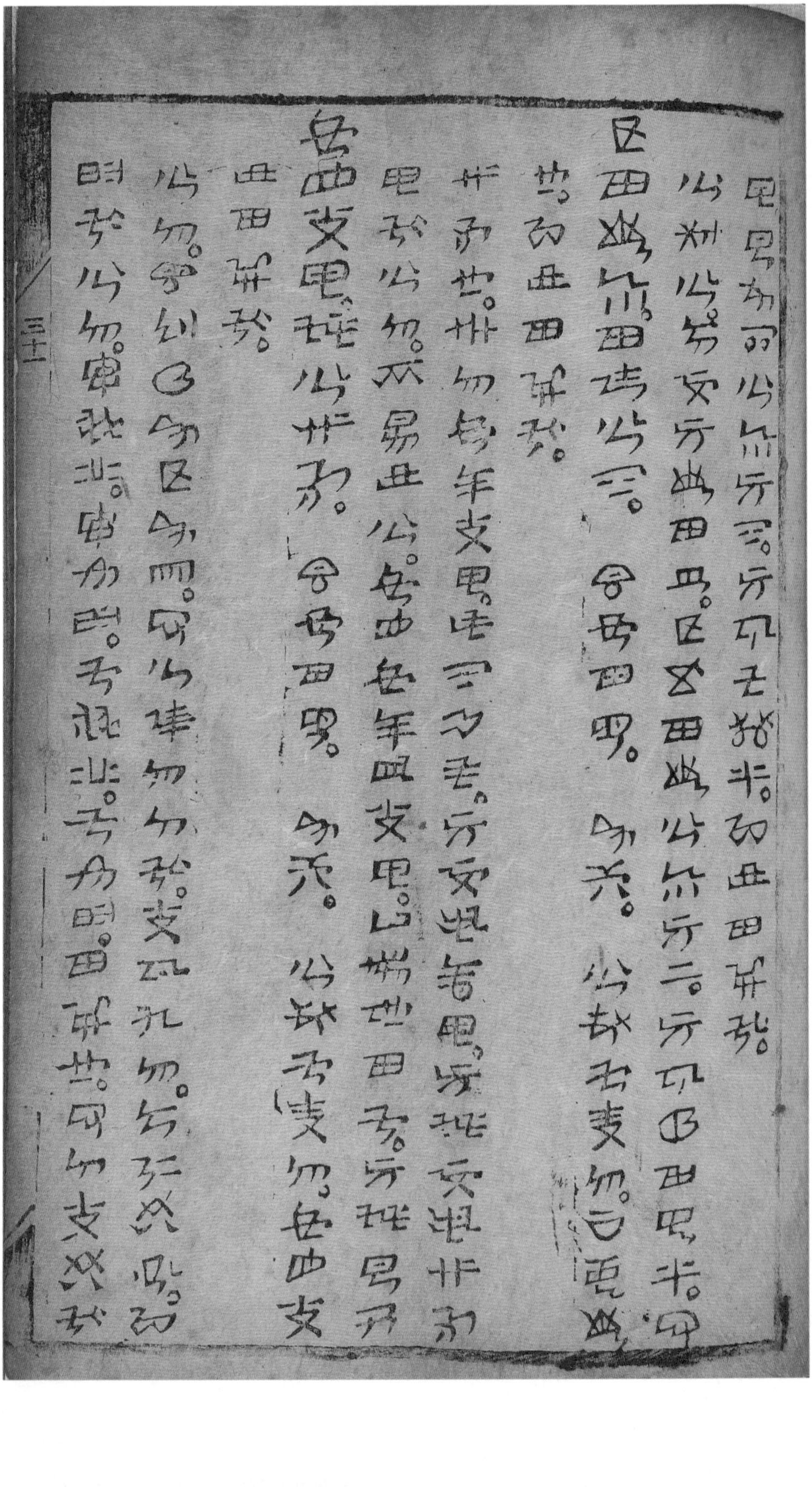

三十一

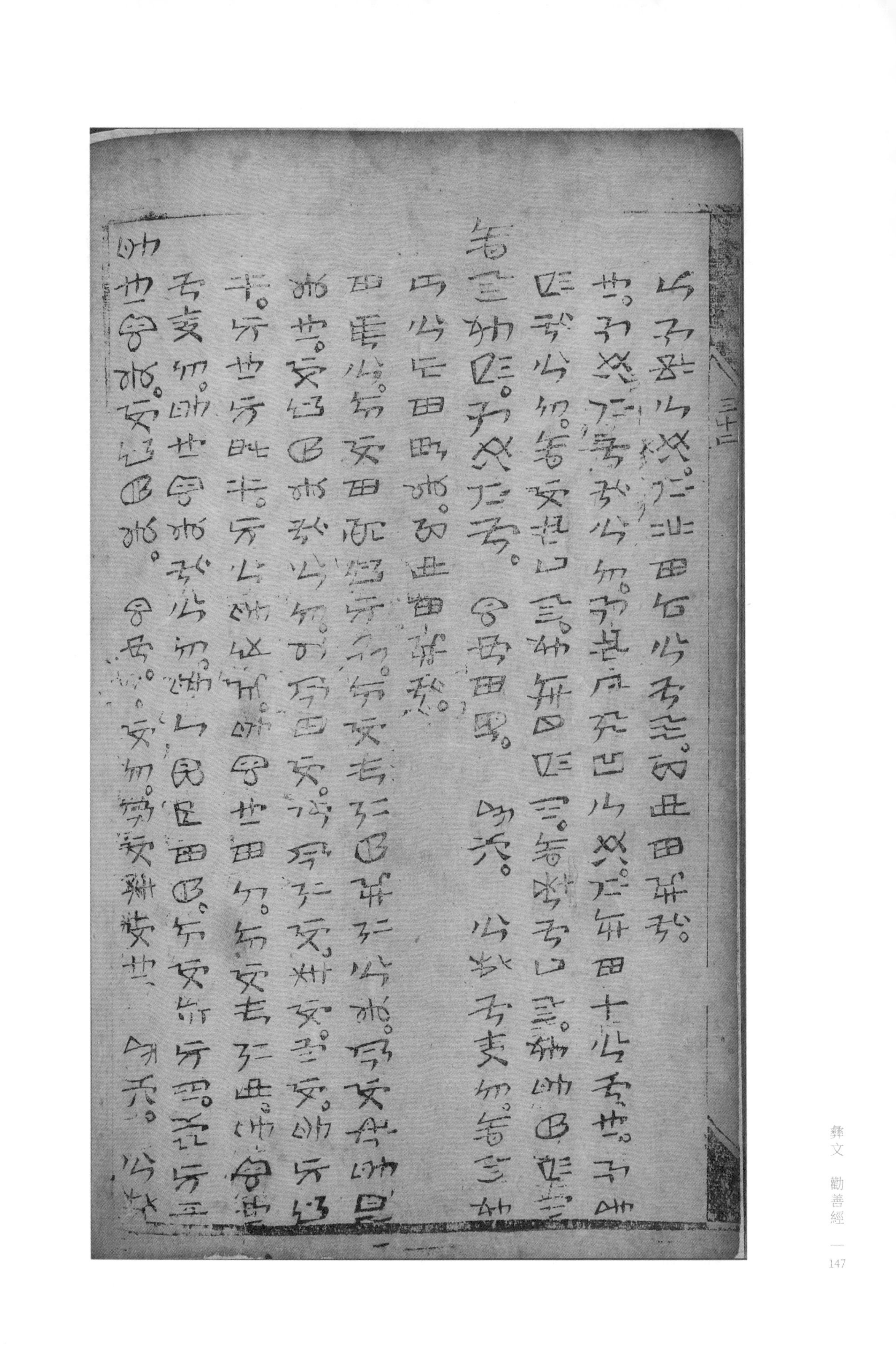

三十二

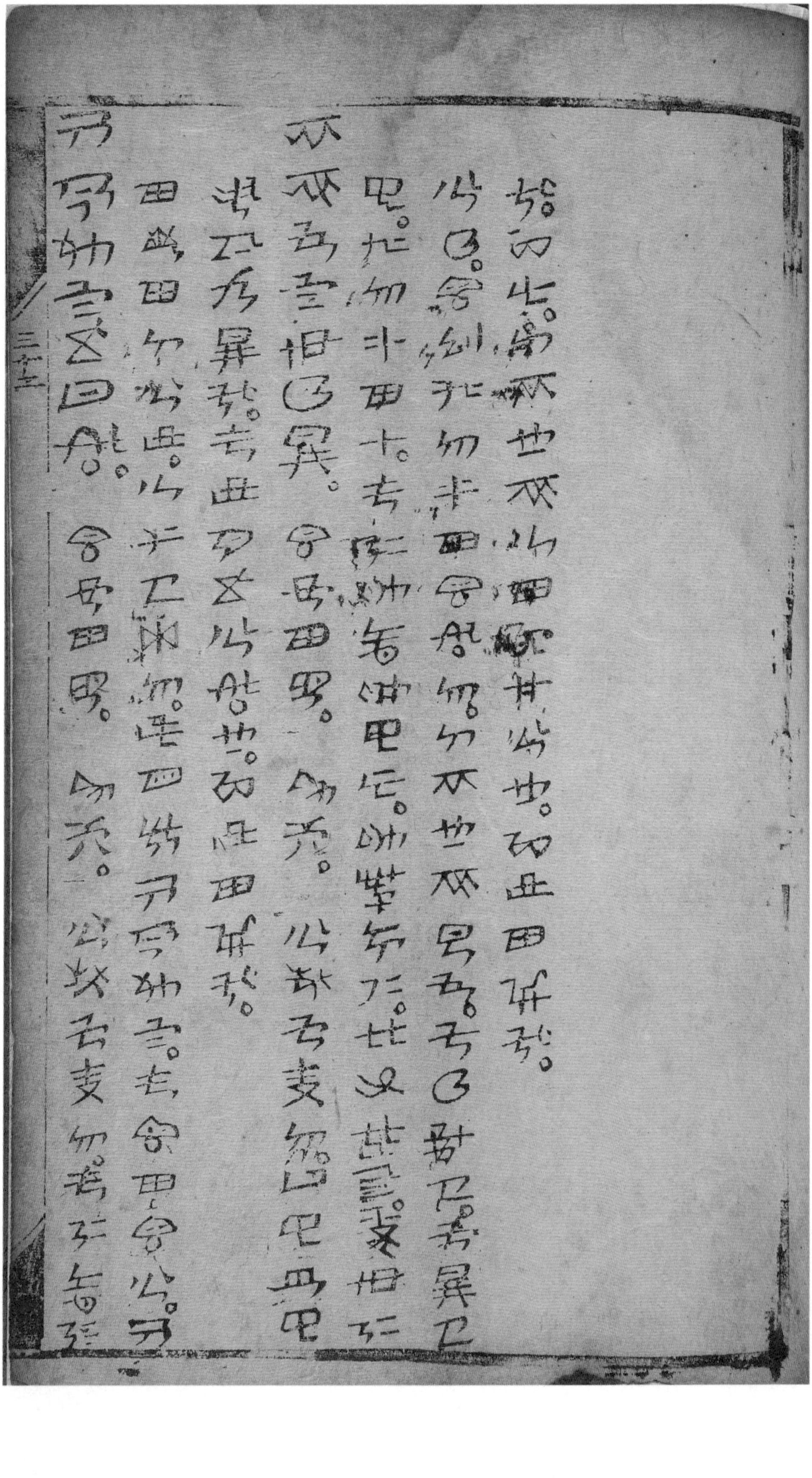

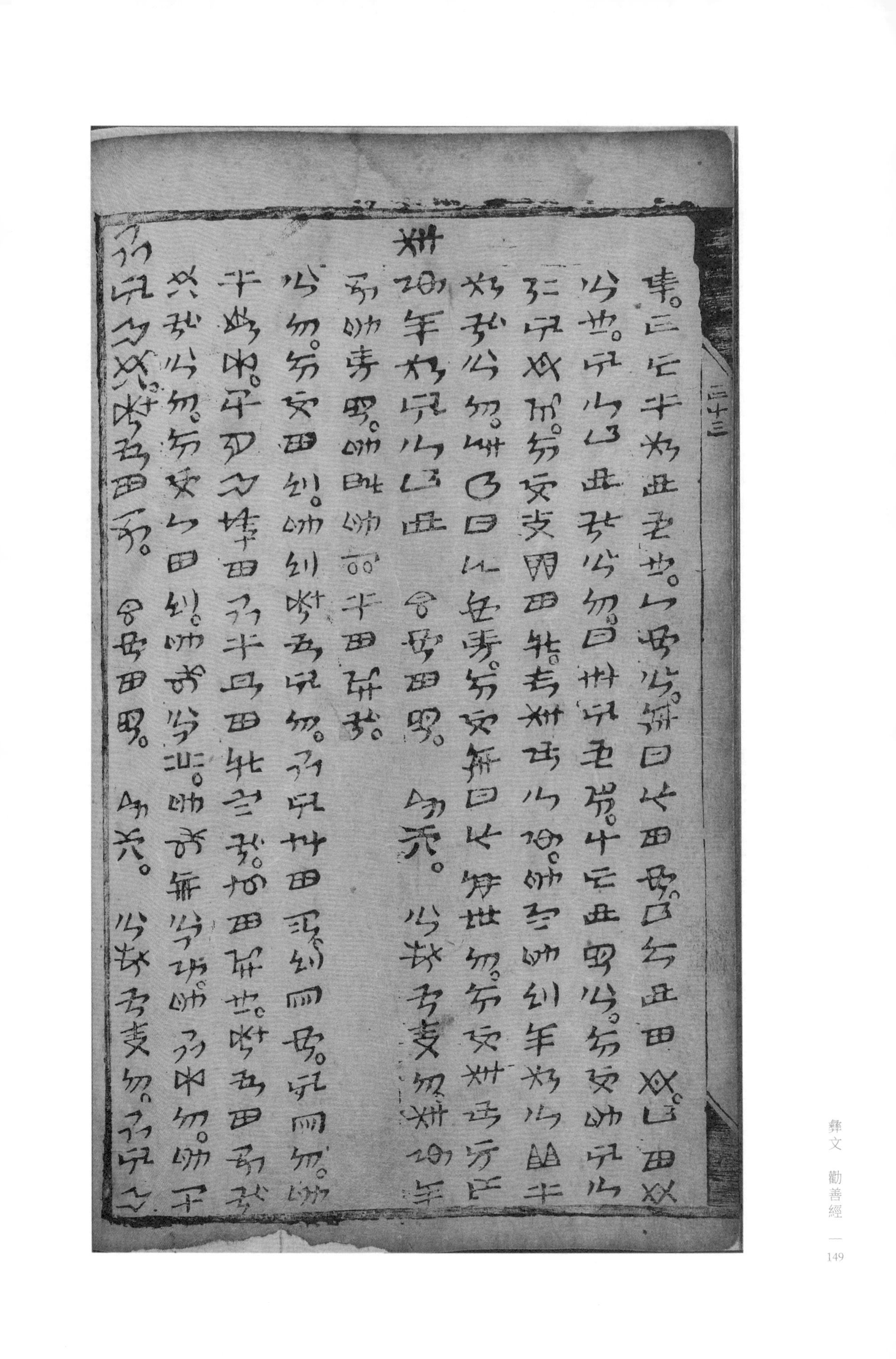

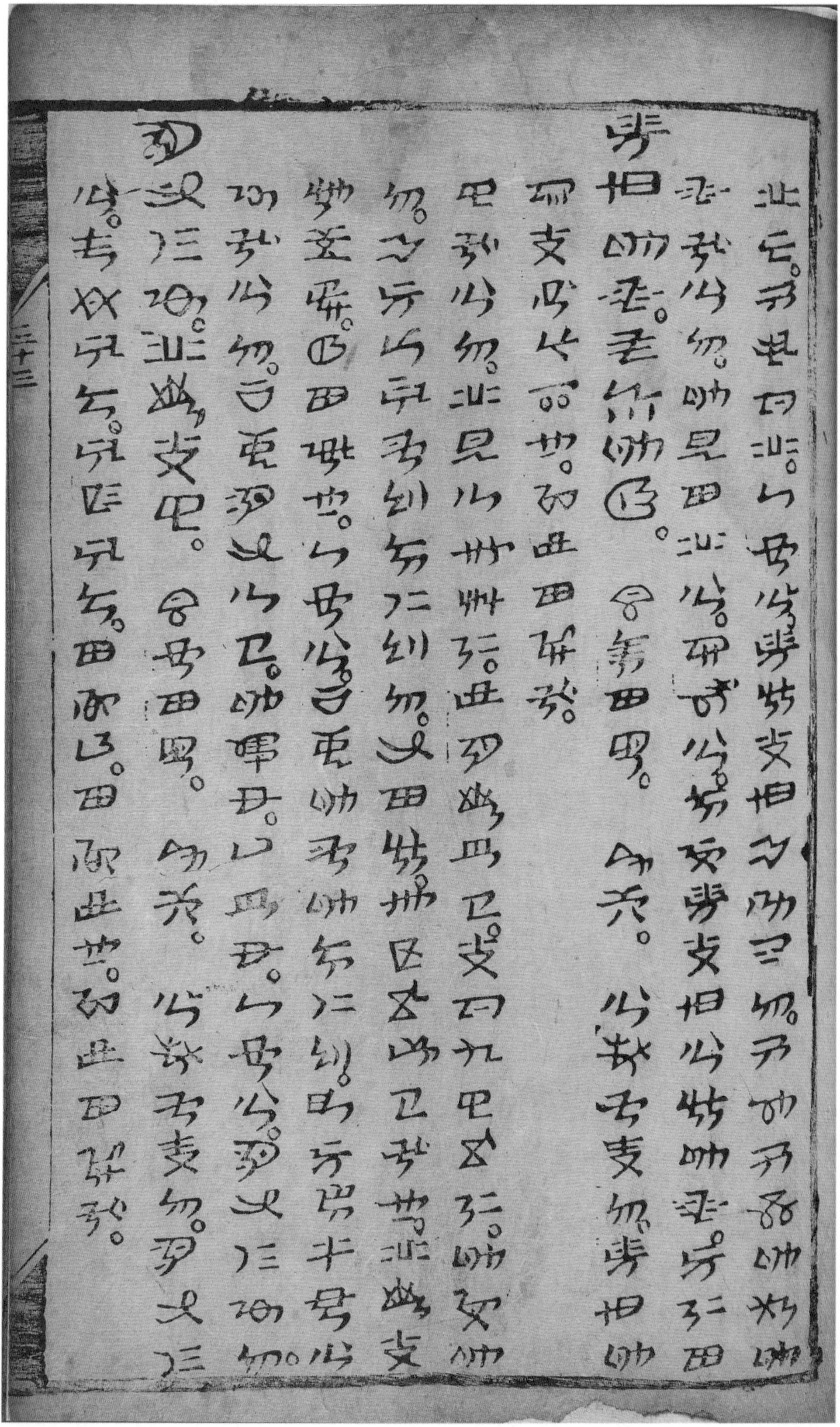

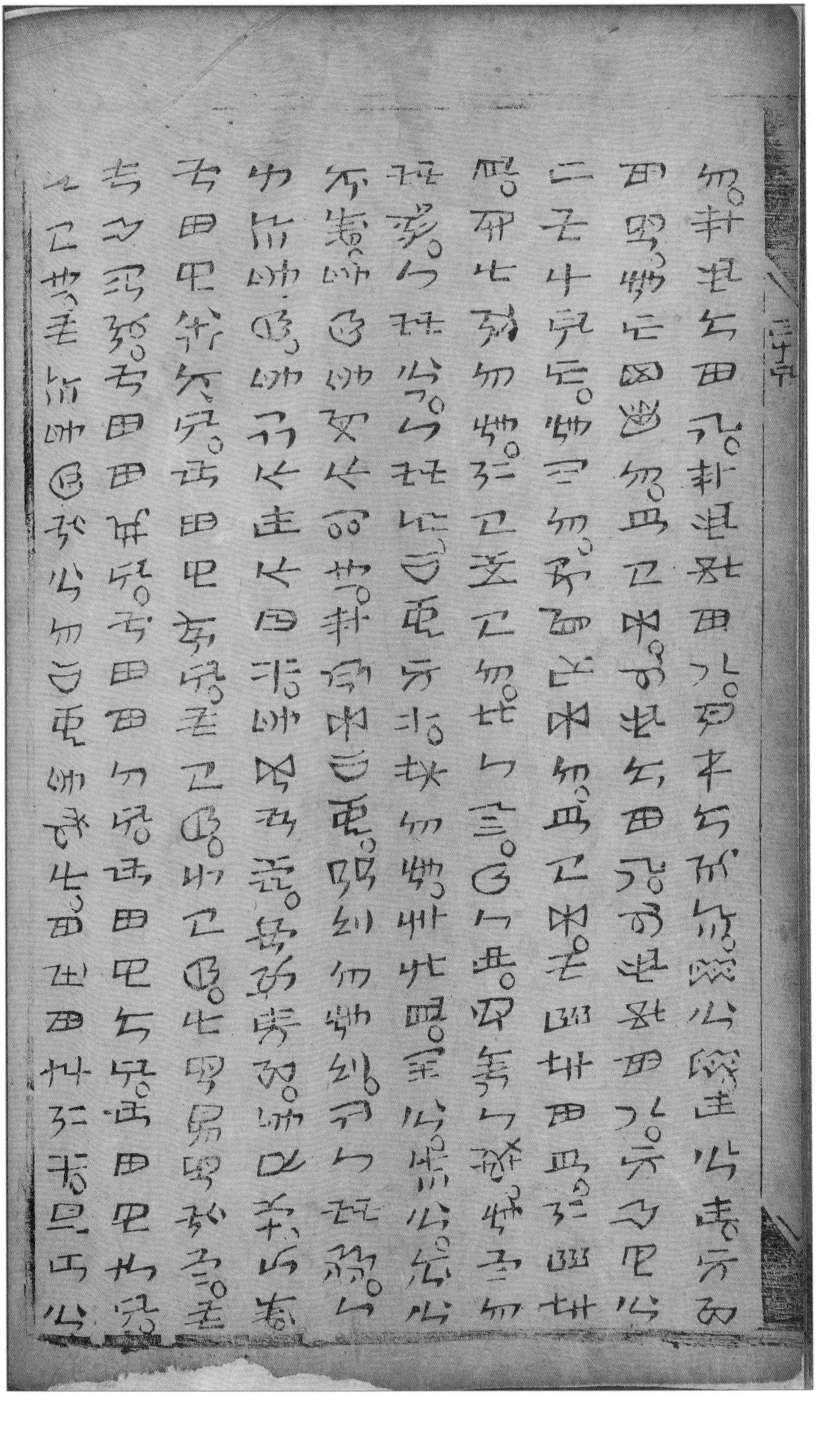

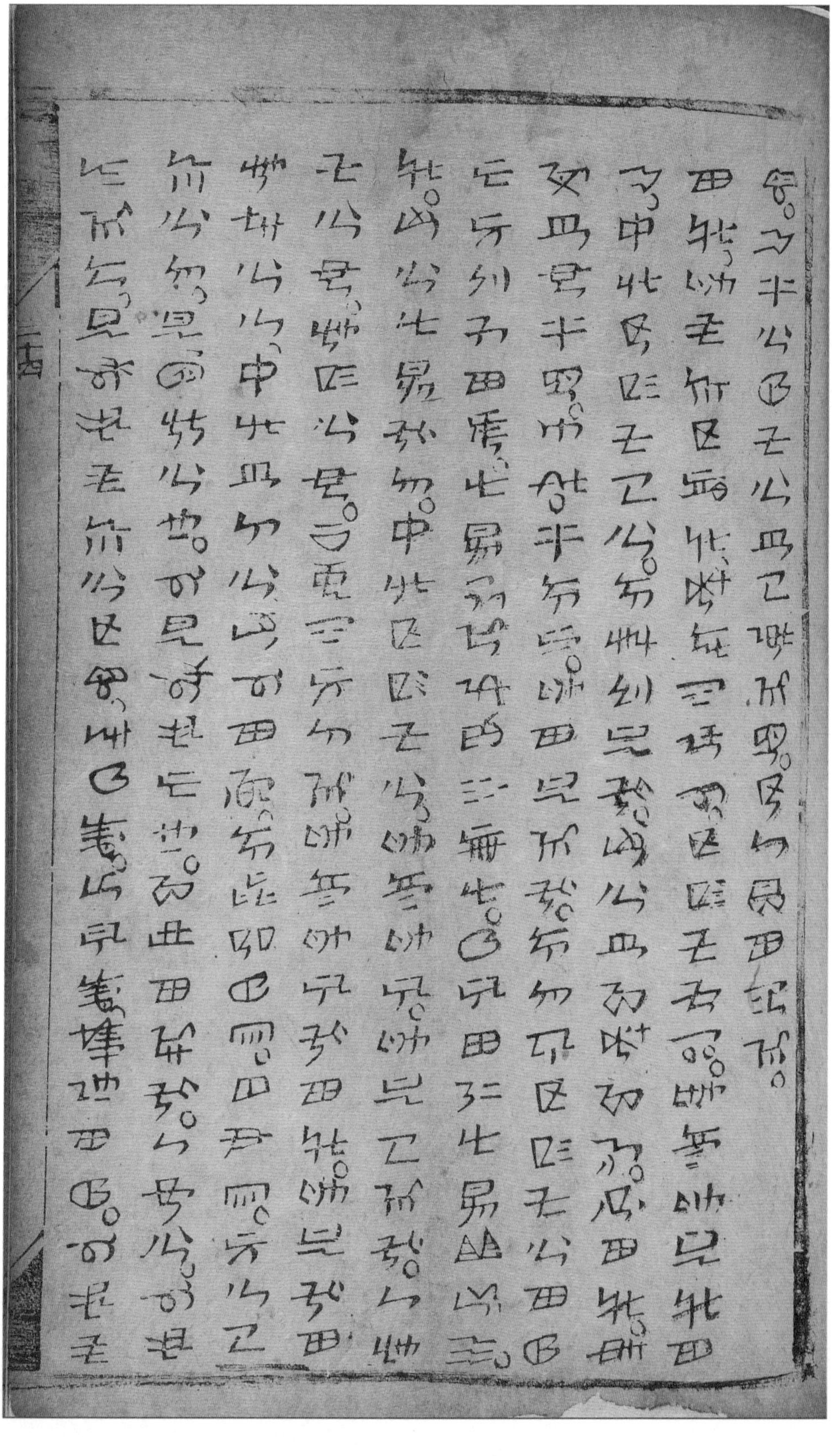

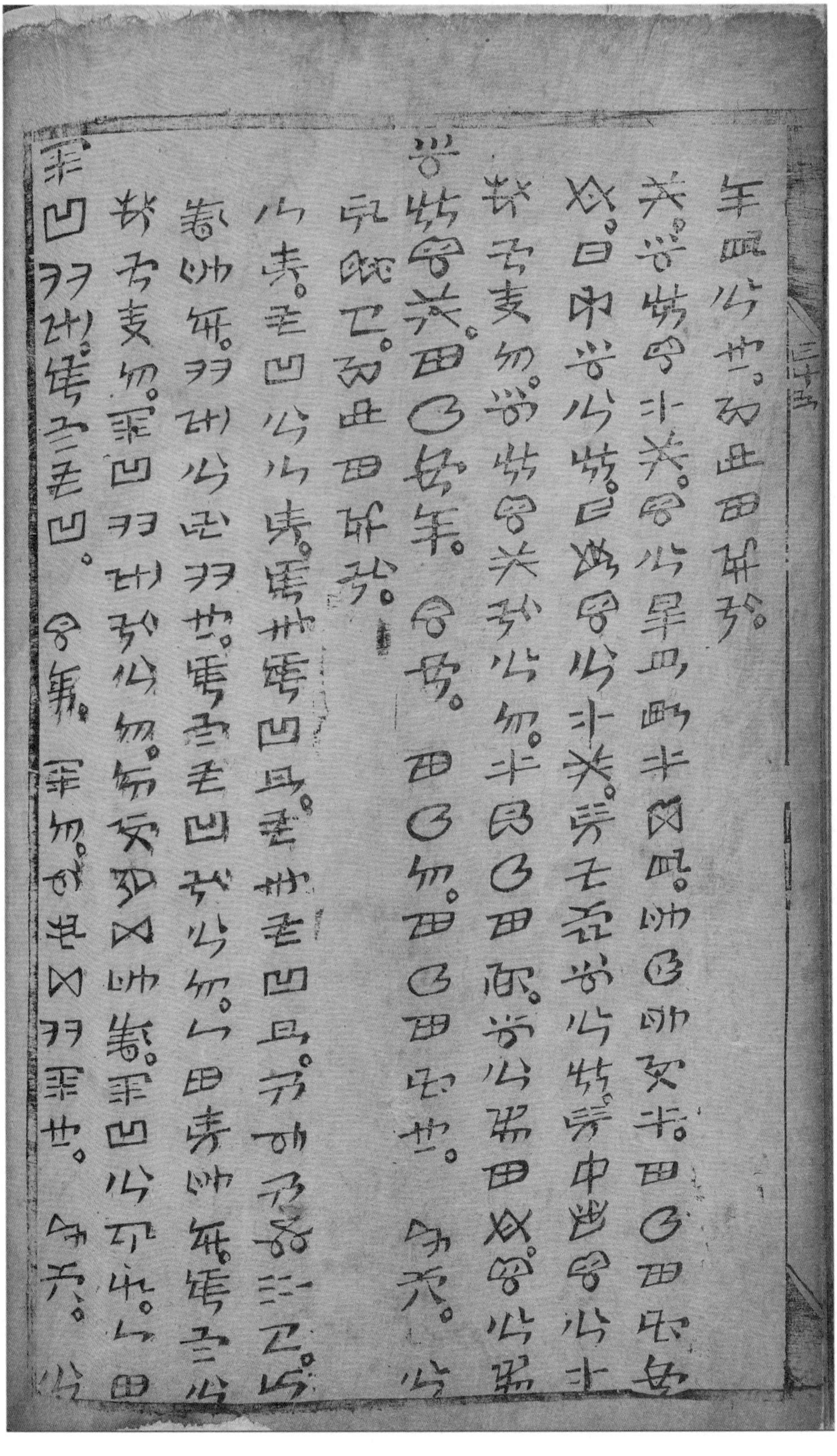

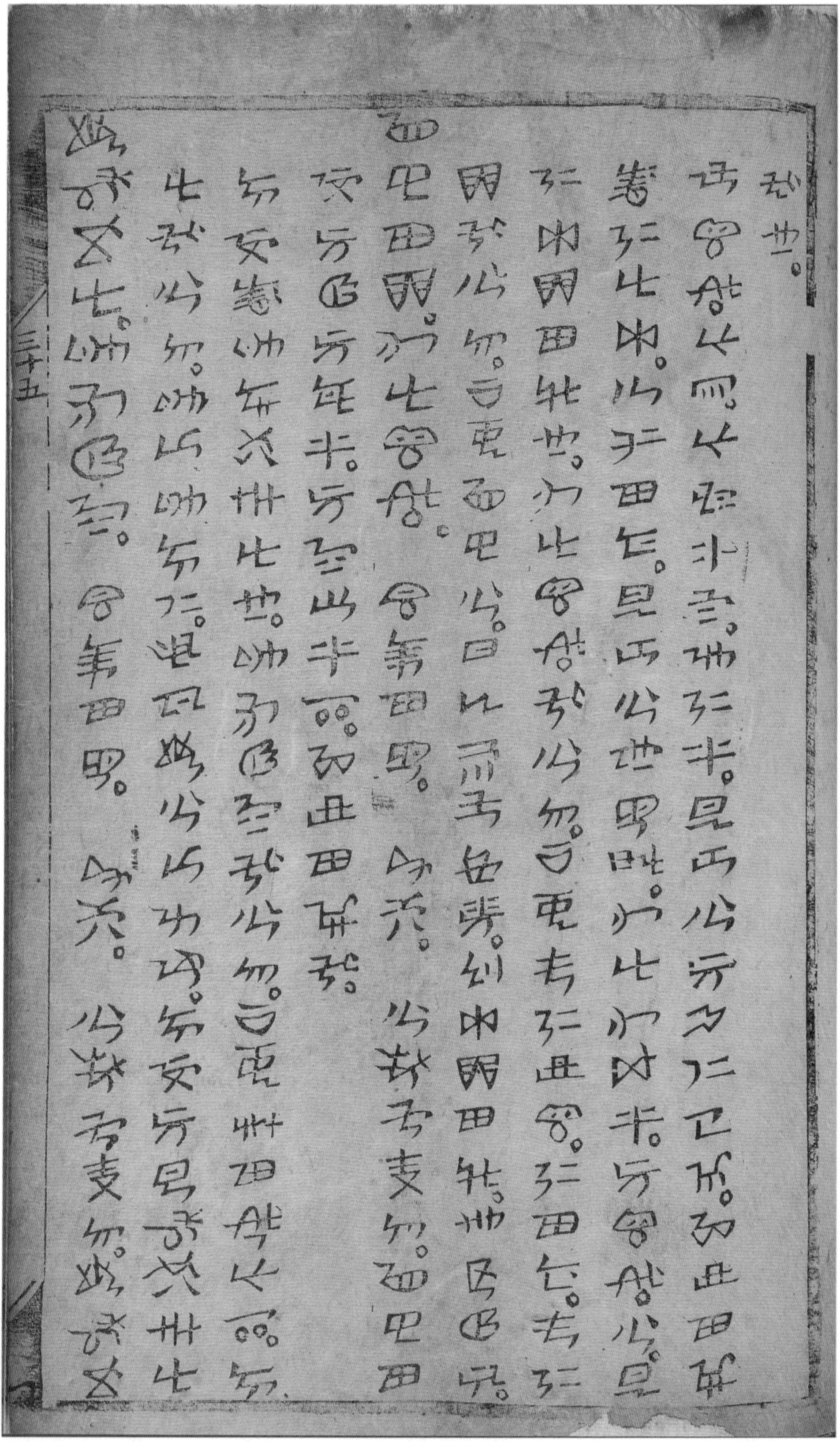
三十五

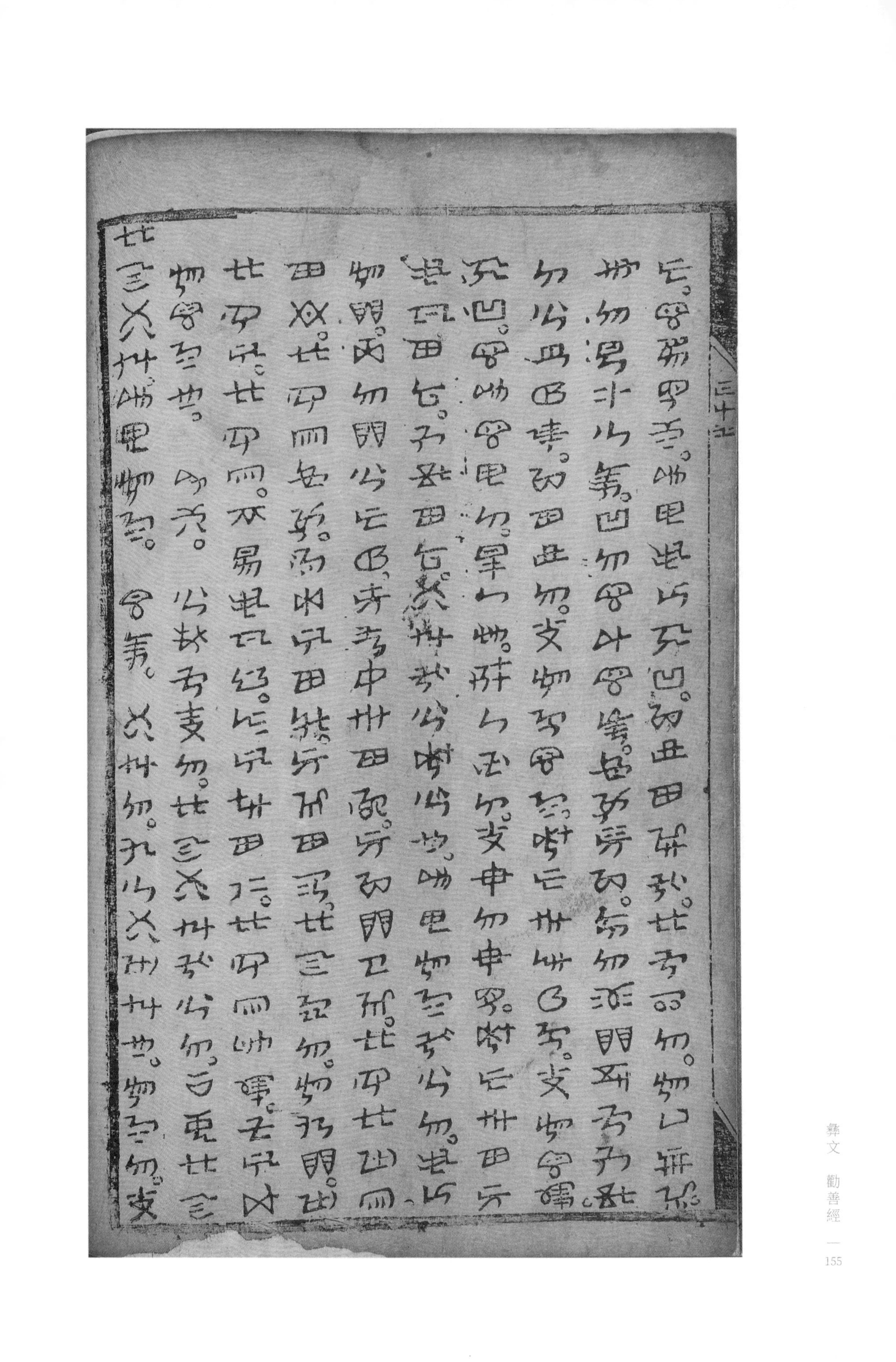

三十七

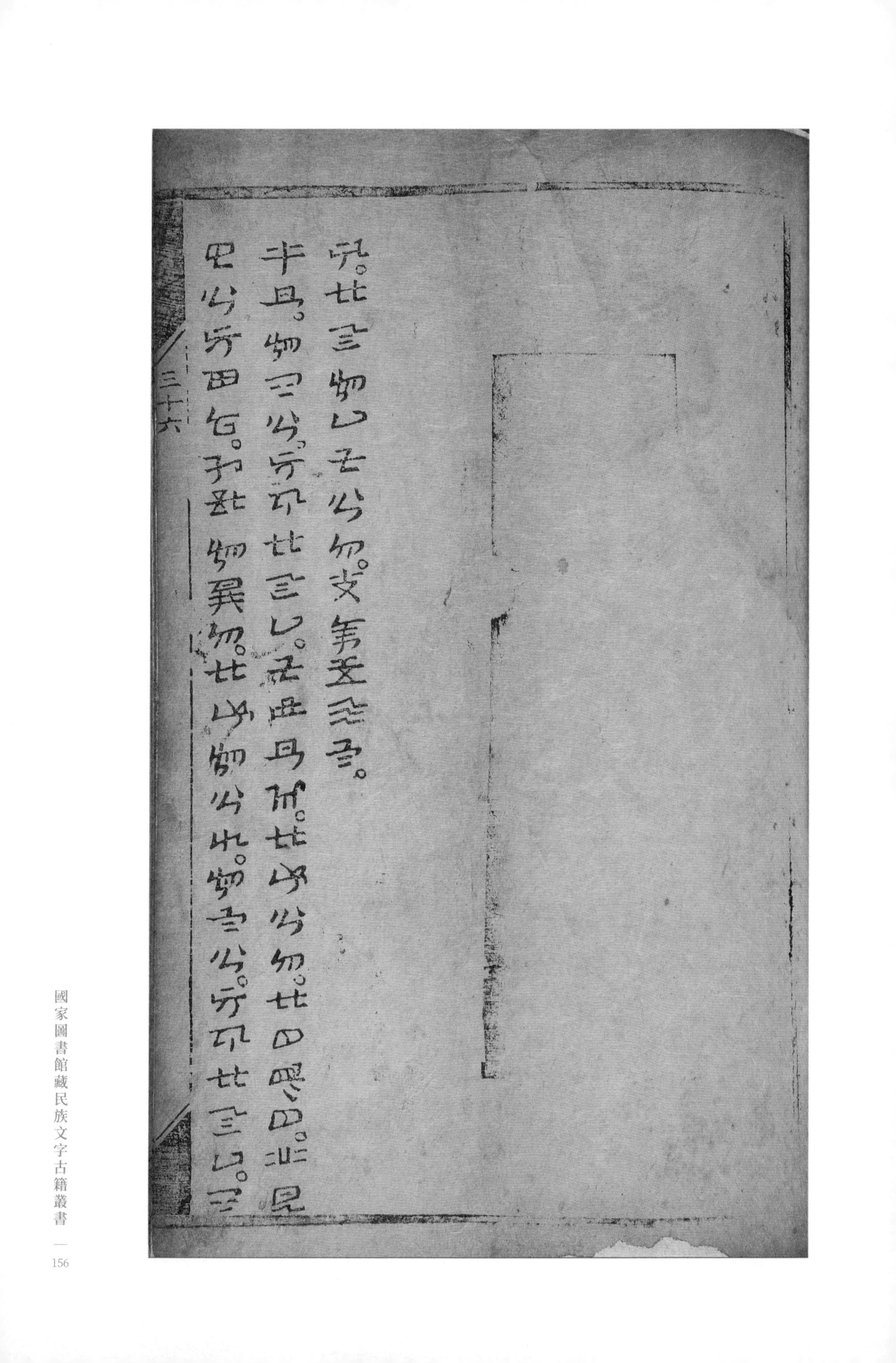

三十六

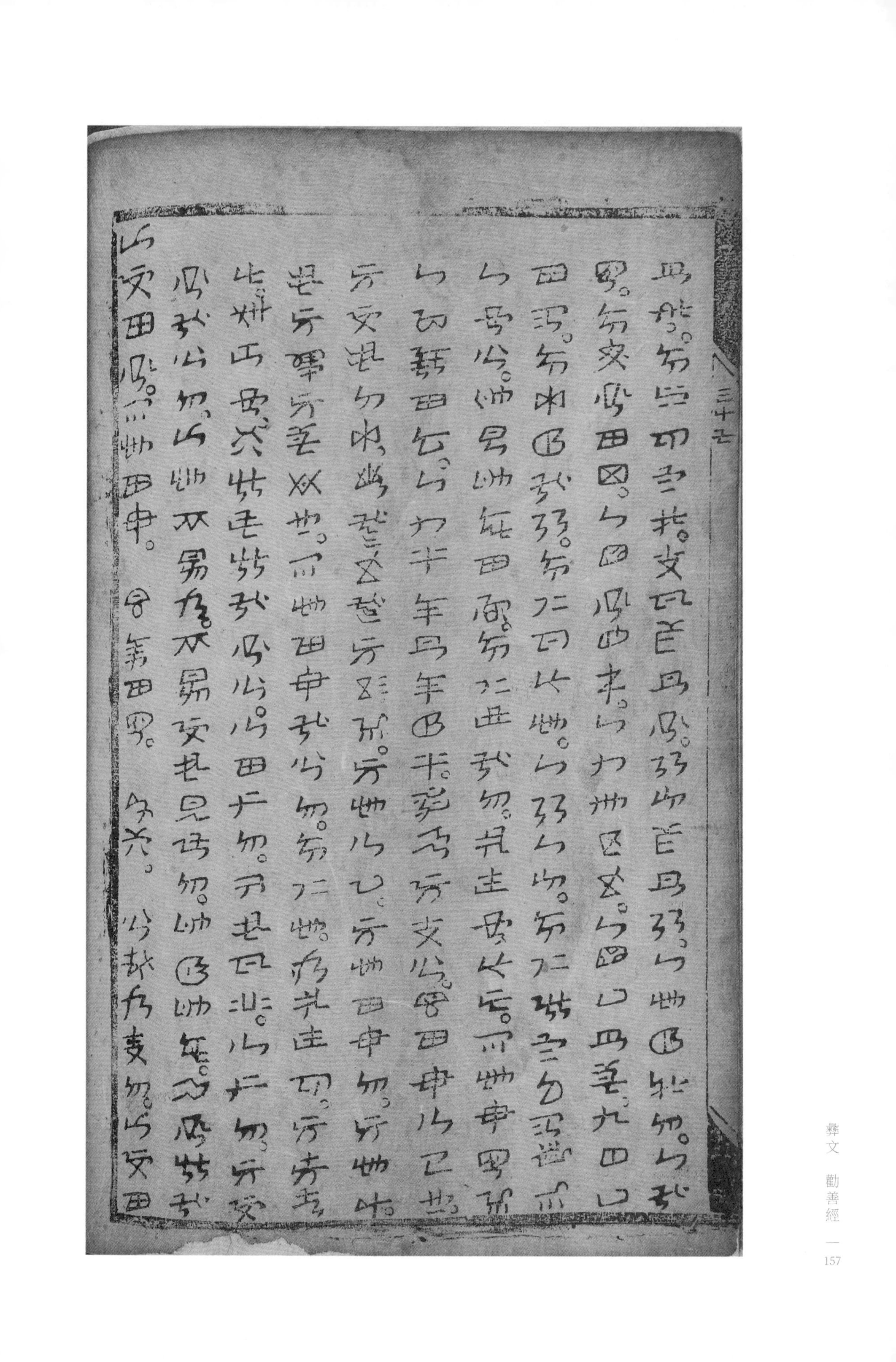

三十七

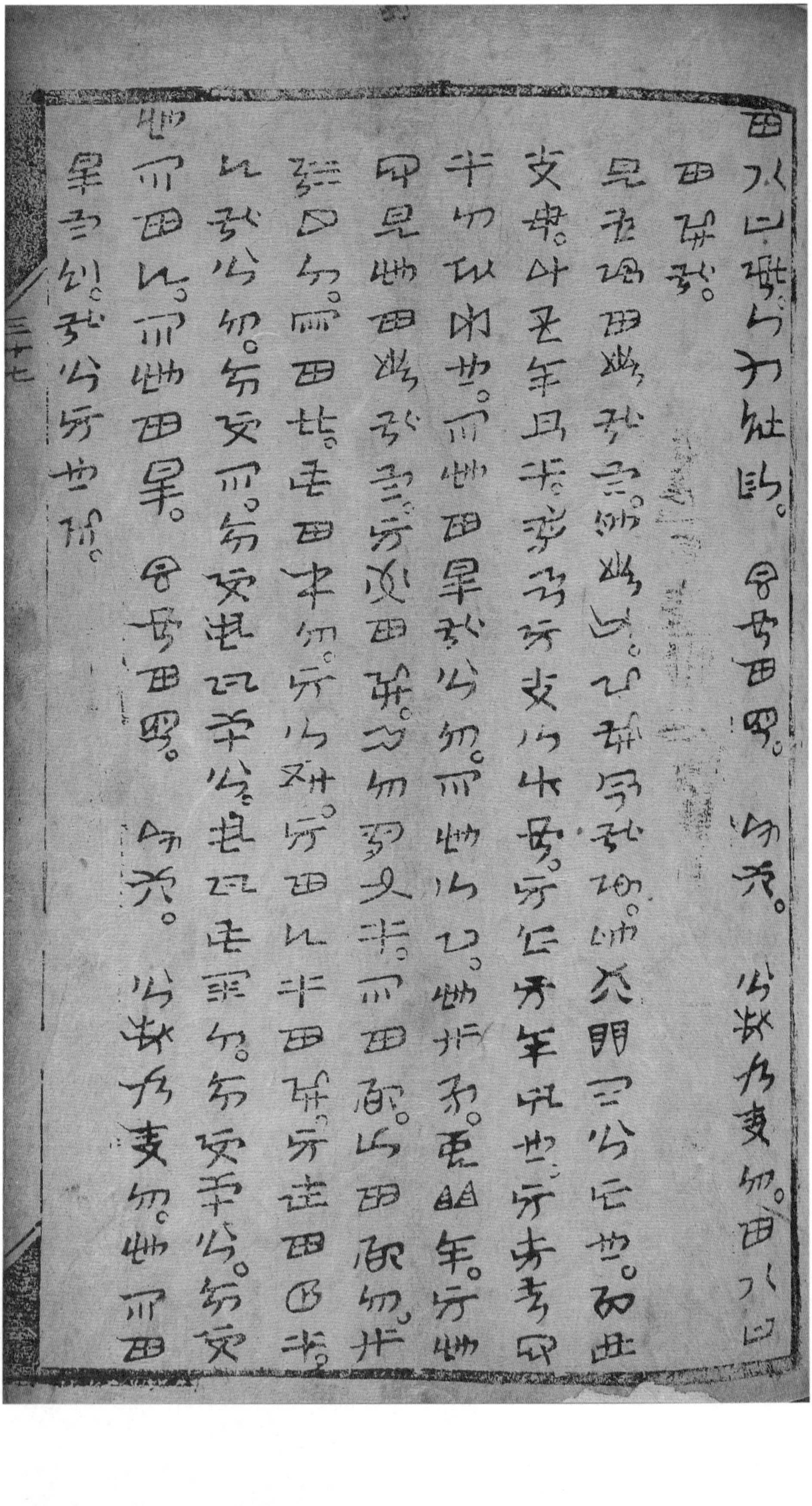
三十七

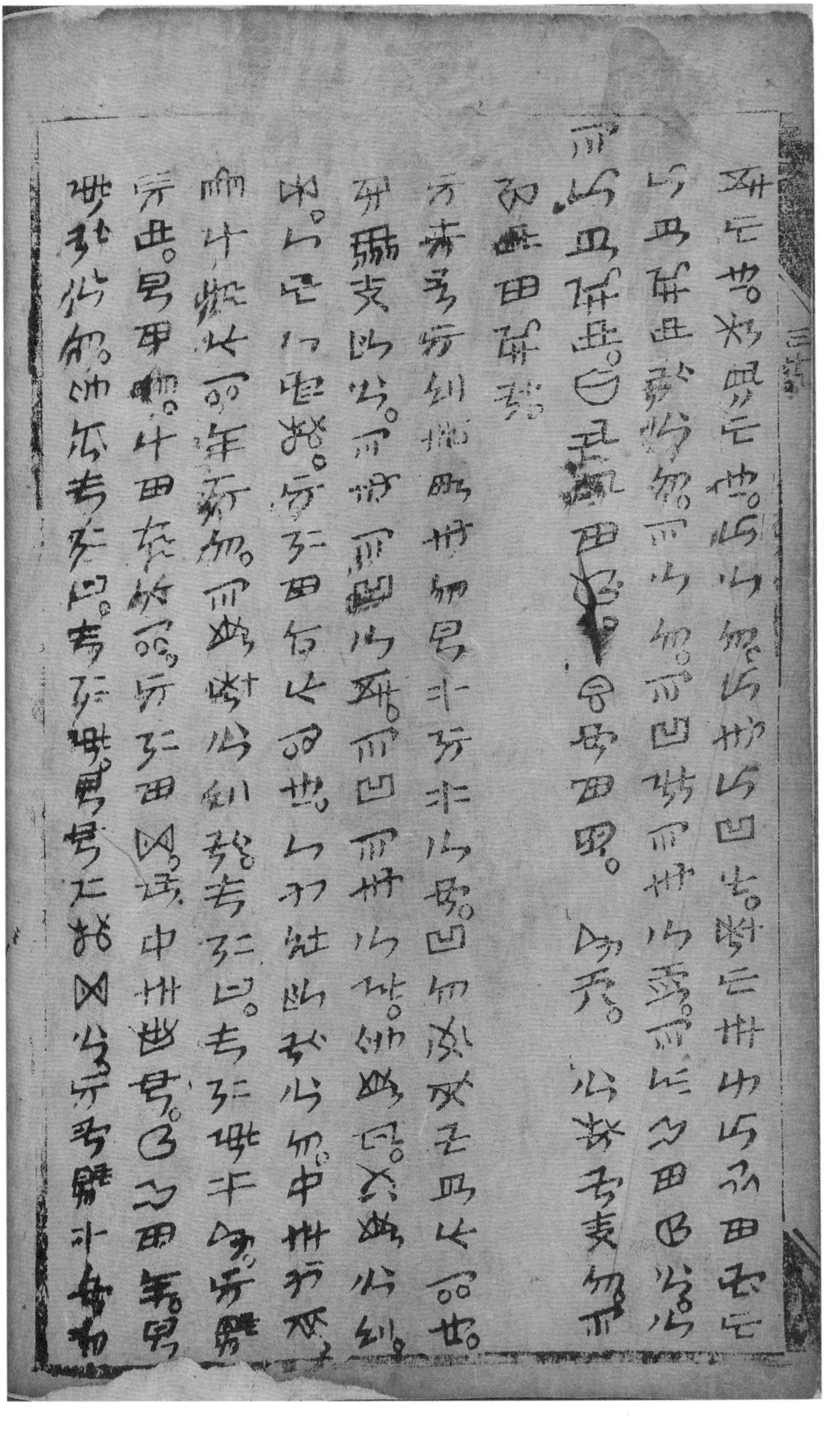

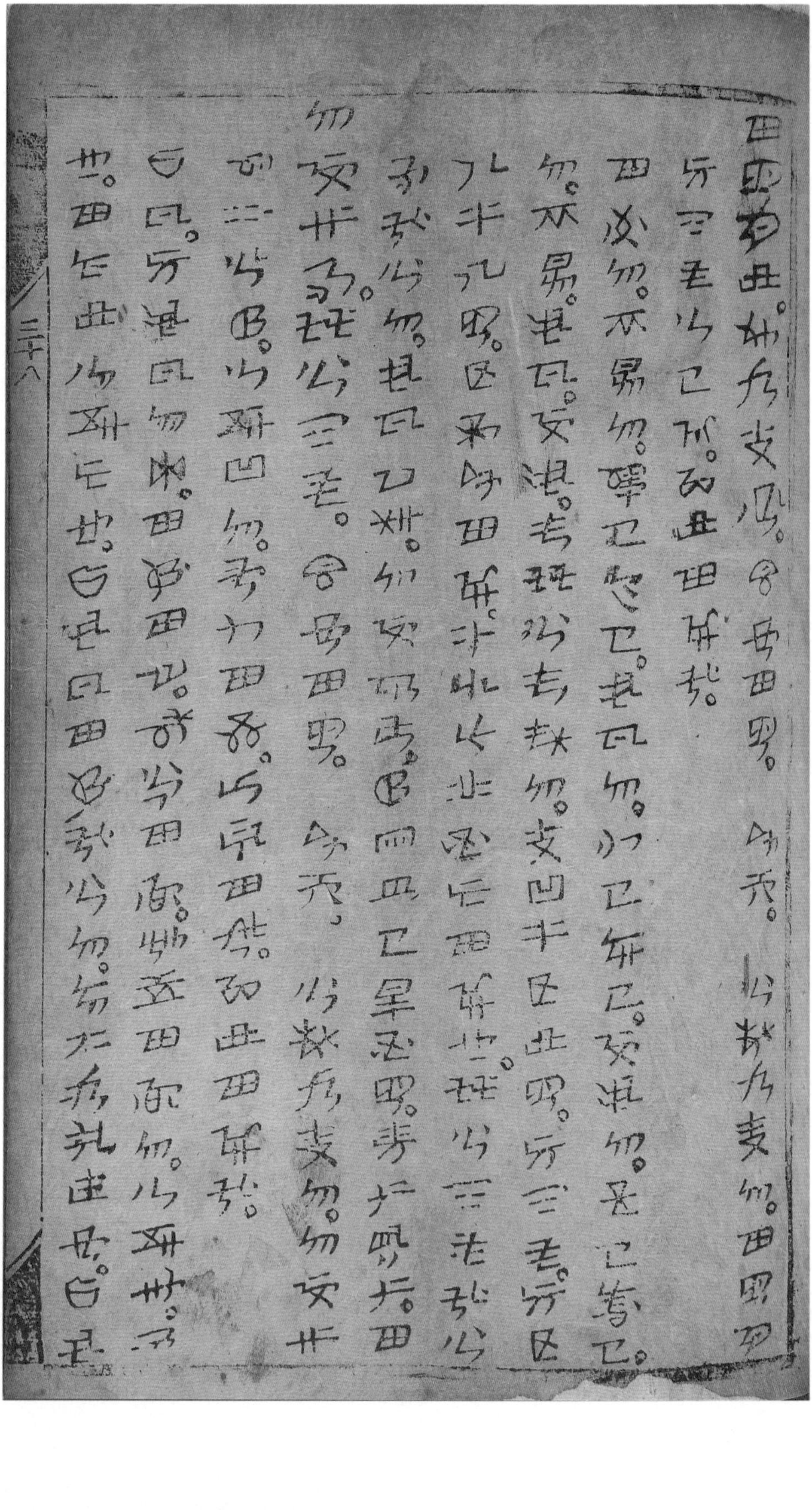

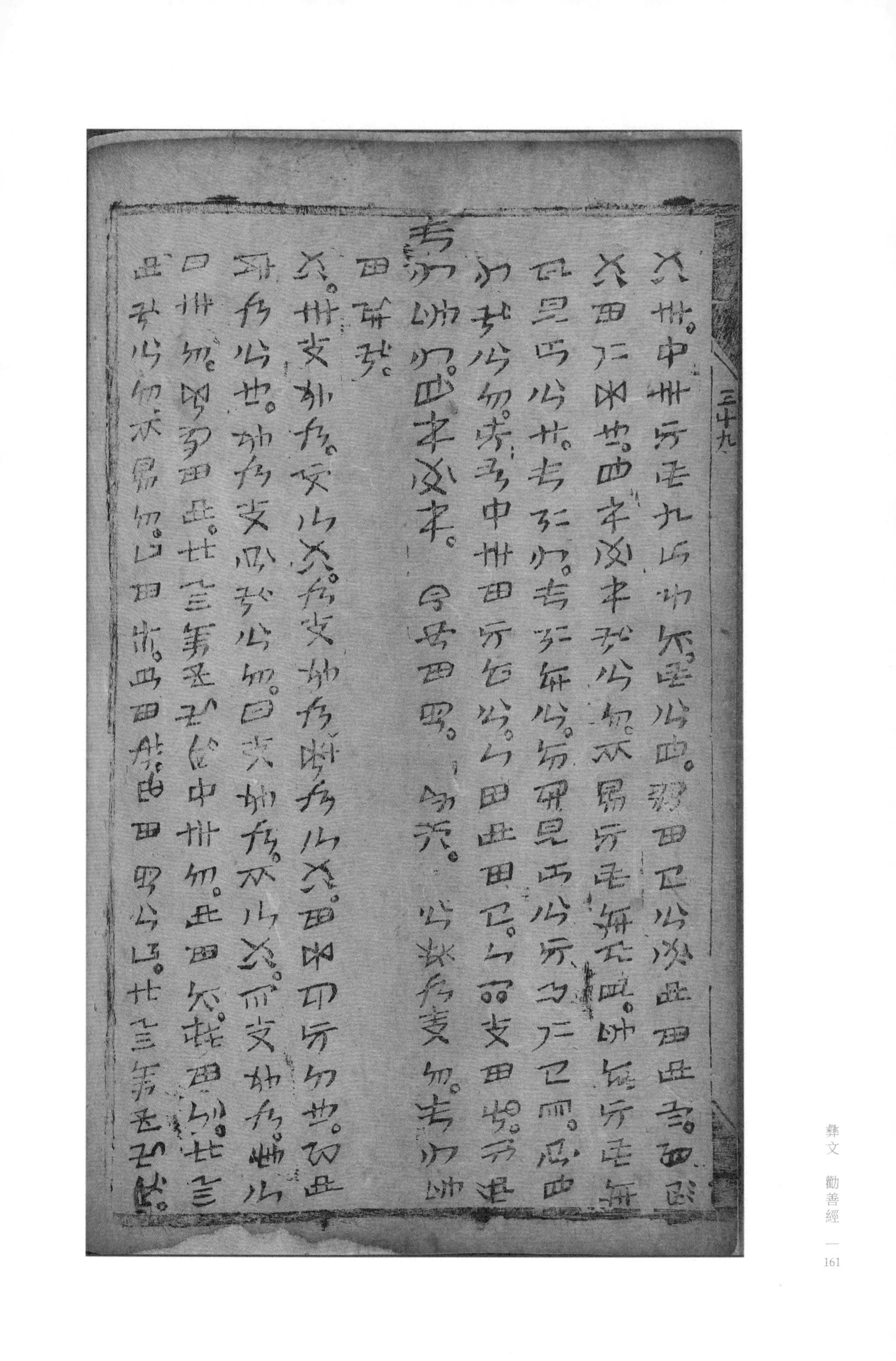

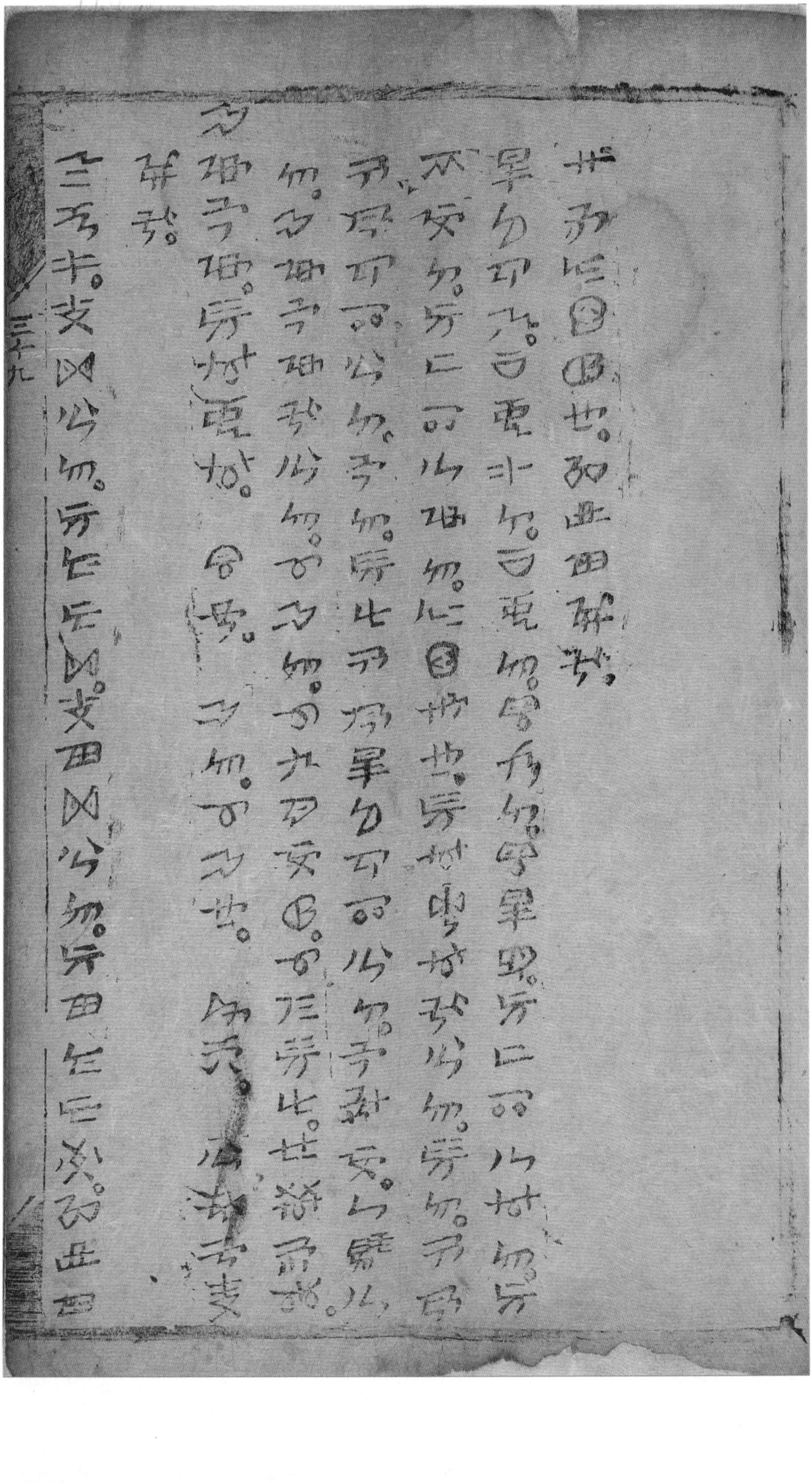
三十九

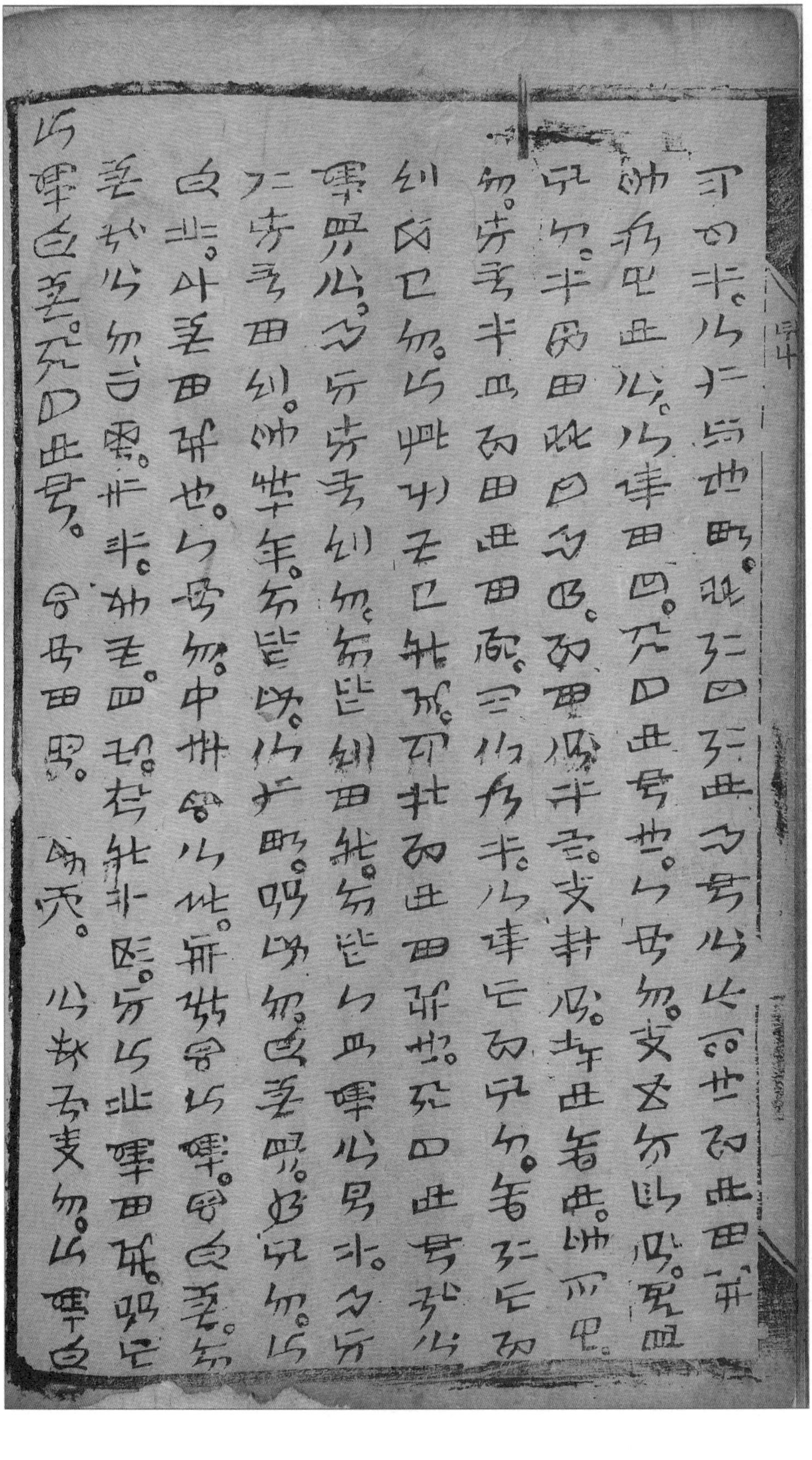

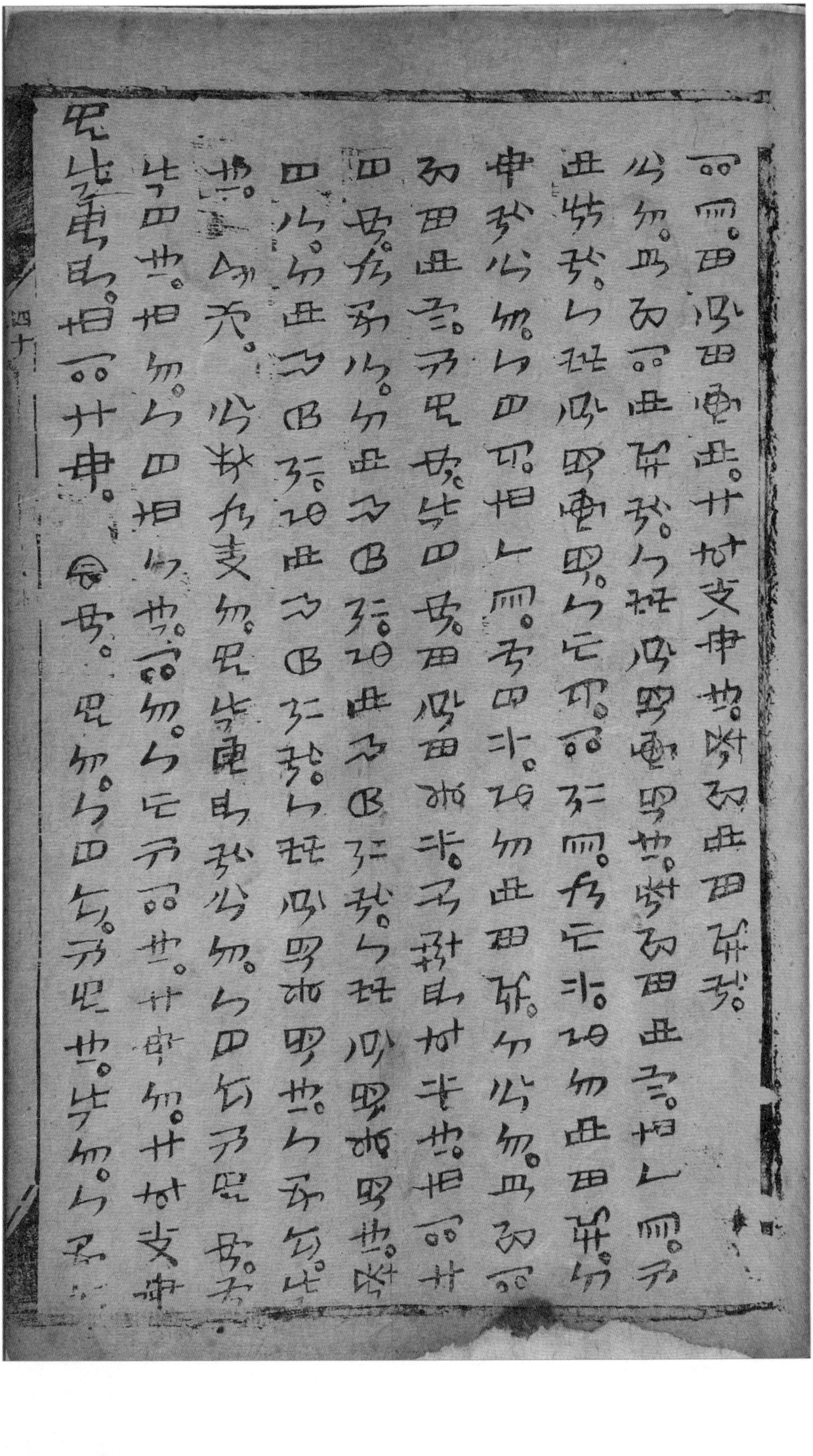
四十

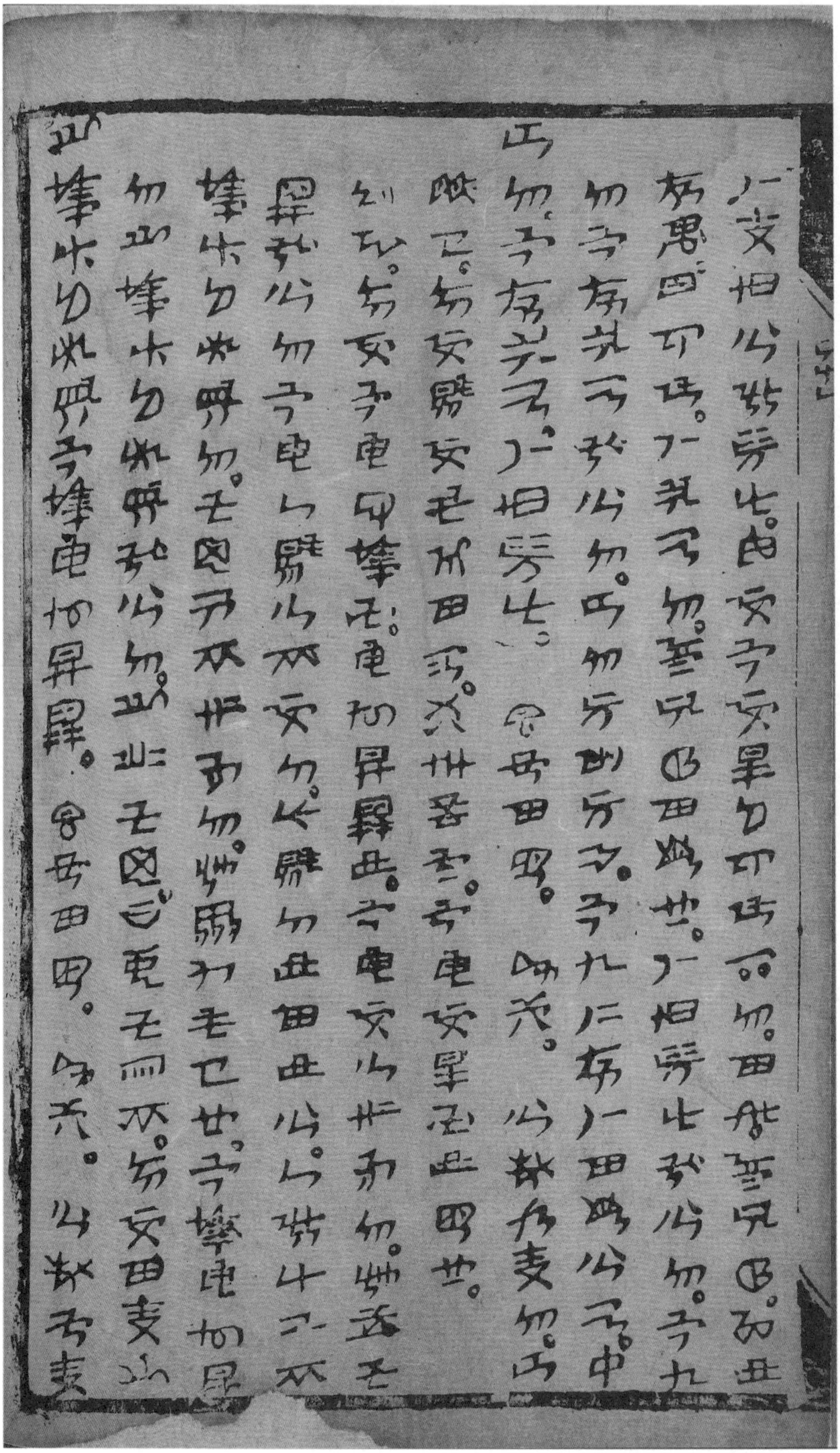

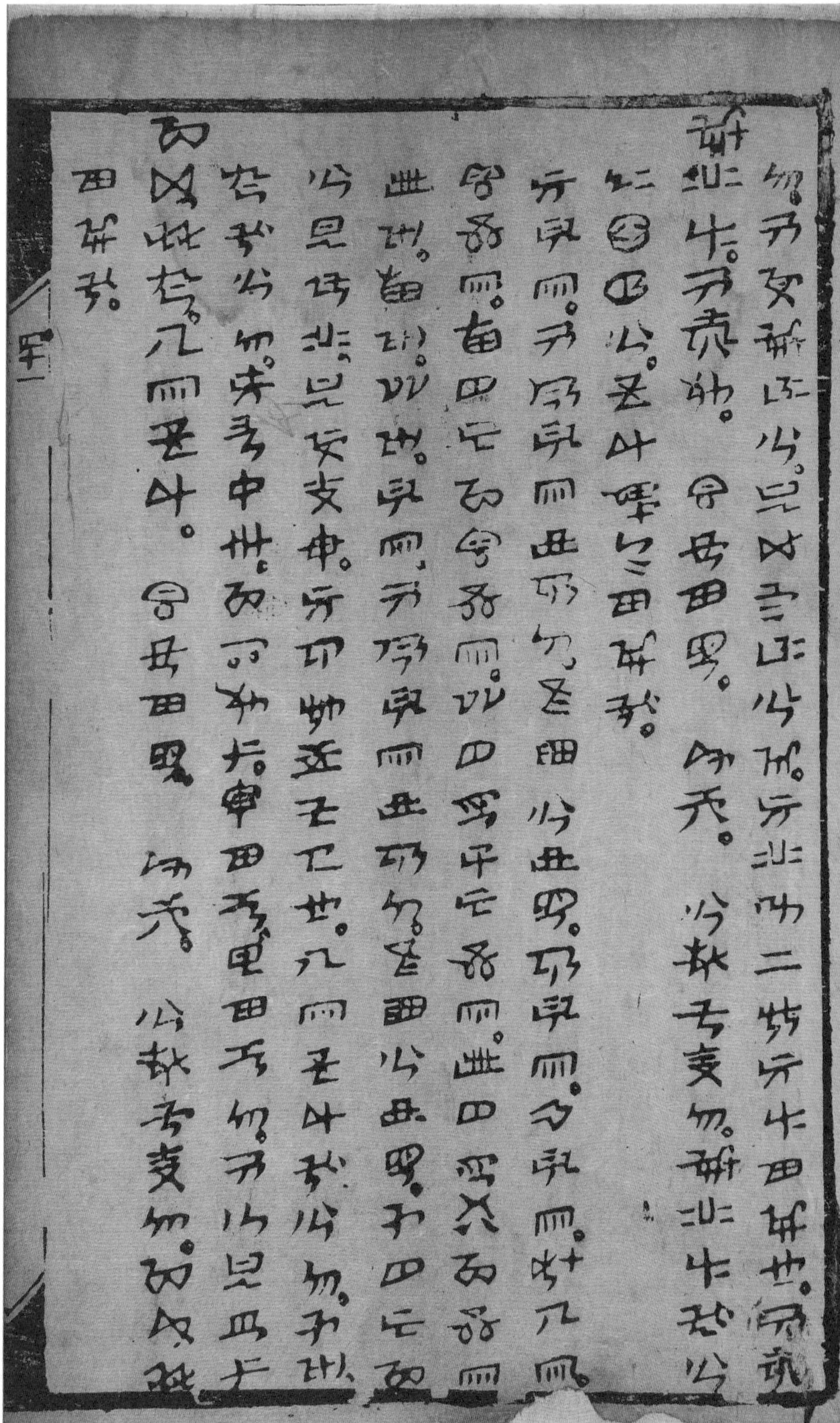

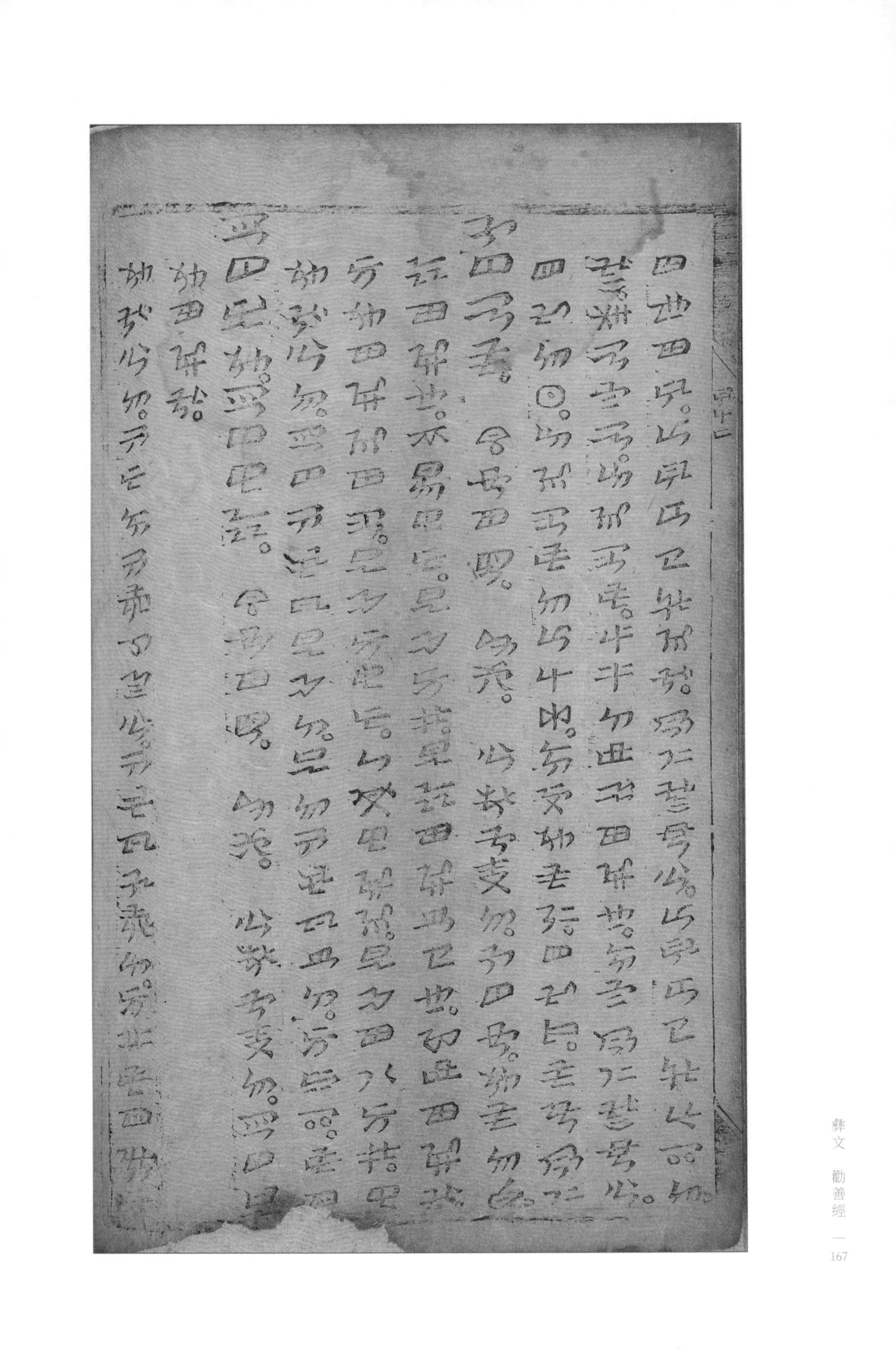

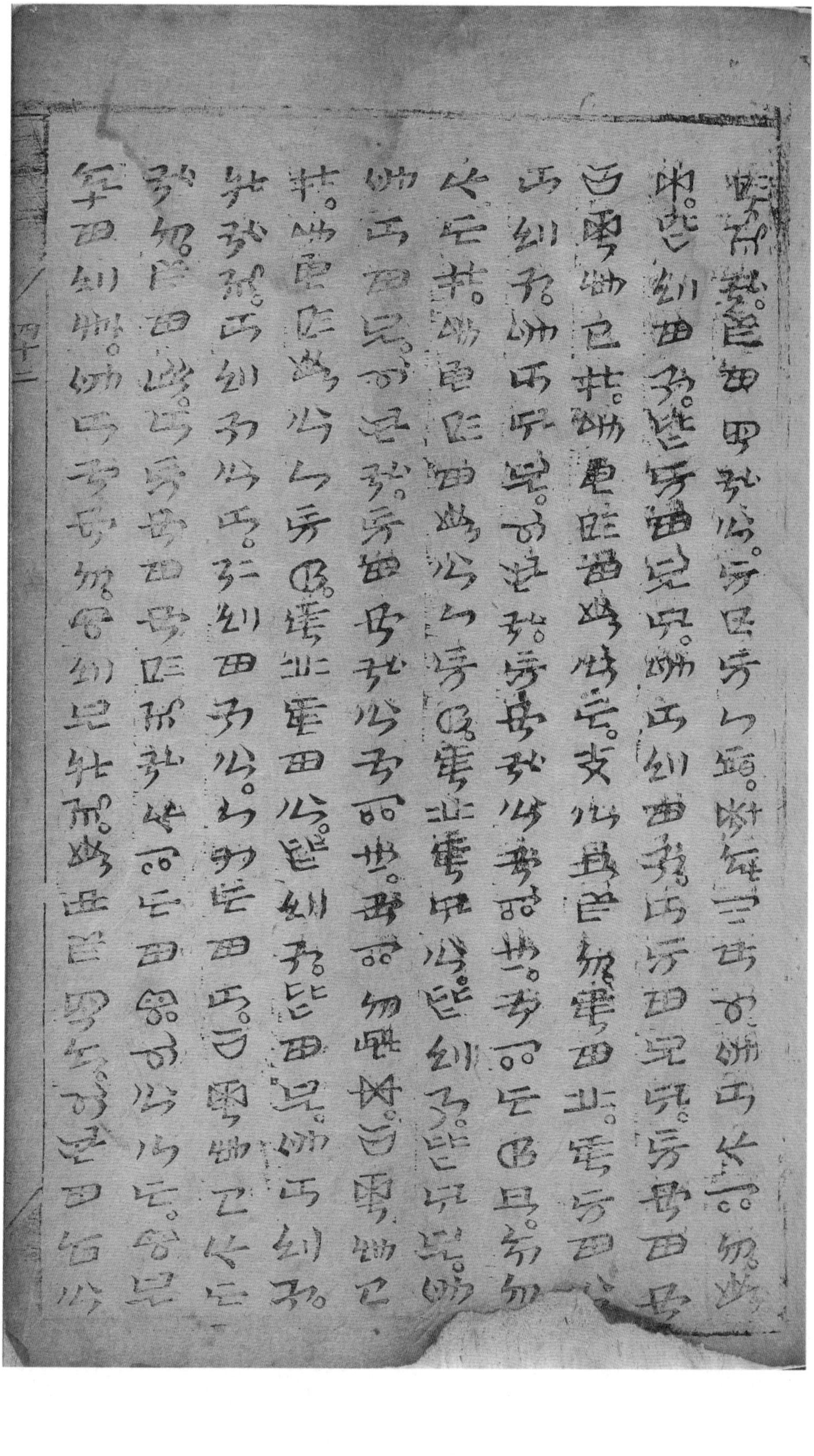
四十二

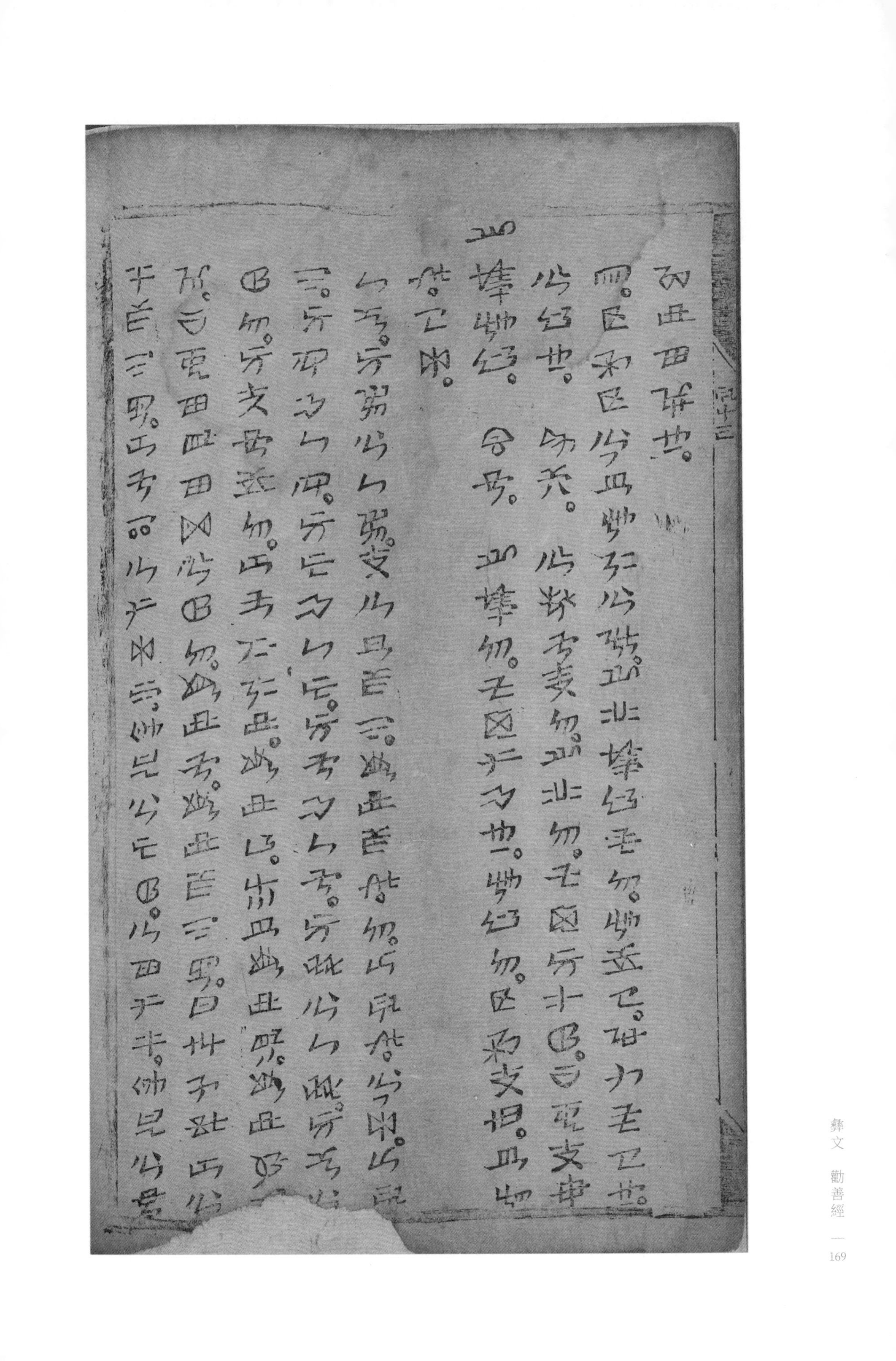

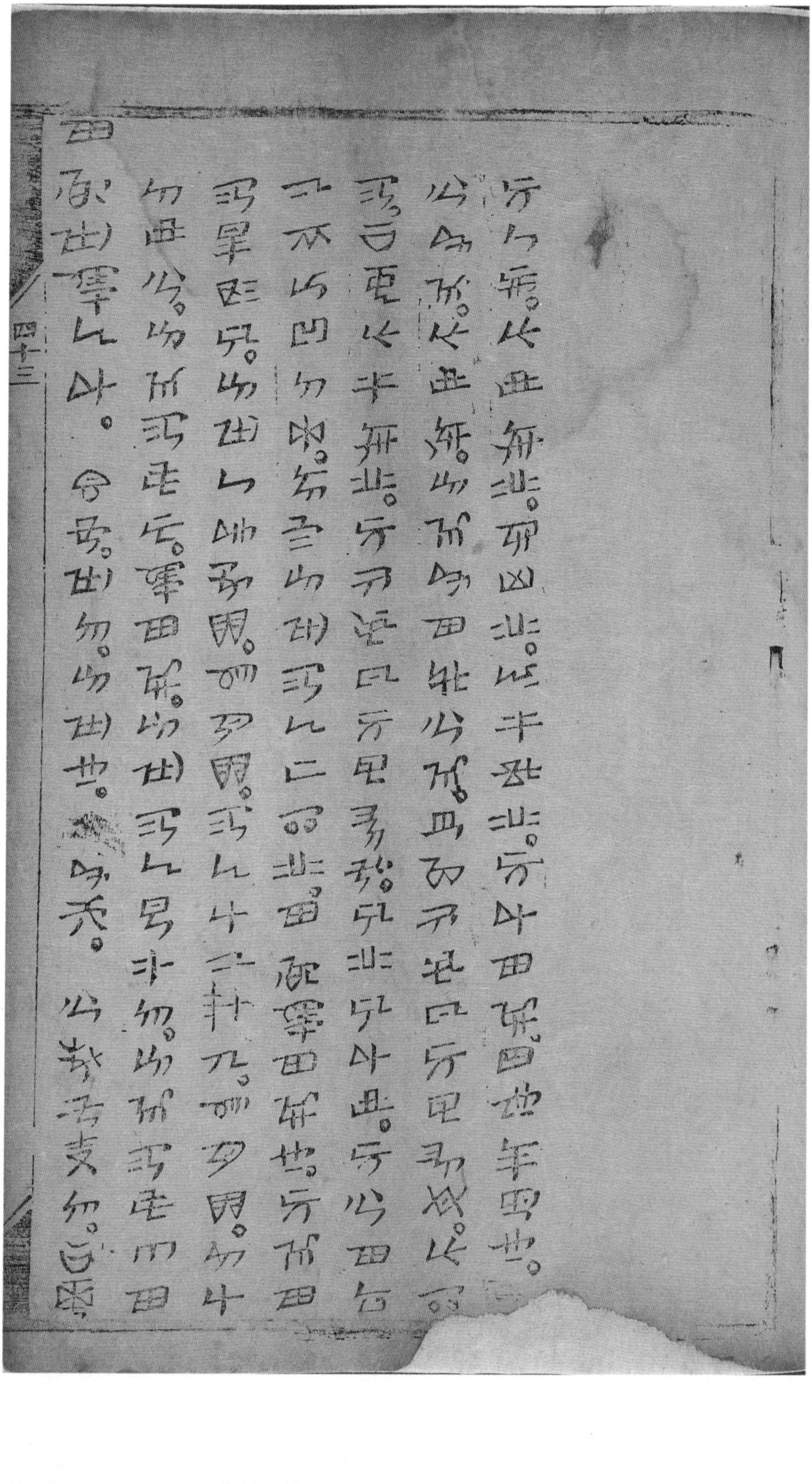

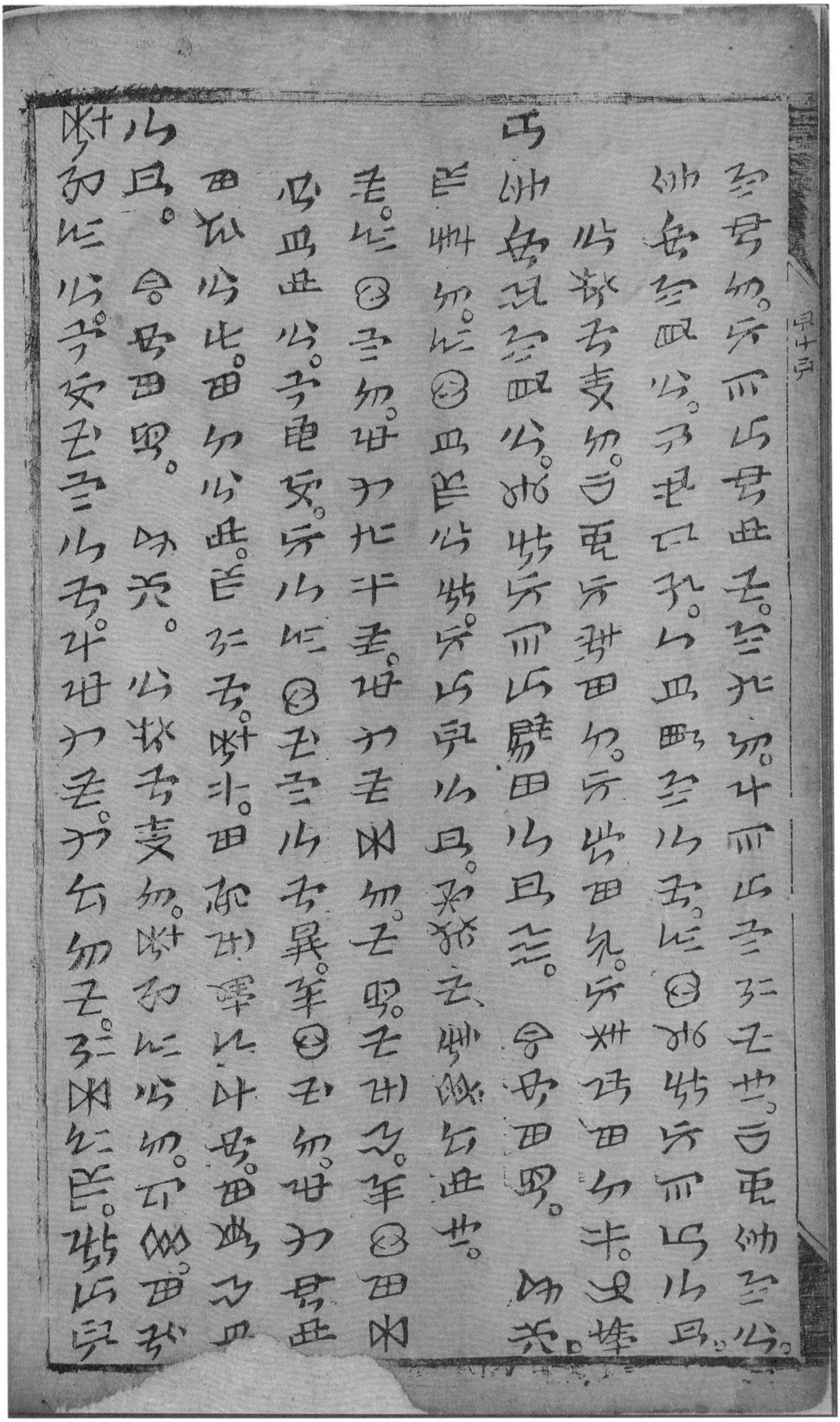

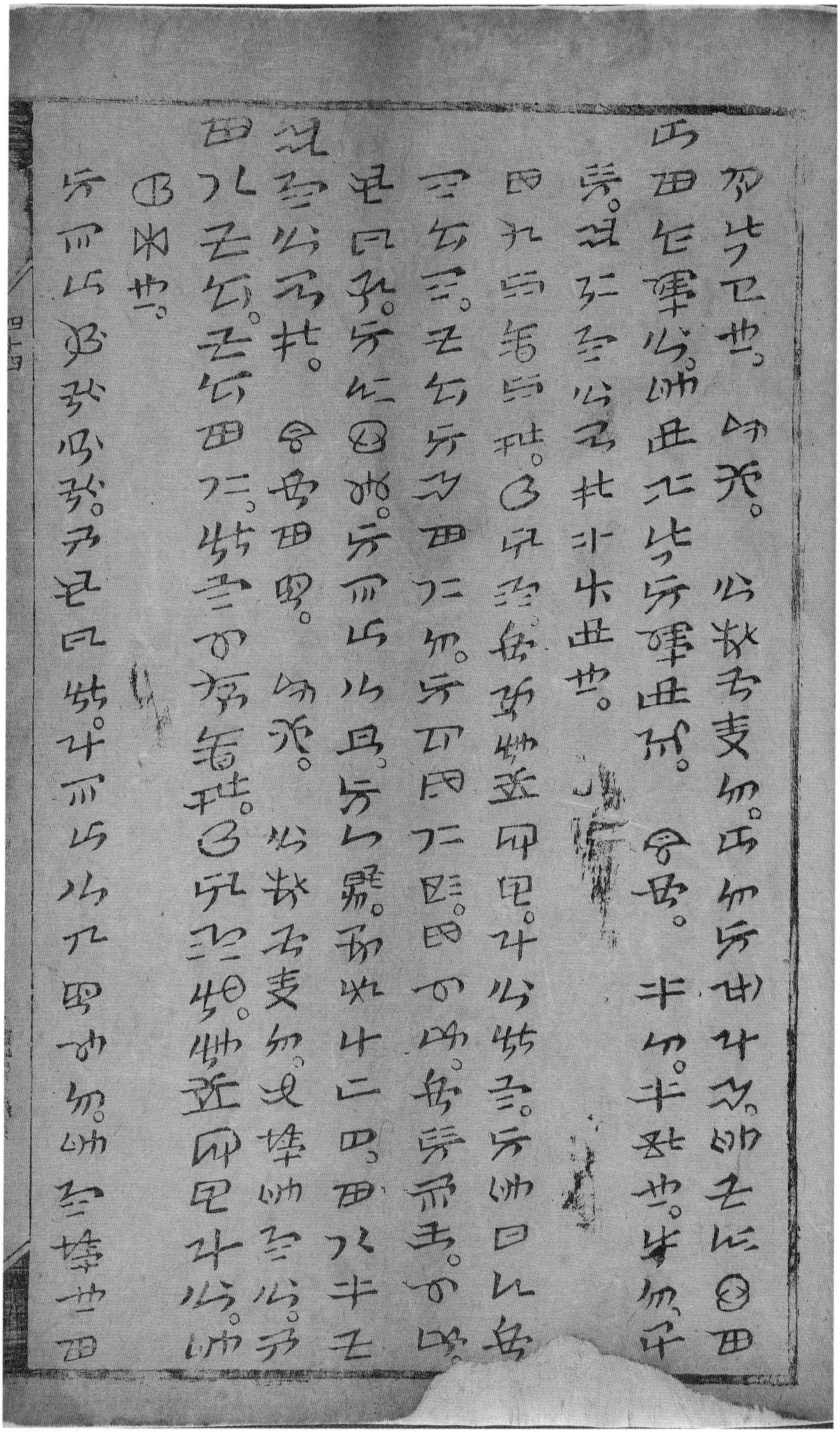

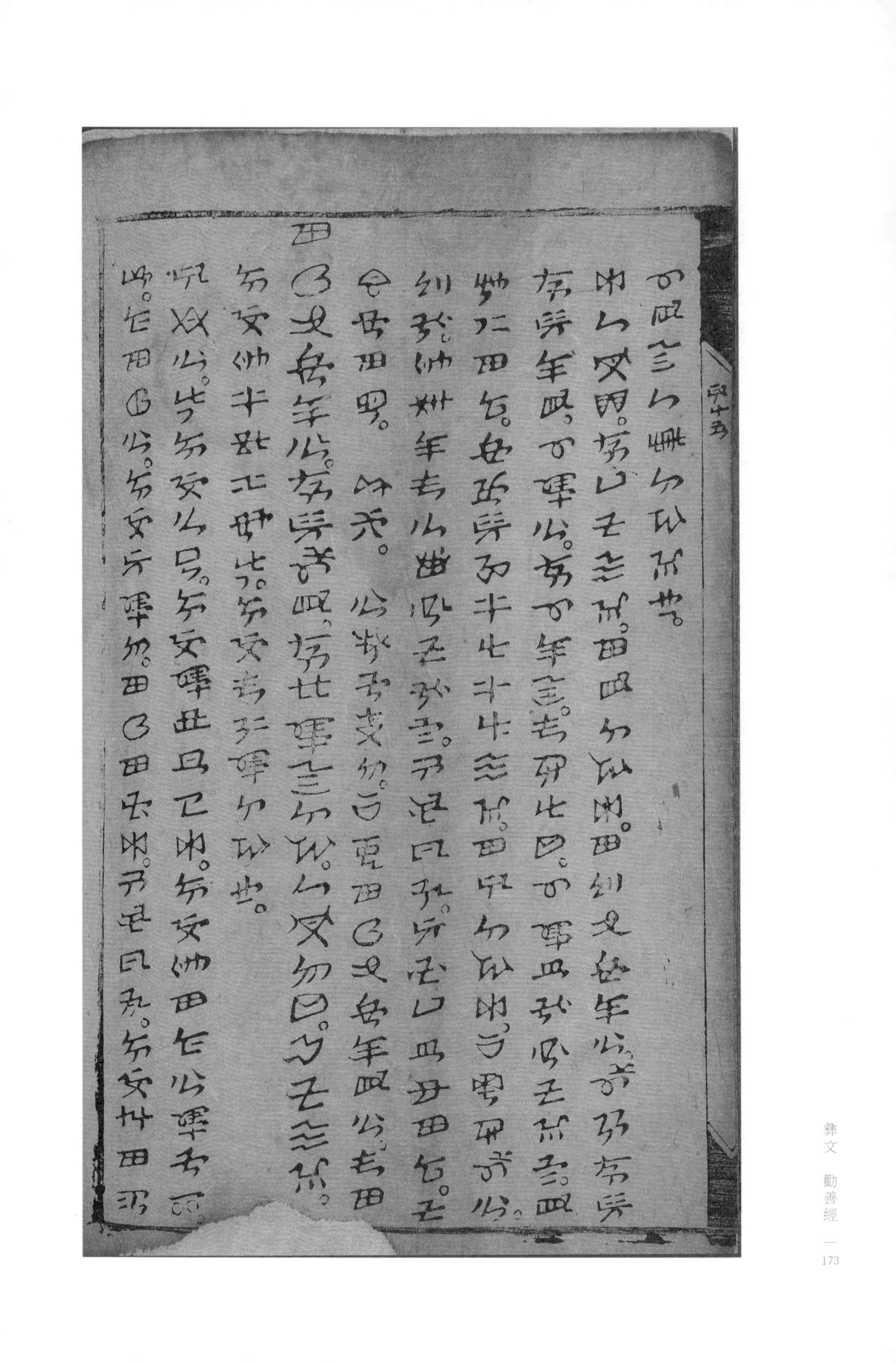

[illegible]

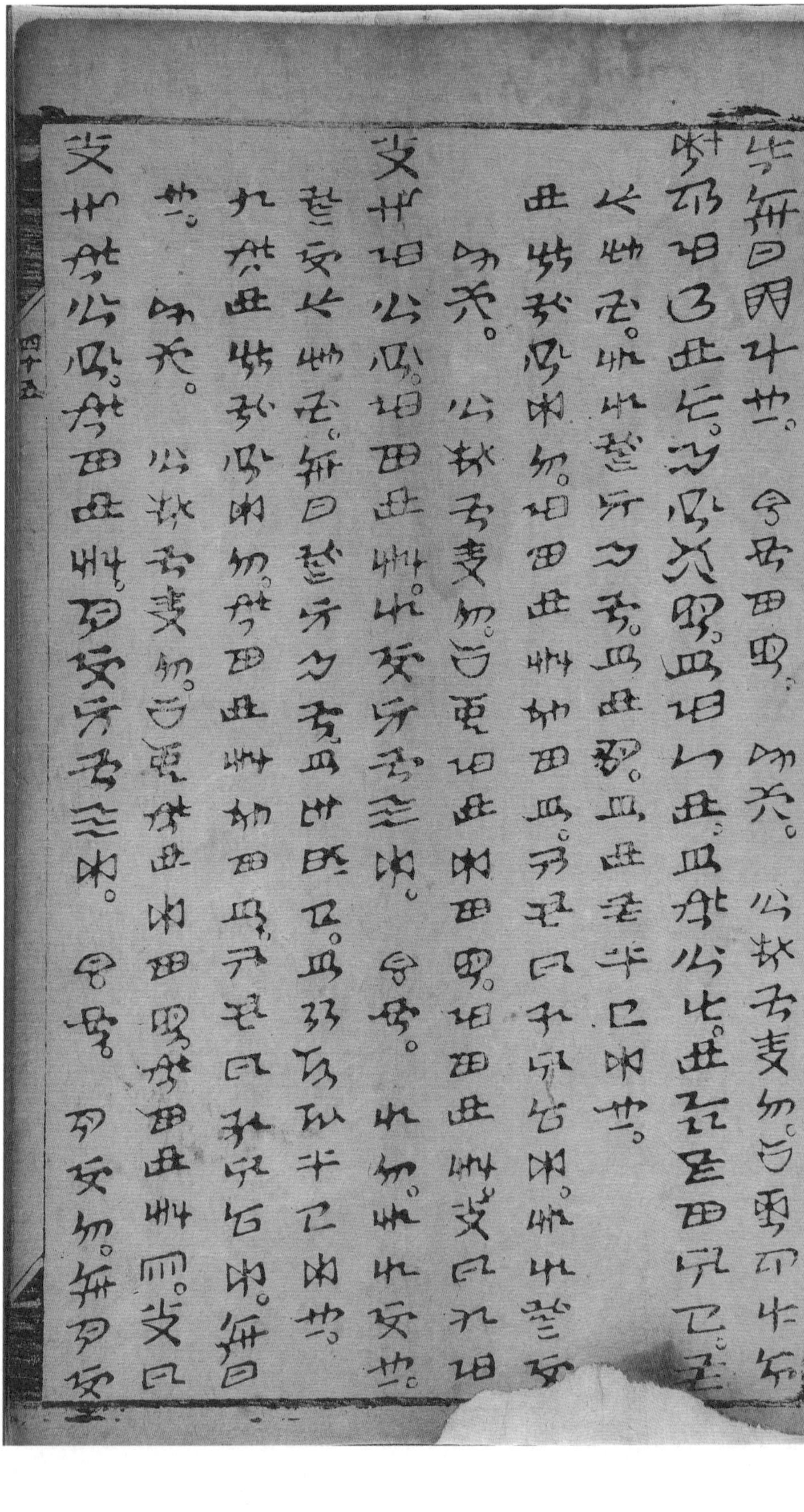
四十五

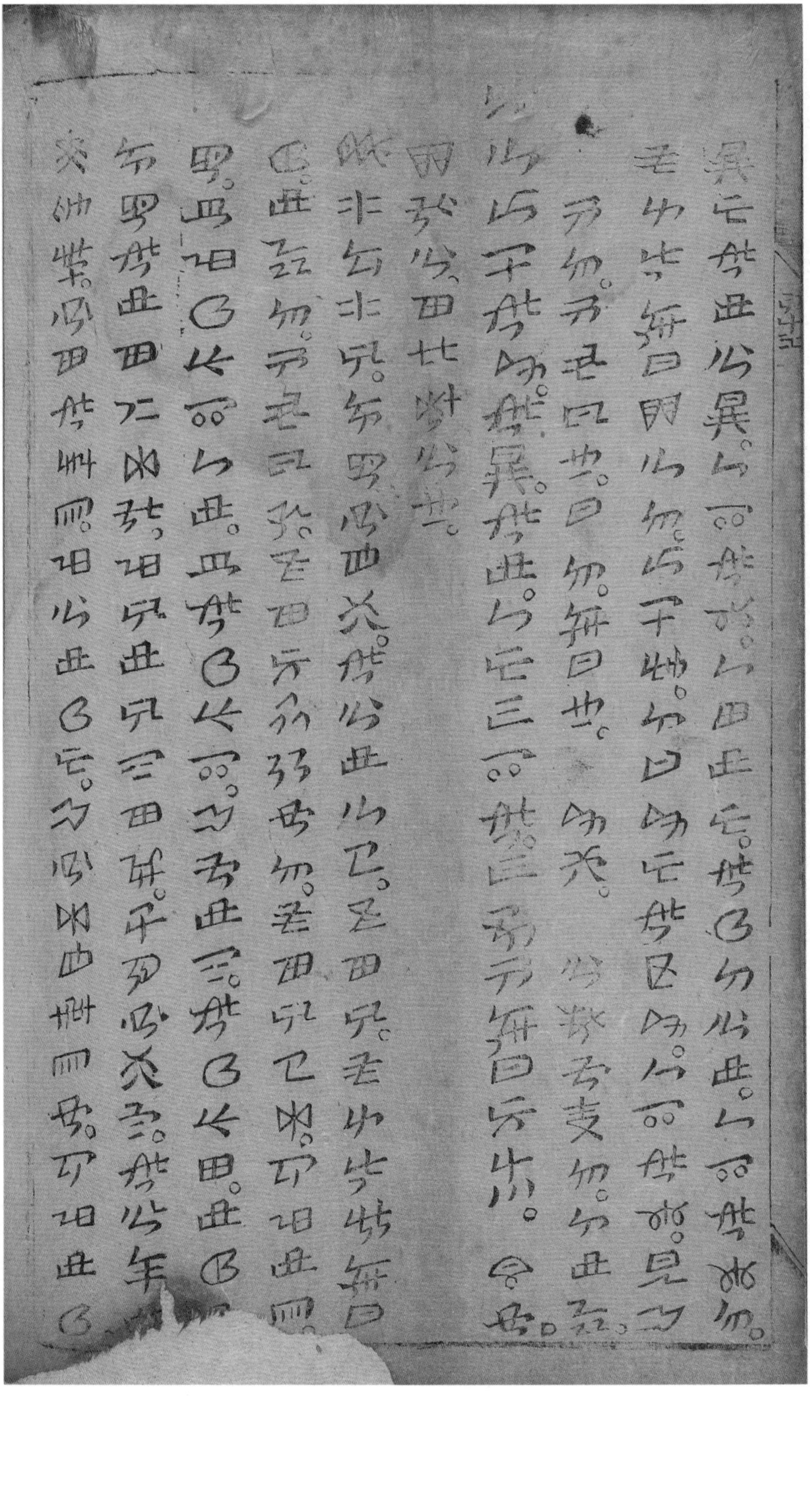

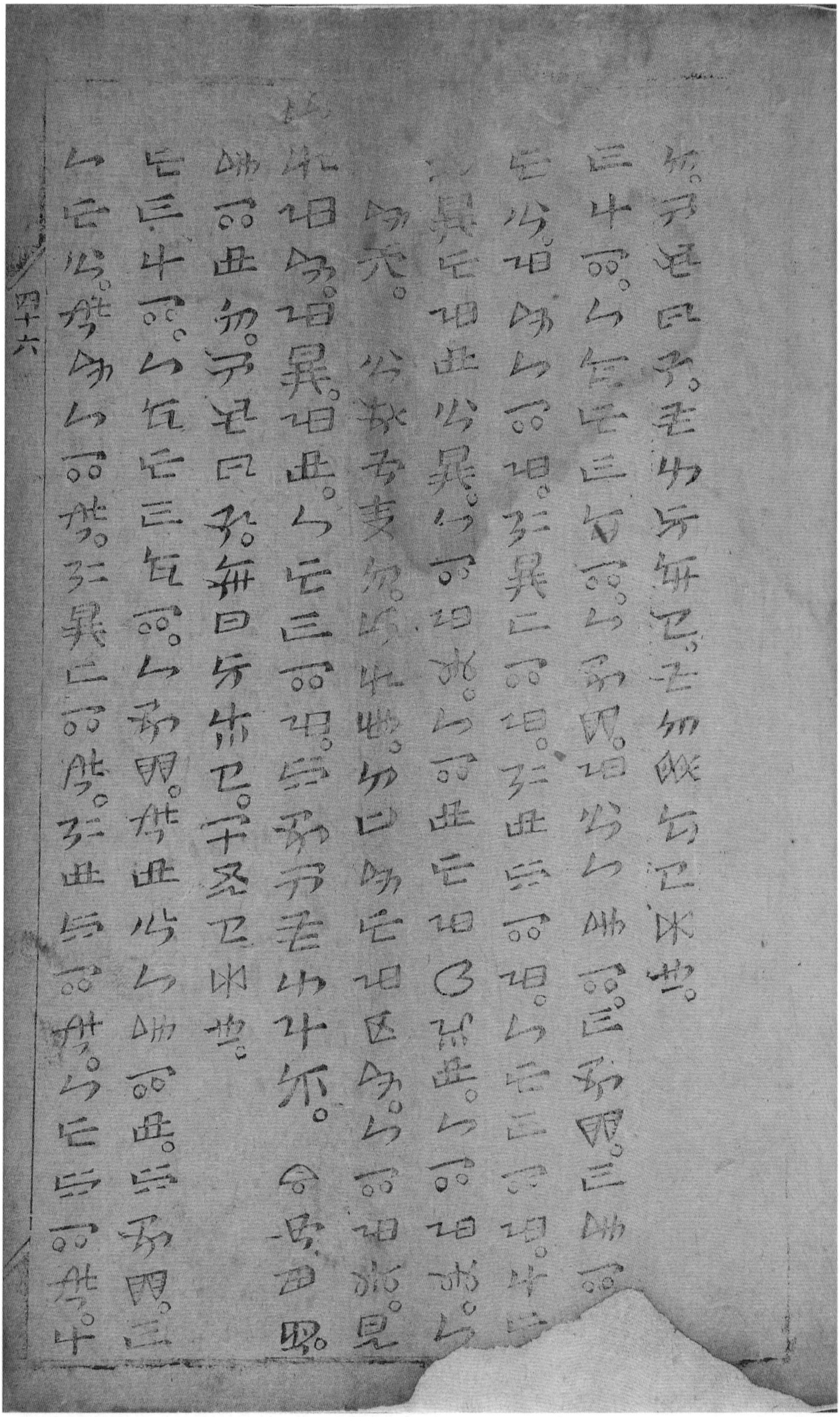
四十六

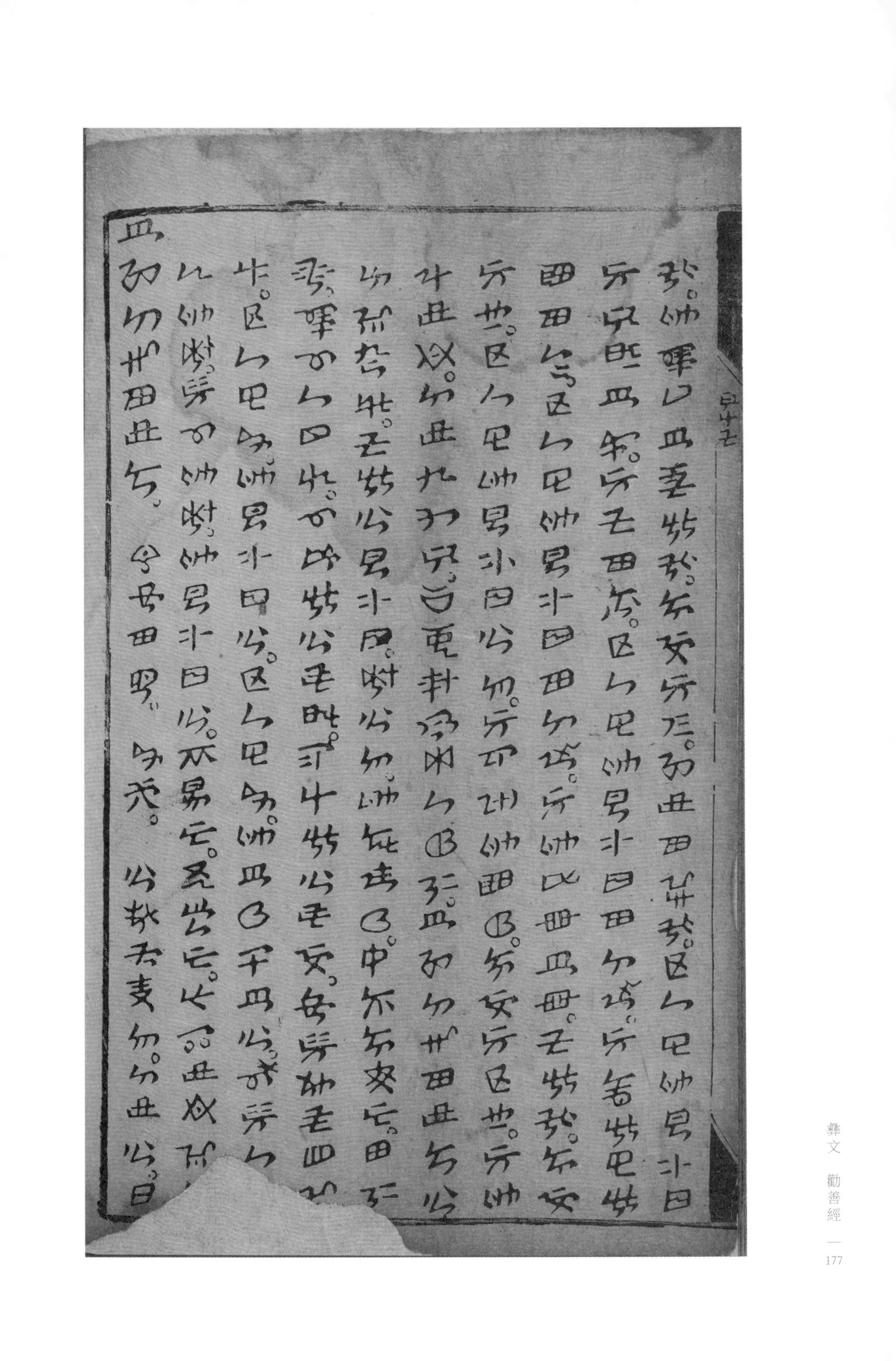

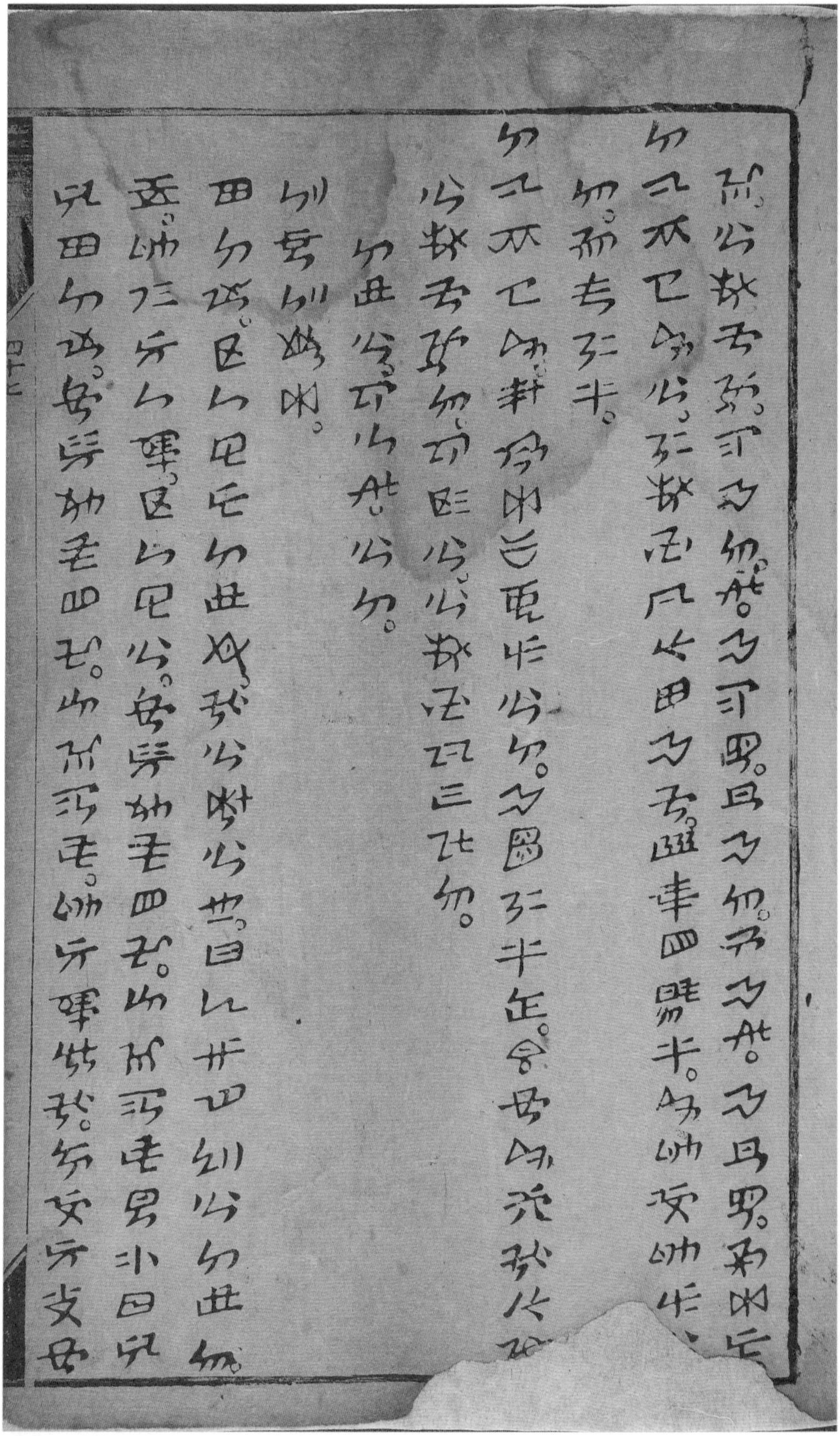
四十七

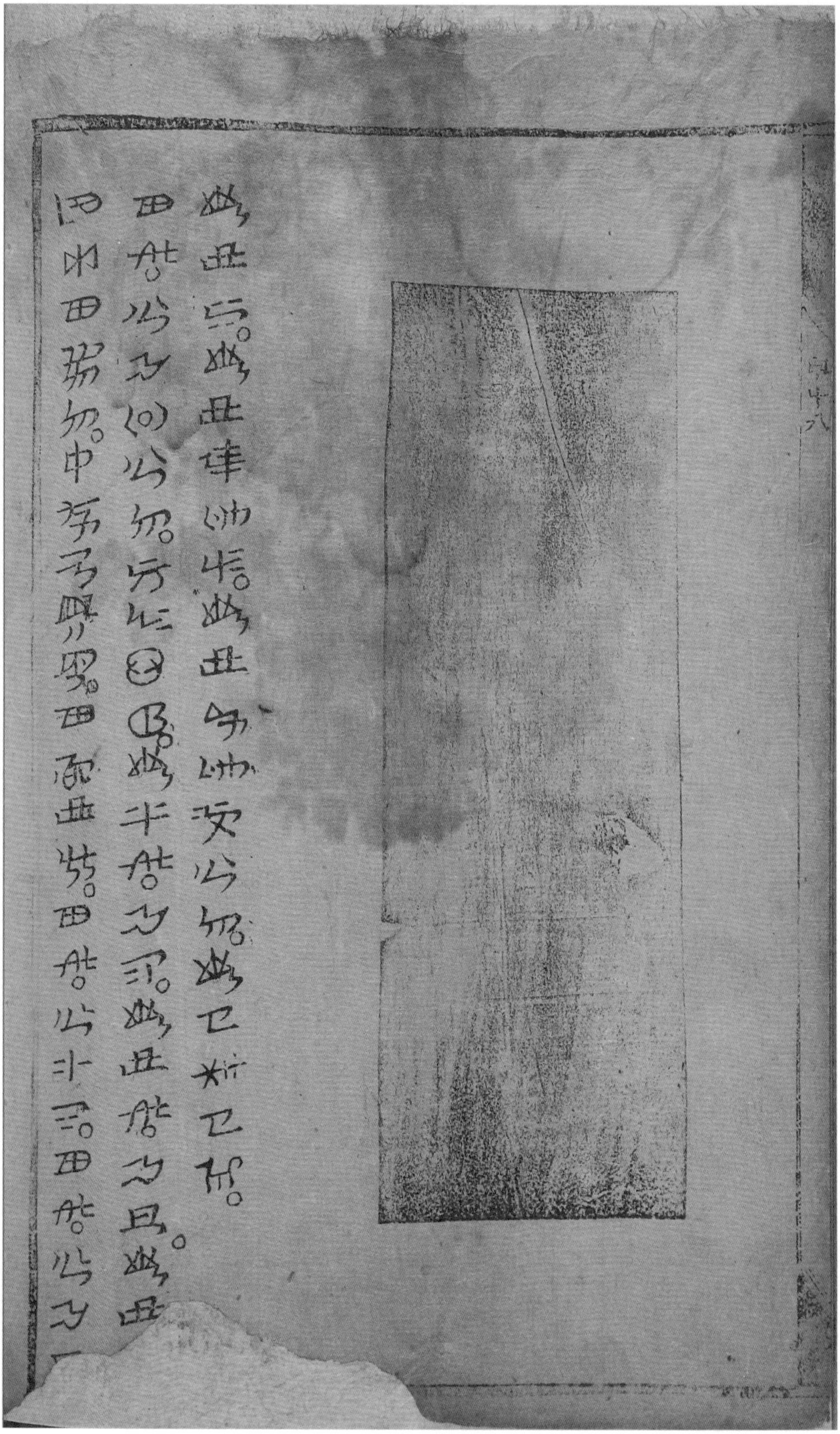

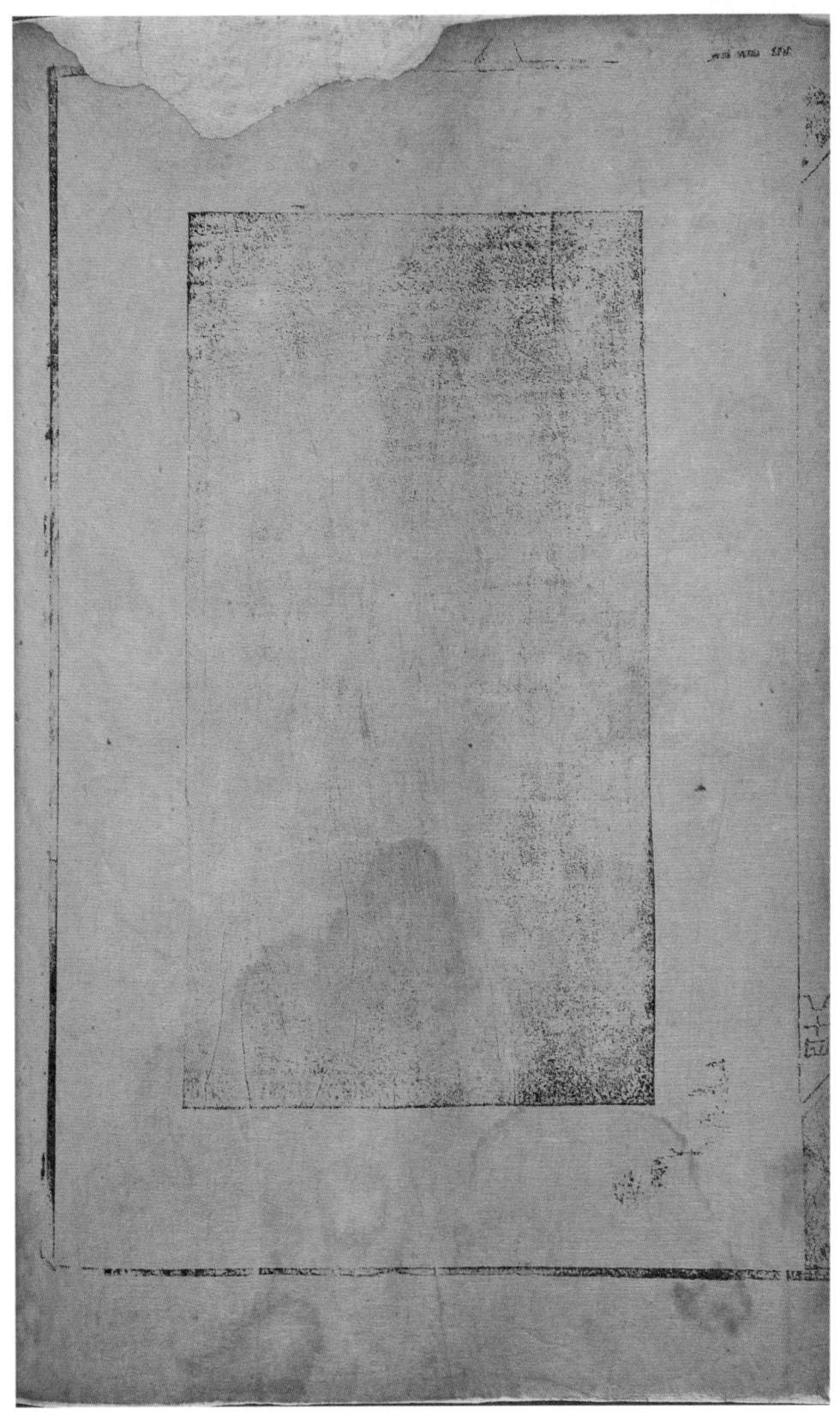
四十八

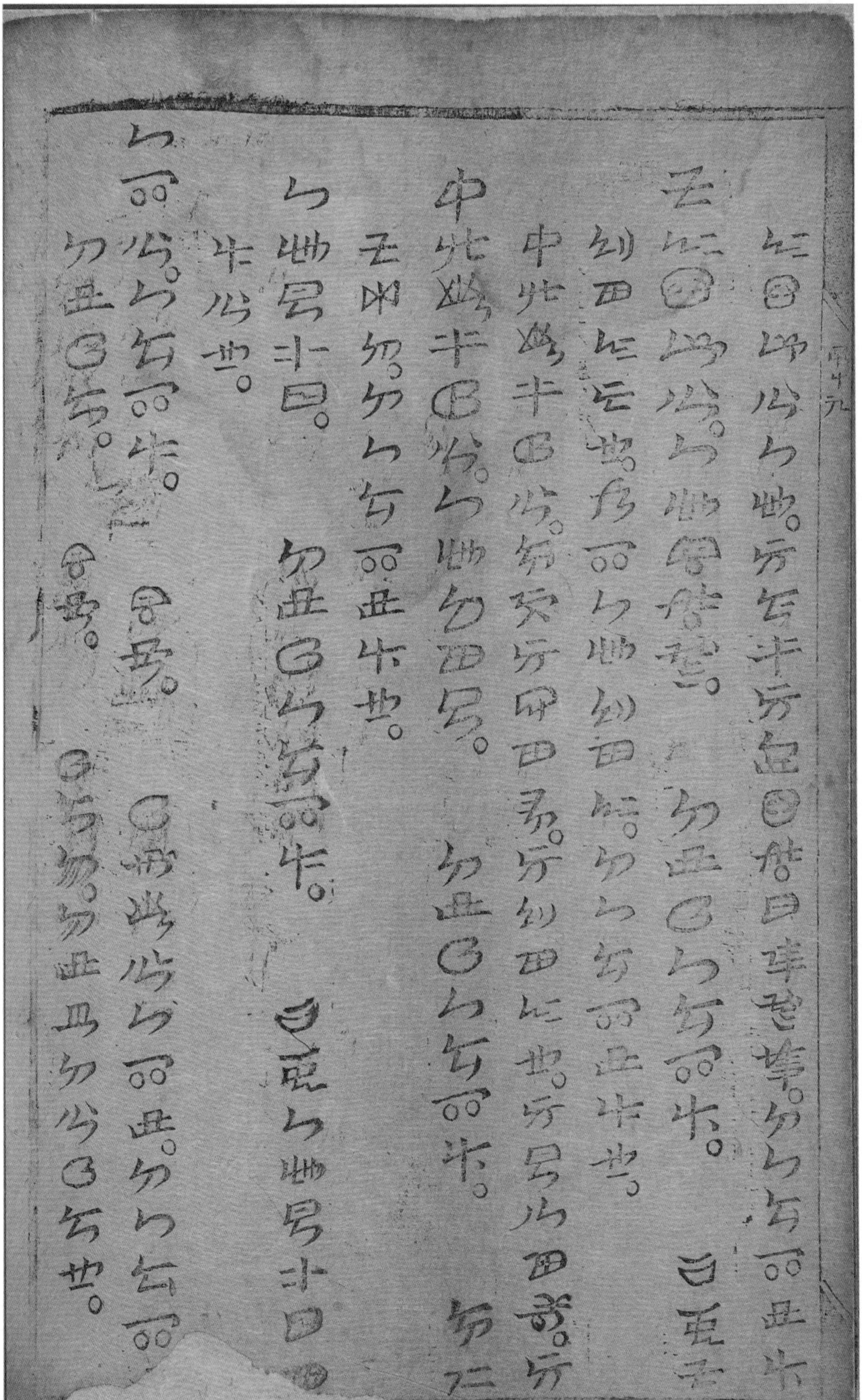

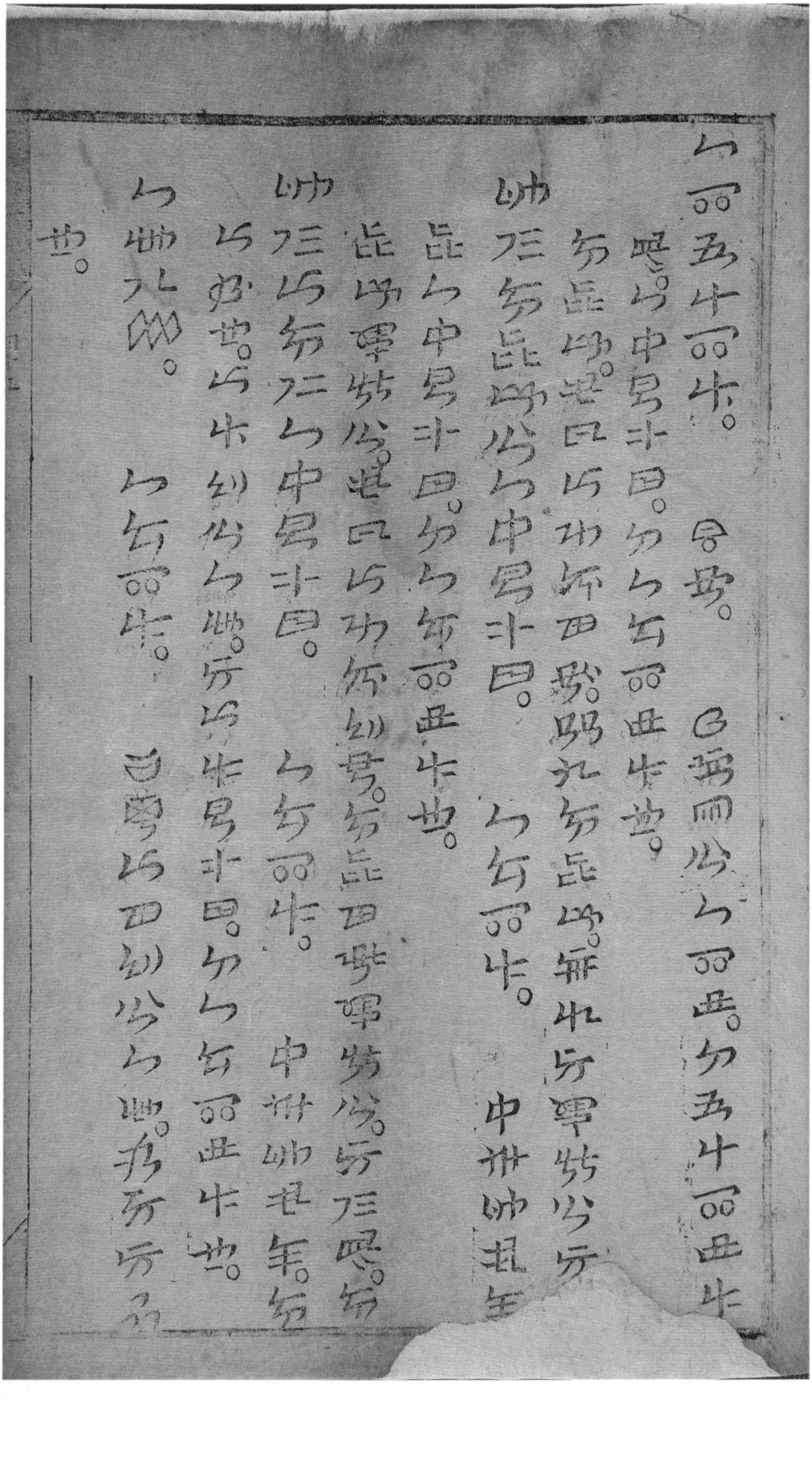

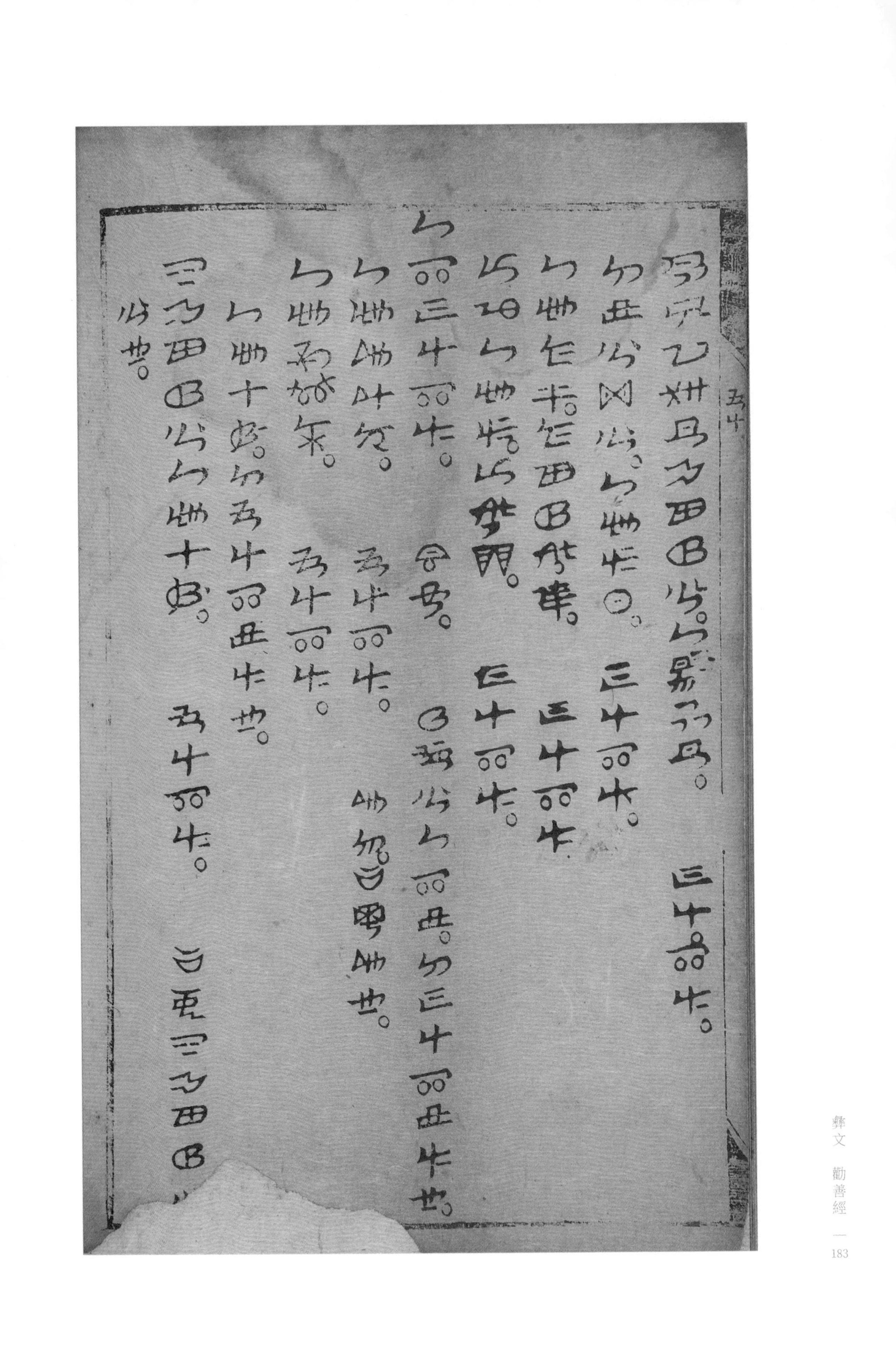

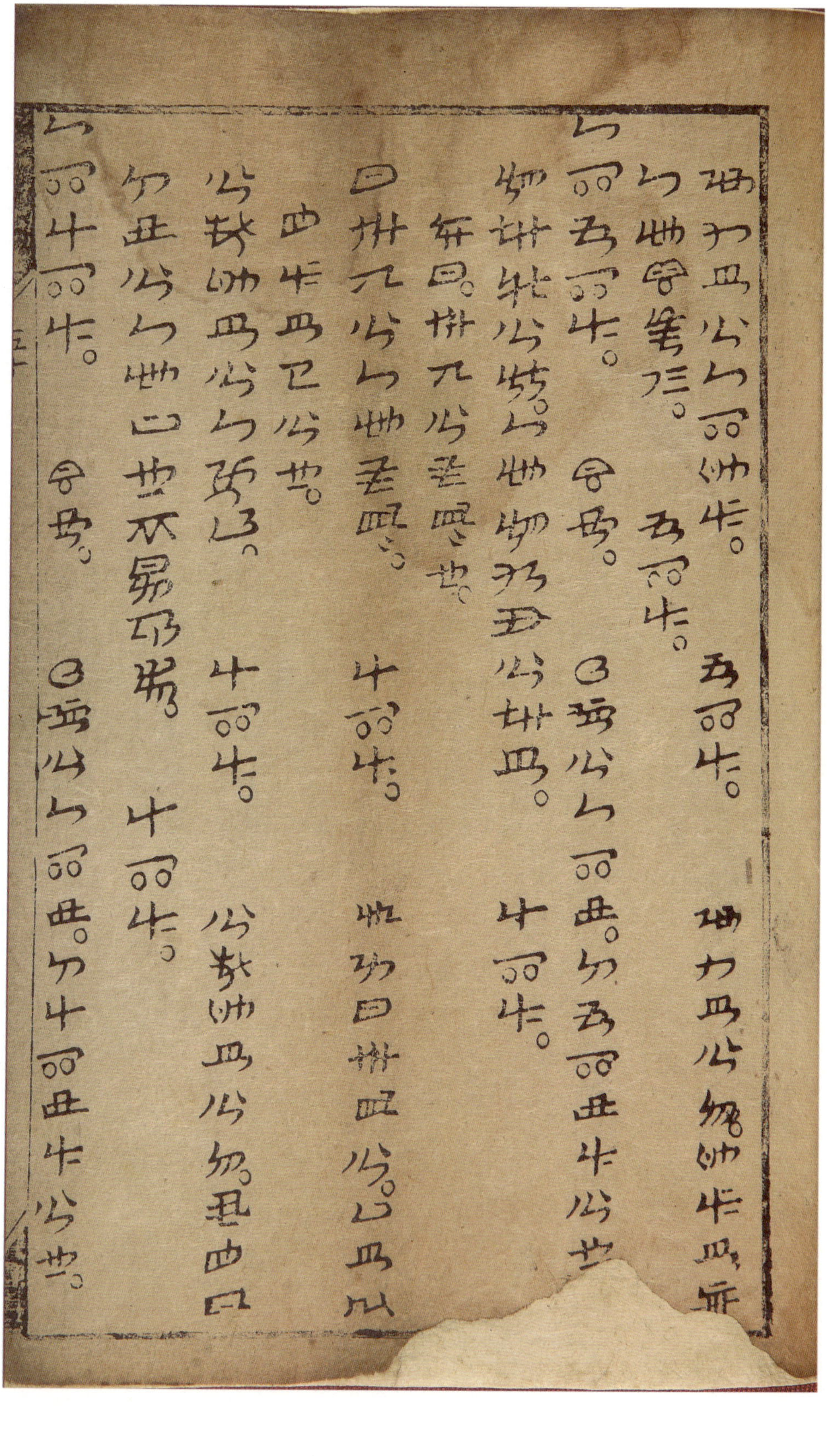

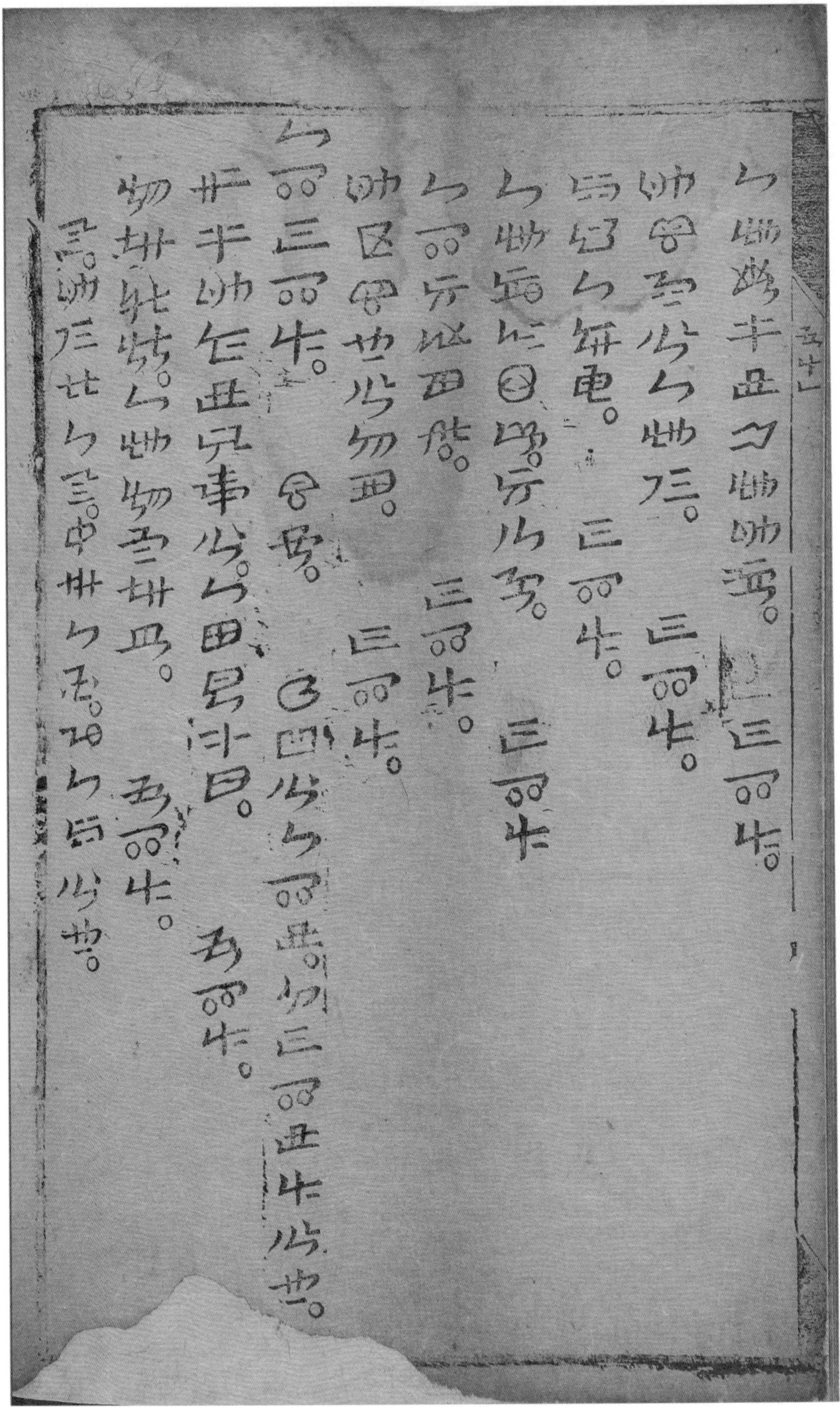

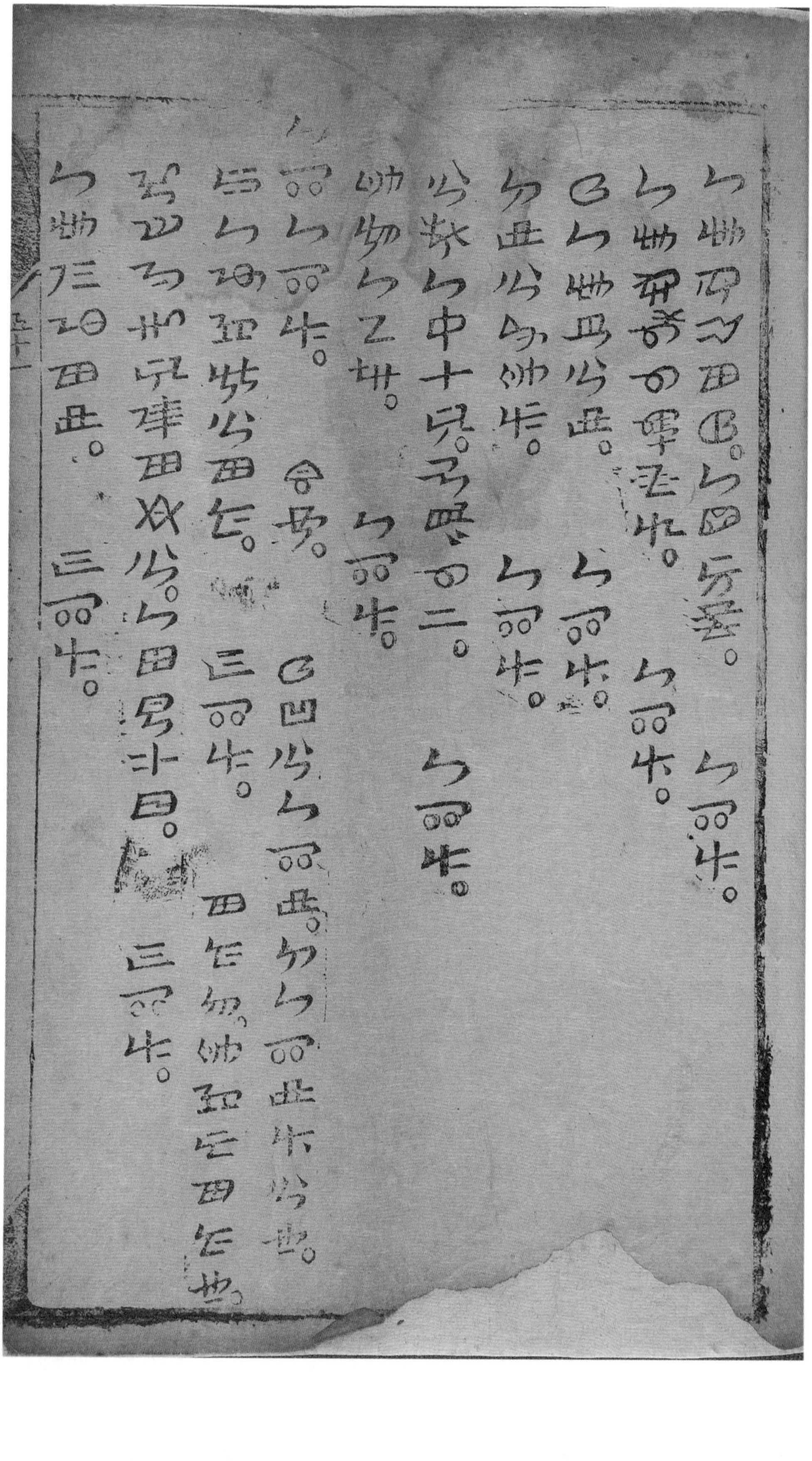

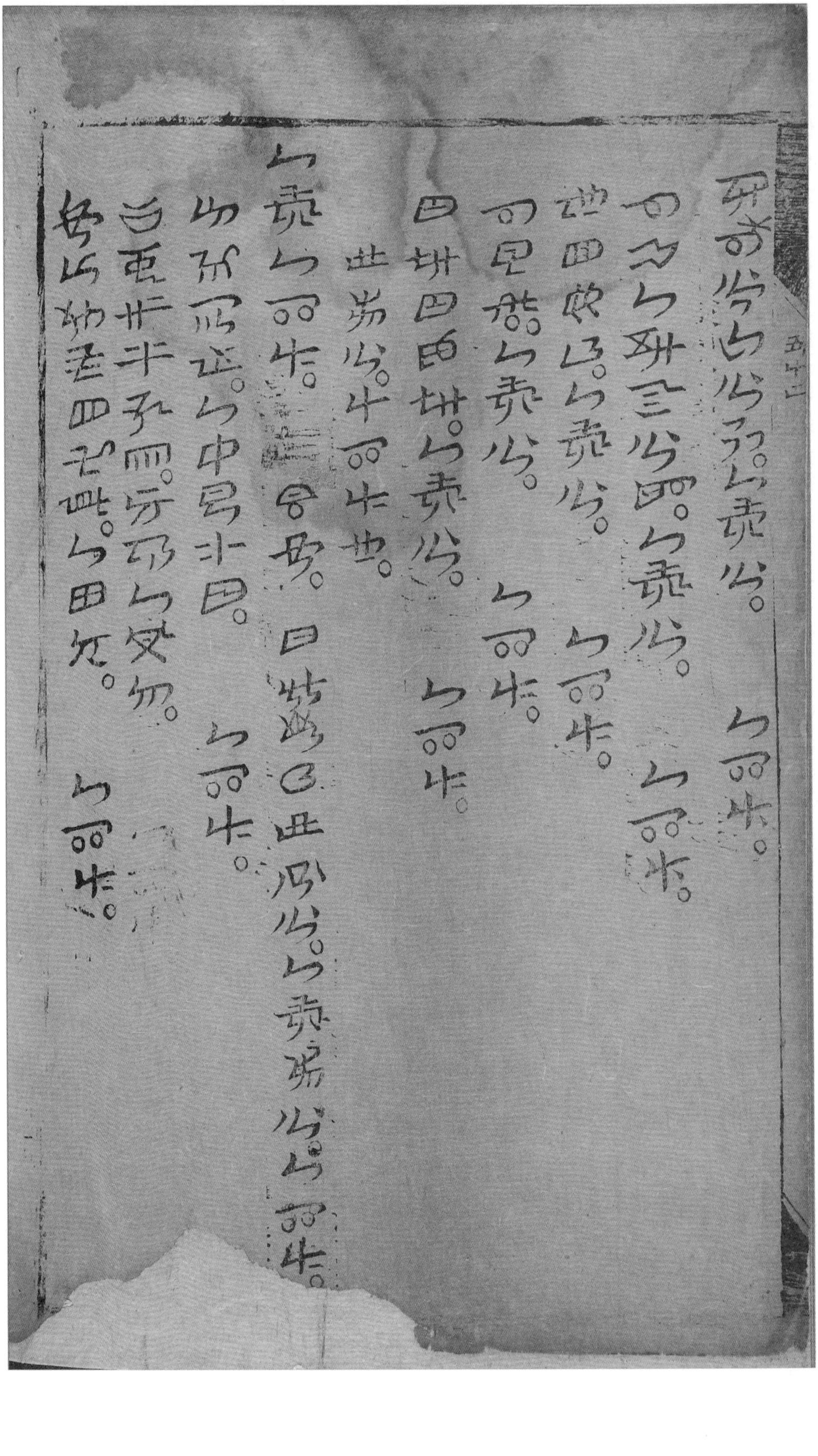

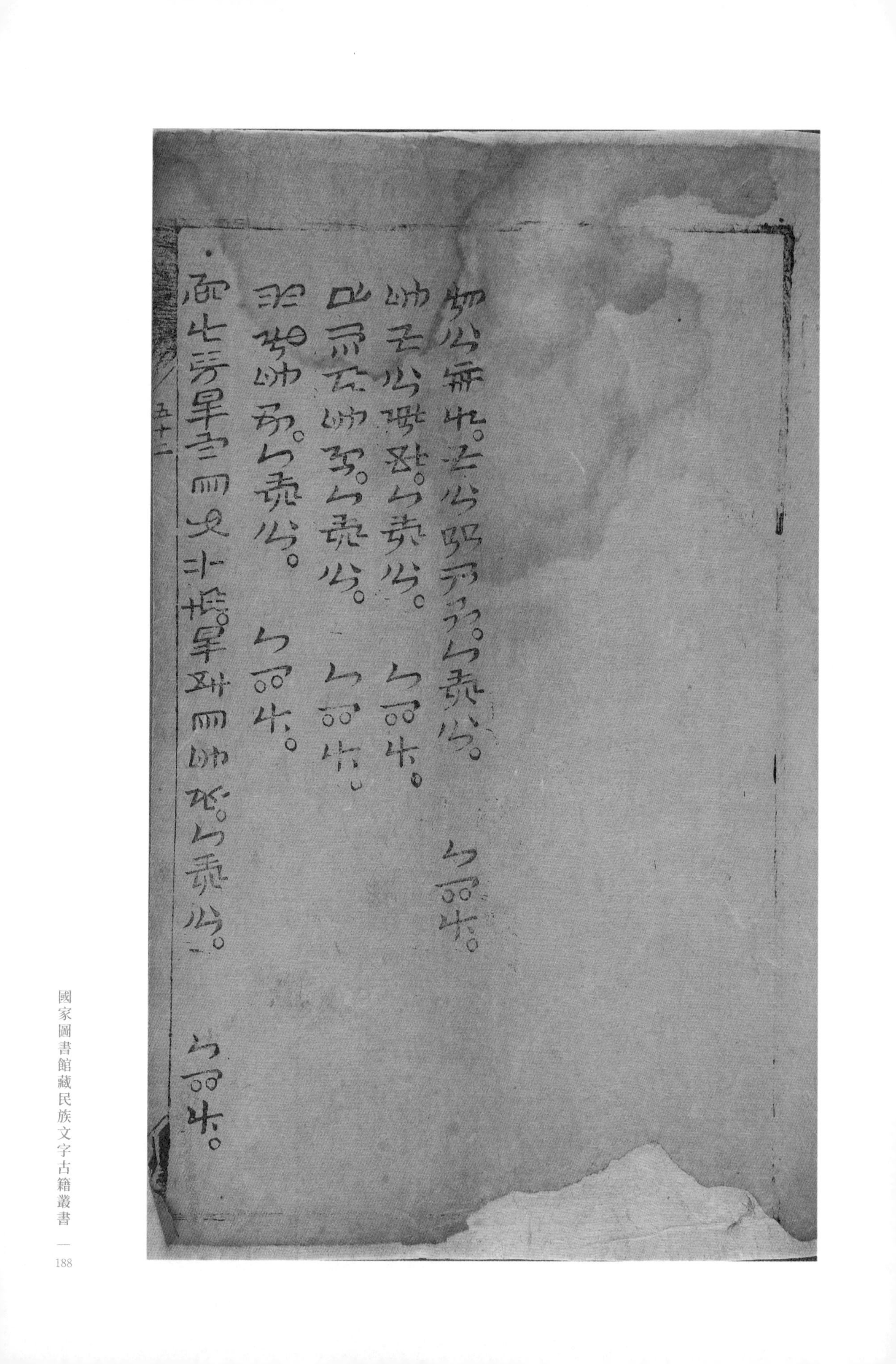

五十二

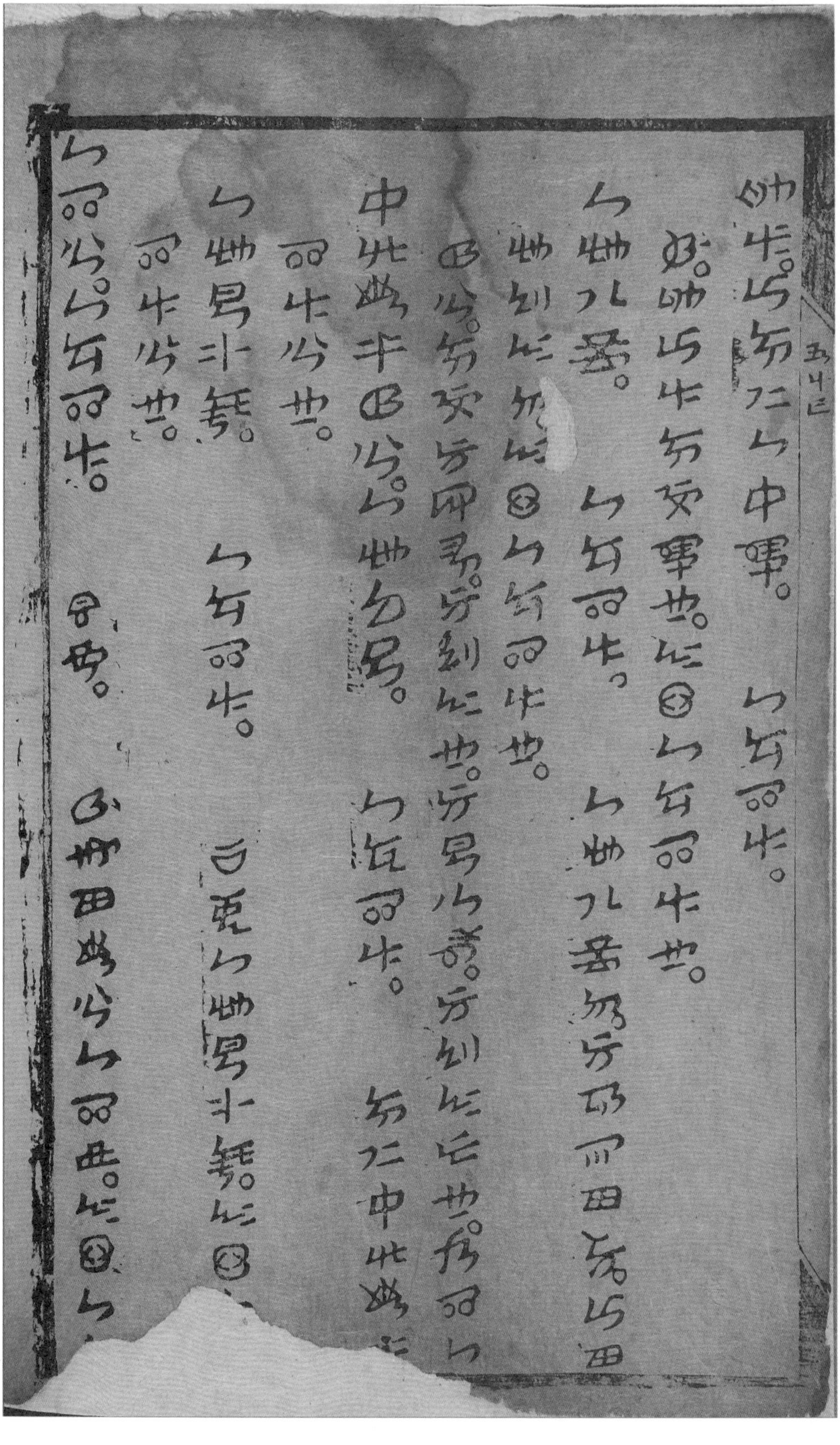

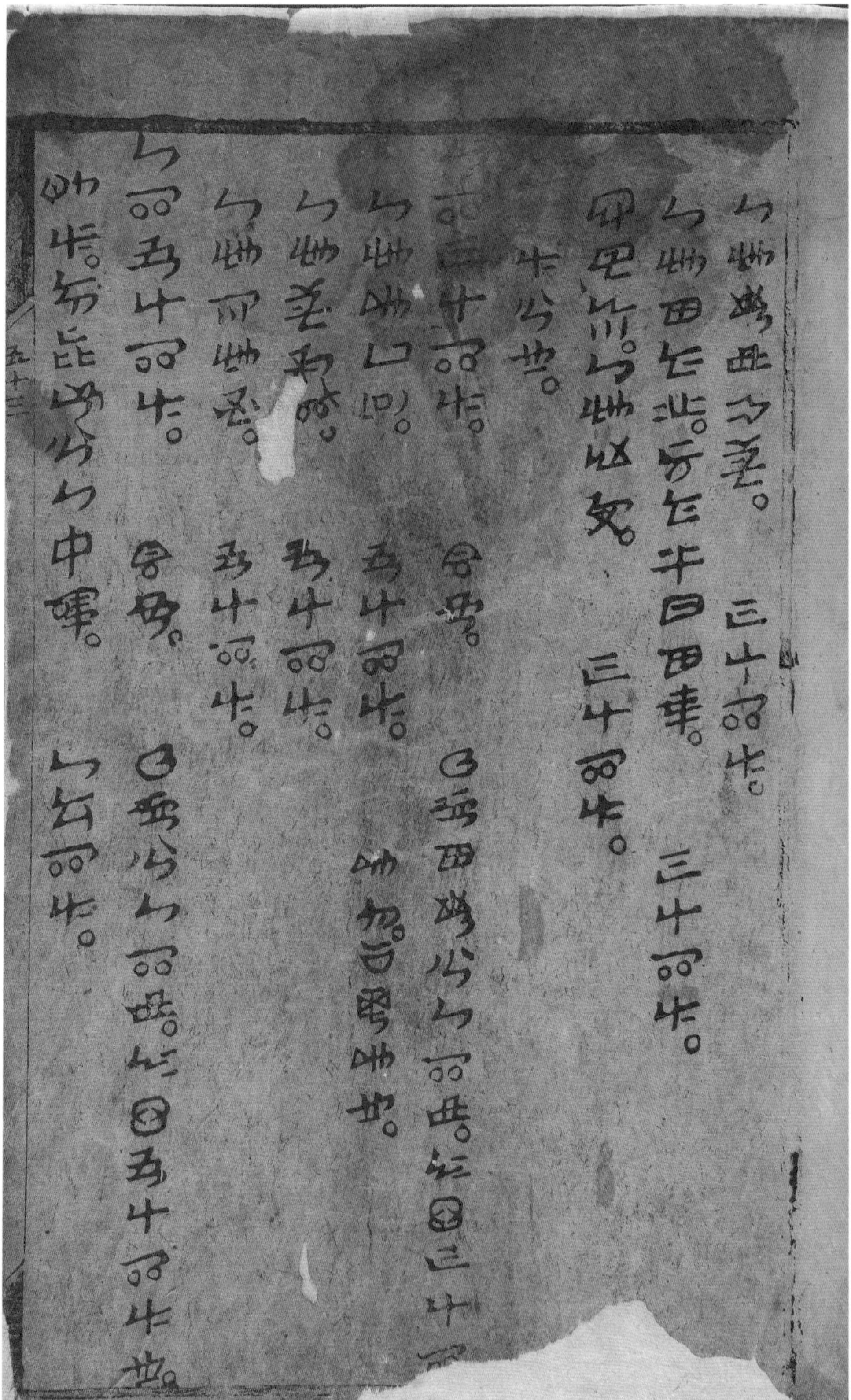

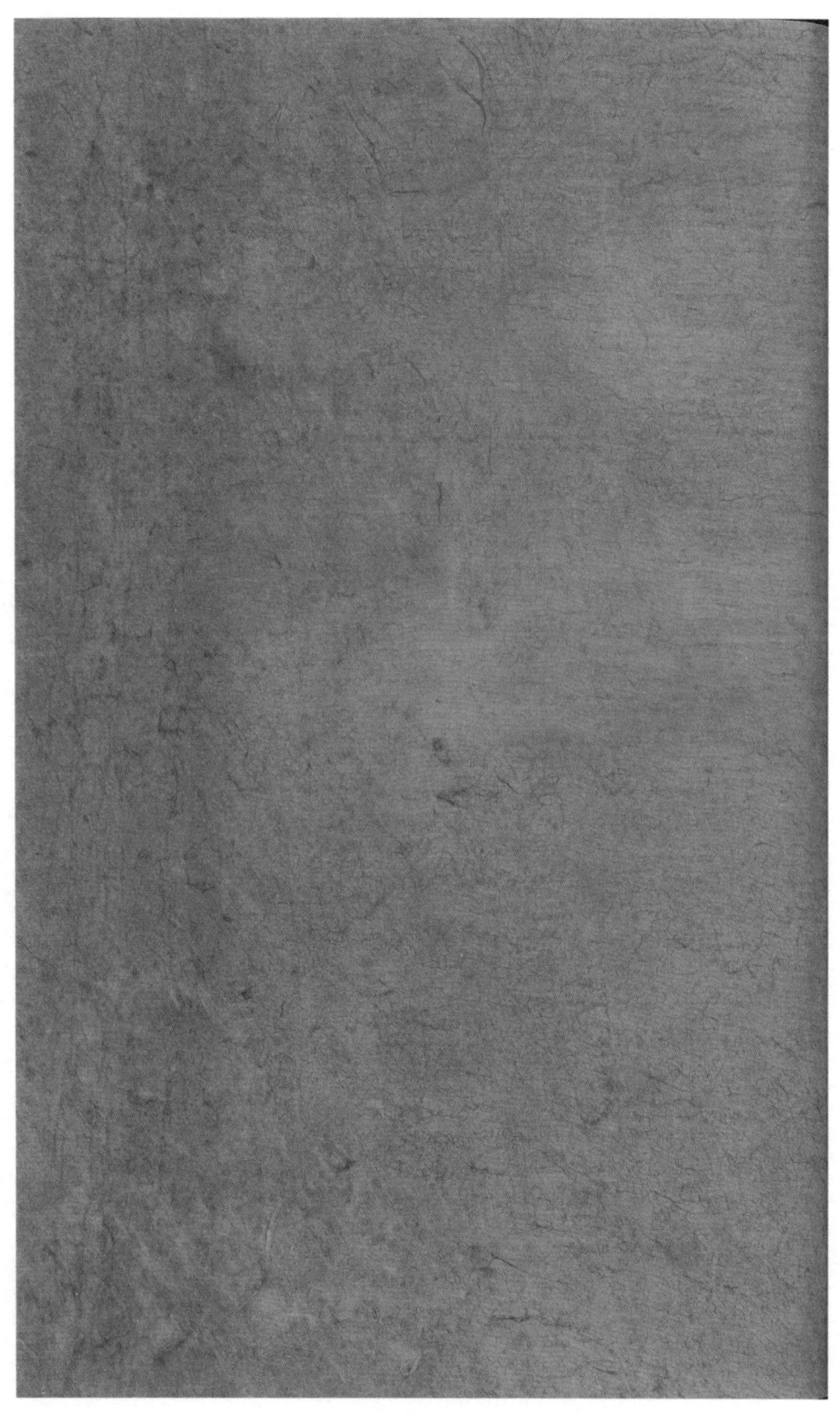

◆ 東巴文－哥巴文

納西族大部分居住在我國麗江古城和玉龍納西族自治縣等地，其使用文字呈兩種不同體系，一種是圖畫象形文字，納西語稱爲“森究魯究”（森即“木”、魯即“石”、究即“痕迹”，意爲“刻在木石上的痕迹”），約有千餘單字；另一種稱爲“哥巴特額”（即哥巴文），爲標音音節文字，“哥巴”意爲“弟子”。兩種文字多爲納西族宗教祭司“東巴”（意爲“智者”）抄寫經文時使用，因此統稱爲“東巴文”，抄寫的經書稱爲“東巴經”。東巴經紙張多爲當地樹皮製成，質地粗厚，以當地自製竹筆和墨汁書寫。

創世經

清抄本，9.0 釐米 ×27.2 釐米。館藏號 :2824。

東巴文經書代表作之一，版本衆多，根據不同的流傳方式，名稱亦不同，一般以書面的東巴教經典方式流傳的版本叫作《創世經》《創世紀》《崇搬圖》；在民間以口頭形式流傳的神話傳説版本叫作《洪水的故事》《開天闢地》《天女下凡》；詠唱的版本則叫作《洪水沖天》。書中反映了納西族人民對自然界和人類起源的認識，展現了納西族祖先崇忍利恩和妻子襯紅褒白與自然界搏鬥，以及納西族人民不斷遷徙的歷史。入選第一批《國家珍貴古籍名録》，名録號 02367。

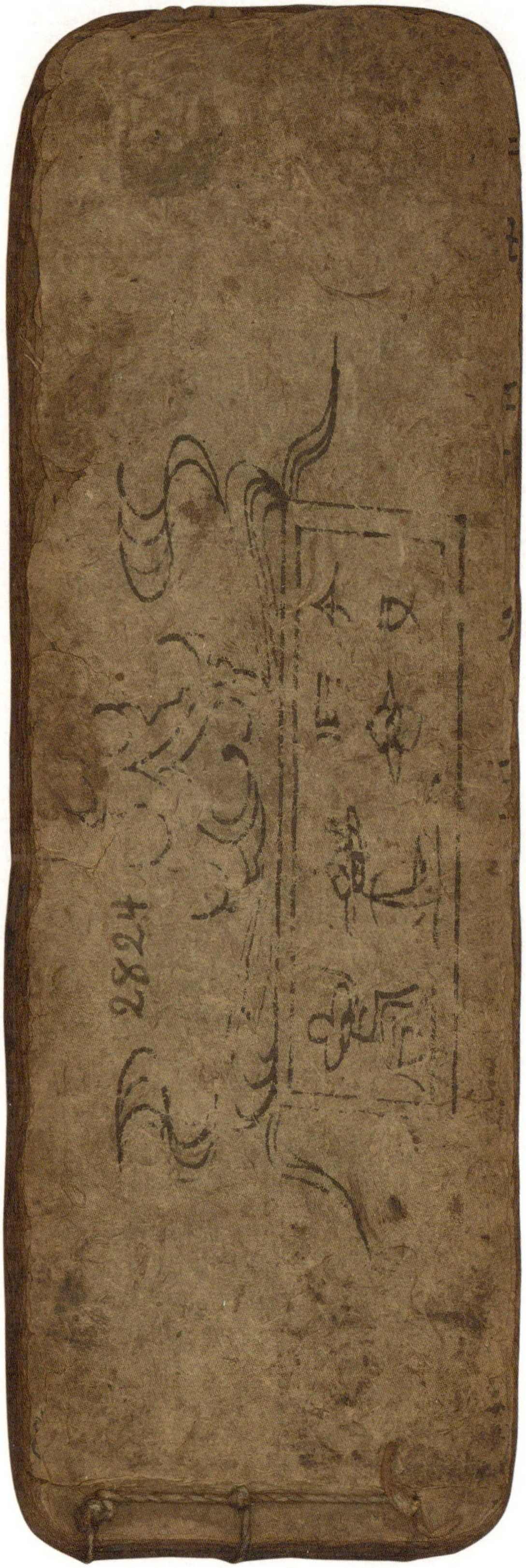

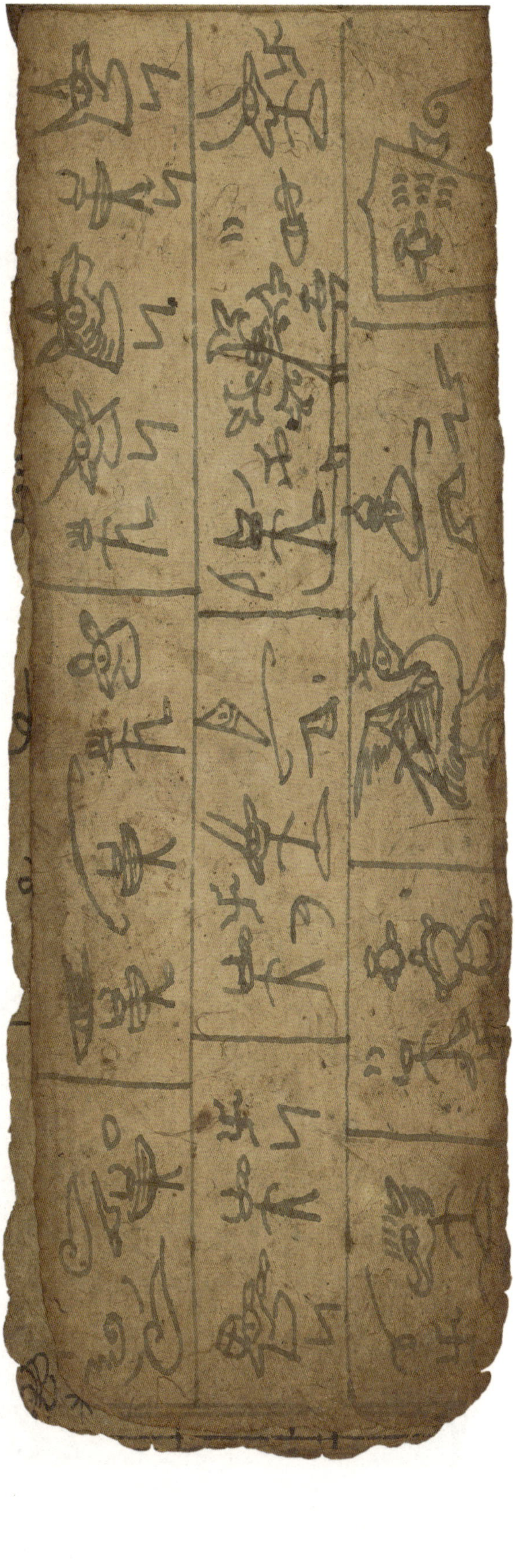

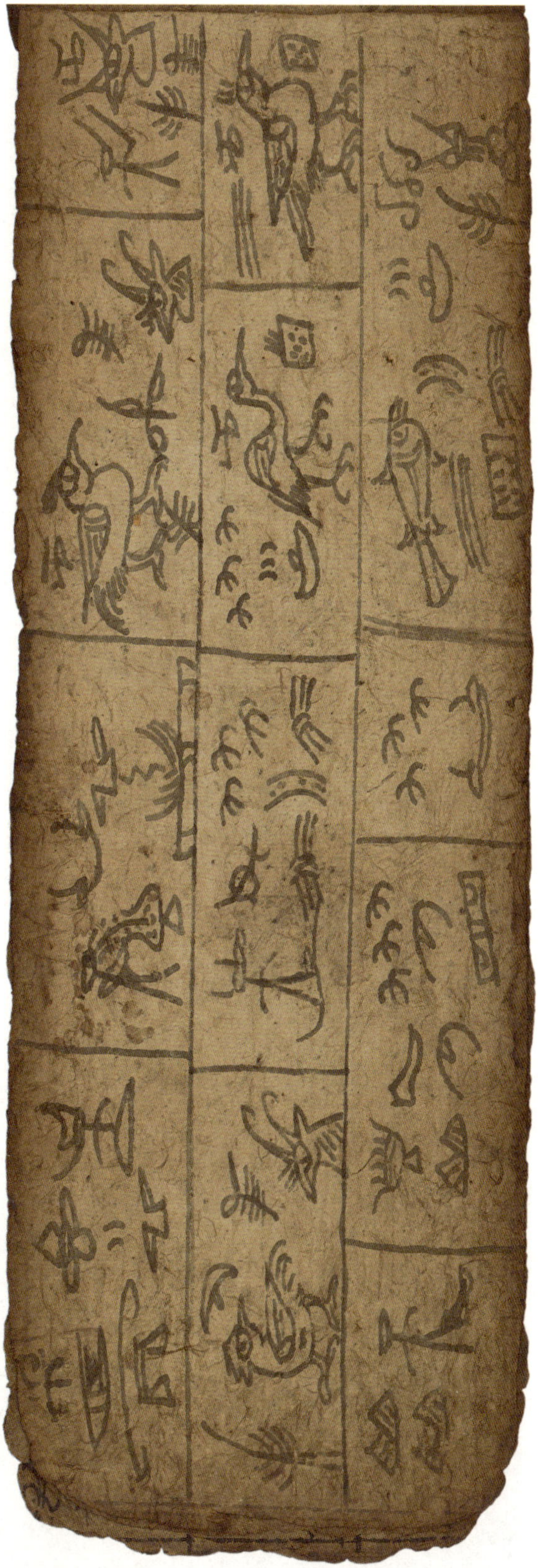

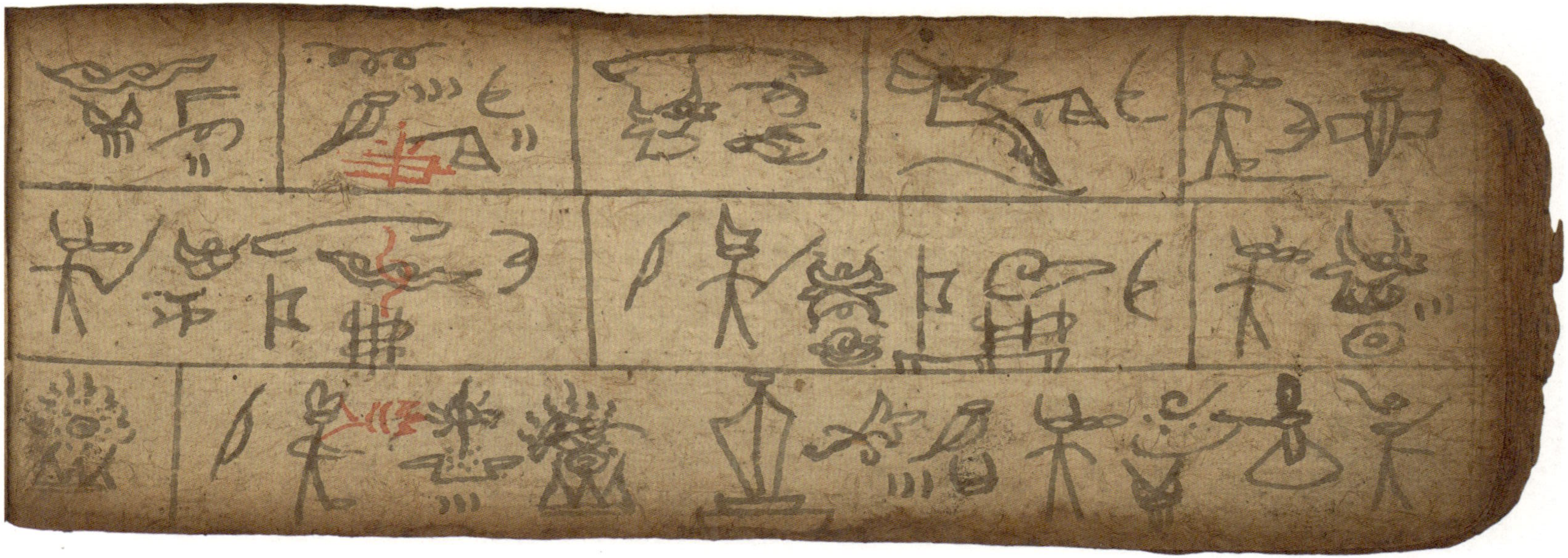

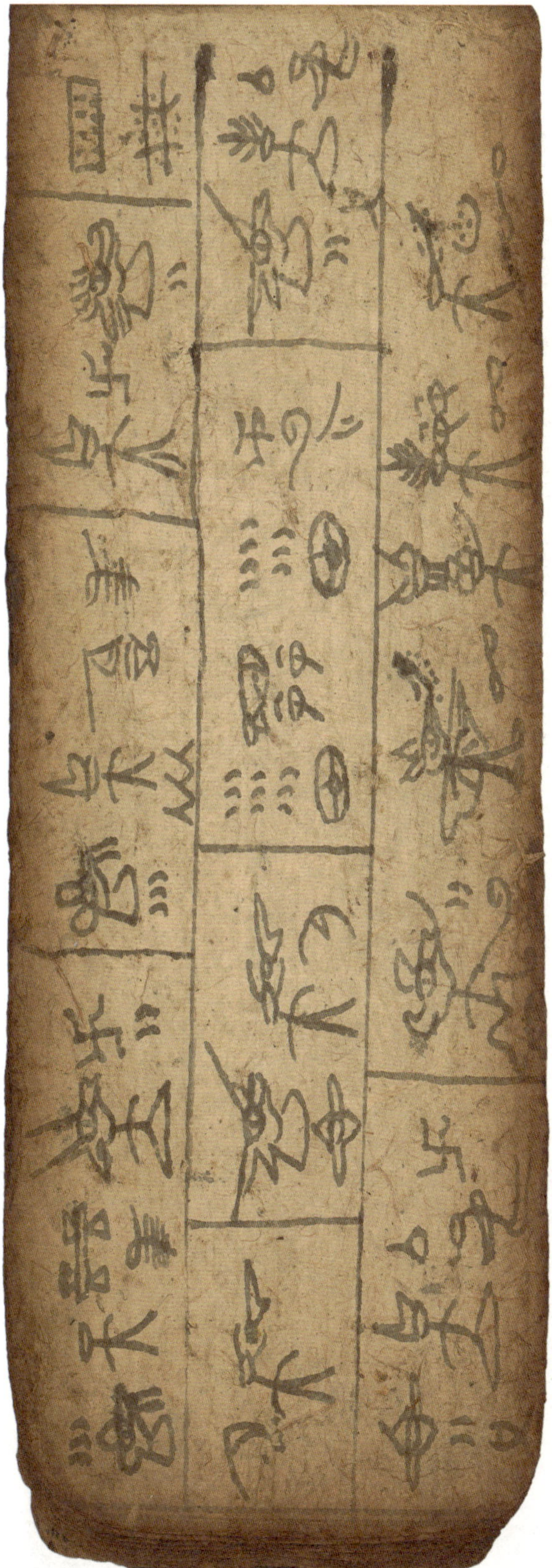

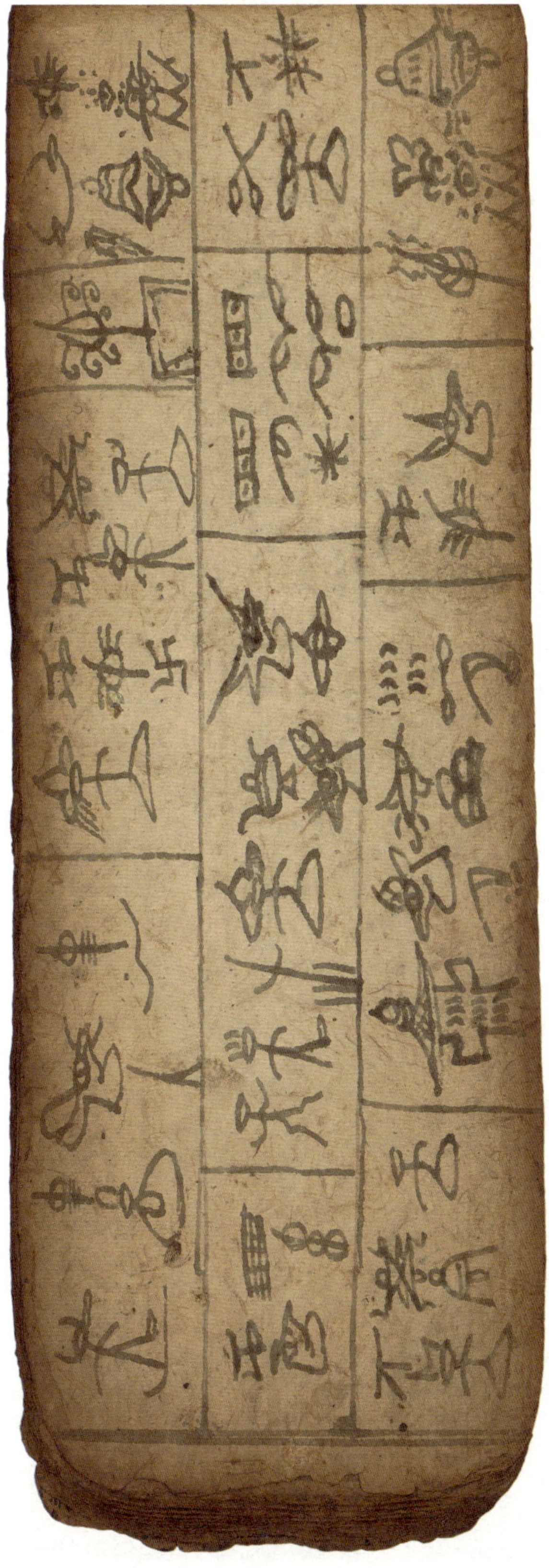

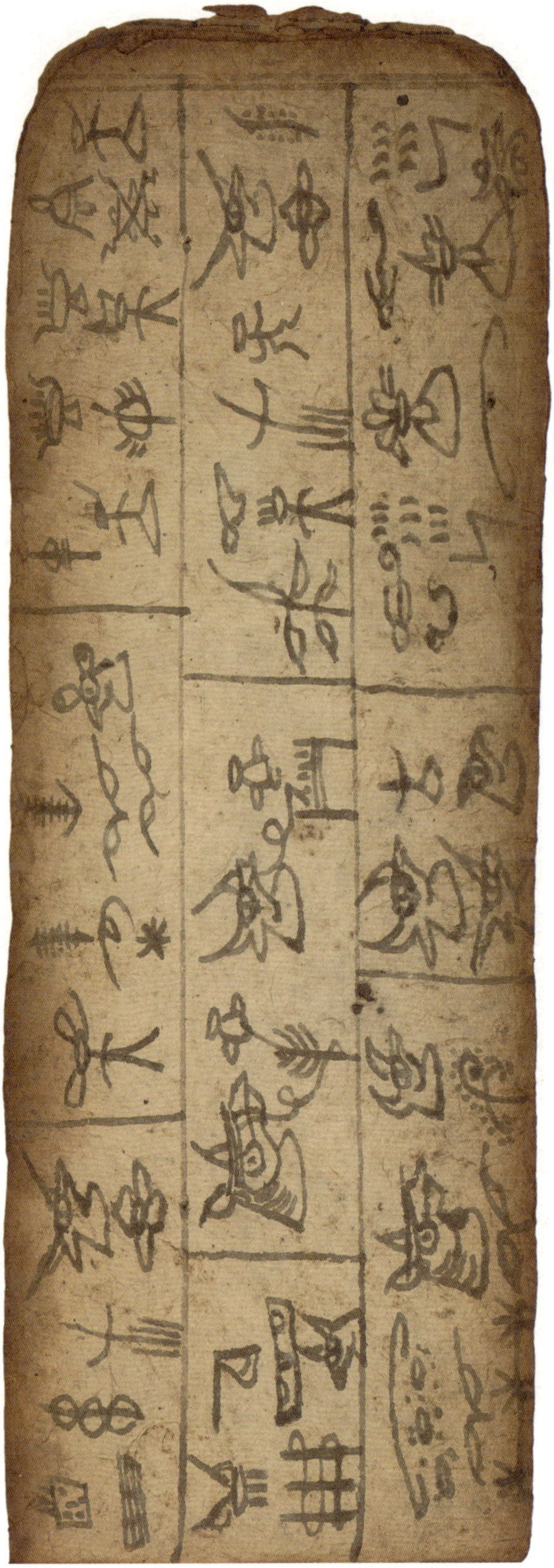

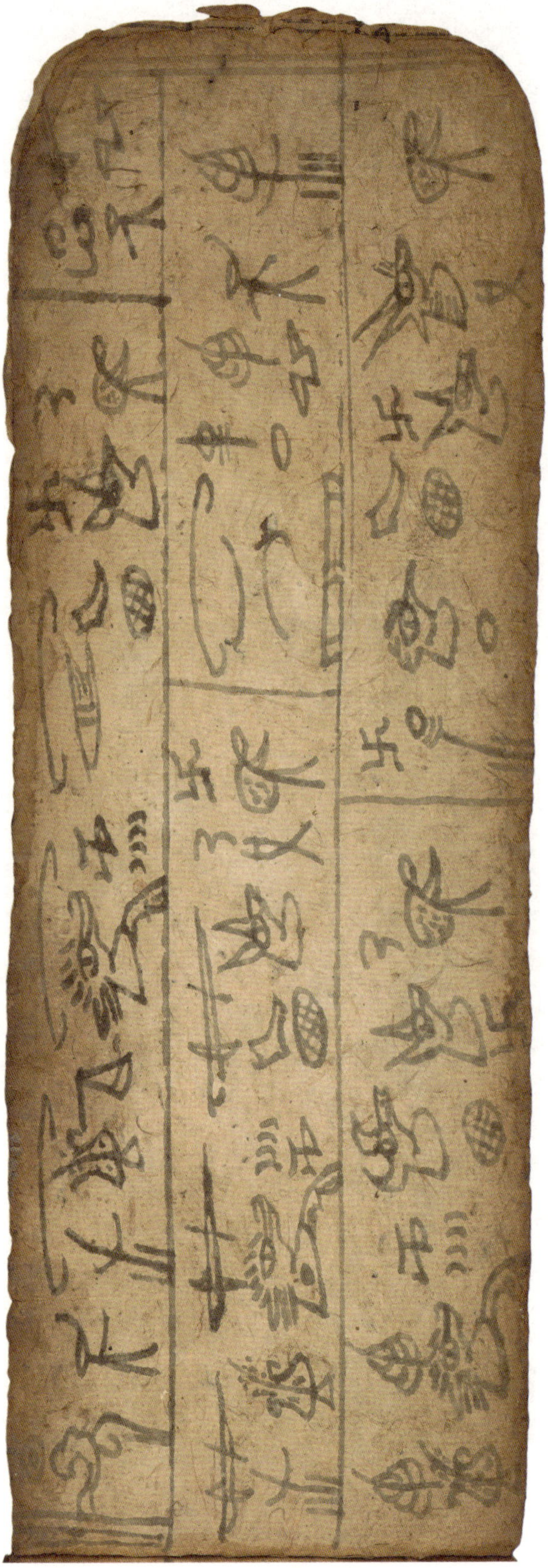

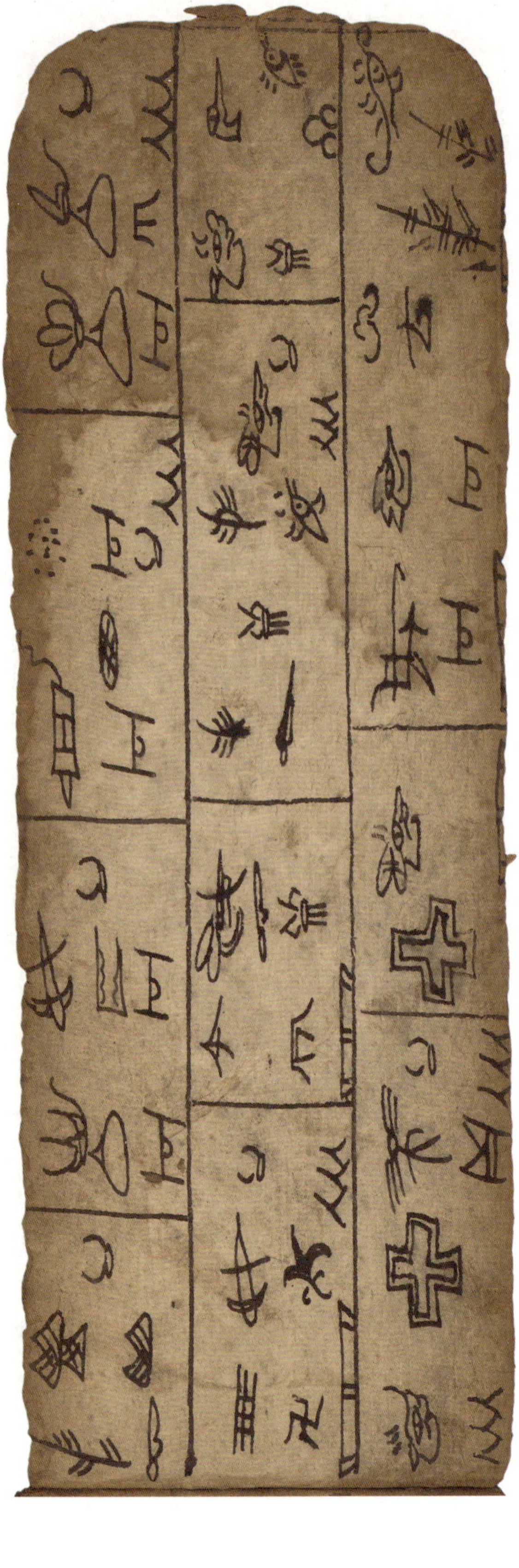

◆ 傣文

傣族主要生活在雲南河谷地帶及高原盆地，歷史上使用過四種形體不同的文字，即傣仂文（西雙版納傣文）、傣那文（德宏傣文）、傣綳文和傣端文（金平傣文），採用印度婆羅米字母的中南半島變體製訂。其中，傣仂文歷史最爲悠久，據史書記載，始用於 1277 年，在現存傣文文獻中，以此種文字書寫者最爲豐富，多用鐵筆刻於貝葉上。傣那文約始用於 14 世紀，所存文獻皆爲紙質寫本。四種文字字序皆自左而右、自上而下書寫。傣族信仰上座部佛教，古籍以佛教經典爲主，但政治、法律、文學、歷史、天文、曆法、醫藥等世俗文獻也相當豐富。

大藏經

清貝葉經，一束，6.0 釐米 ×49.0 釐米。

貝葉是貝多樹的葉子。貝多樹産於熱帶亞熱帶地區，在我國只有雲南西雙版納及其附近地區有分佈，又稱貝多羅樹，爲梵文 pattra 的音譯。該書爲西雙版納老傣文貝葉寫本，現存年代較早，是經、律、論三藏名目齊全、内容完整的傣文大藏經，爲我國唯一南傳佛教經典，極具文獻、文物價值。入選第一批《國家珍貴古籍名録》，名録號 02374。

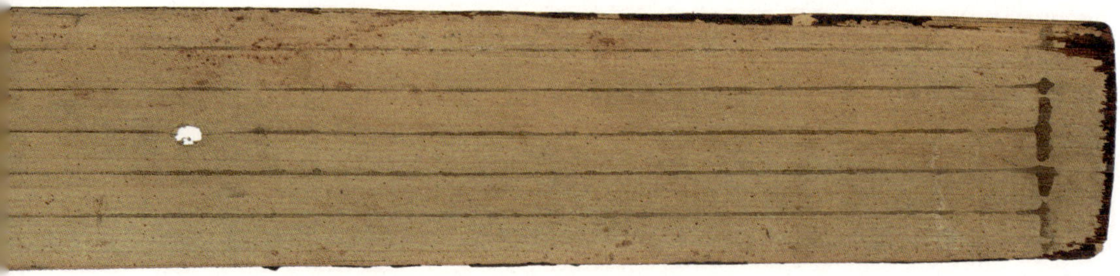

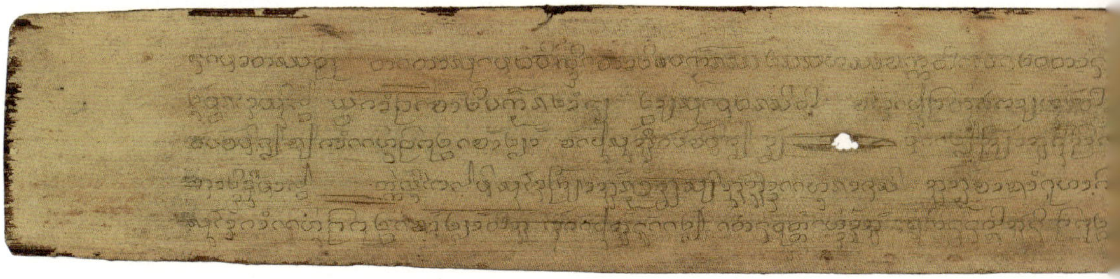

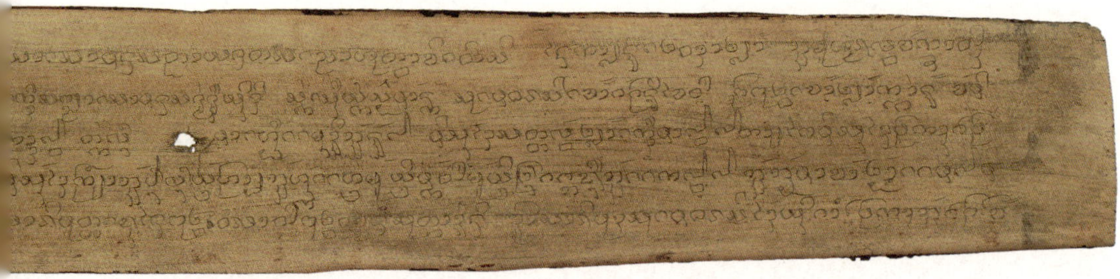

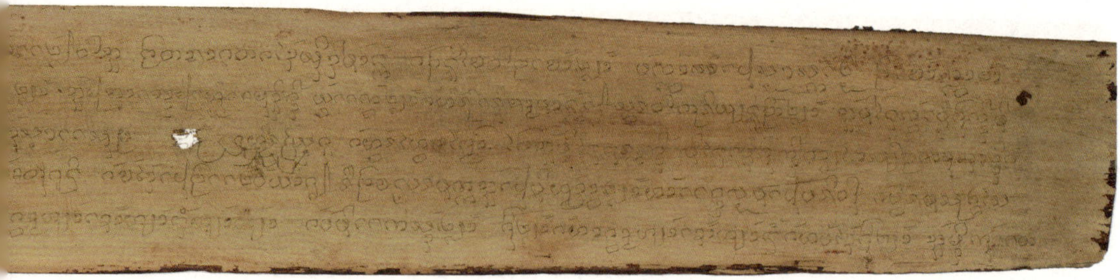

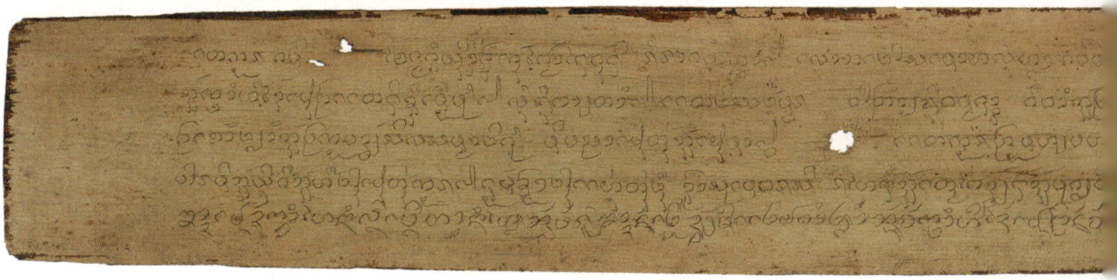

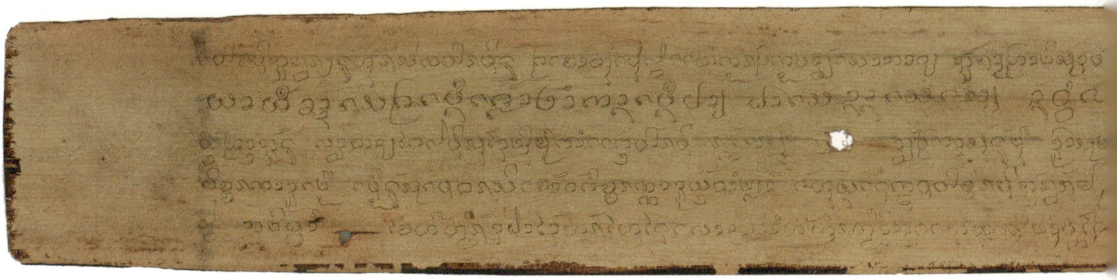

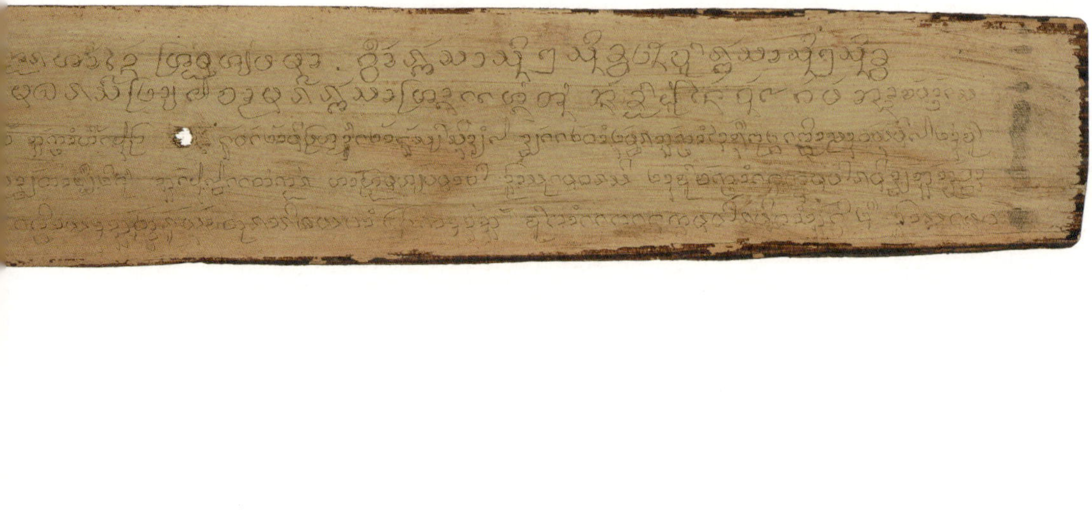

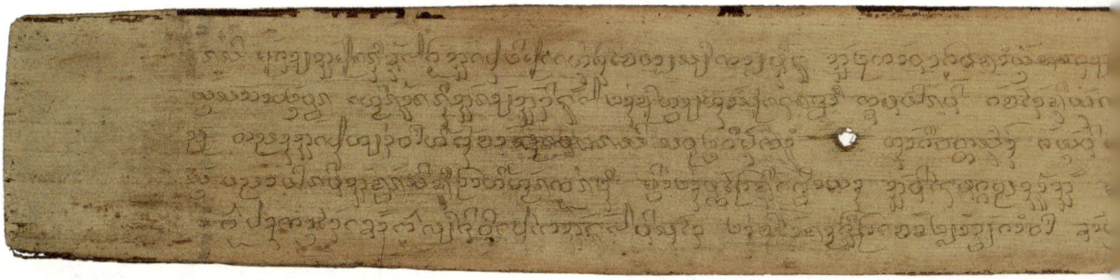

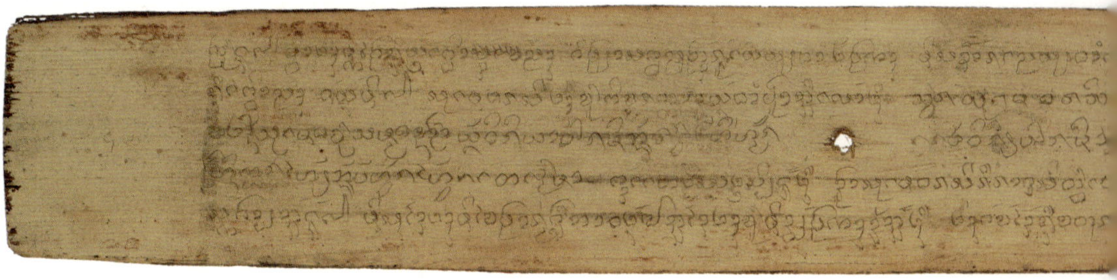

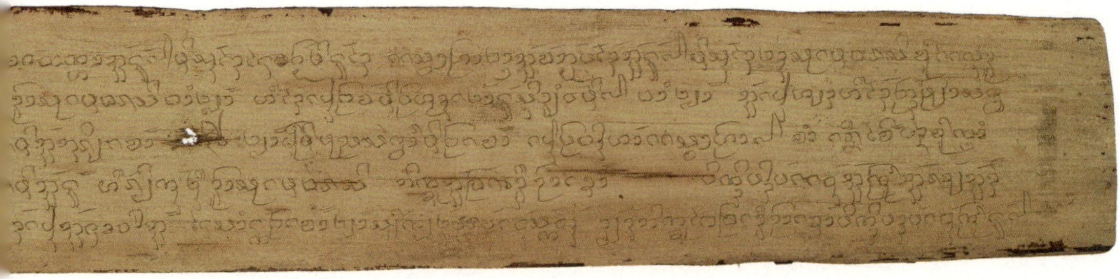

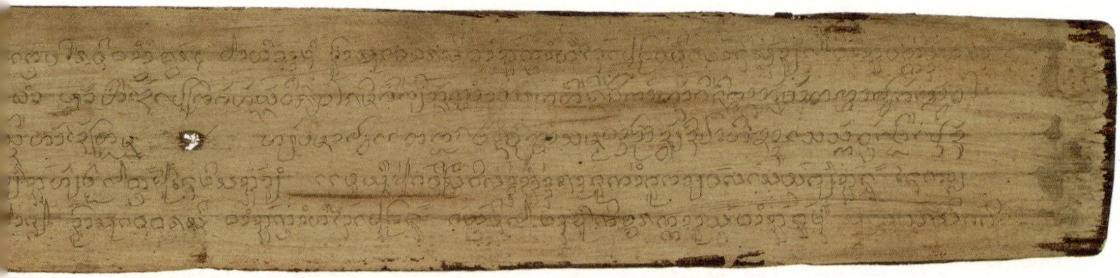

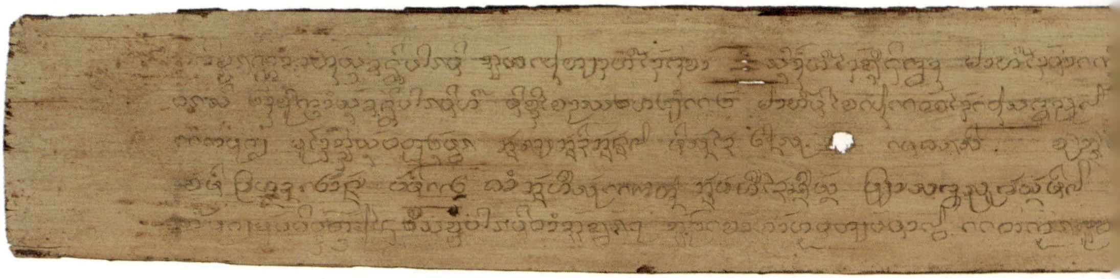

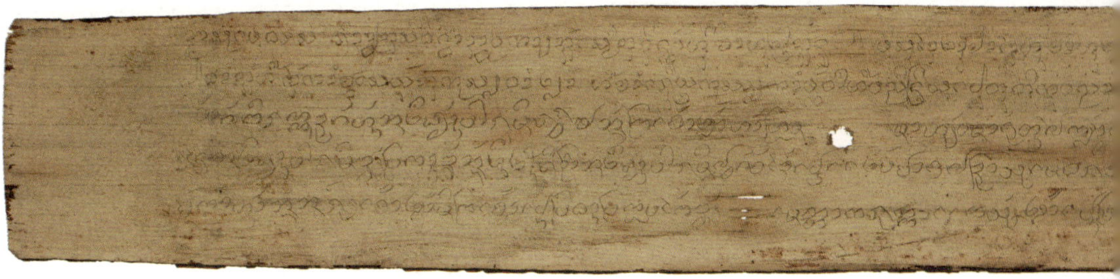

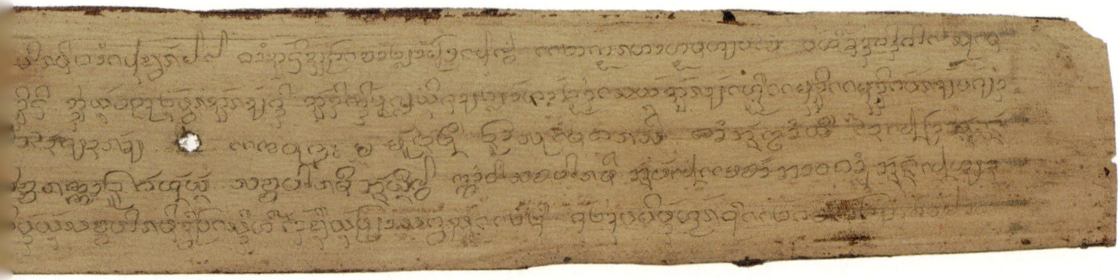

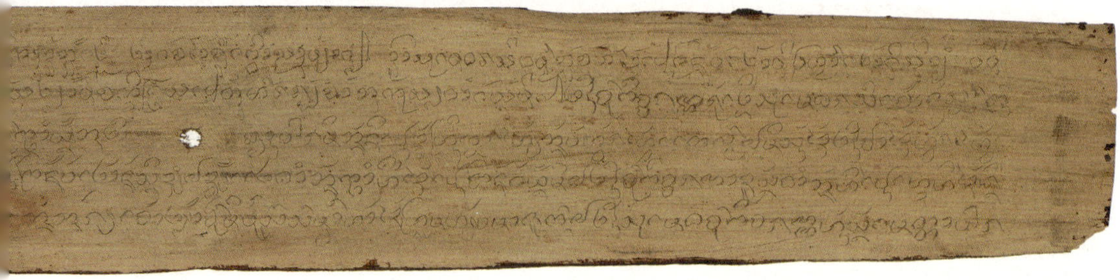

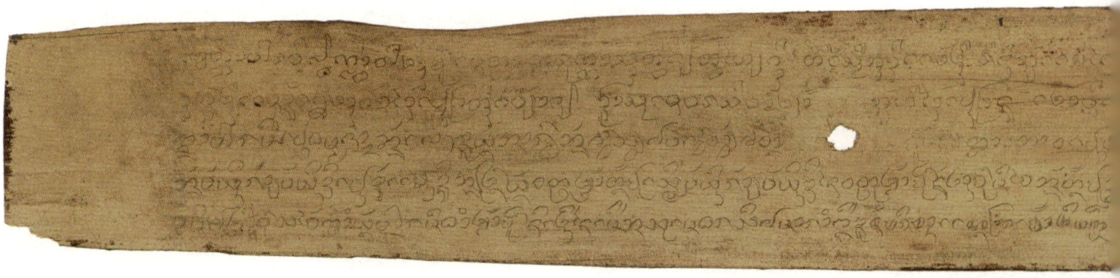

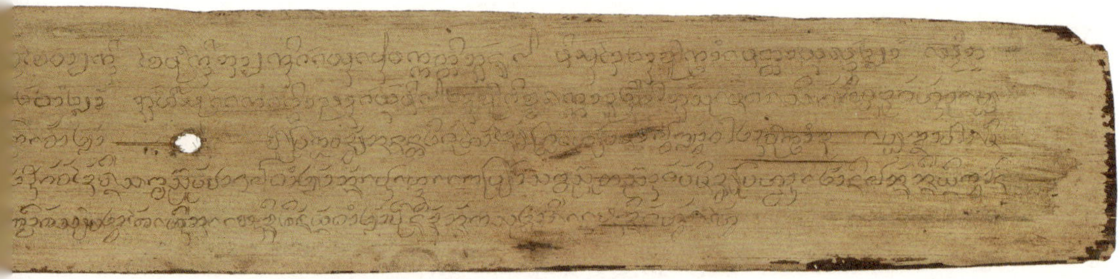

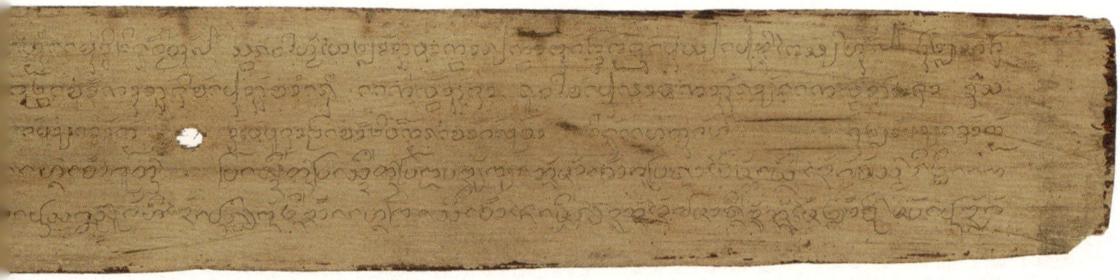

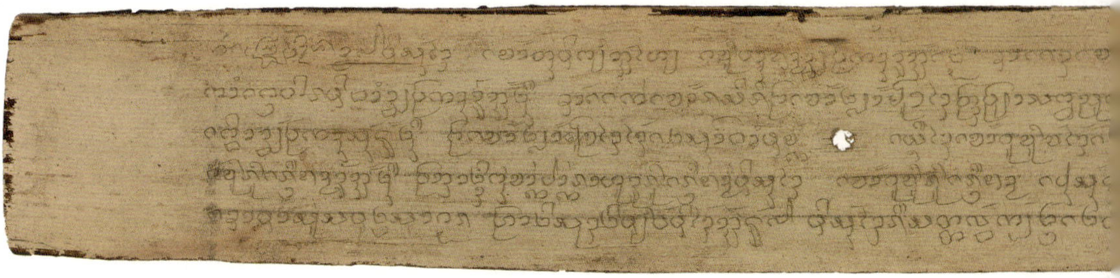

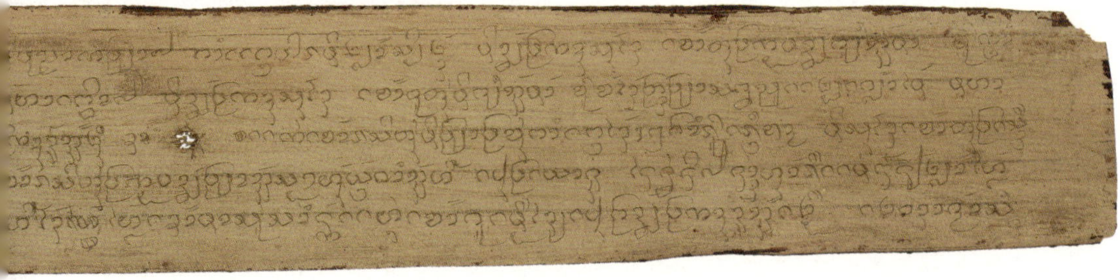

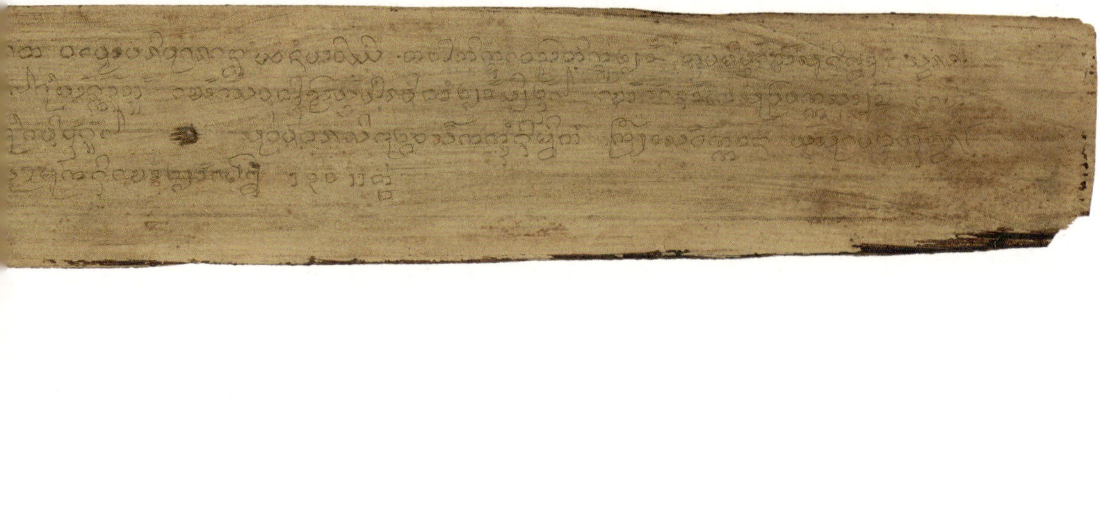

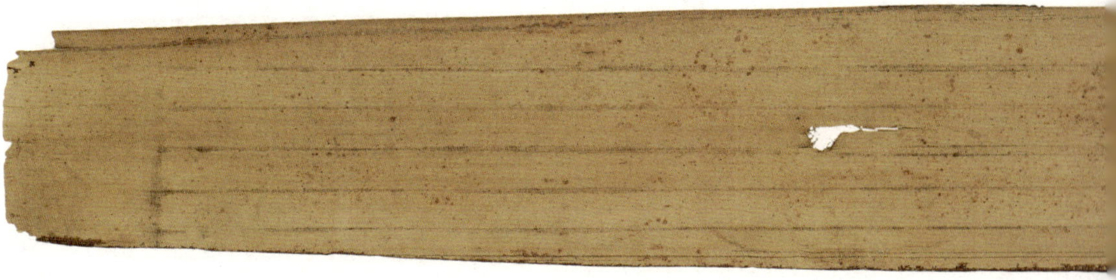

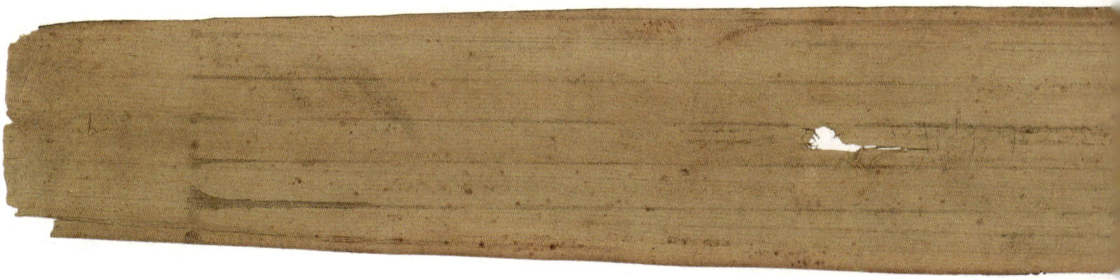

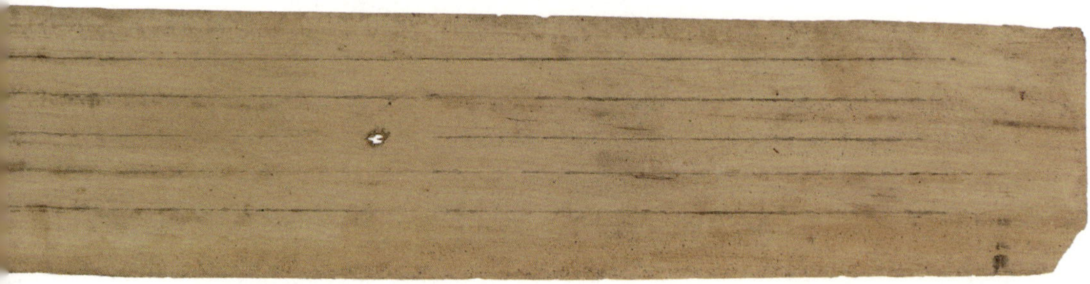

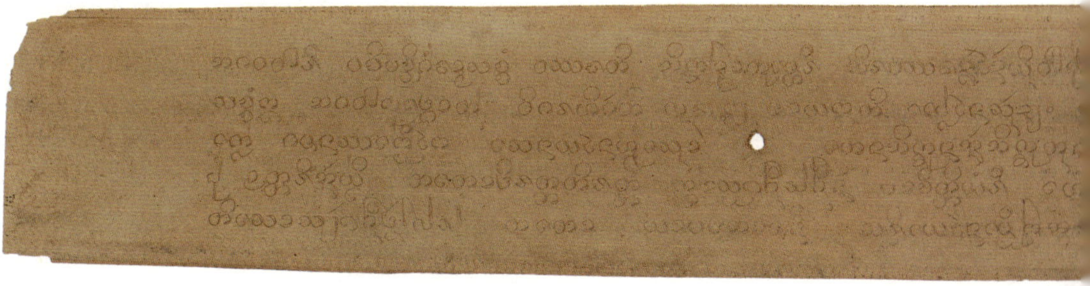

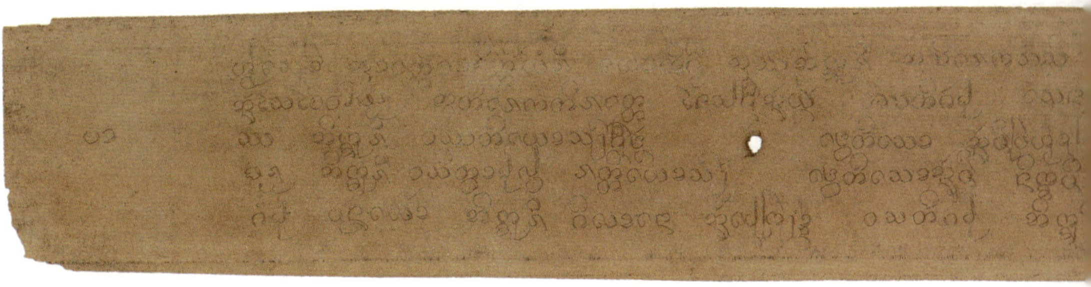

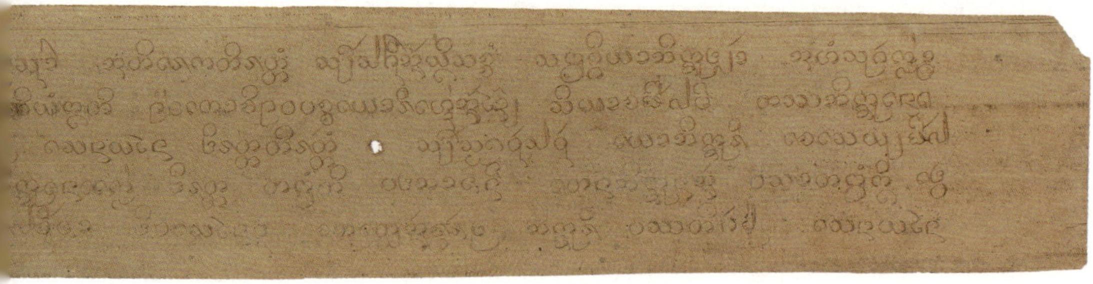

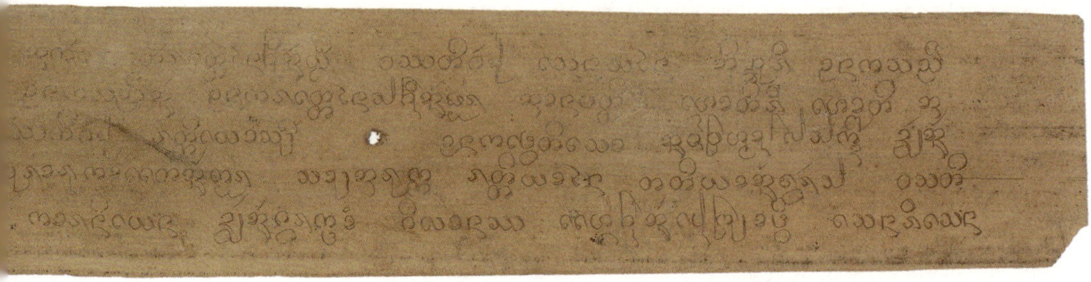

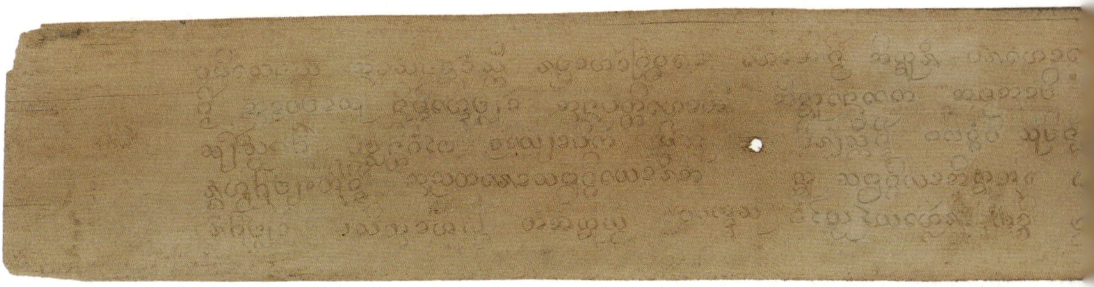

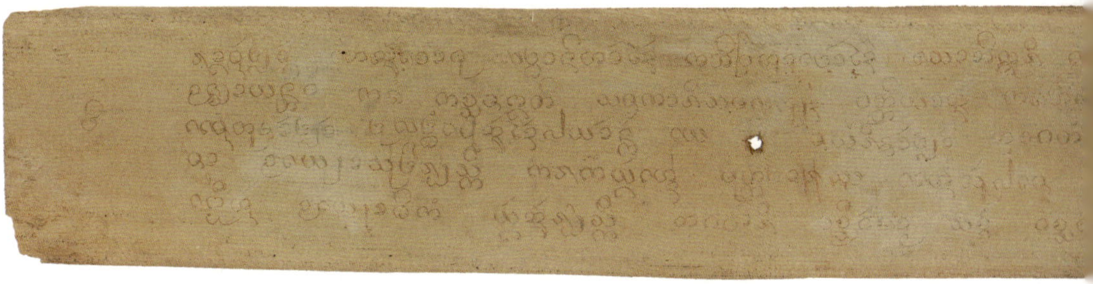

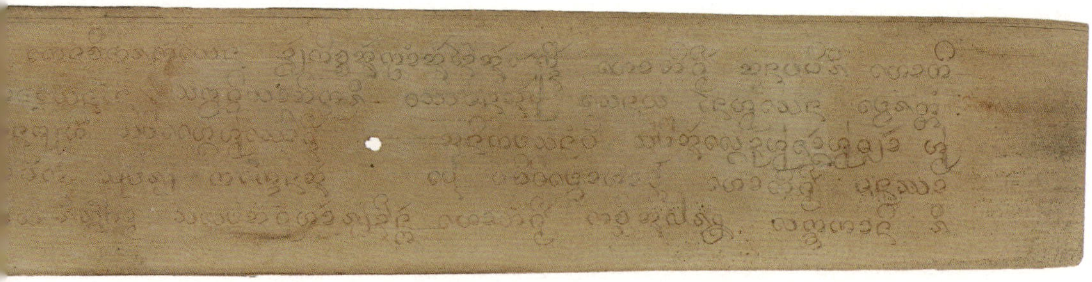

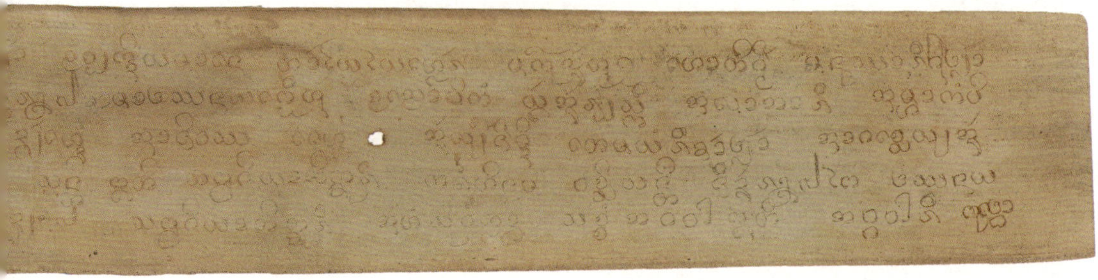

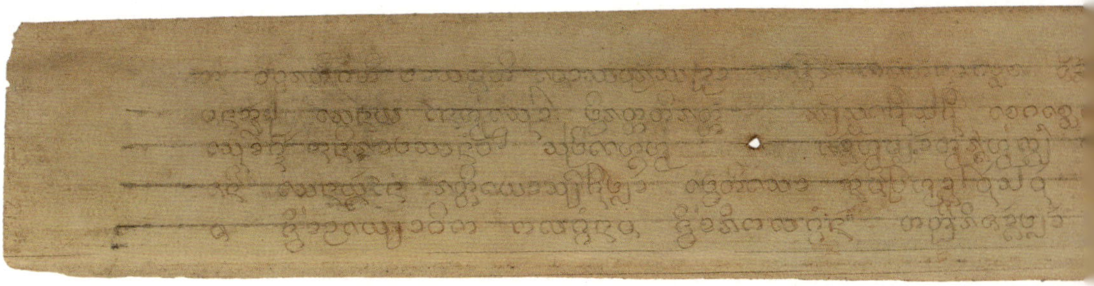

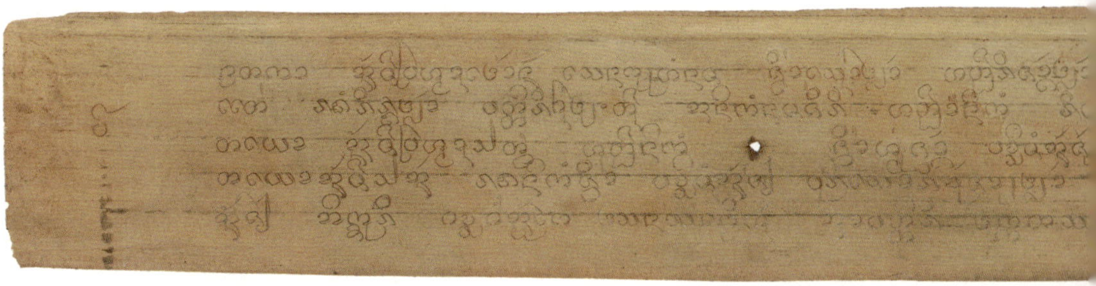

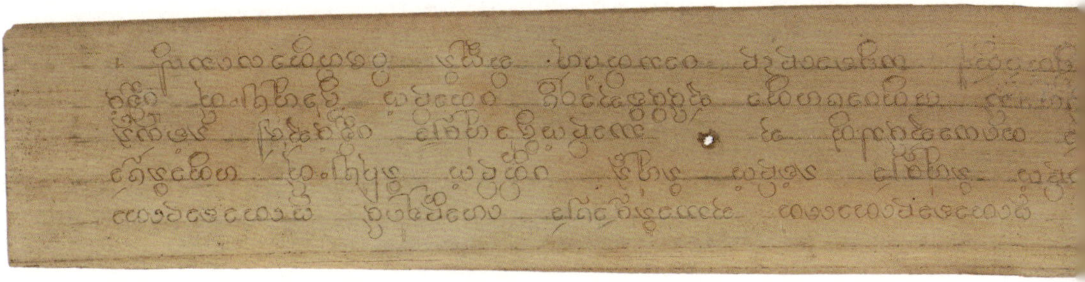

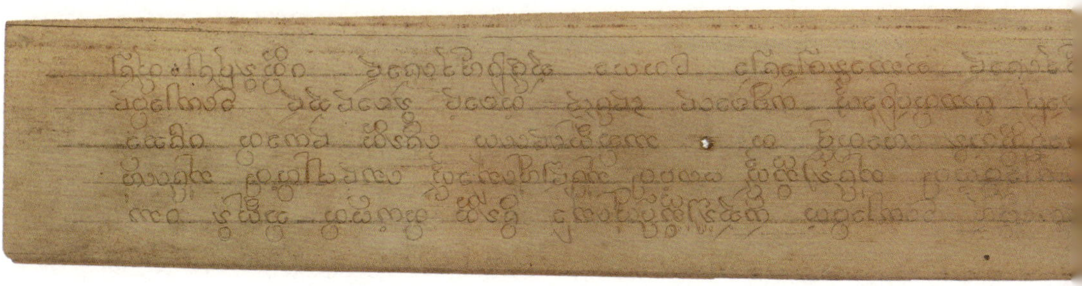

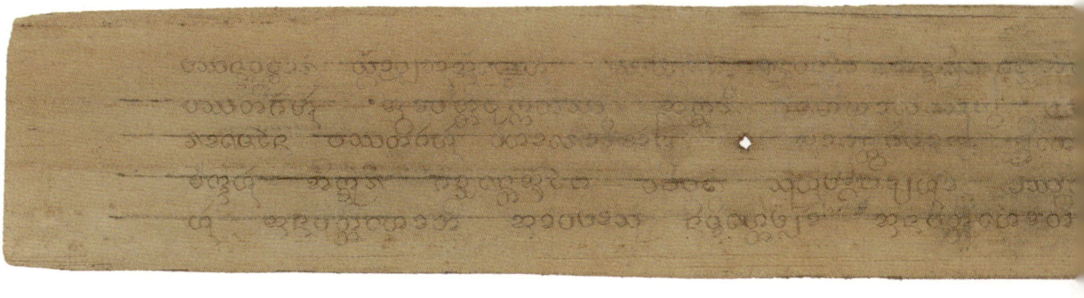

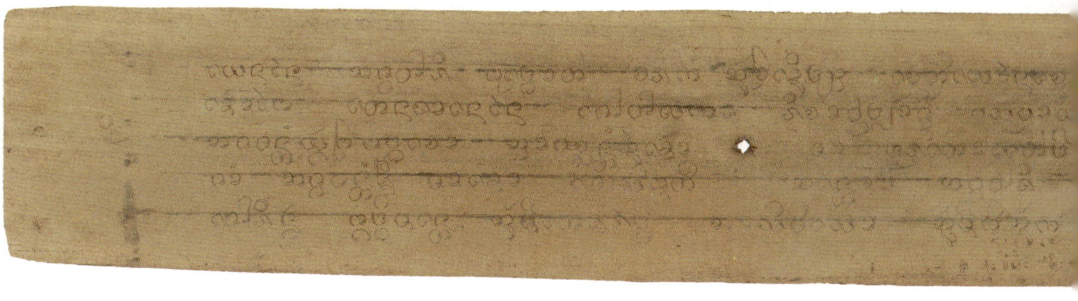

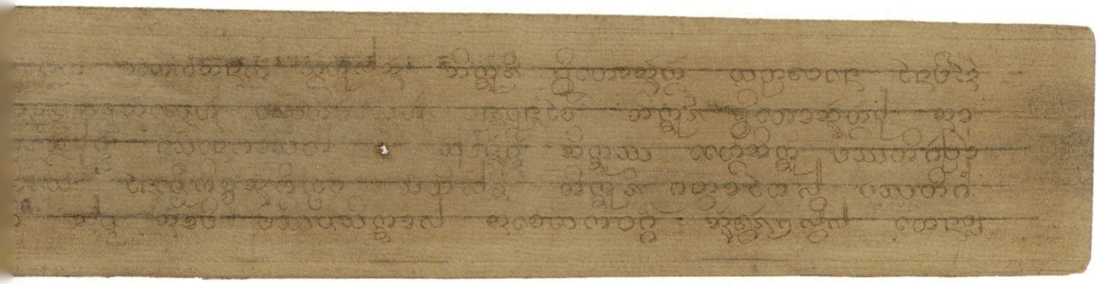

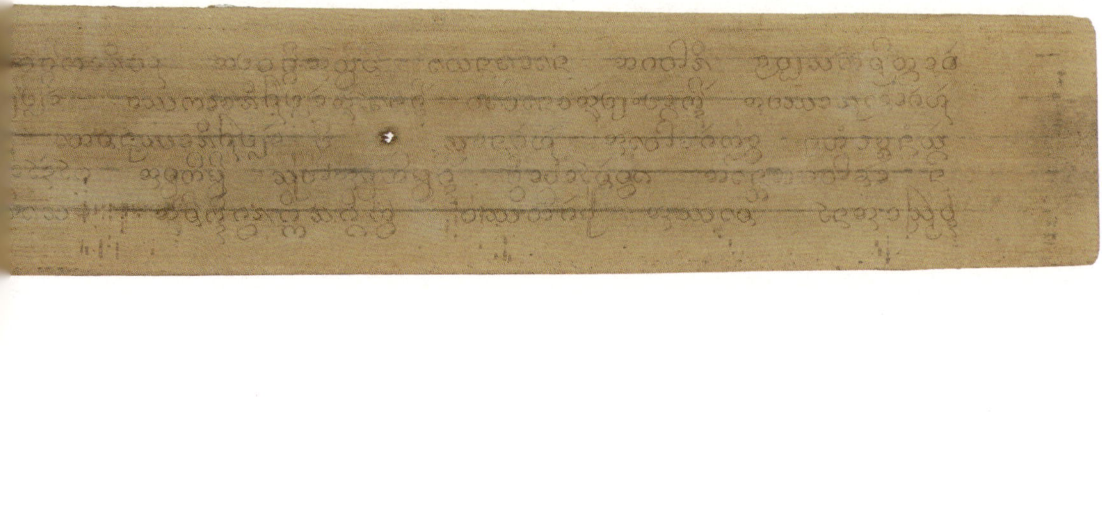

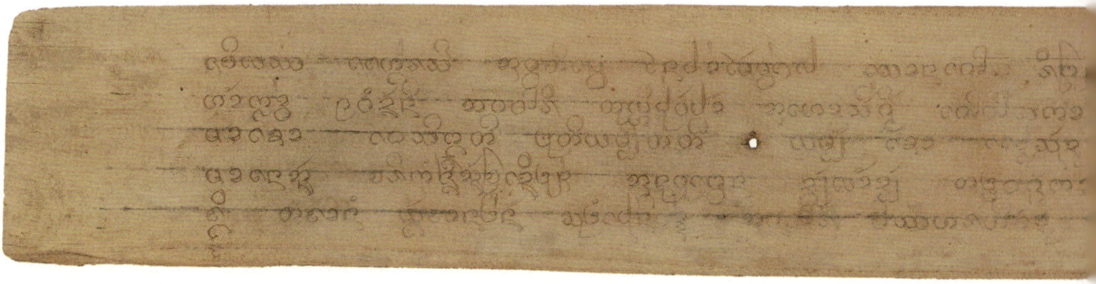

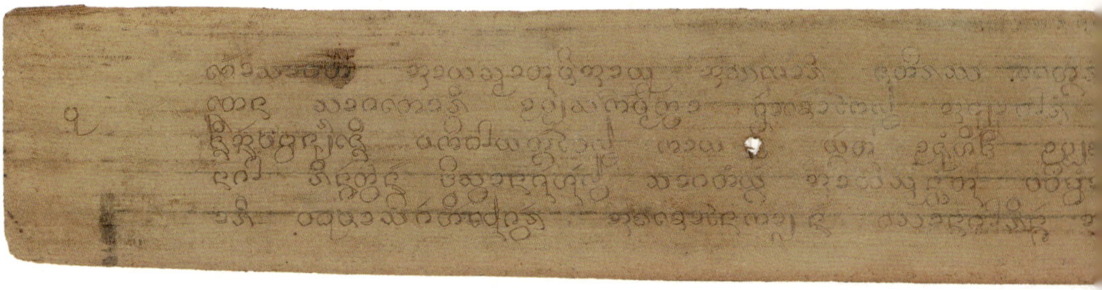

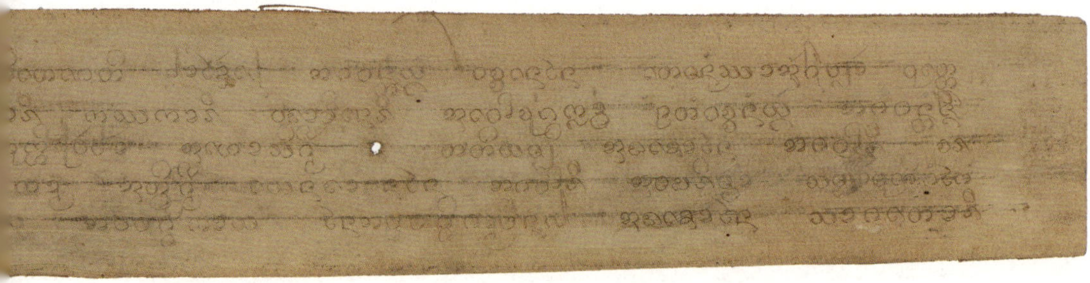

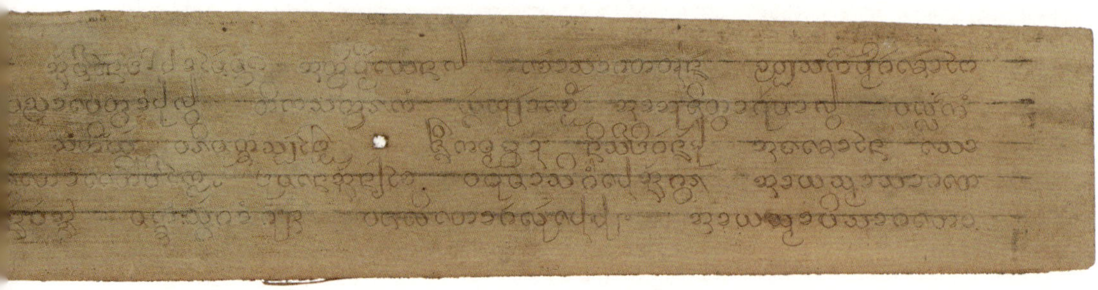

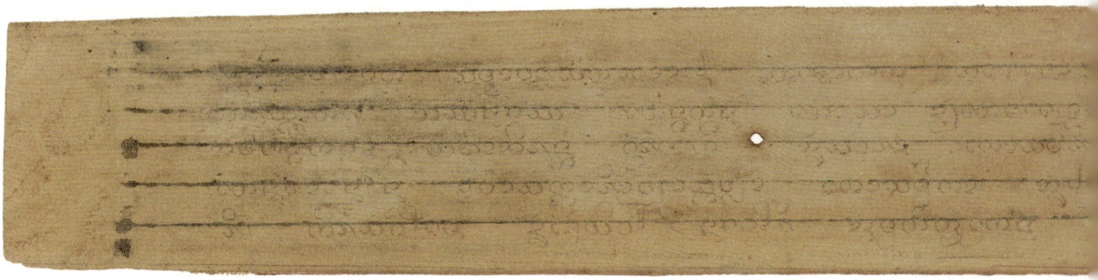

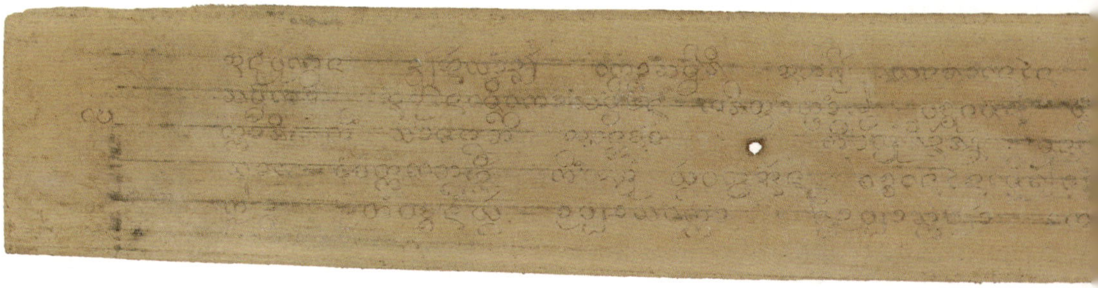

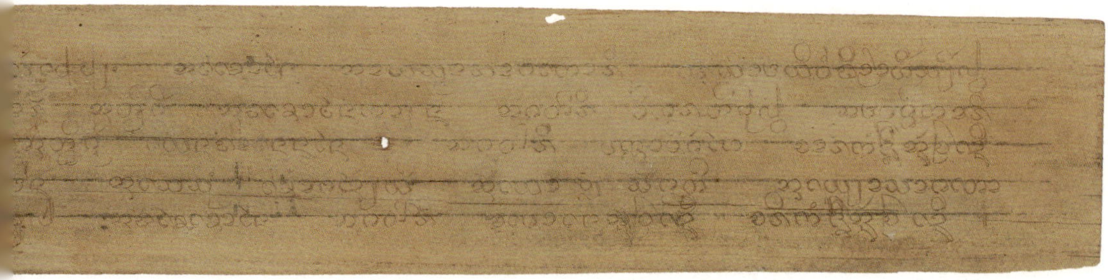

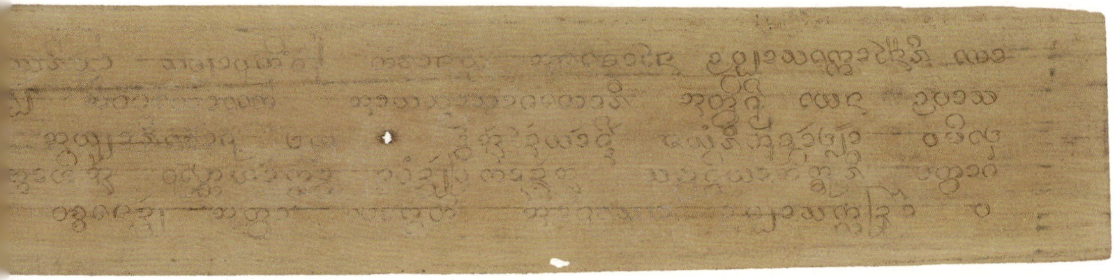

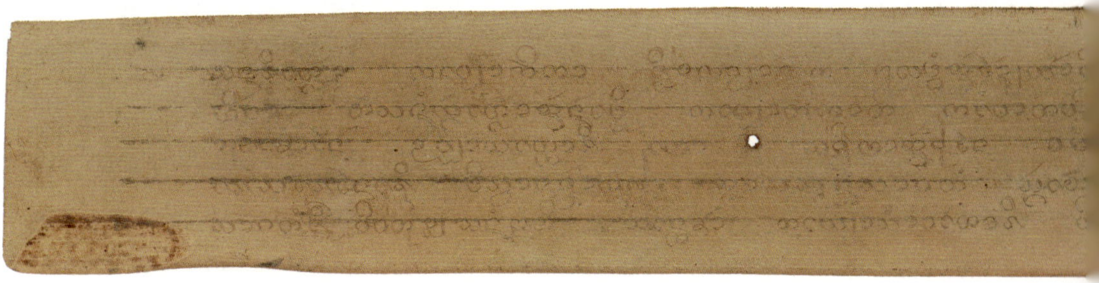

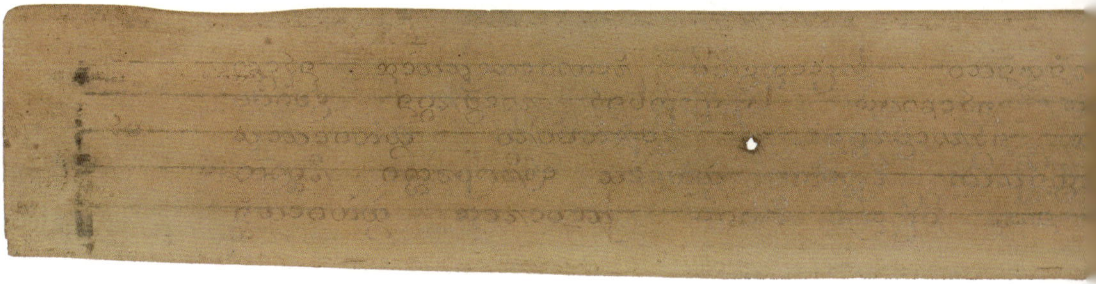

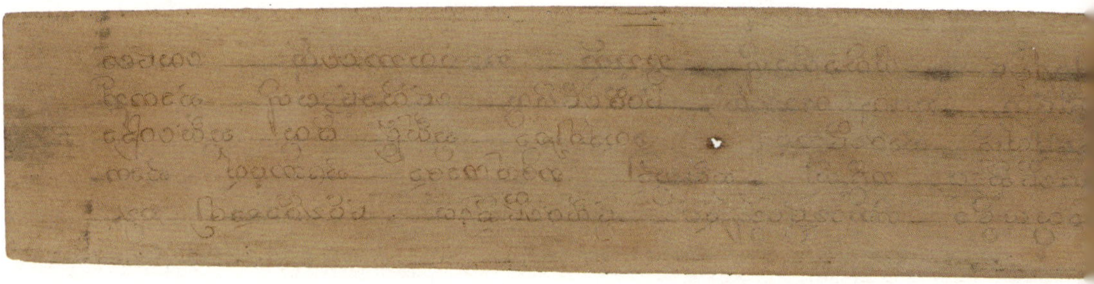

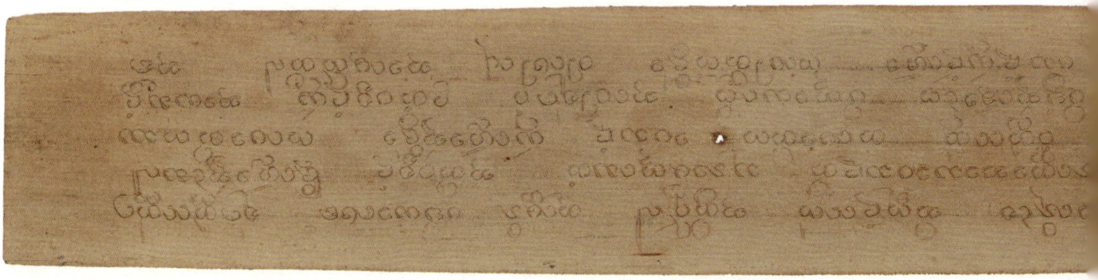

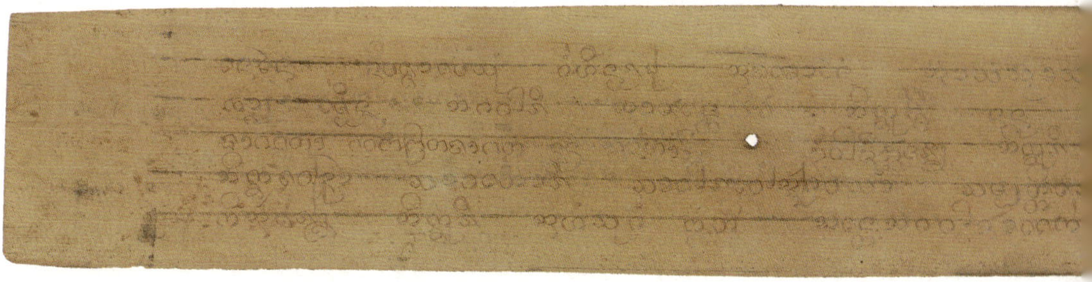

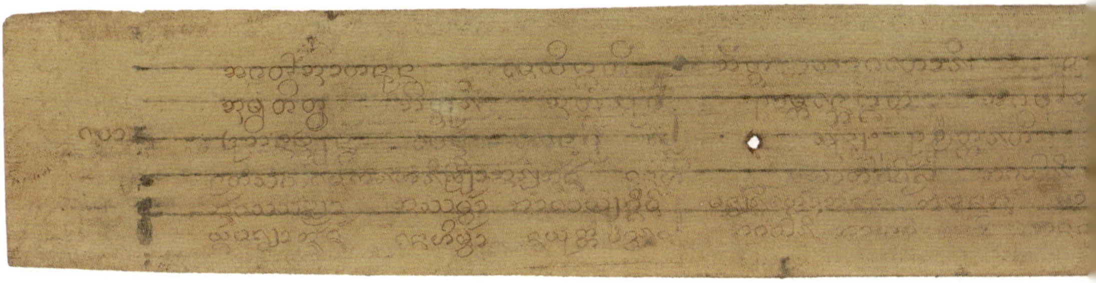

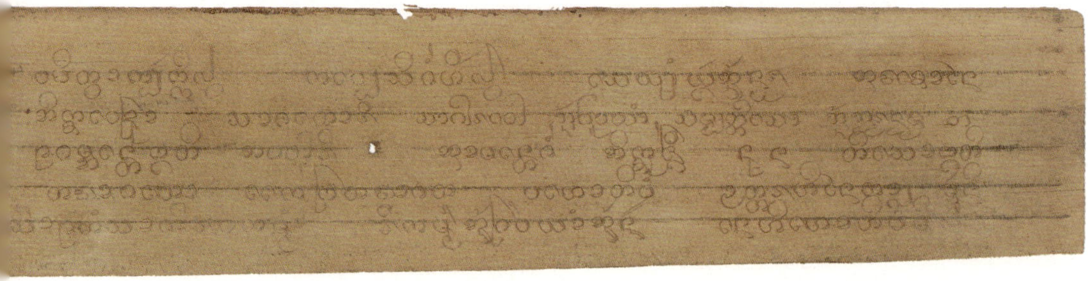

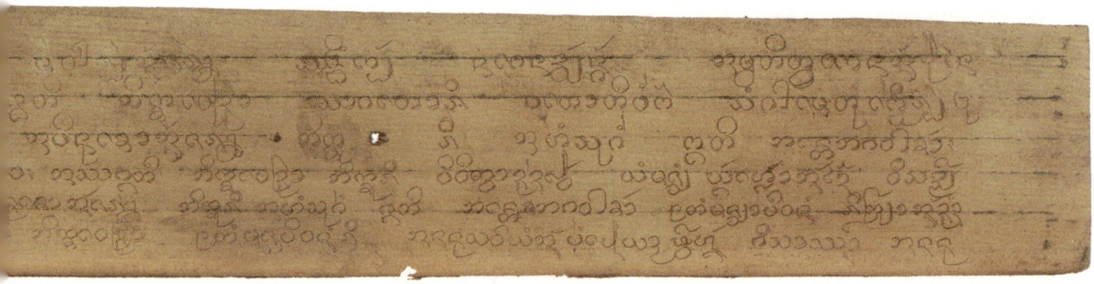

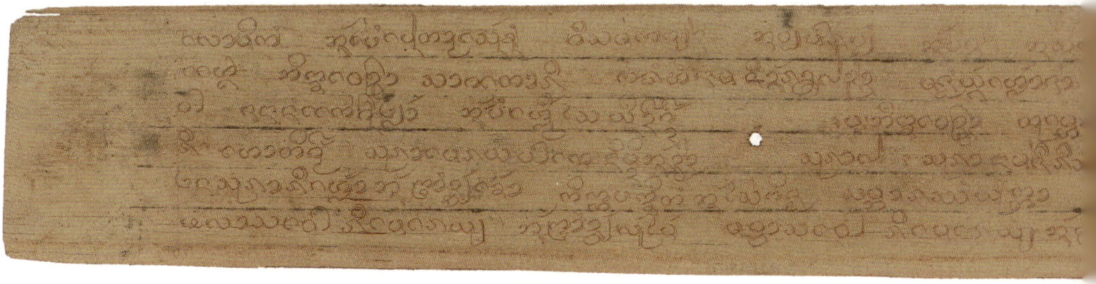

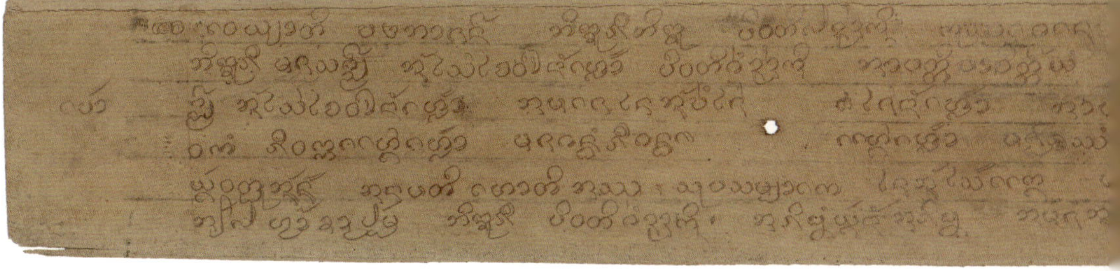

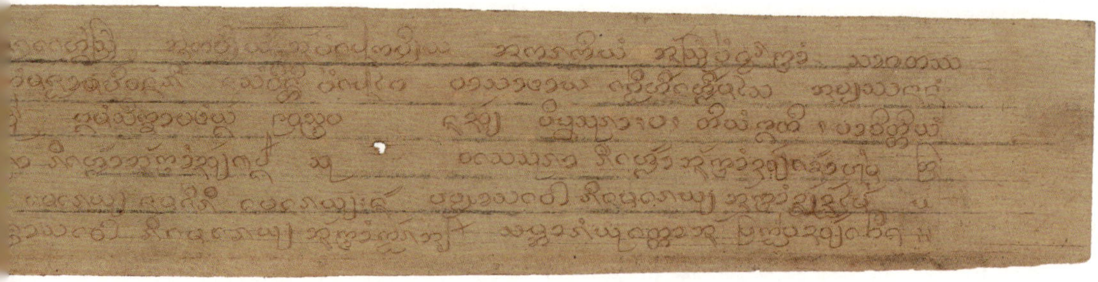

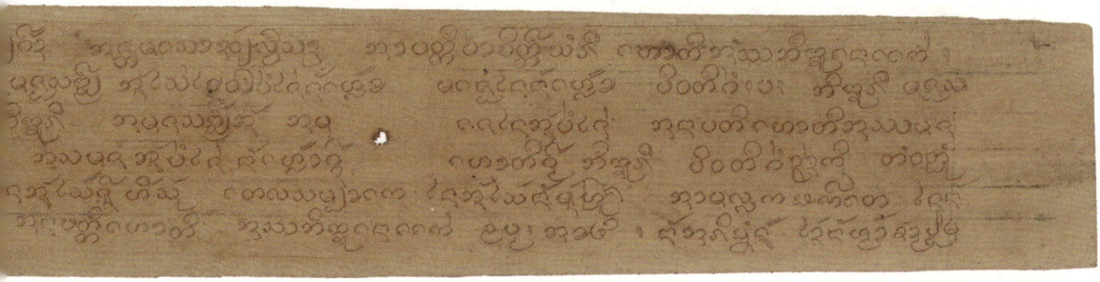

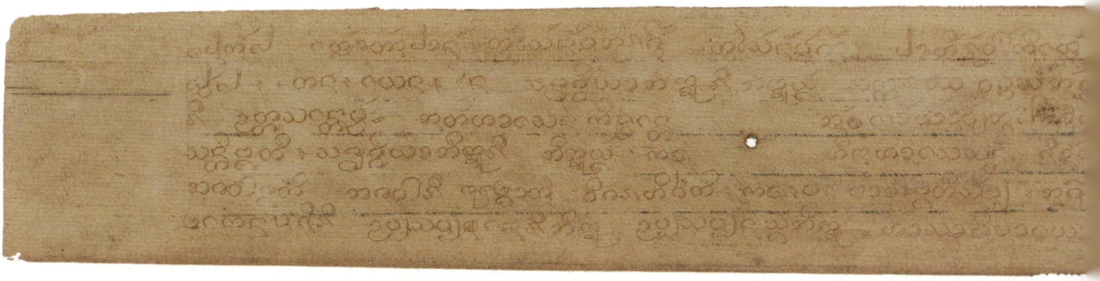

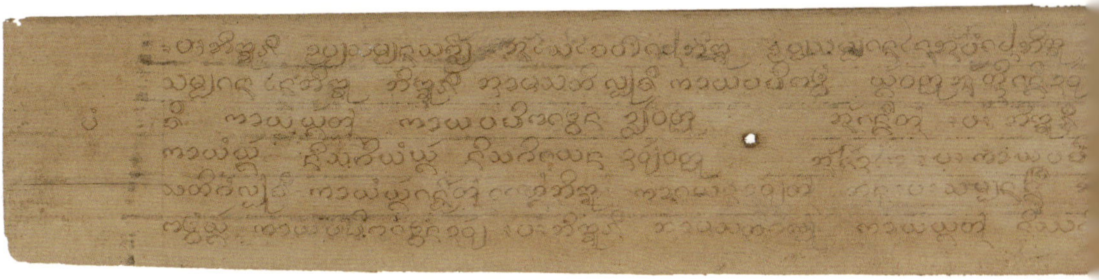

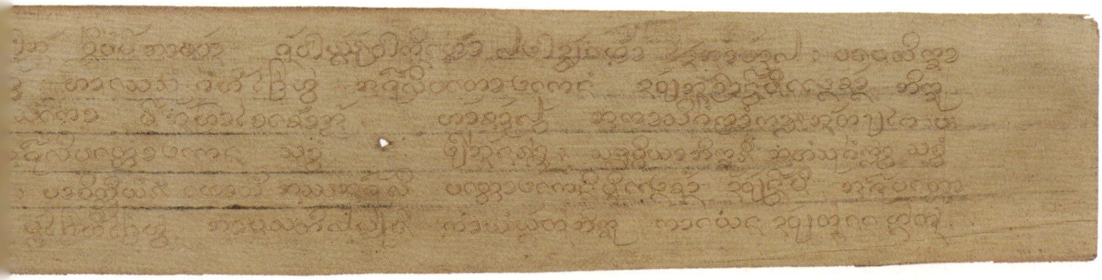

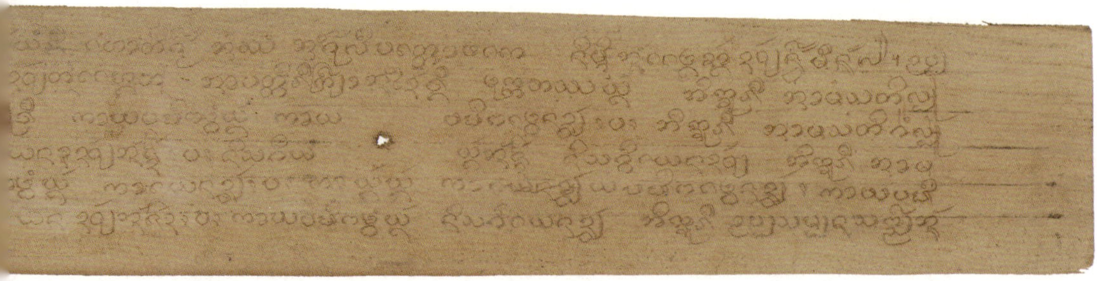

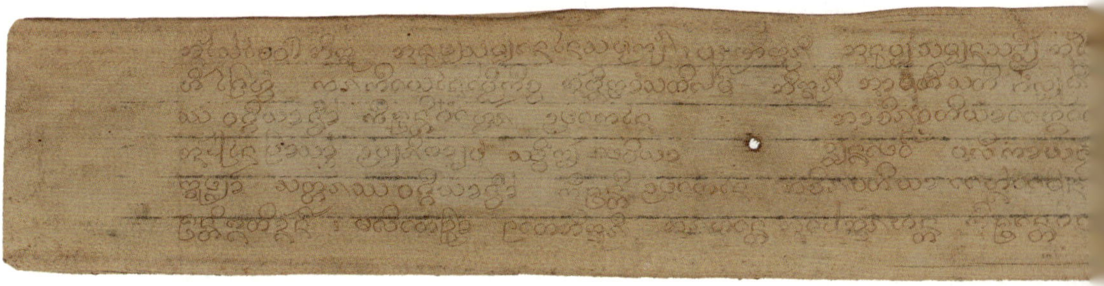

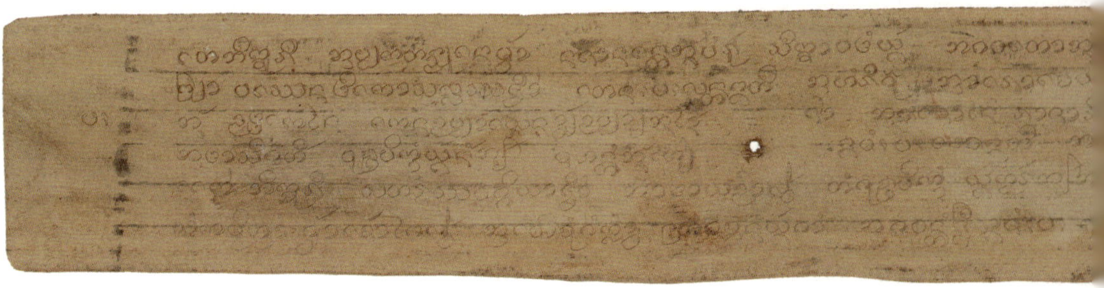

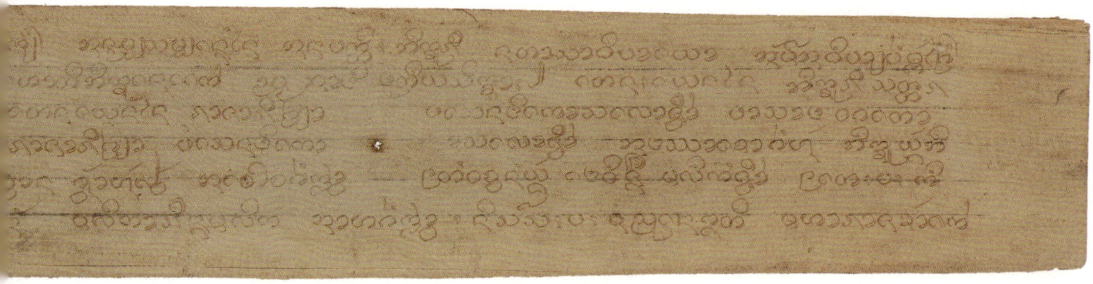

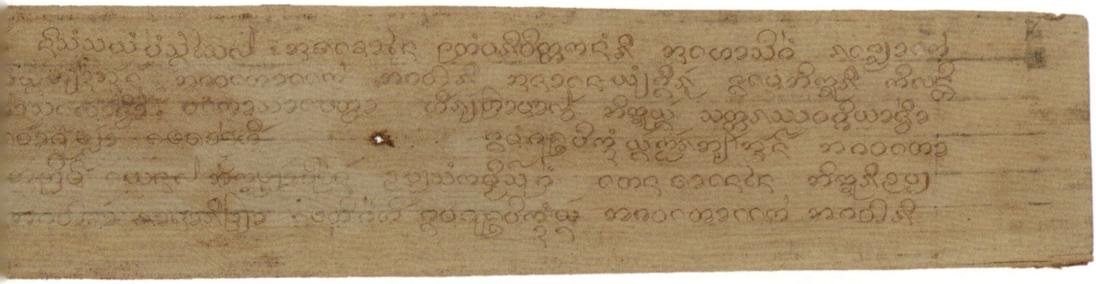

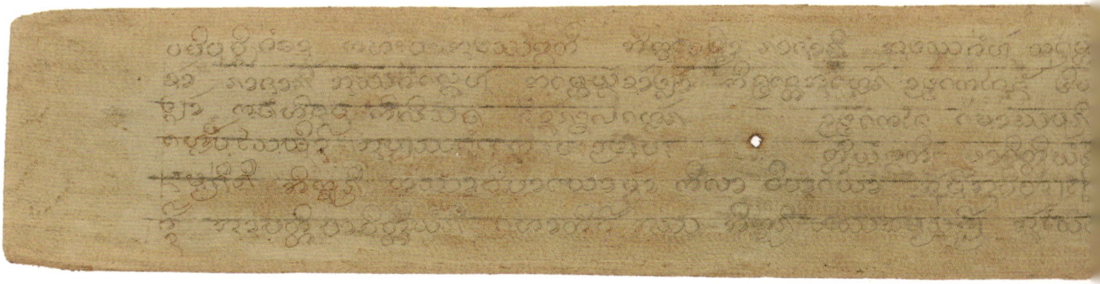

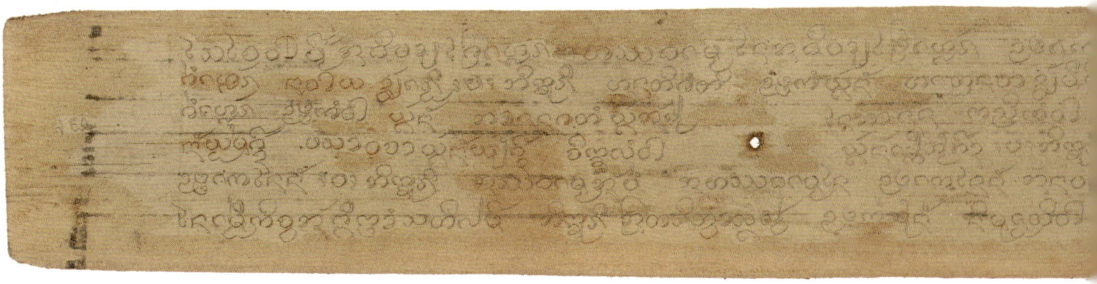

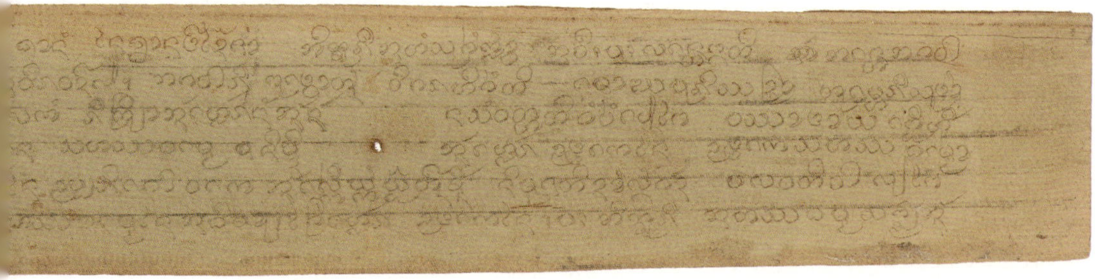

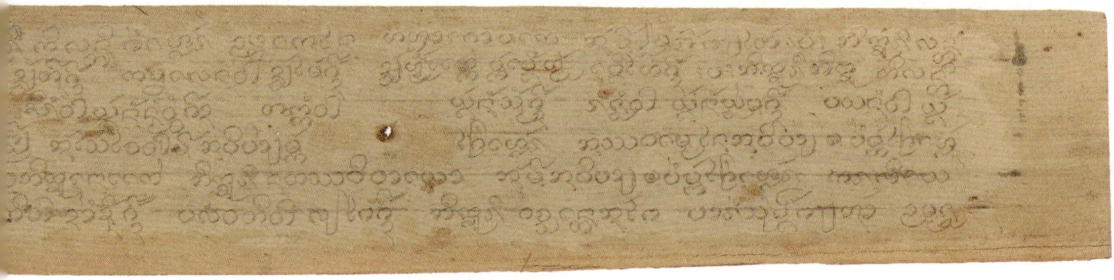

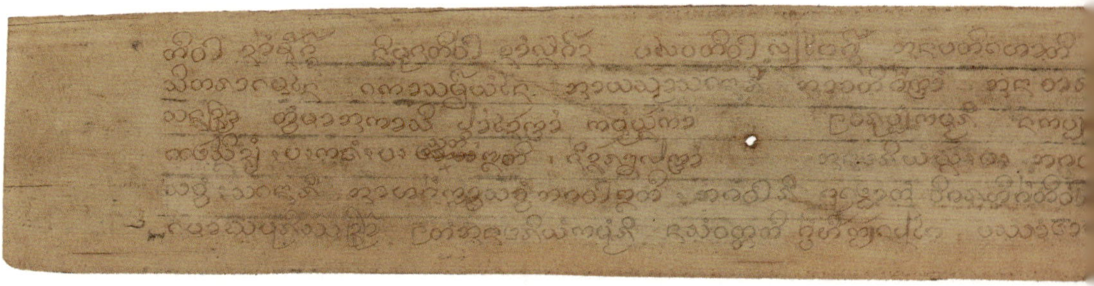

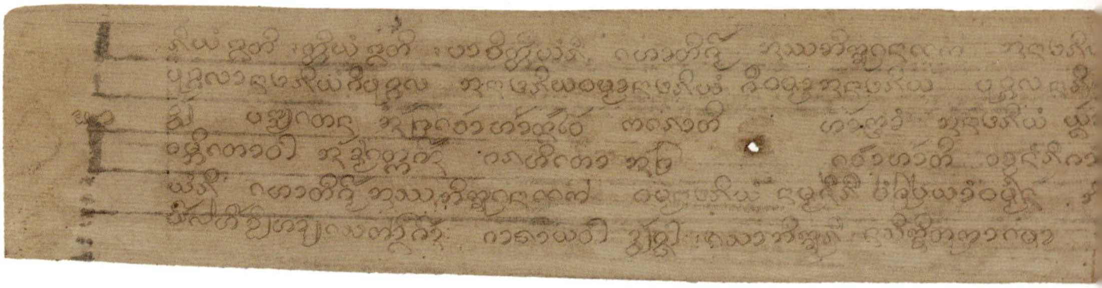

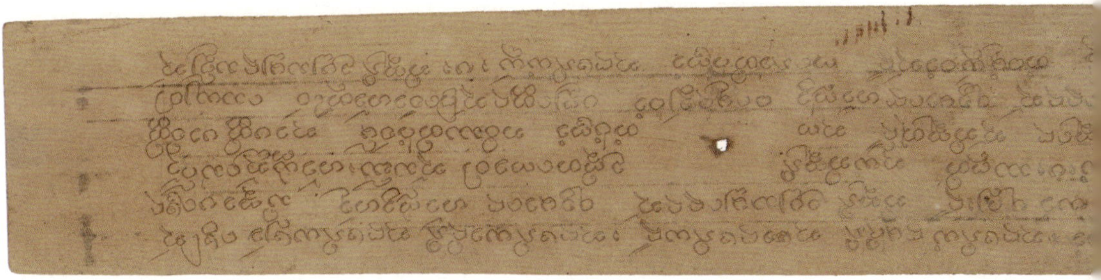

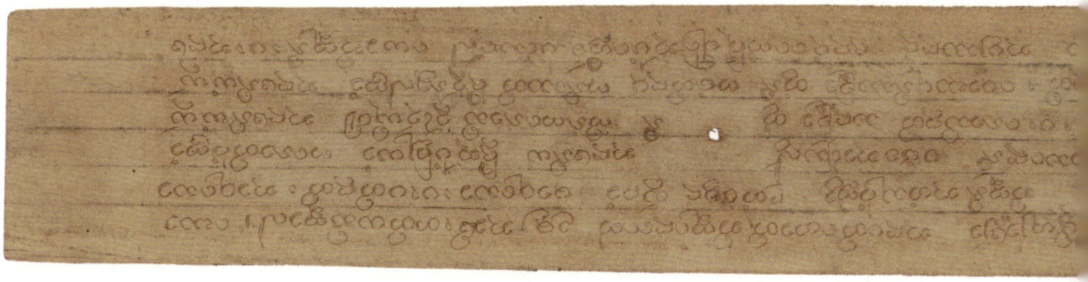

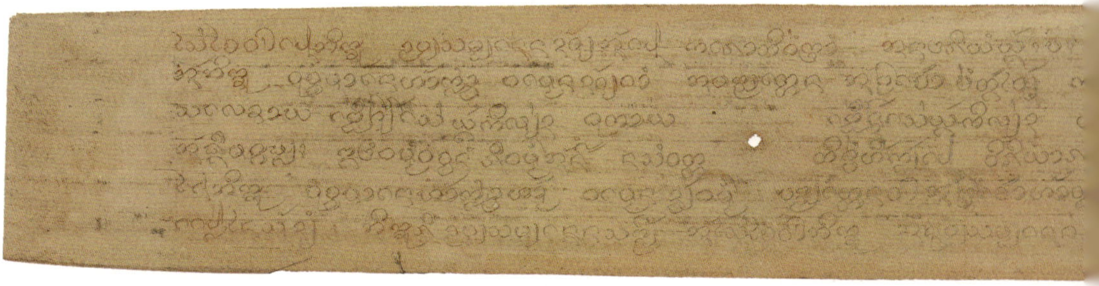

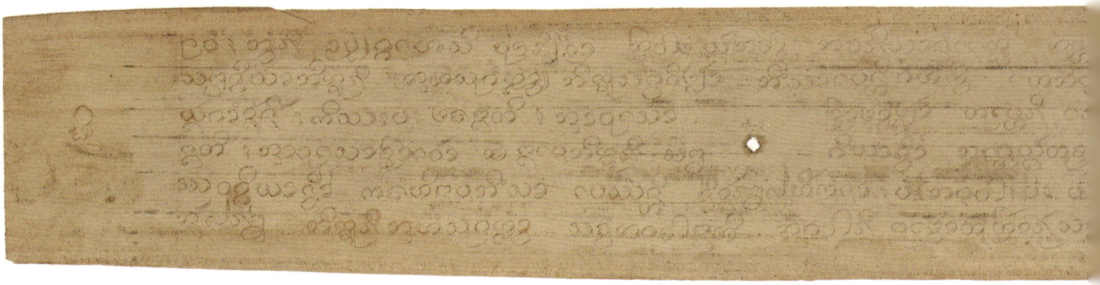

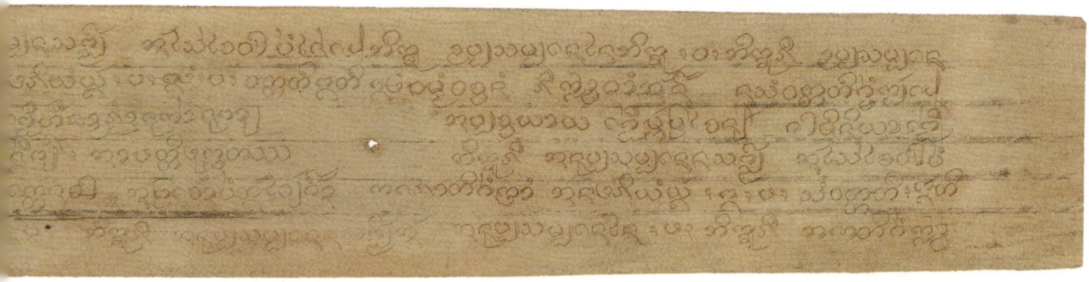

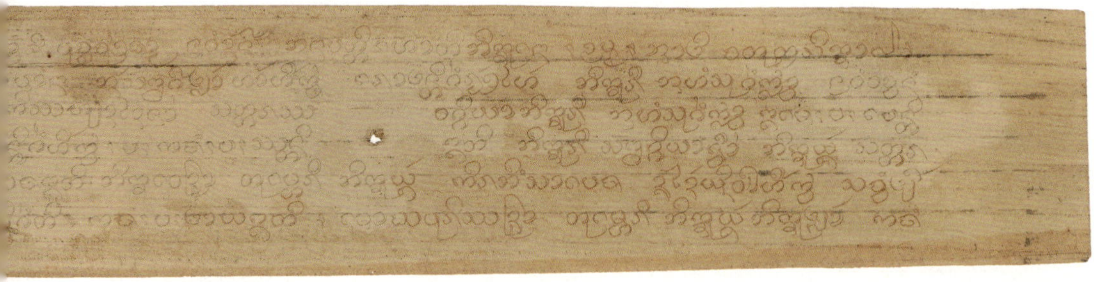

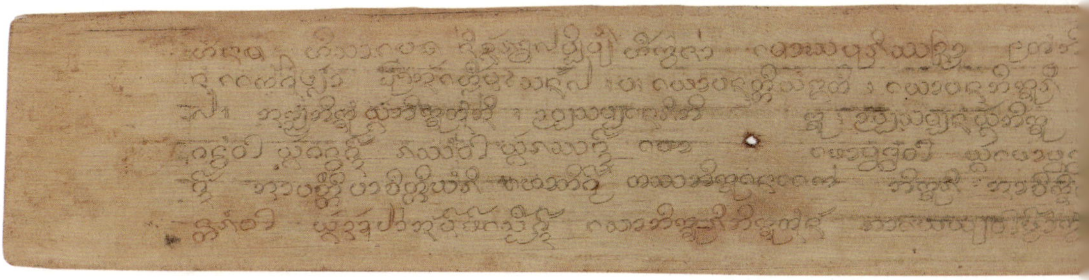

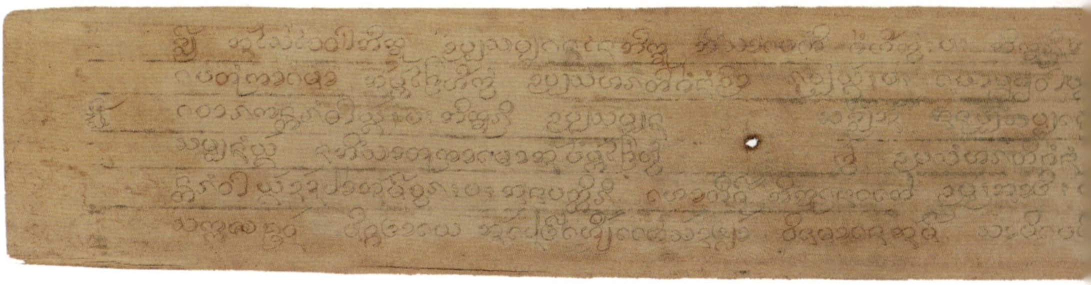

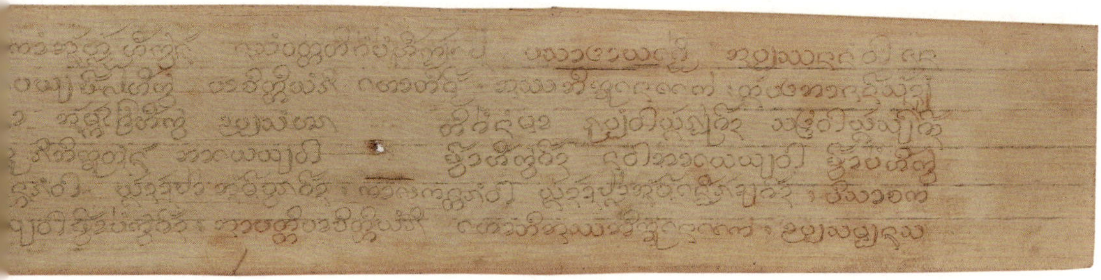

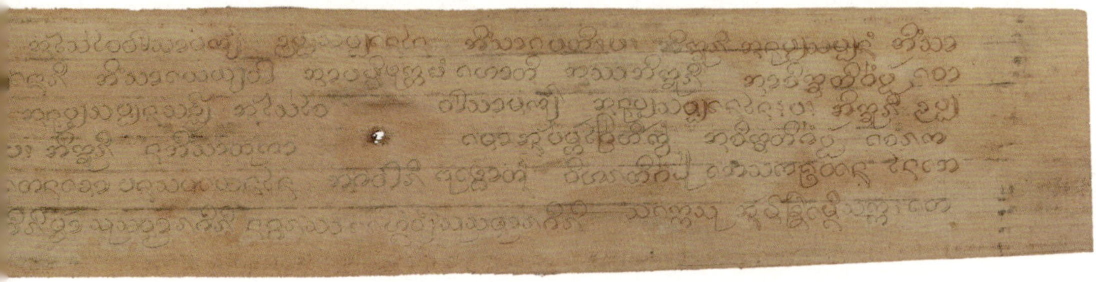

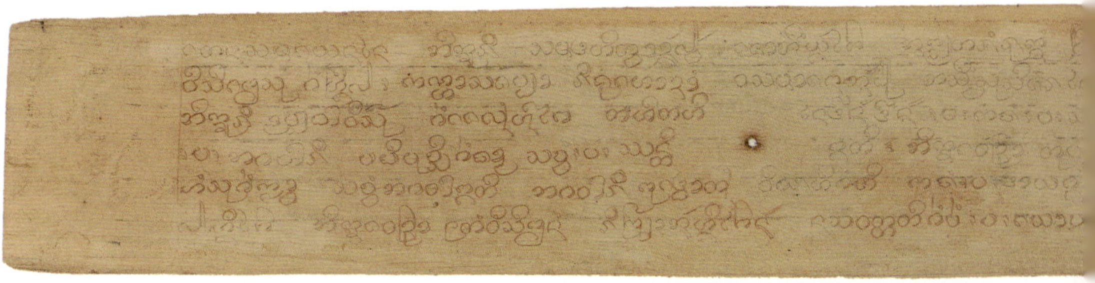

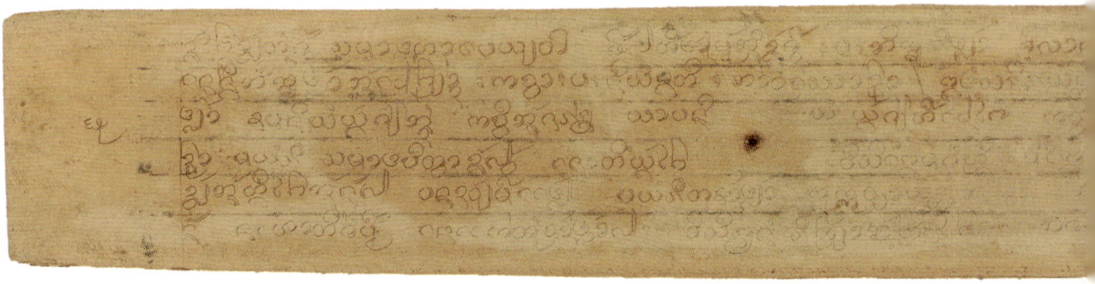

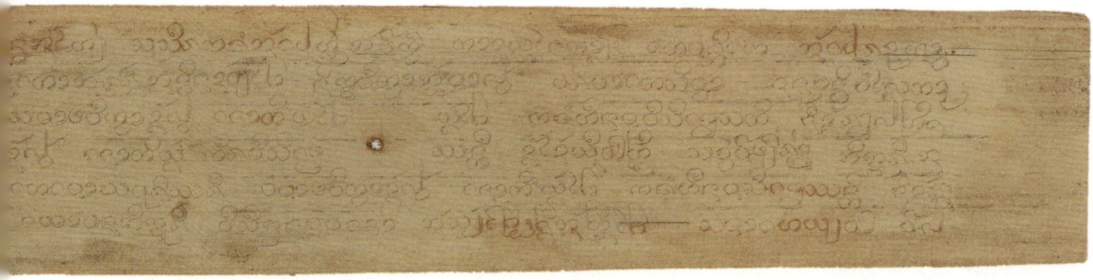

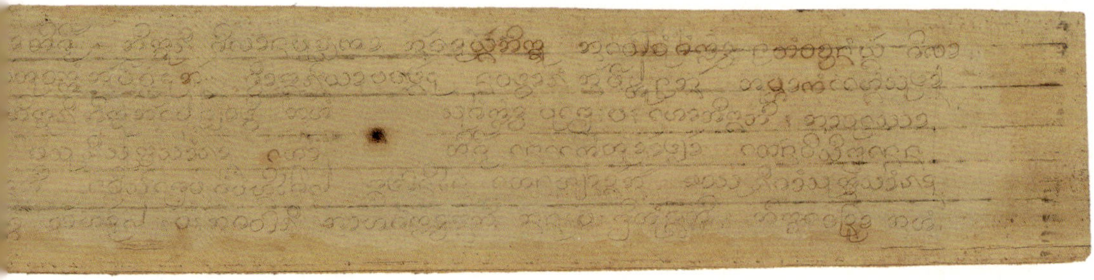

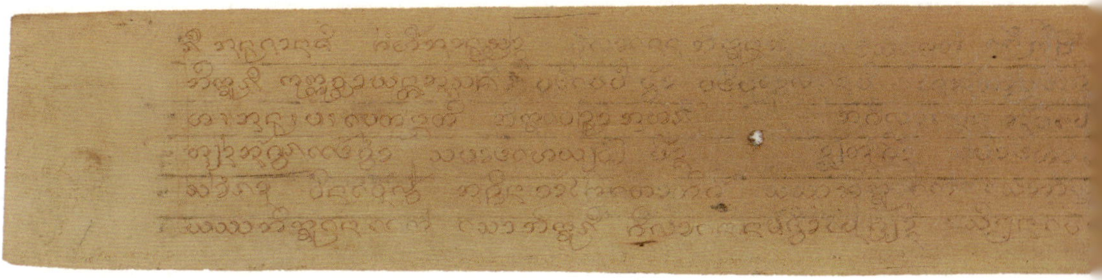

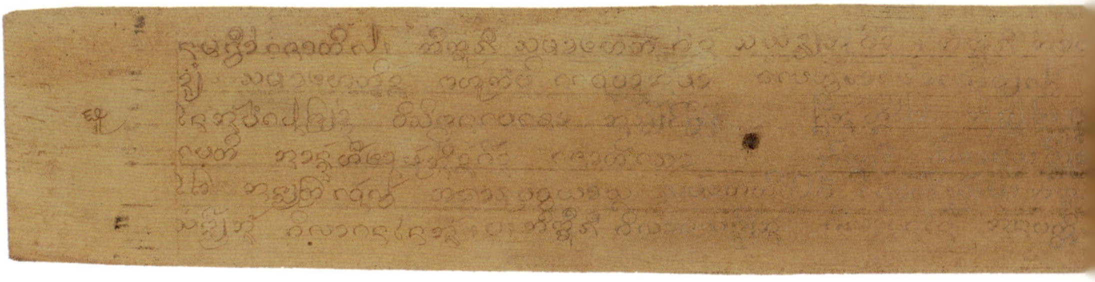

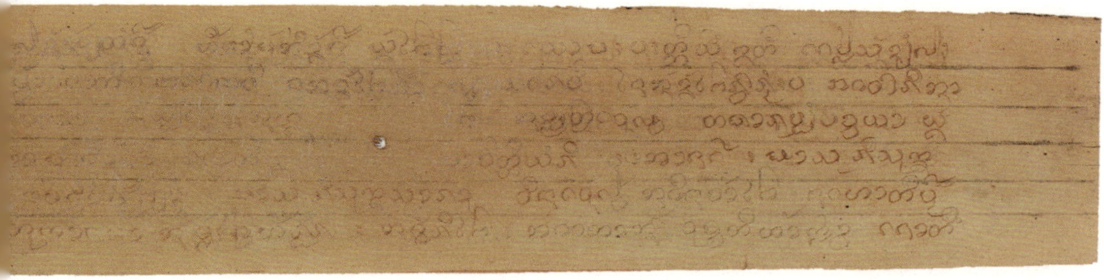

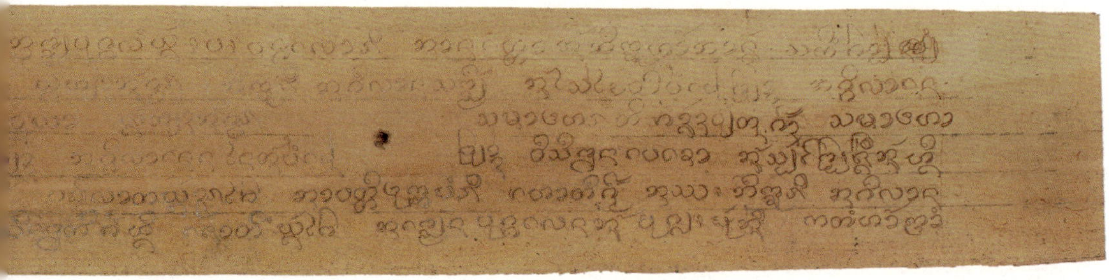

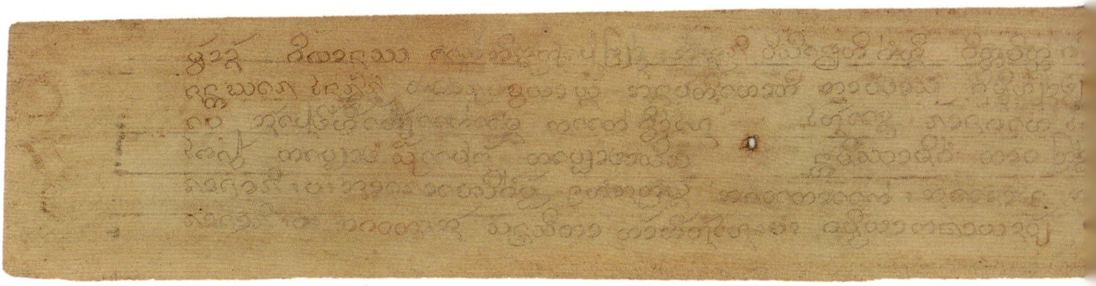

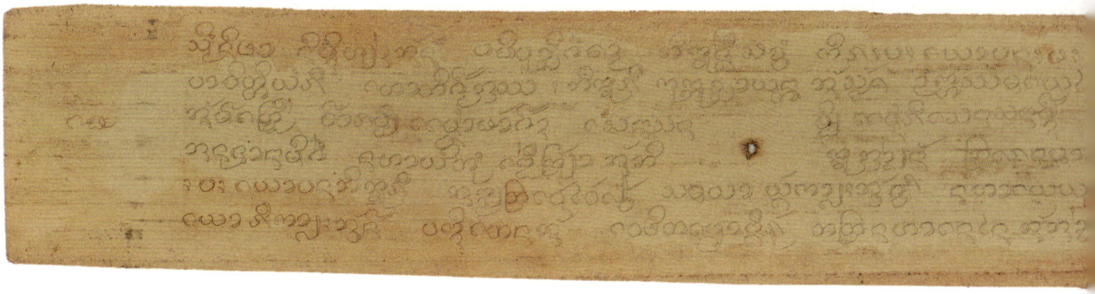

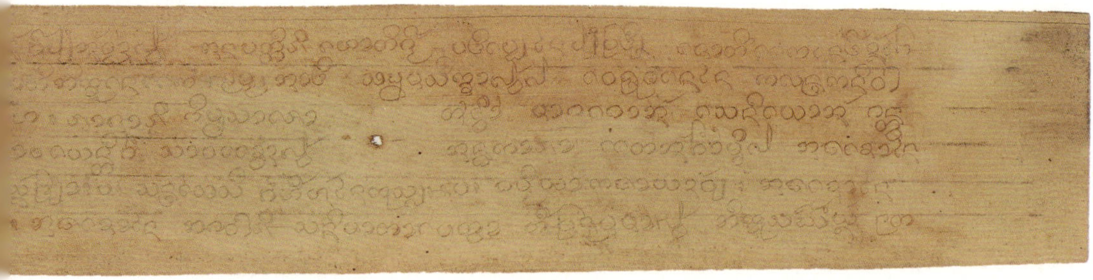

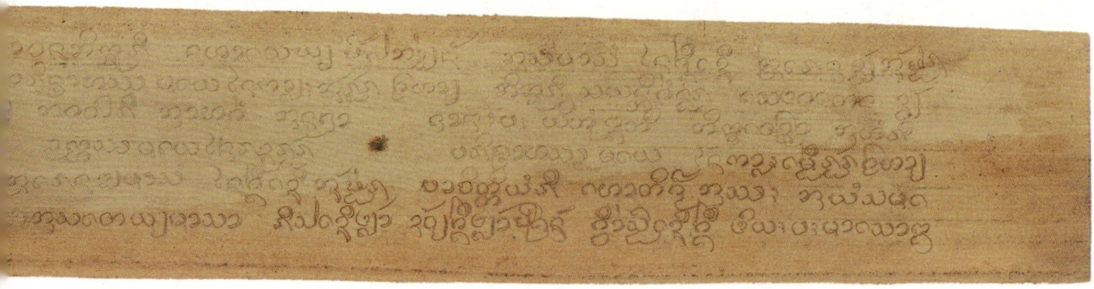

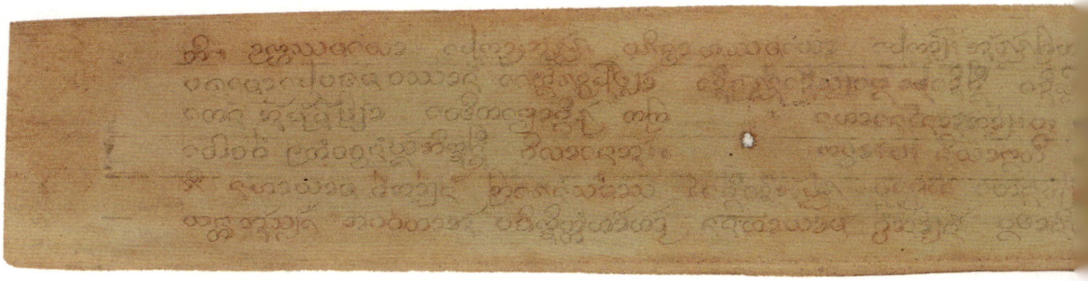

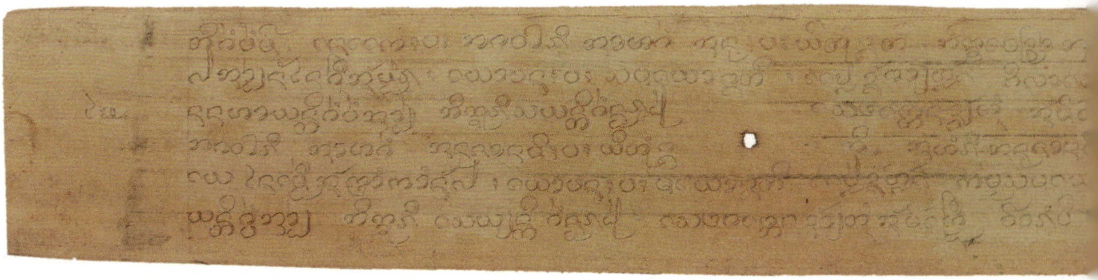

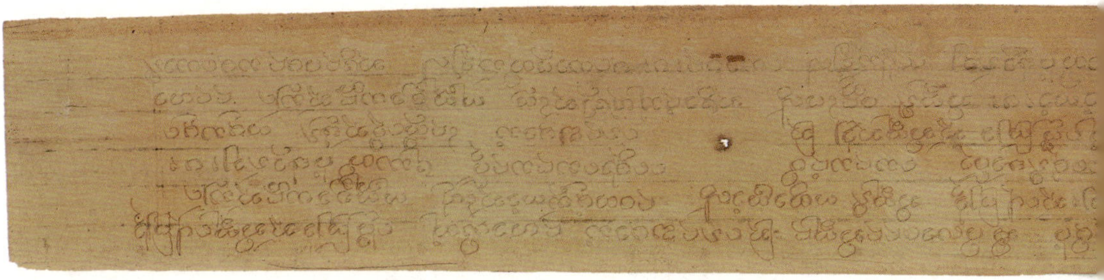

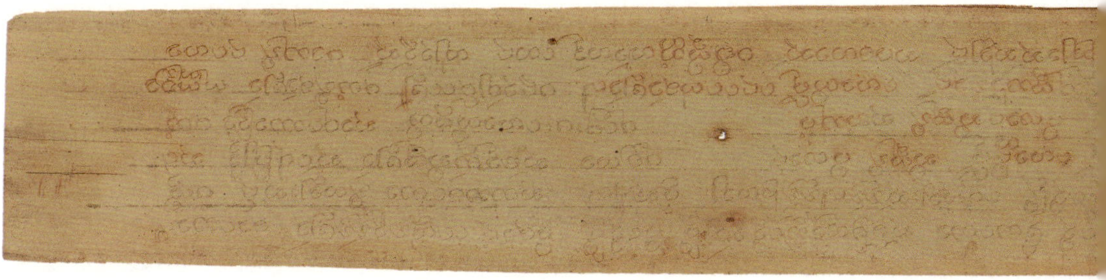

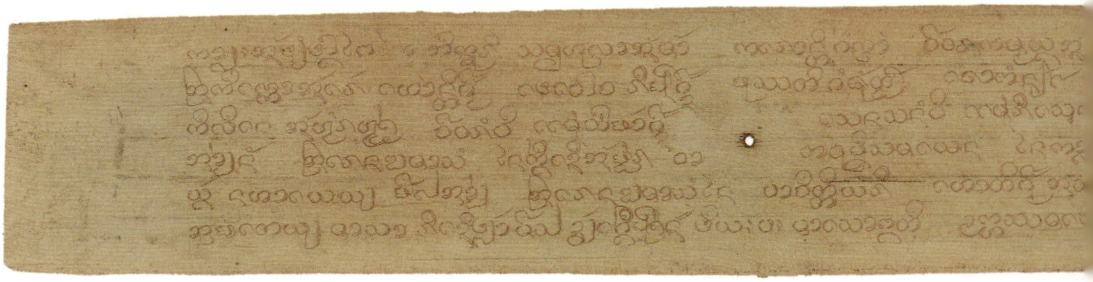

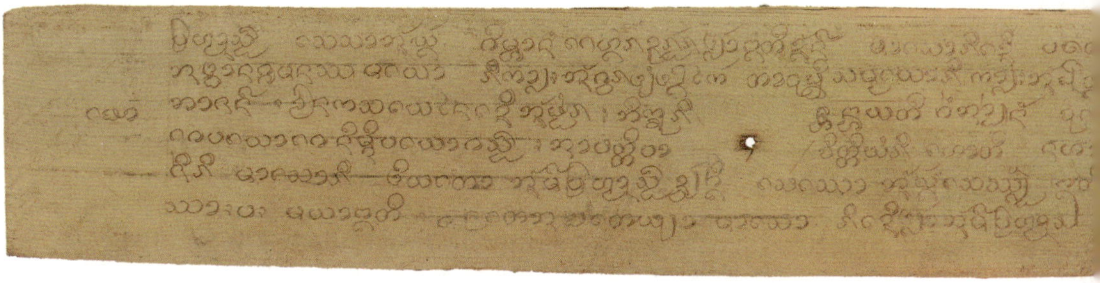

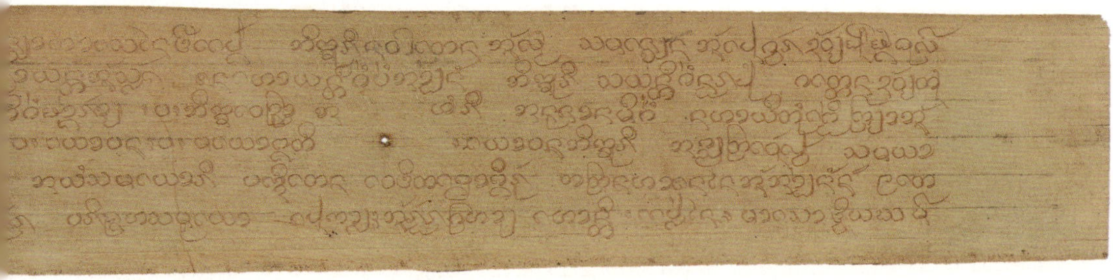

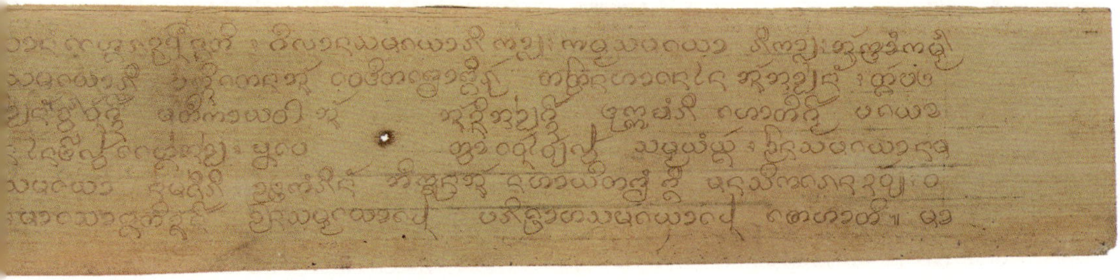

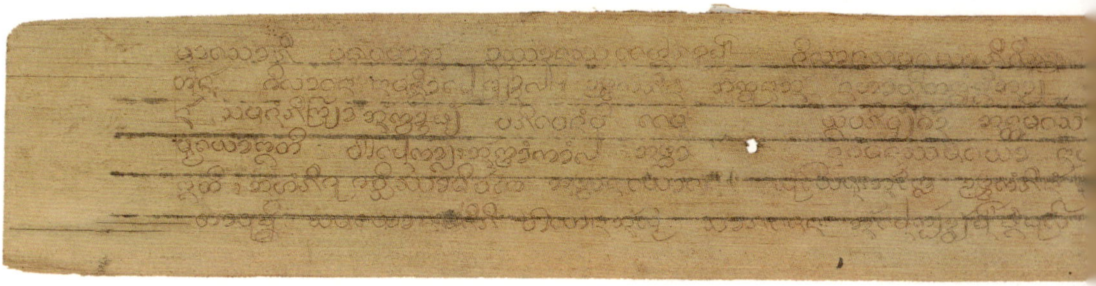

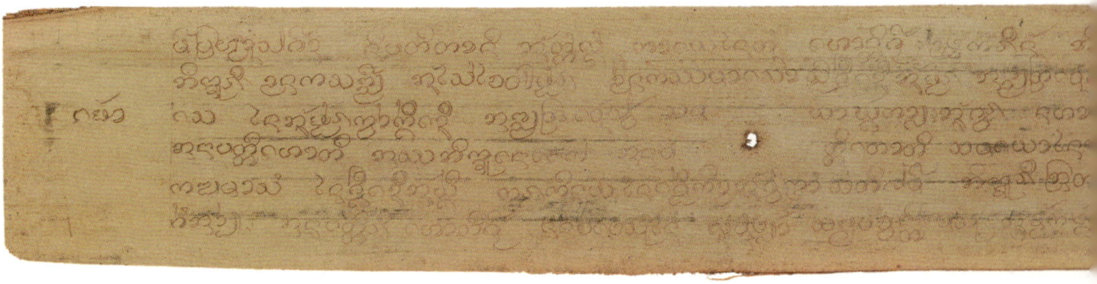

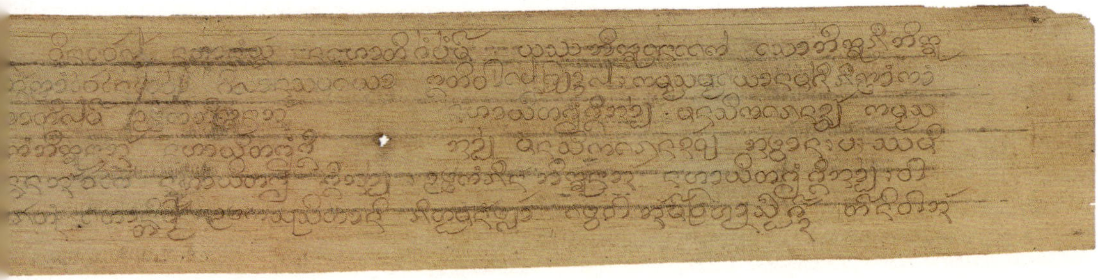

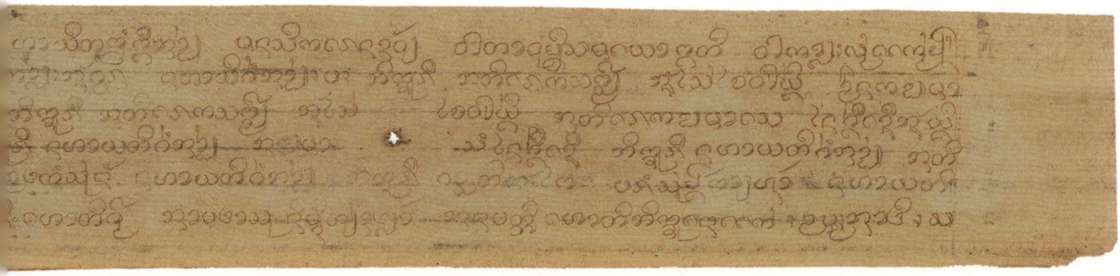

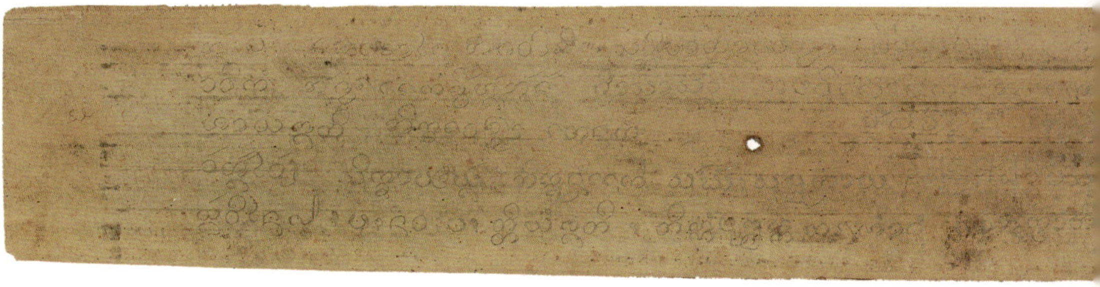

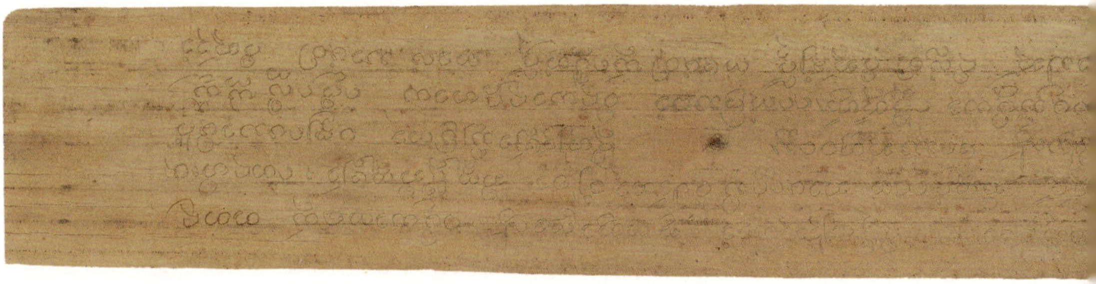

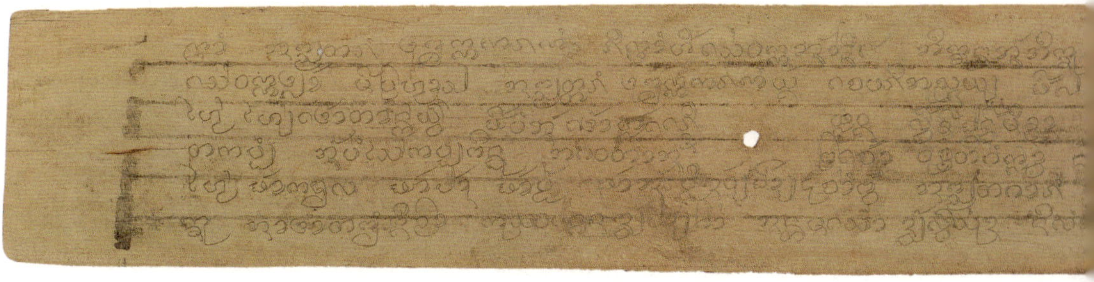

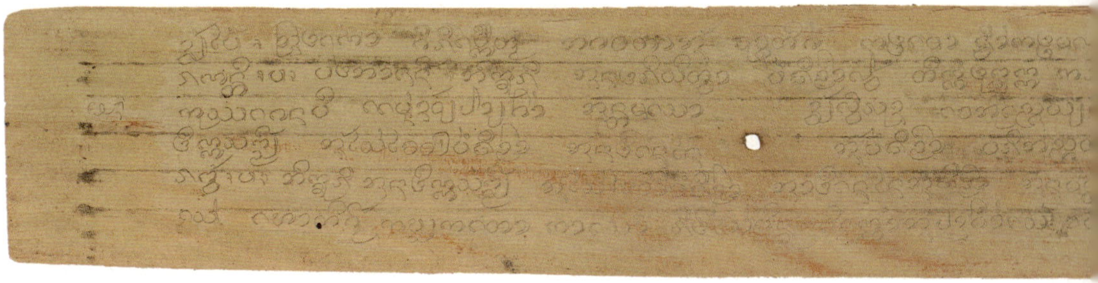

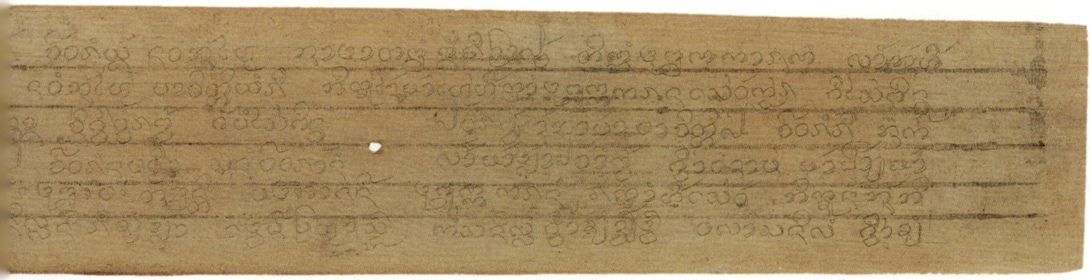

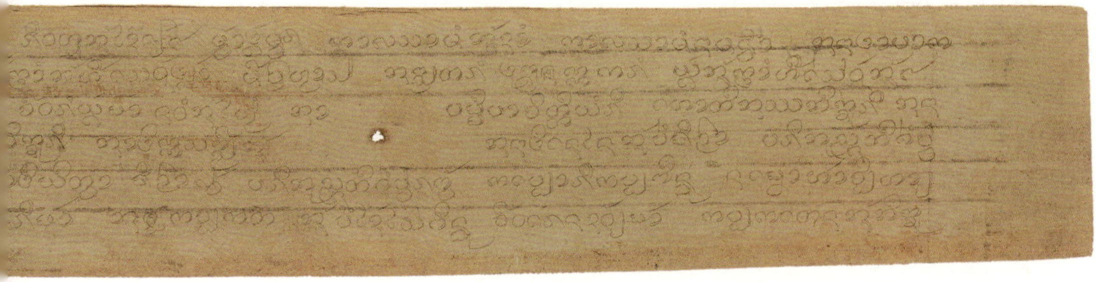

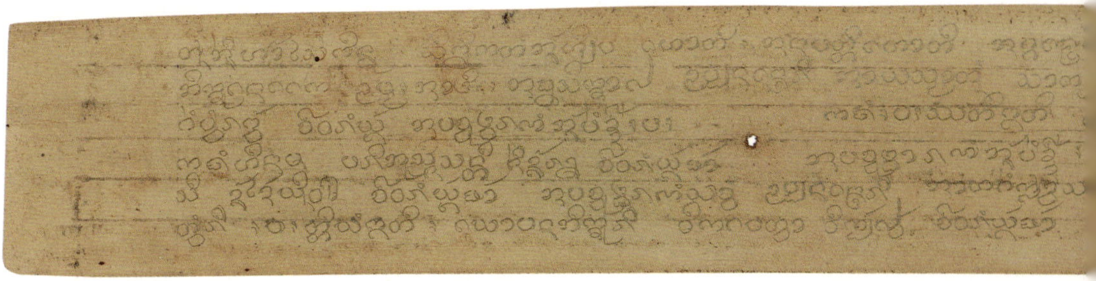

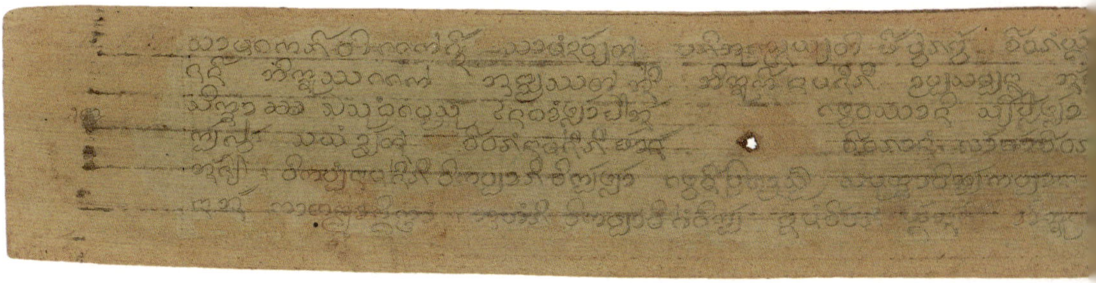

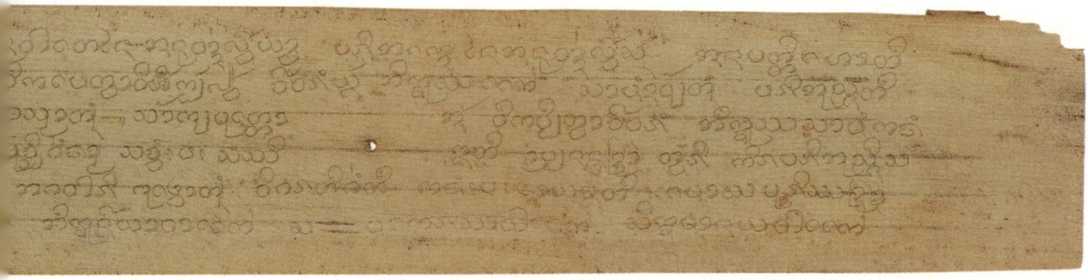

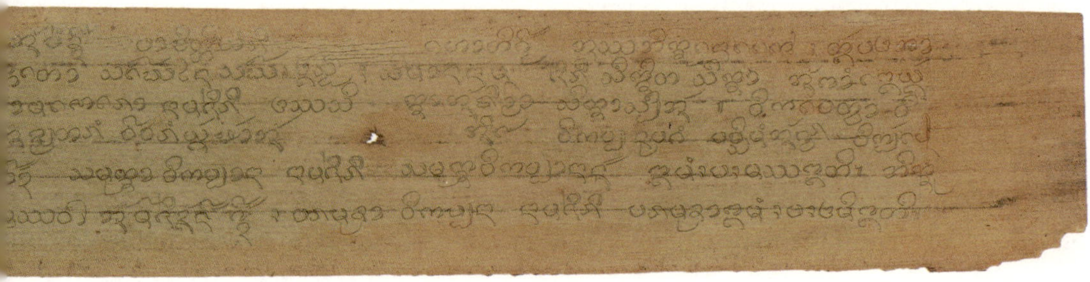

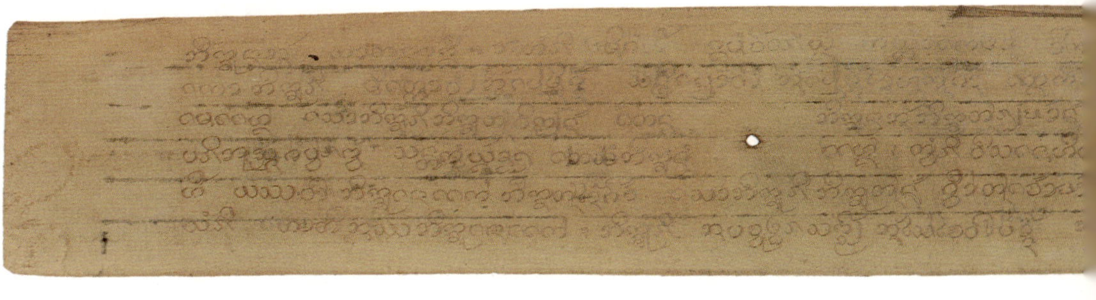

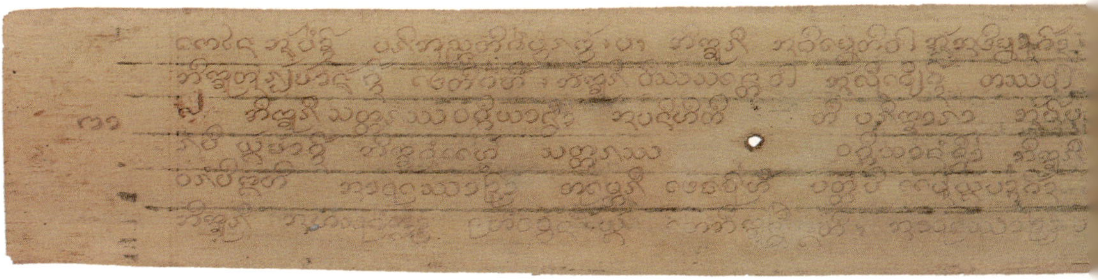

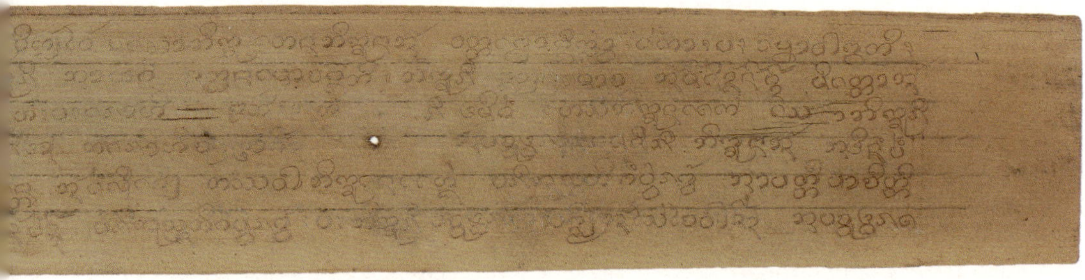

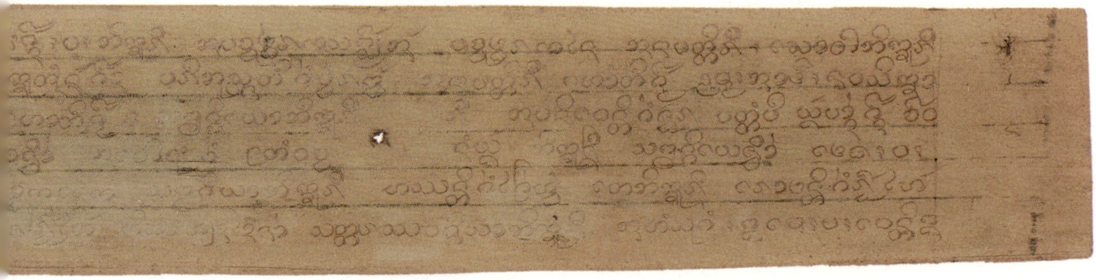

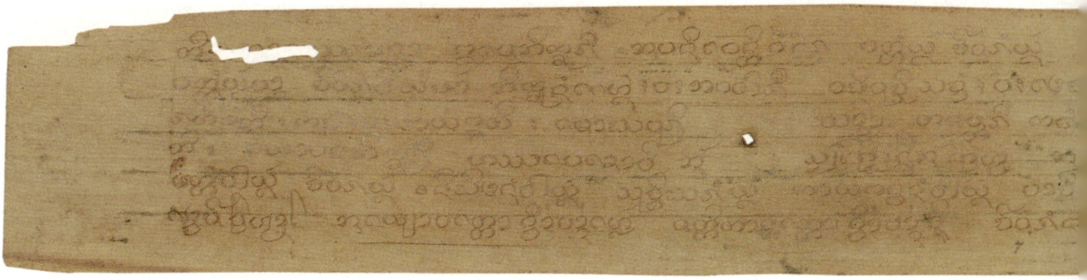

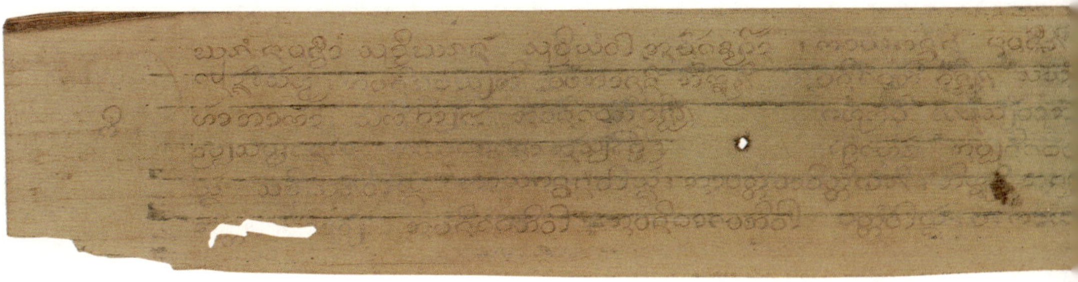

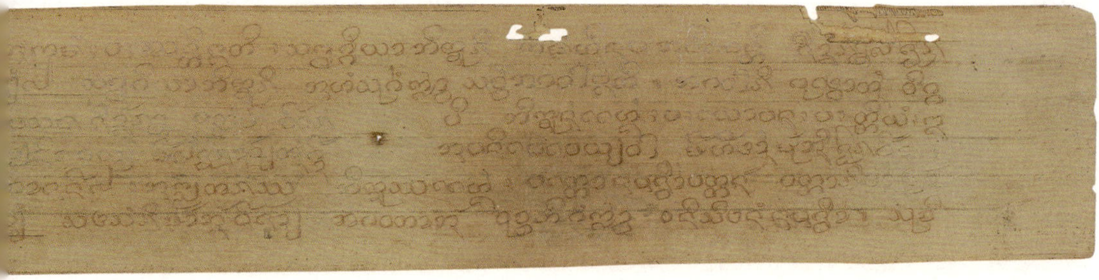

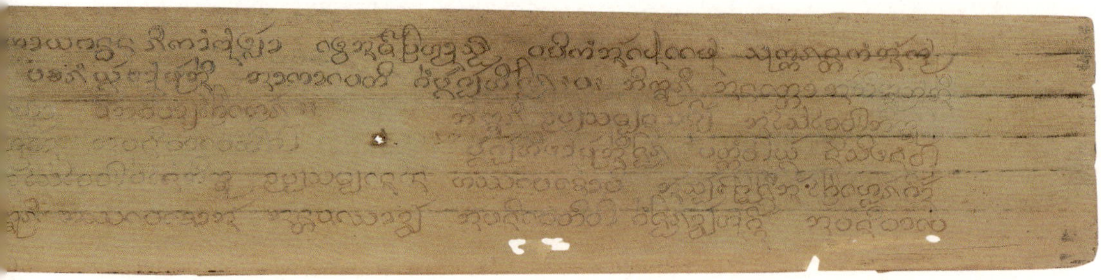

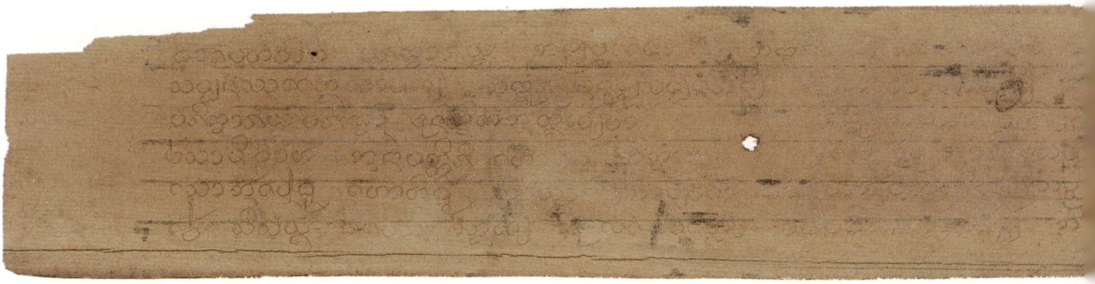

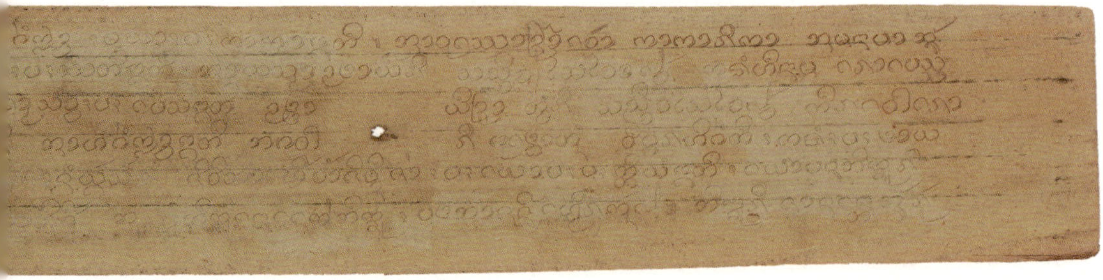

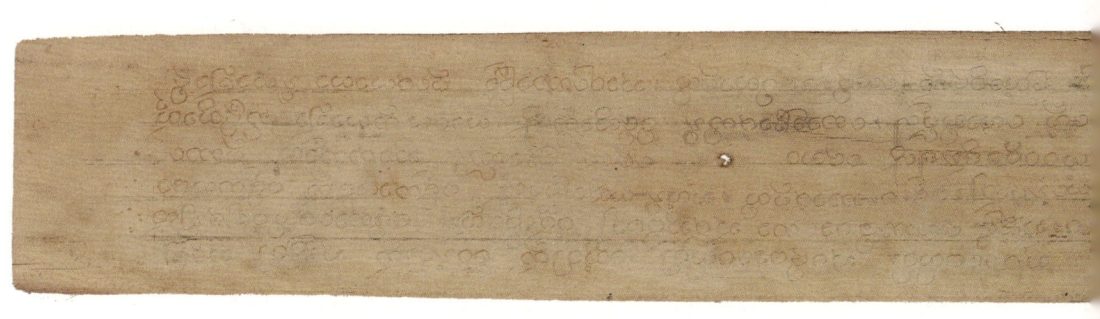

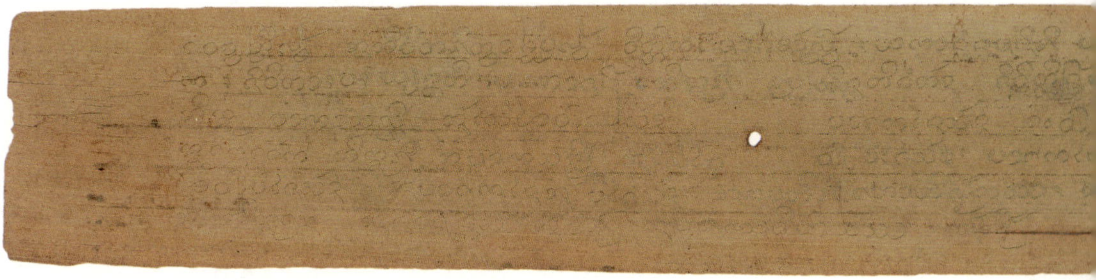

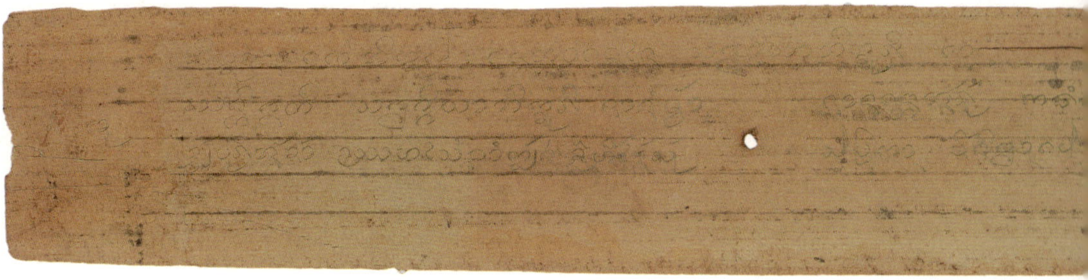

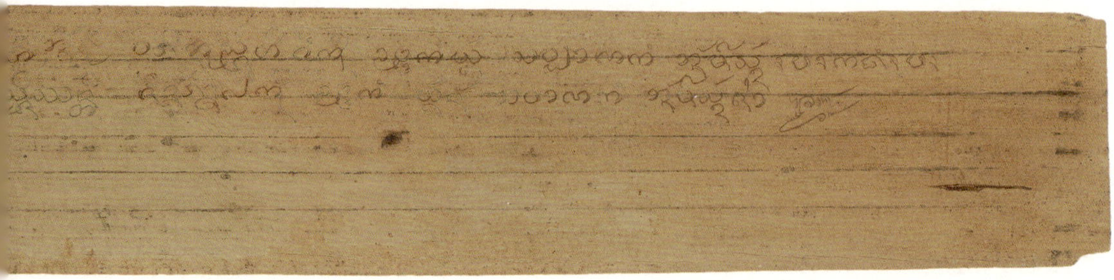

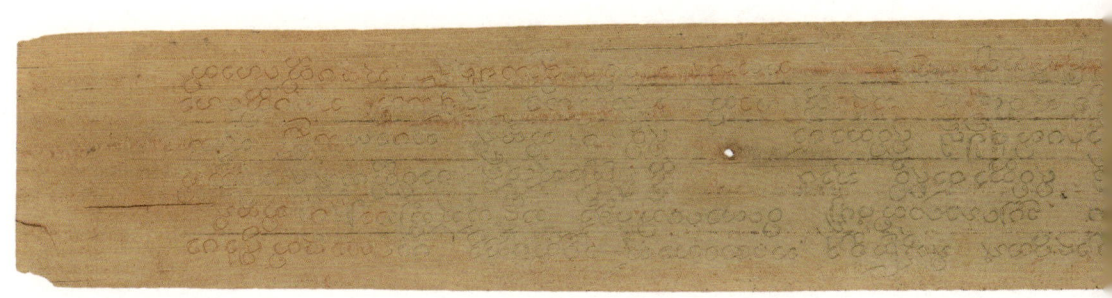

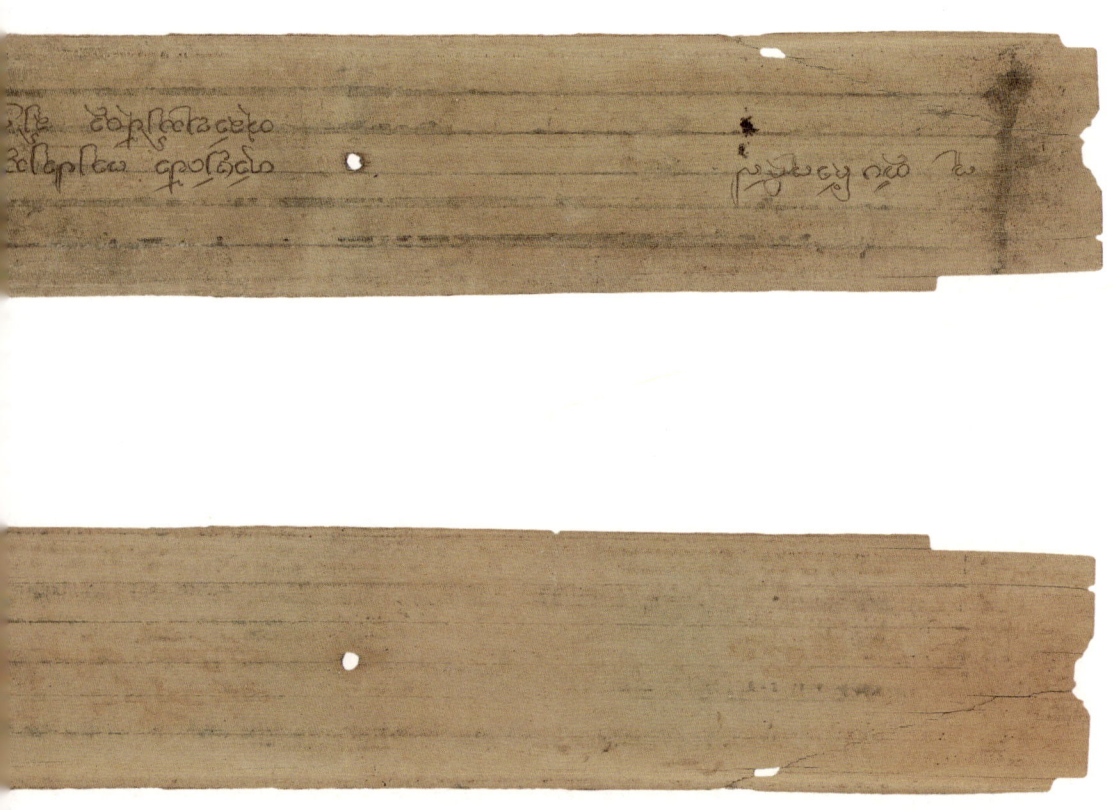

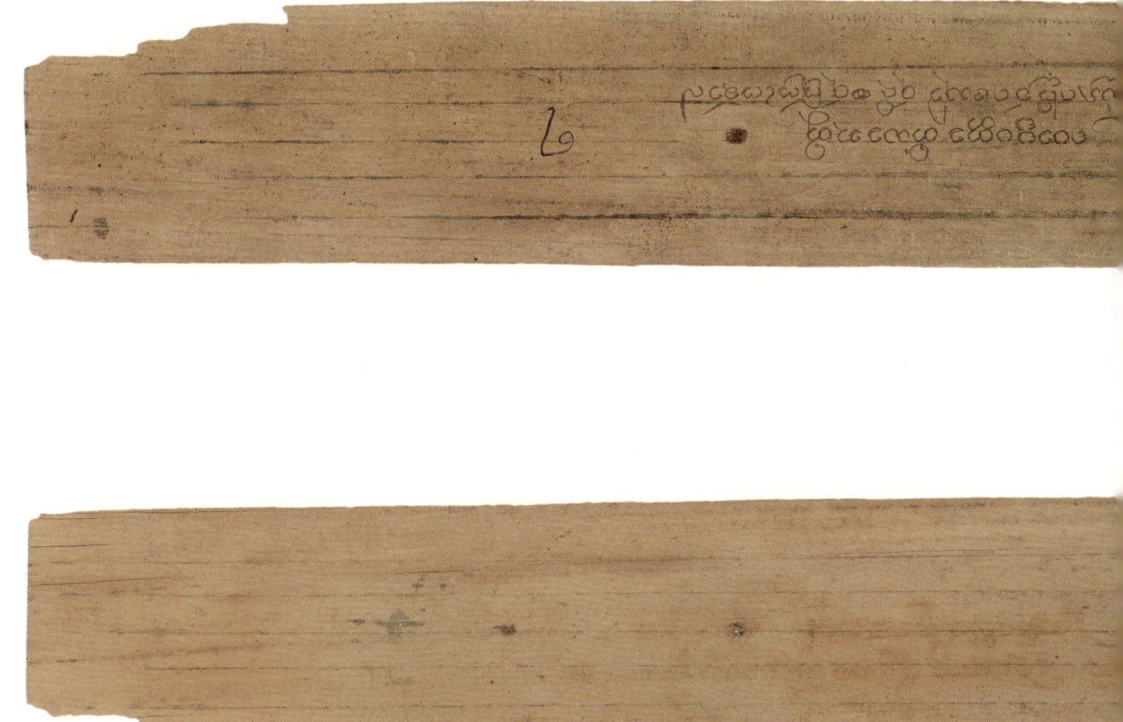

◆ 水文

水族主要分佈在貴州省三都縣一帶和廣西部分地區。水文，習稱水書，水族語言稱其爲“泐睢”（lè suī），有的是圖畫字，有的類似甲骨文，有的是方塊字，其中一部分直接借用漢字諧音。在讀音上或一字多音，或一字雙音節，或文白音同義不同。水文從右向左直行豎寫，無標點符號。水文文獻多爲水族先民卜筮的宗教文化典籍。水族古代天文、曆法較發達，此方面文獻存世較多，另有記載農事、征戰等内容的古籍傳世。

曆法

清抄本，36.0 釐米 ×26.0 釐米。館藏號：shui 第 24 件。

此書記録四季時令和節氣，以月相變化的周期定月份，以夏曆九月爲正，謂之“端月”，一年共十二個月，以十二支紀年，月份以數字表示，年、日、時辰用干支表示，體現了水族認識世界的某種方式，獨具特色。入選第二批《國家珍貴古籍名録》，名録號 06847。

水书
168
(2)

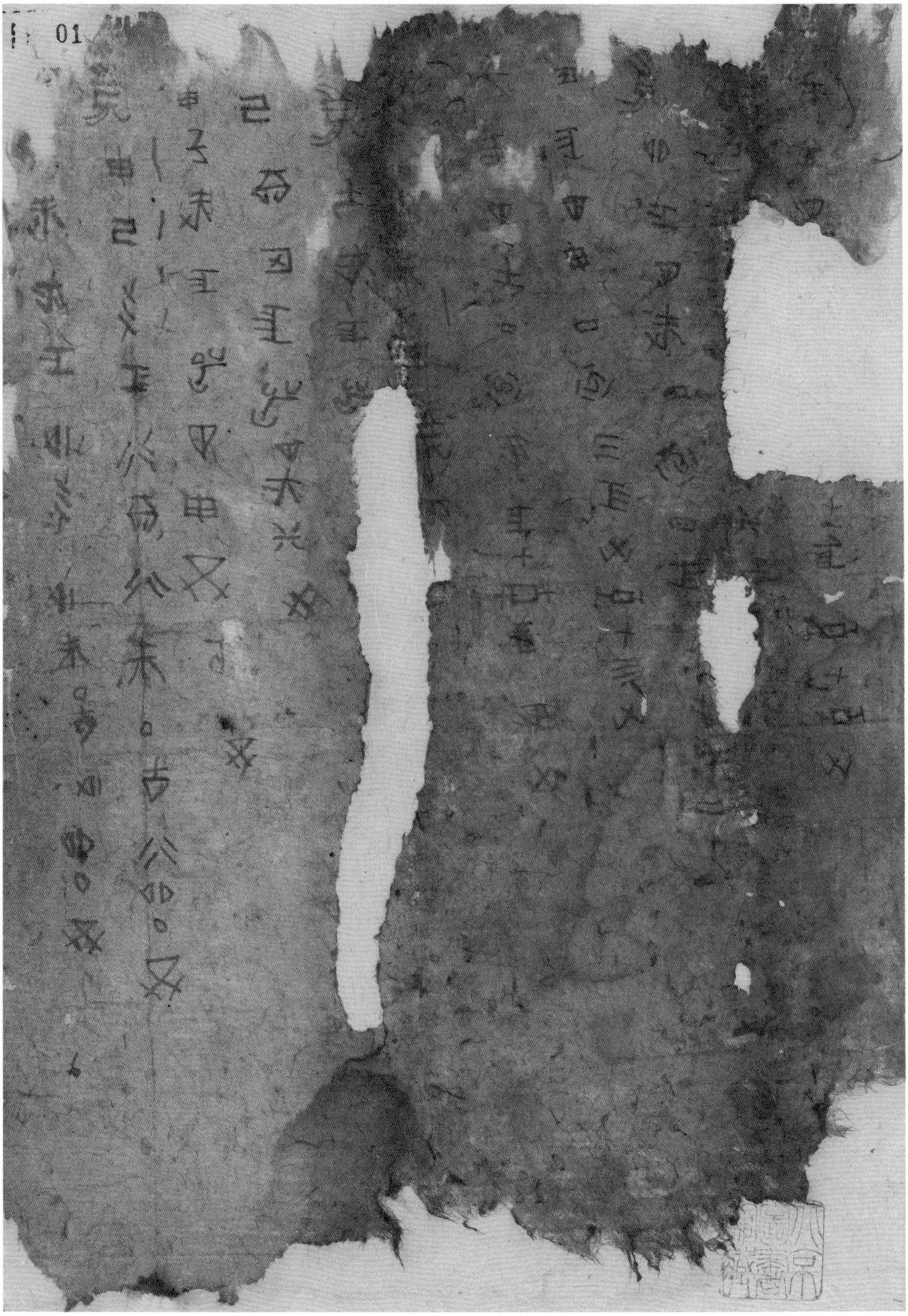
01

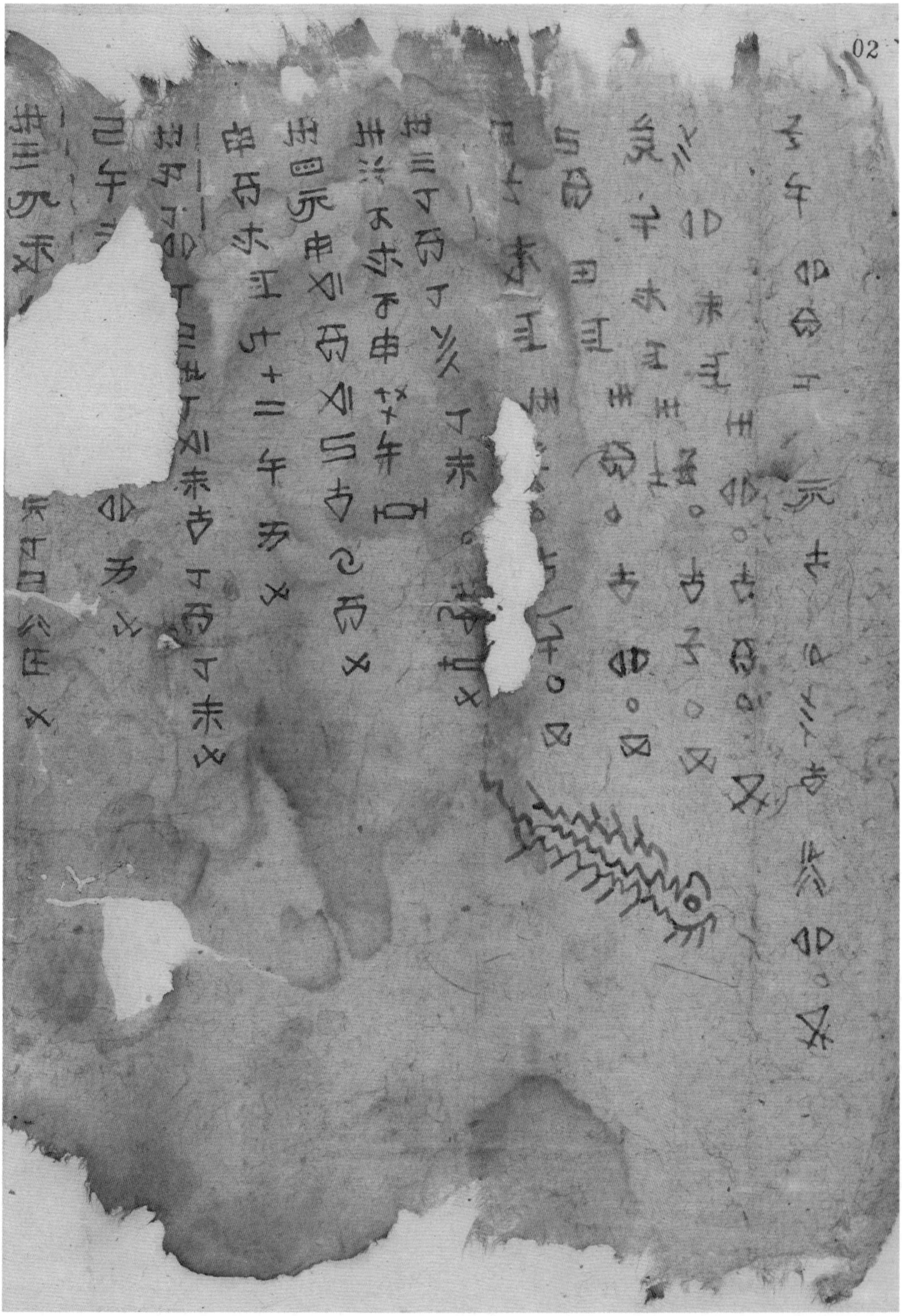

02

03

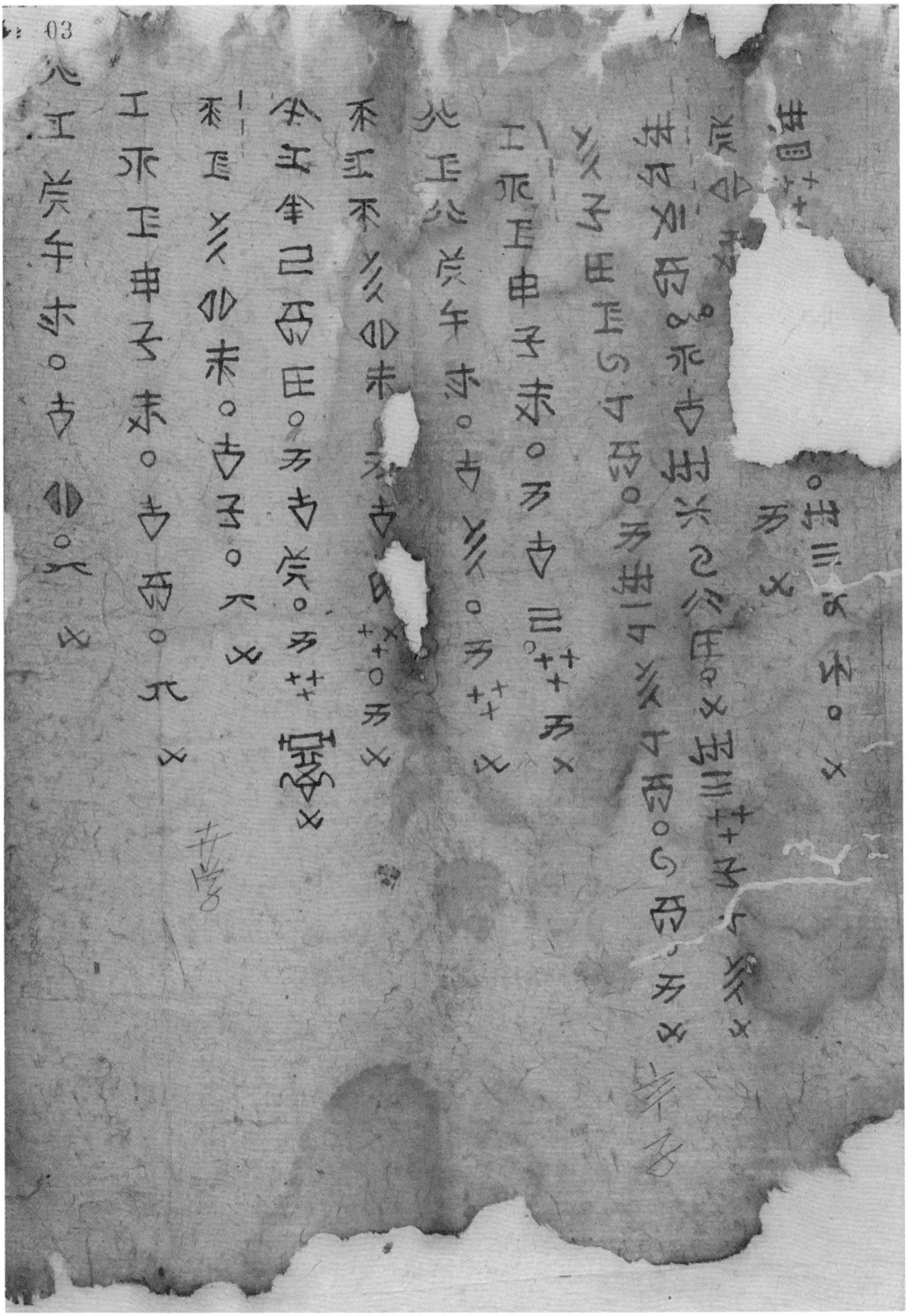

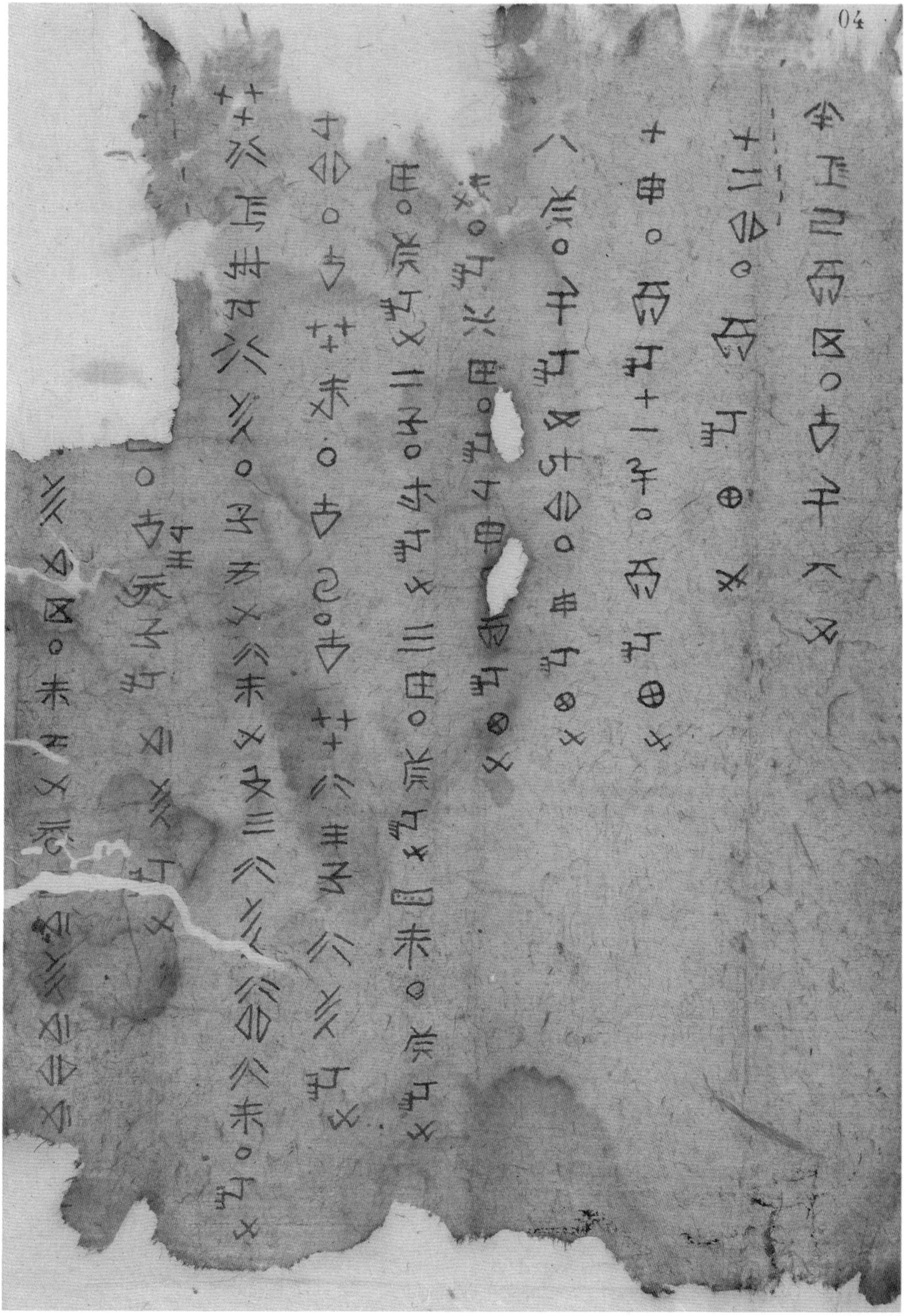
04

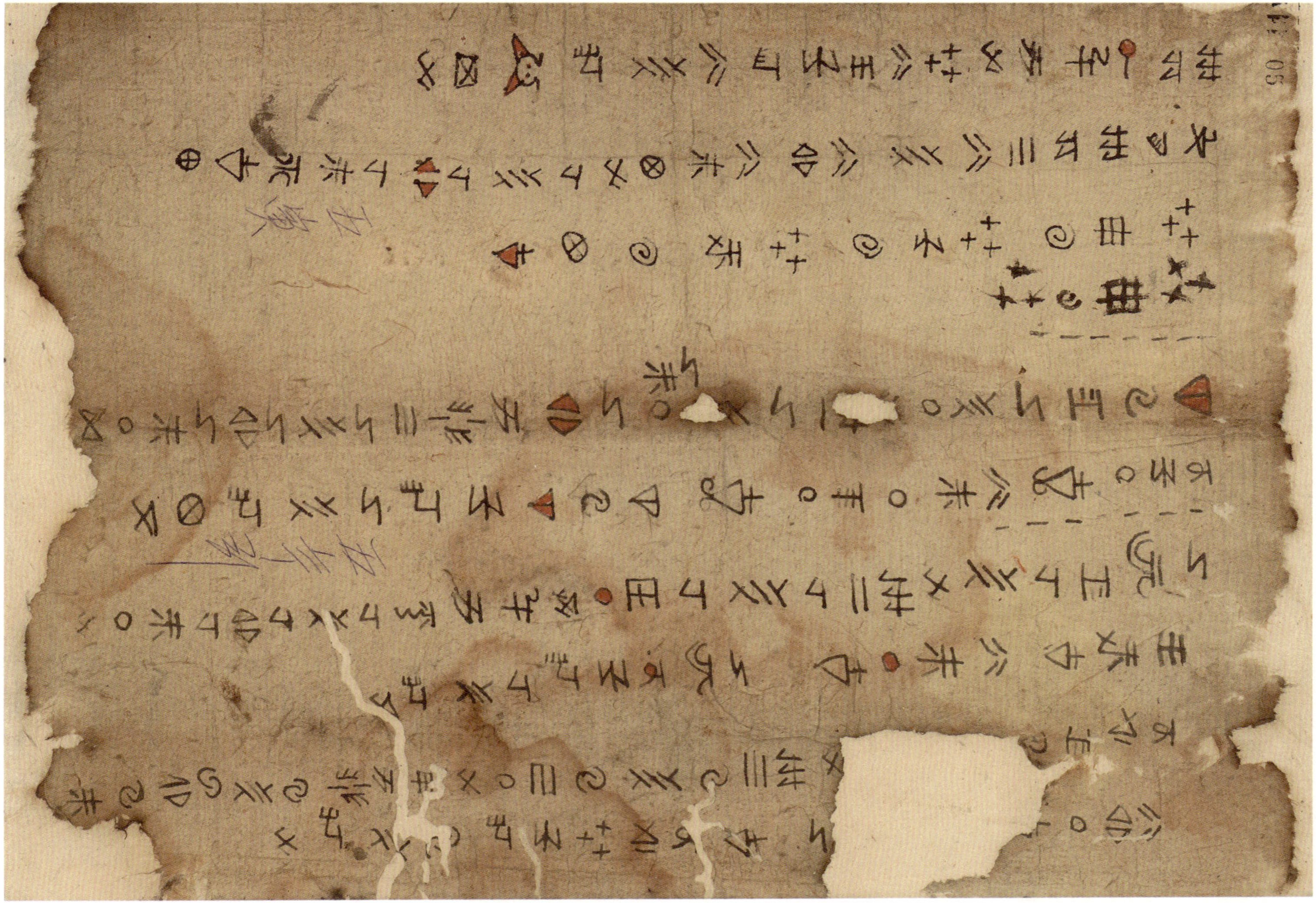

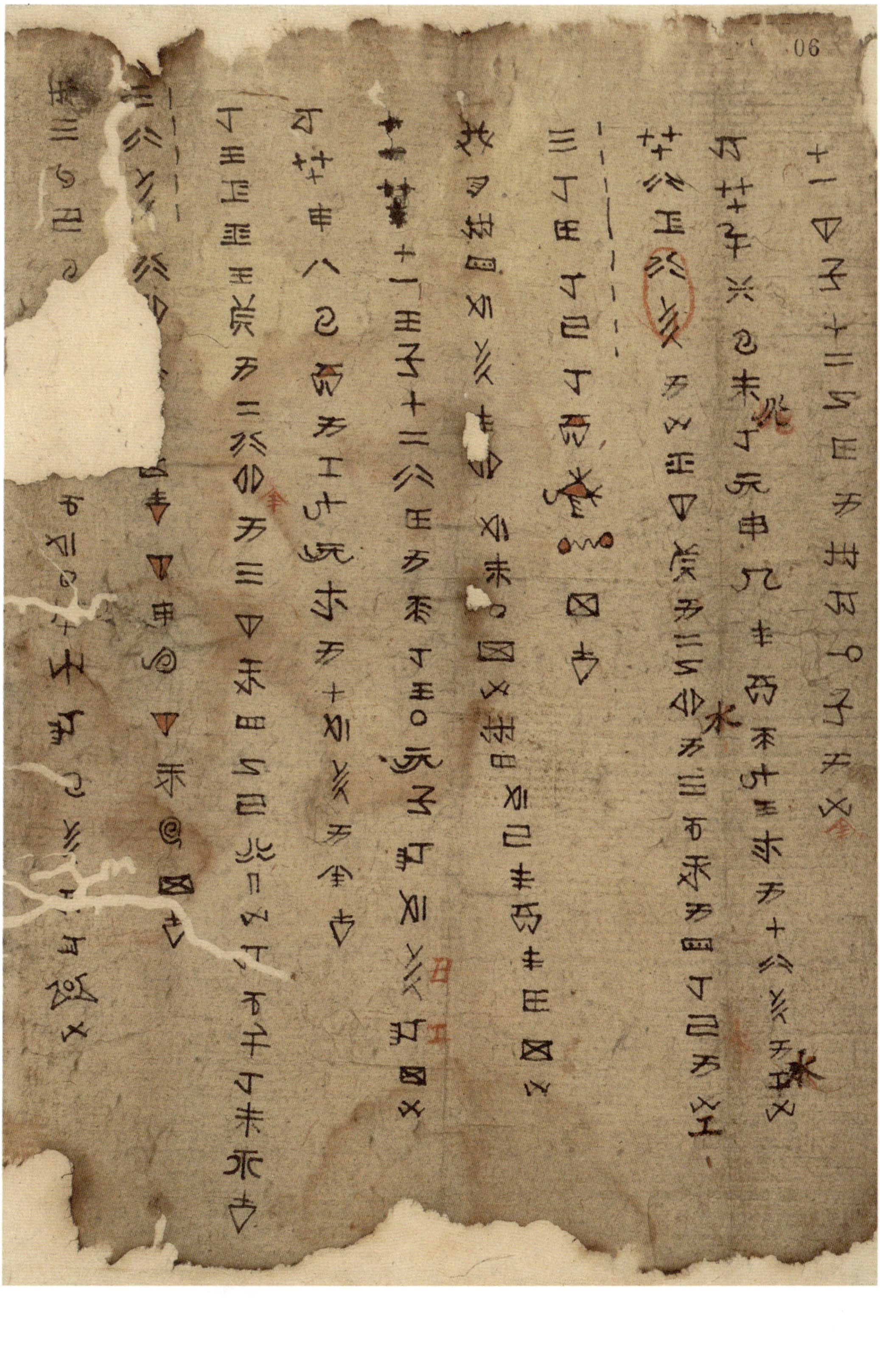

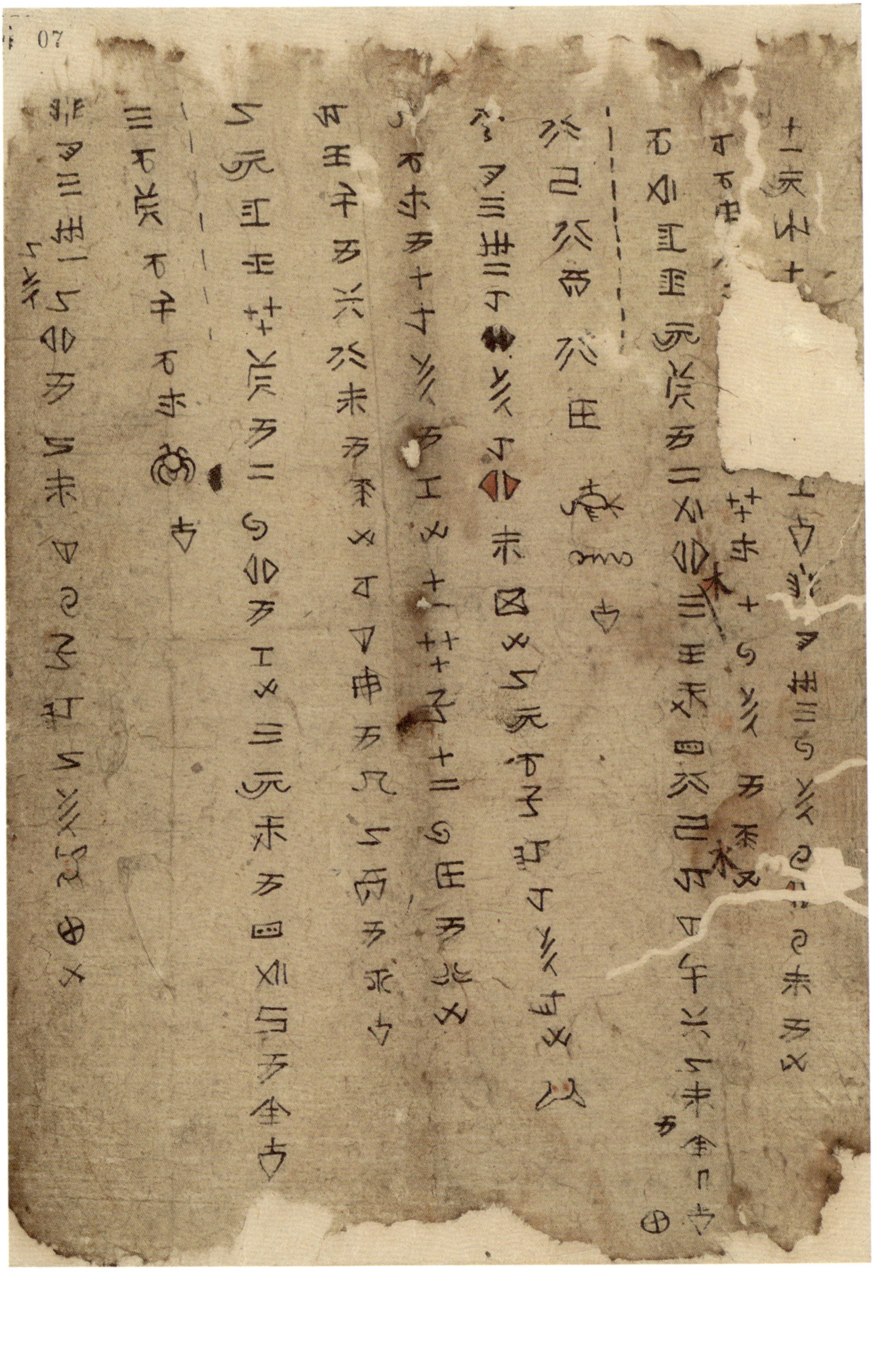
07

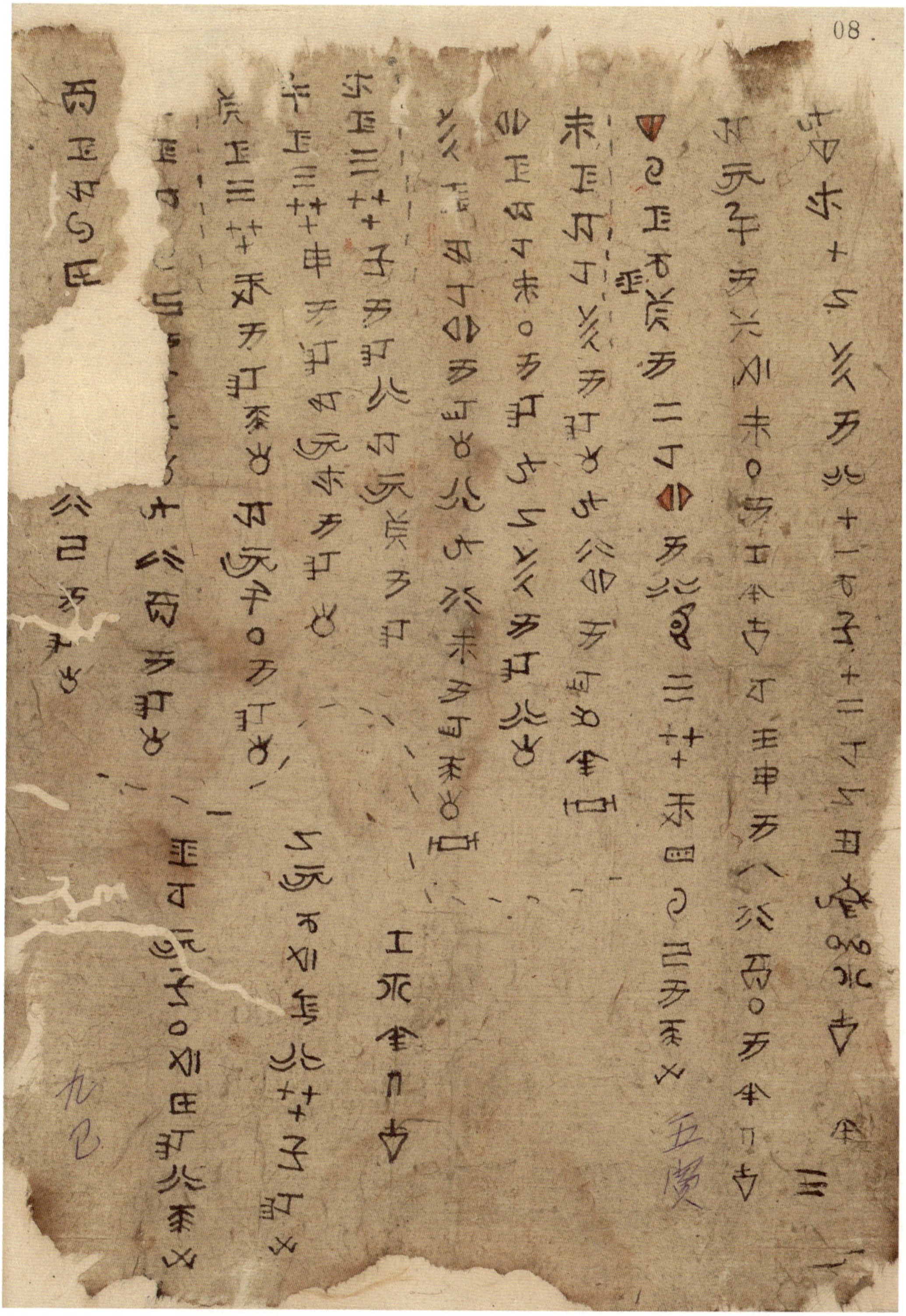

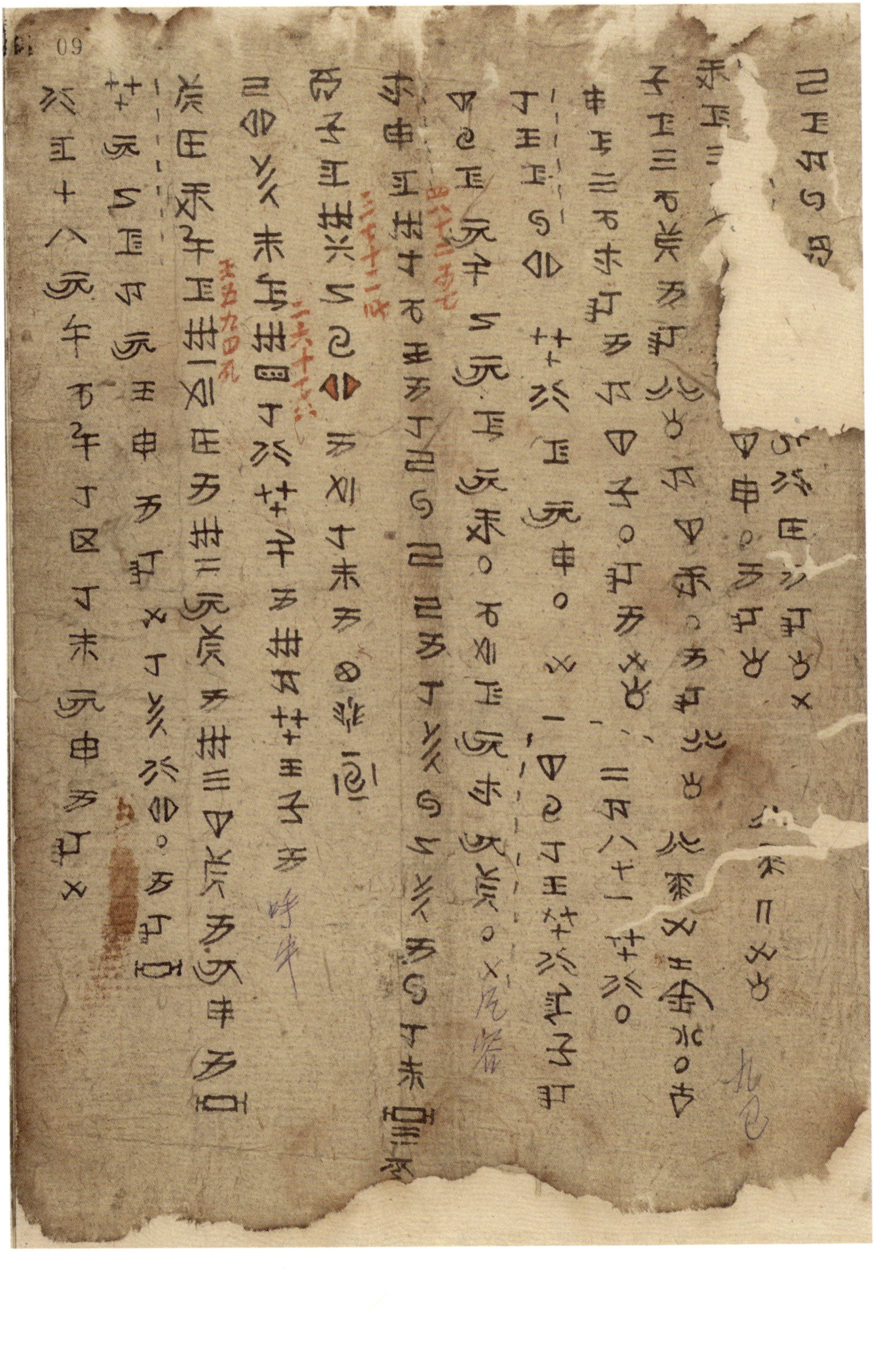

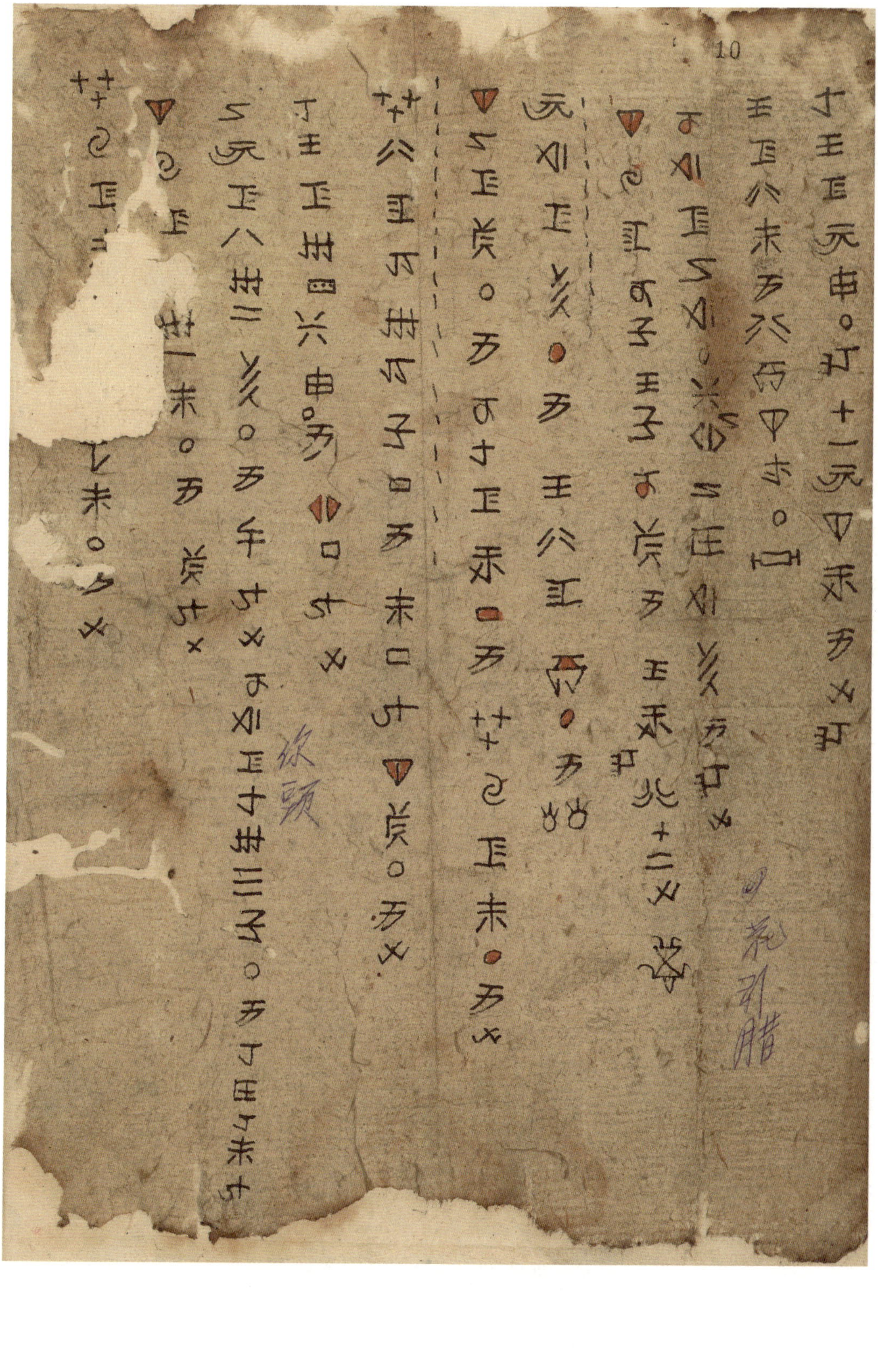

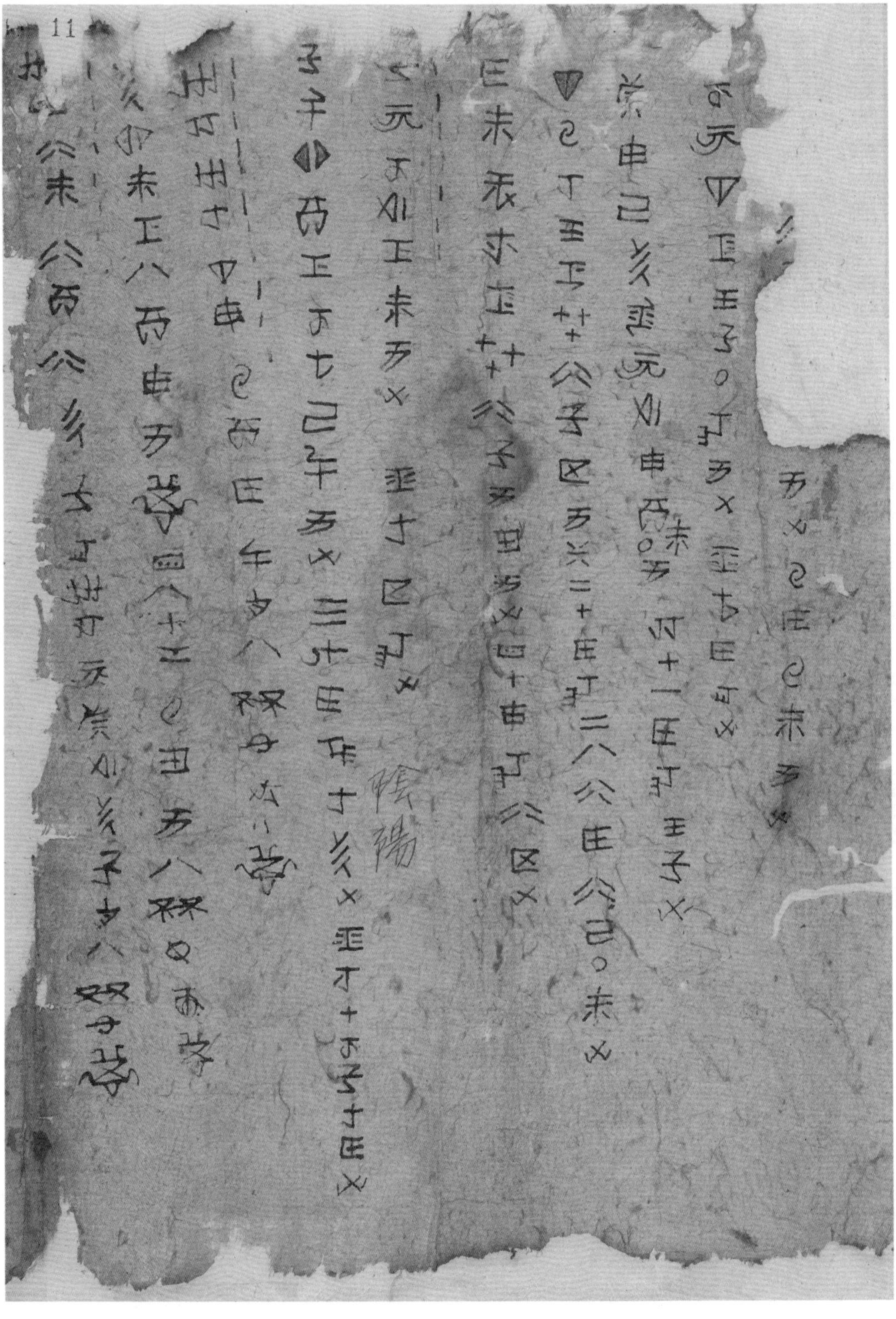

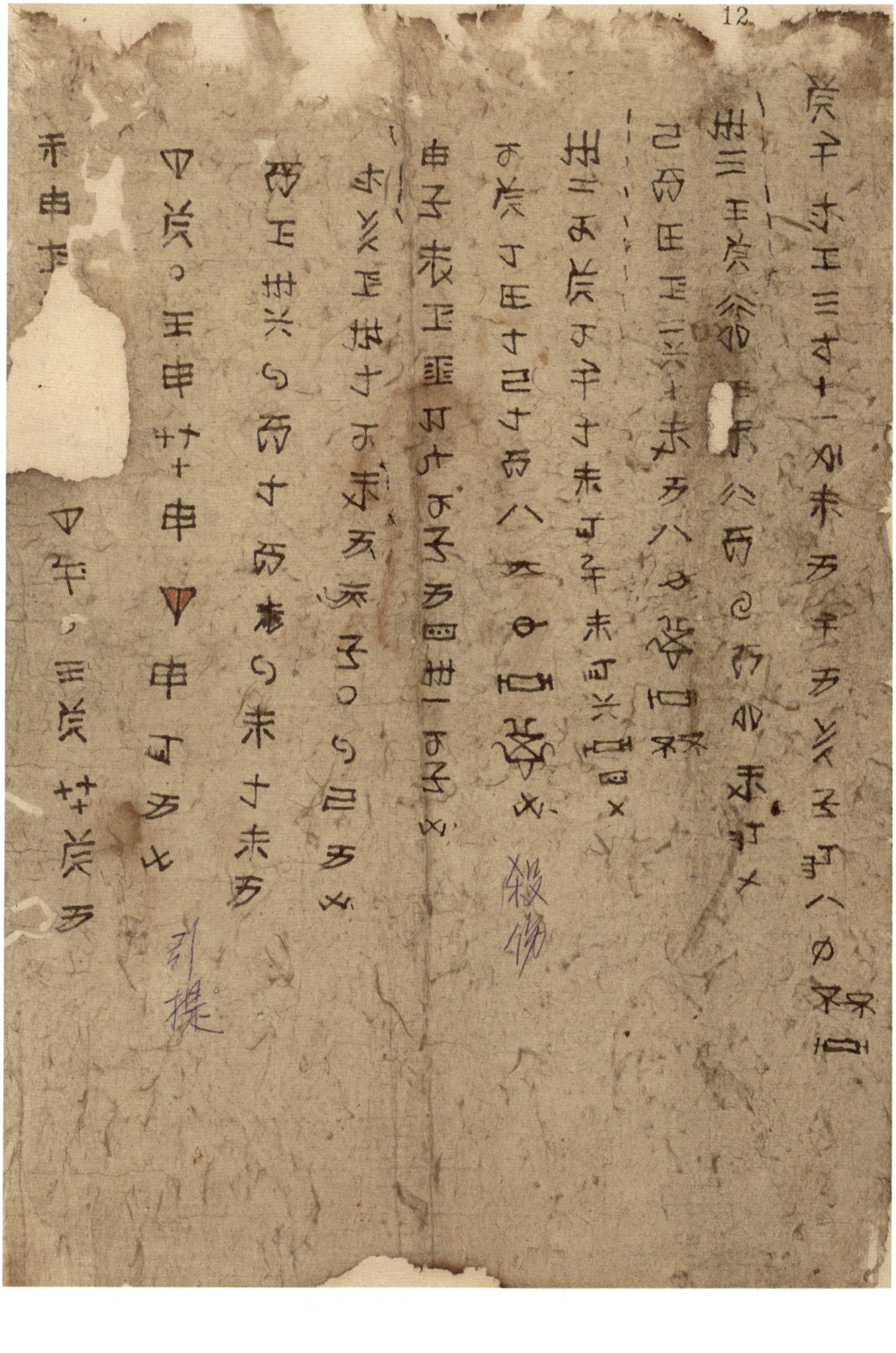
12

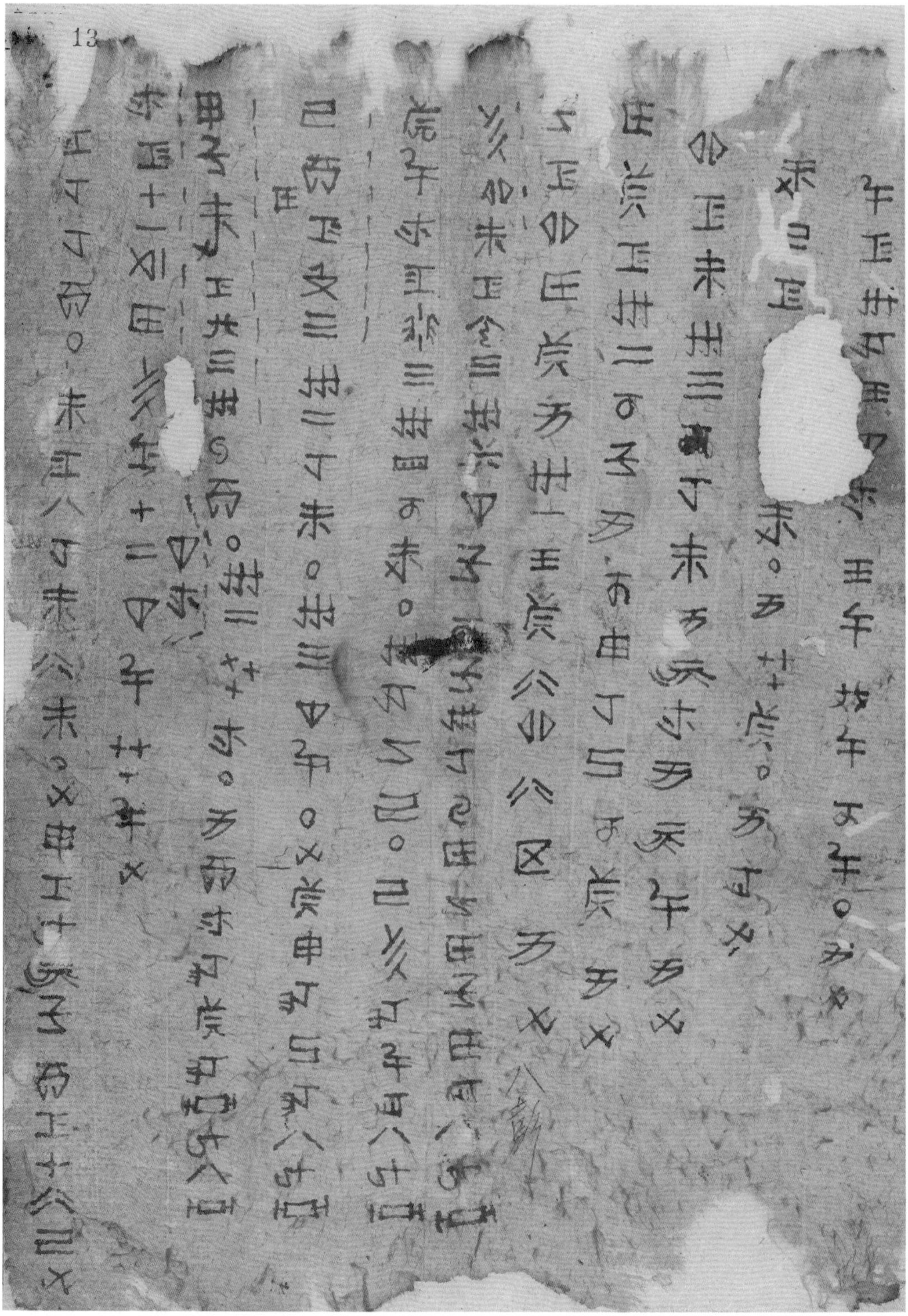

13

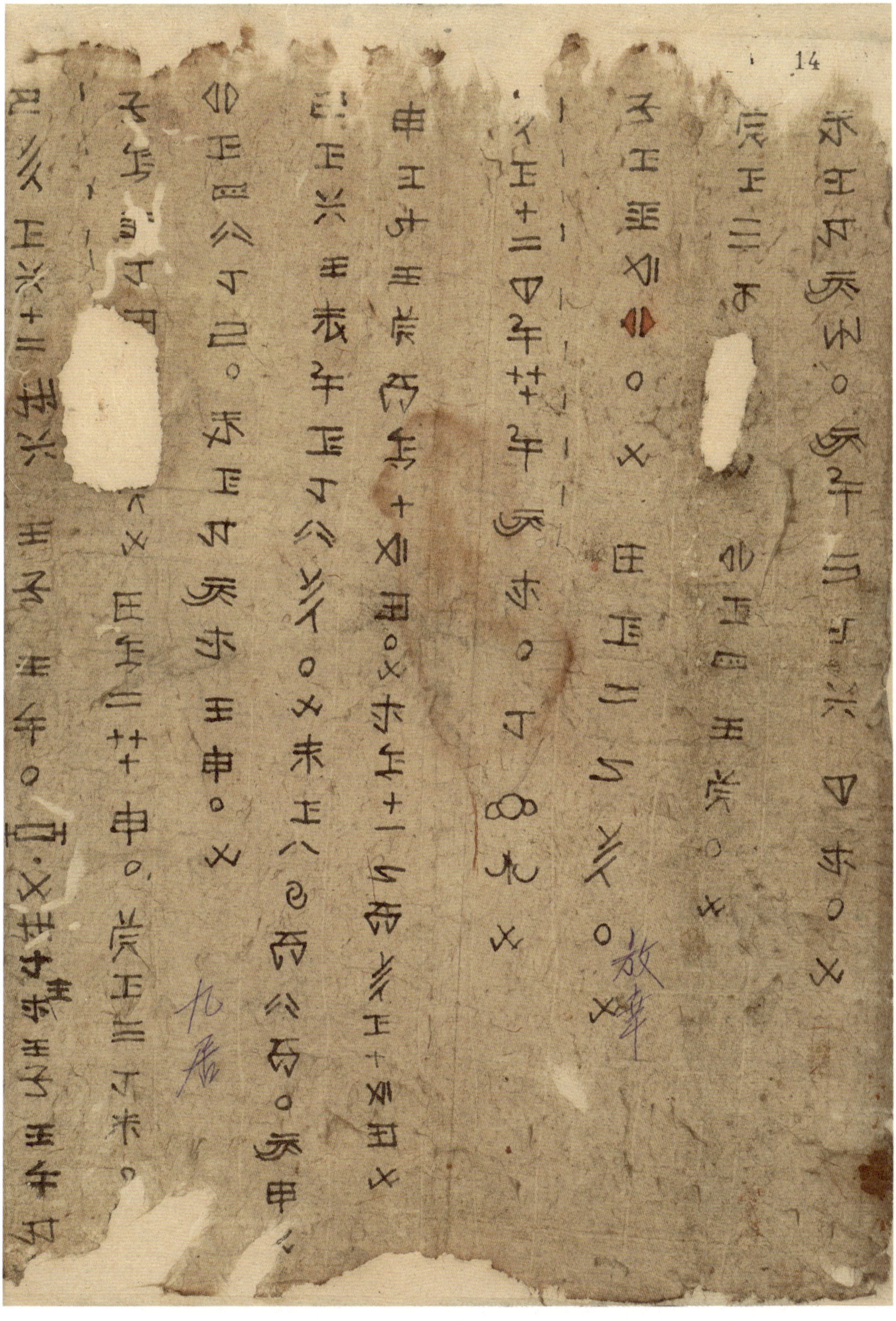

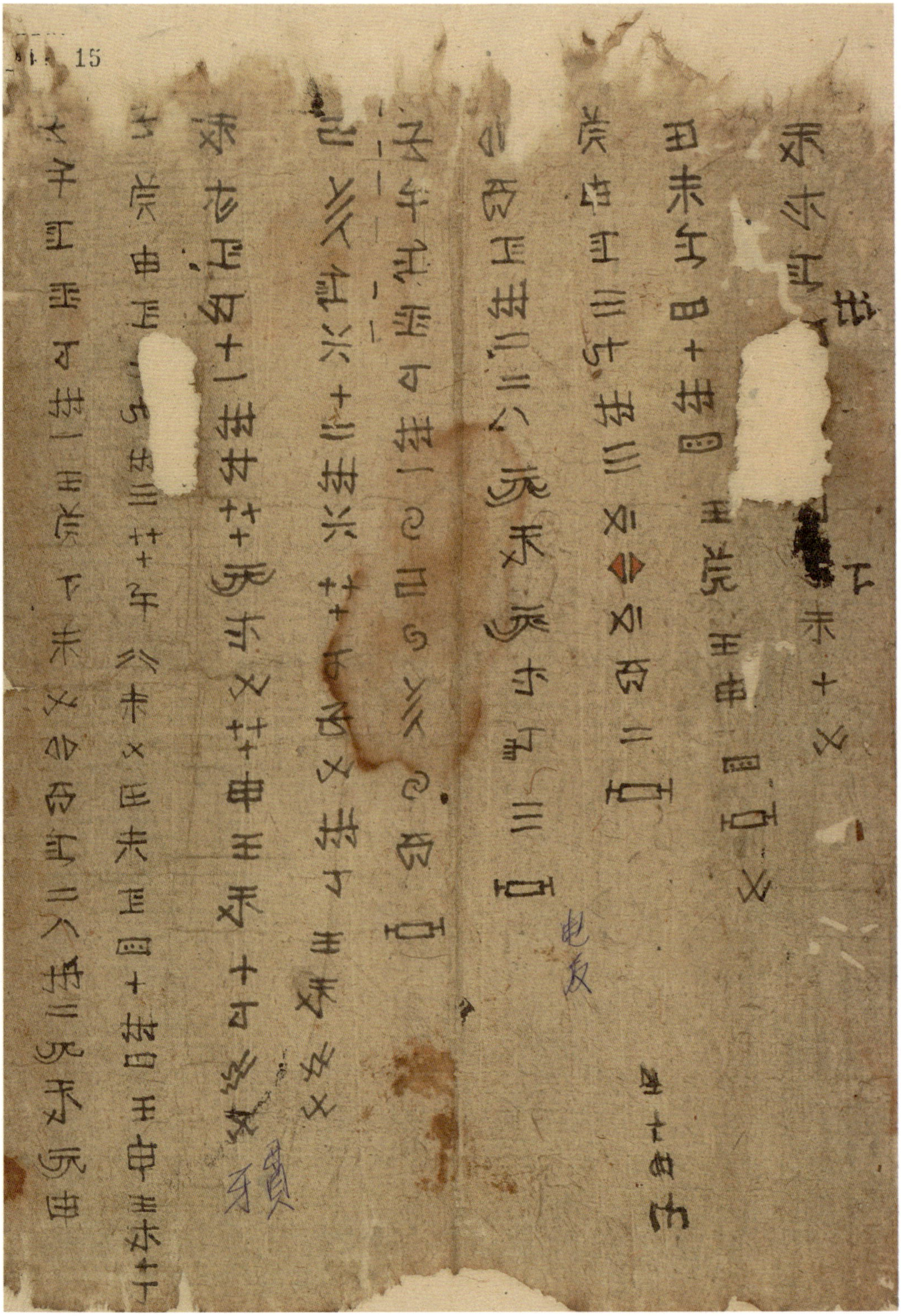

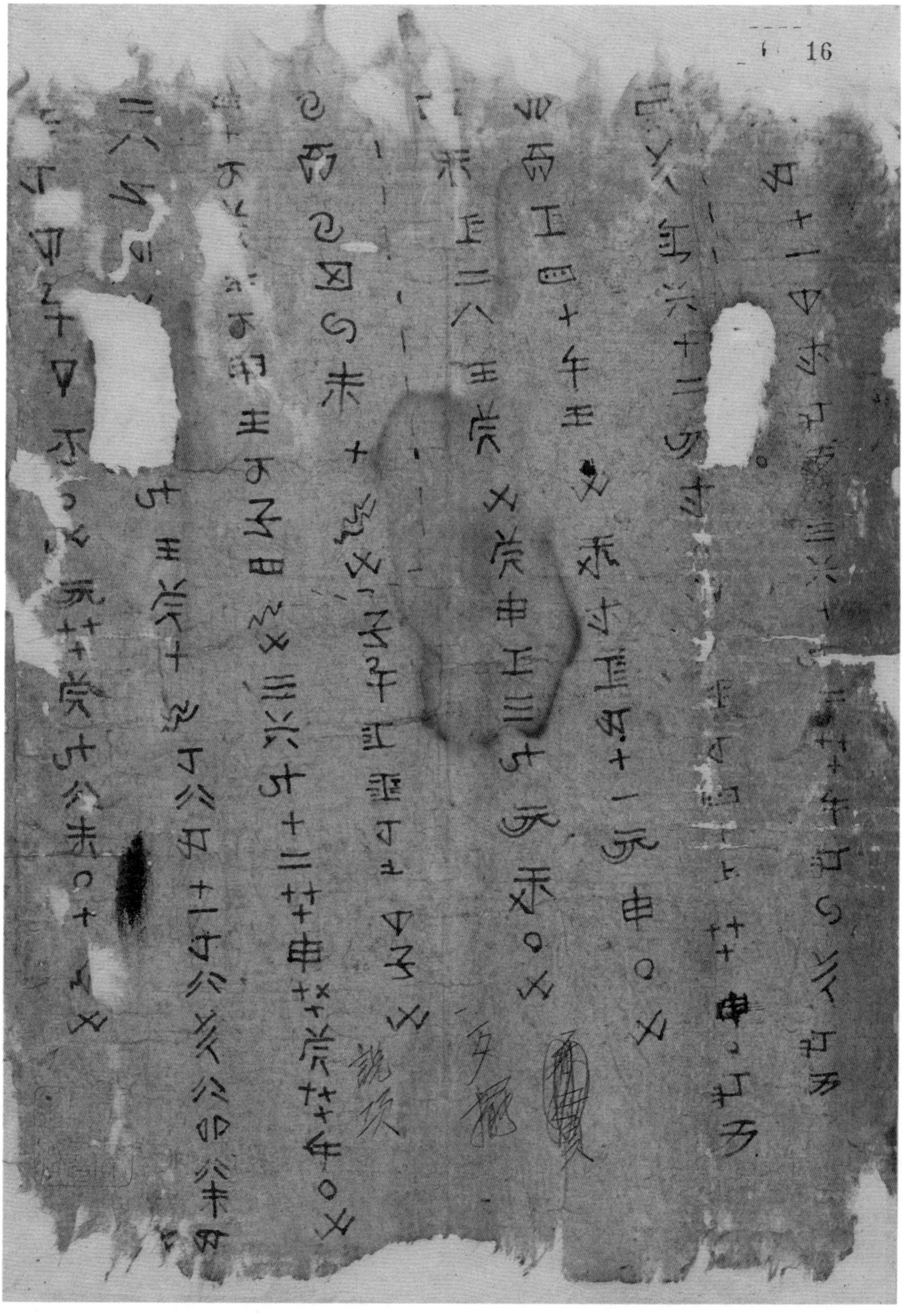

◆ 多文種合璧

歷史上，隨着多民族文化的發展與多元文明的交融，祖國文化寶庫中呈現出了一批多文種合璧文獻，最早者見於元代碑刻。元順帝至正八年（1348）立《莫高窟六字真言》碑，碑額爲“莫高窟”三個漢字，其下爲梵文、藏文、西夏文、八思巴字、漢文、回鶻文六字真言。明宣德六年（1431）刻《諸佛菩薩妙相名號經咒》，有漢文、梵文、藏文、蒙古文序，多種内容以藏文、蒙古文組成，其中《二十一救度佛母讚》爲漢文、梵文、藏文、蒙古文合璧，是繼内蒙古阿爾吉洞中該文獻梵文、藏文、蒙古文合璧本後，又一多文種本，極其珍貴。明代，爲修習少數民族語言，編寫多文種《譯語》。清朝，作爲多民族融合的大一統國家，多文種古籍極盛，常見的以滿文、藏文、蒙古文、漢文合璧的佛經爲主，間有其他文種合璧者。乾隆六子永瑢抄寫的《二十一救度佛母讚》，裝幀精美，紙張考究，盡顯皇家抄書風範；《御製滿漢蒙古西番合璧大藏全咒經》是乾隆帝爲規範《大藏經》翻譯中各種經咒而下令編製的實用性集册；藏文、滿文、蒙古文、漢文合璧《大乘首楞嚴經》，開本大，刊刻精美。清代所立碑刻中現有衆多多文種合璧者，北京北海西天梵境中立乾隆御製滿文、藏文、蒙古文、漢文合璧《七佛塔碑》，意在彰顯佛法能够於漢、滿、蒙、藏地區廣爲流傳，以宣揚清王朝民族大一統的繁榮盛世、多元文化共進的博大胸懷。

優恤土爾扈特部衆碑

清乾隆三十六年（1771）9月立，碑身高272.0釐米、寬95.0釐米，碑額高29.0釐米、寬24.0釐米。館藏號：各地6145。

土爾扈特是我國西部衛拉特蒙古的一支，明時遊牧於今新疆塔城西北一帶。因與準噶爾部争奪牧場，關係惡化，五萬帳人衆向西遷徙，於1630年左右到達當時人煙稀少的伏爾加河下游沿岸，重建家園，繁衍生息。1762年，爲脱離沙俄統治者暴政，在首領渥巴錫的帶領下發動武裝起義。1771年1月17日，土爾扈特人義無反顧地踏上回歸祖國的征程，經半年多的浴血奮戰，渥巴錫率部終於7月17日抵達伊犁河畔。

土爾扈特部衆回歸祖國懷抱，受到各族人民的歡迎。10月間，渥巴錫等部落首領被護送至承德避暑山莊，乾隆帝予以親切接見，盛宴款待，並向其瞭解部落歷史和回歸經過。乾隆帝親自撰文，下令在普陀宗乘之廟内立起用滿、藏、漢、蒙四種文字鐫刻的《土爾扈特全部歸順記》和《優恤土爾扈特部衆記》兩塊巨型石碑，並將這兩塊石碑製成玉册，用來紀念這一偉大的歷史事件。

《優恤土爾扈特部衆記》中，乾隆帝深情感懷，描述了該部遠道歸來損失慘重的悲壯歷程。碑文用詞典重，飽含感情；碑身刻工精細，雄偉壯觀。

滿文全圖

	⑧	⑨	⑩
①	⑤	⑥	⑦
	②	③	④

局部①

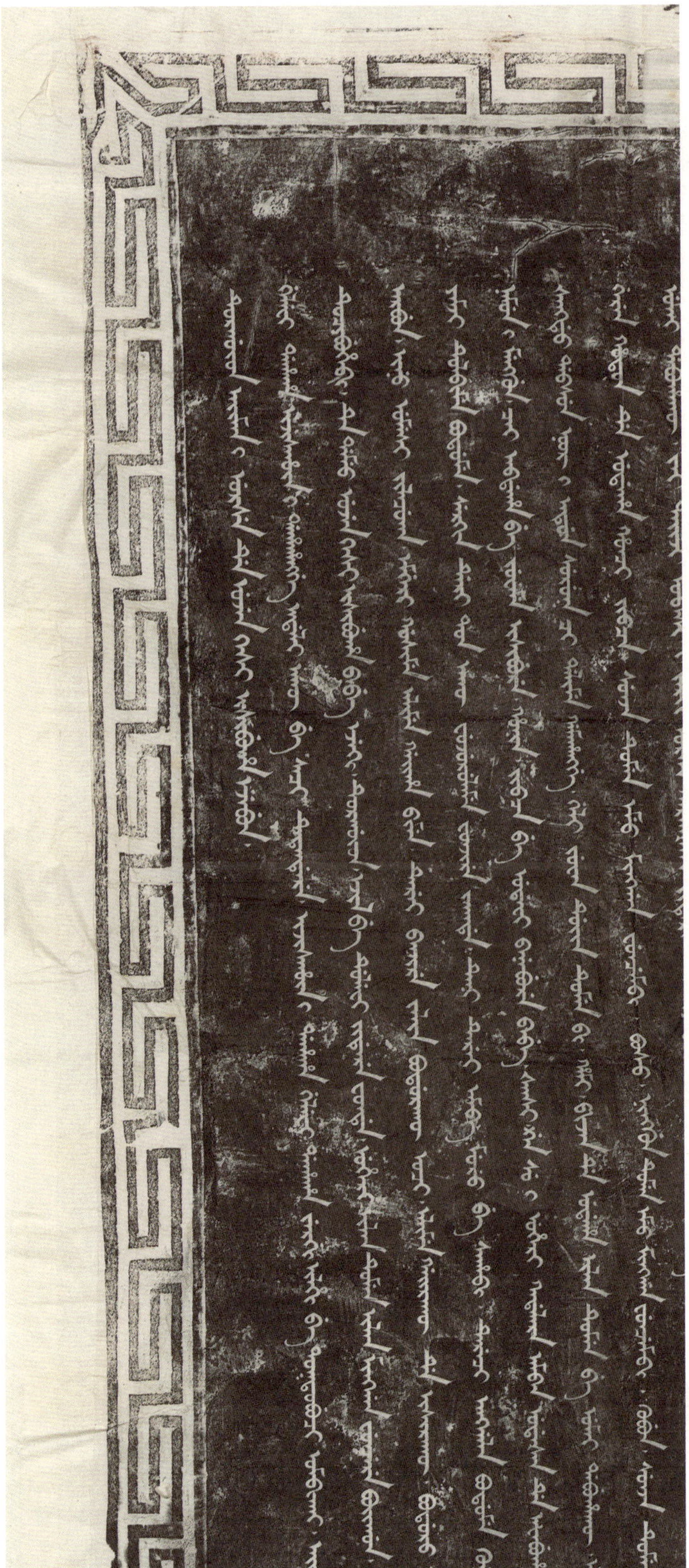

局部②

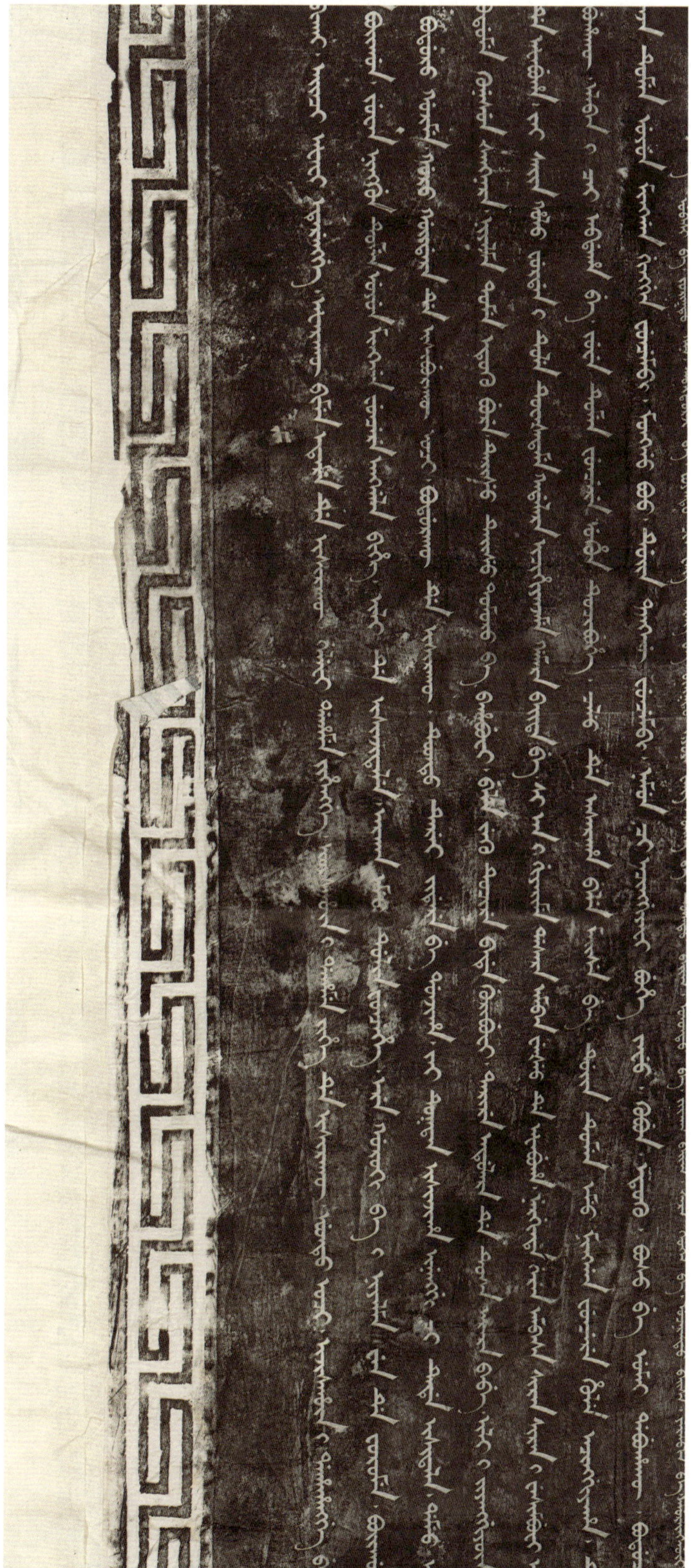

局部③

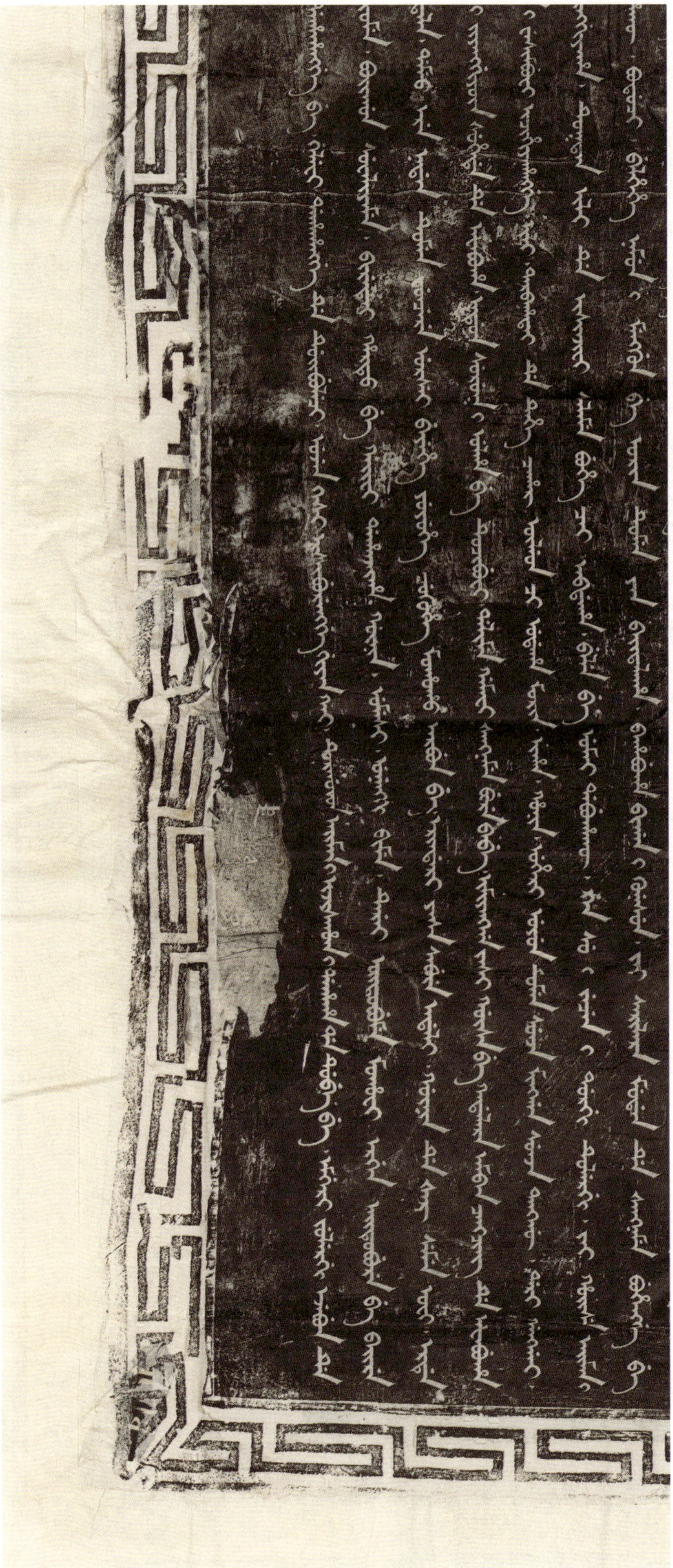

局部④

局部⑤

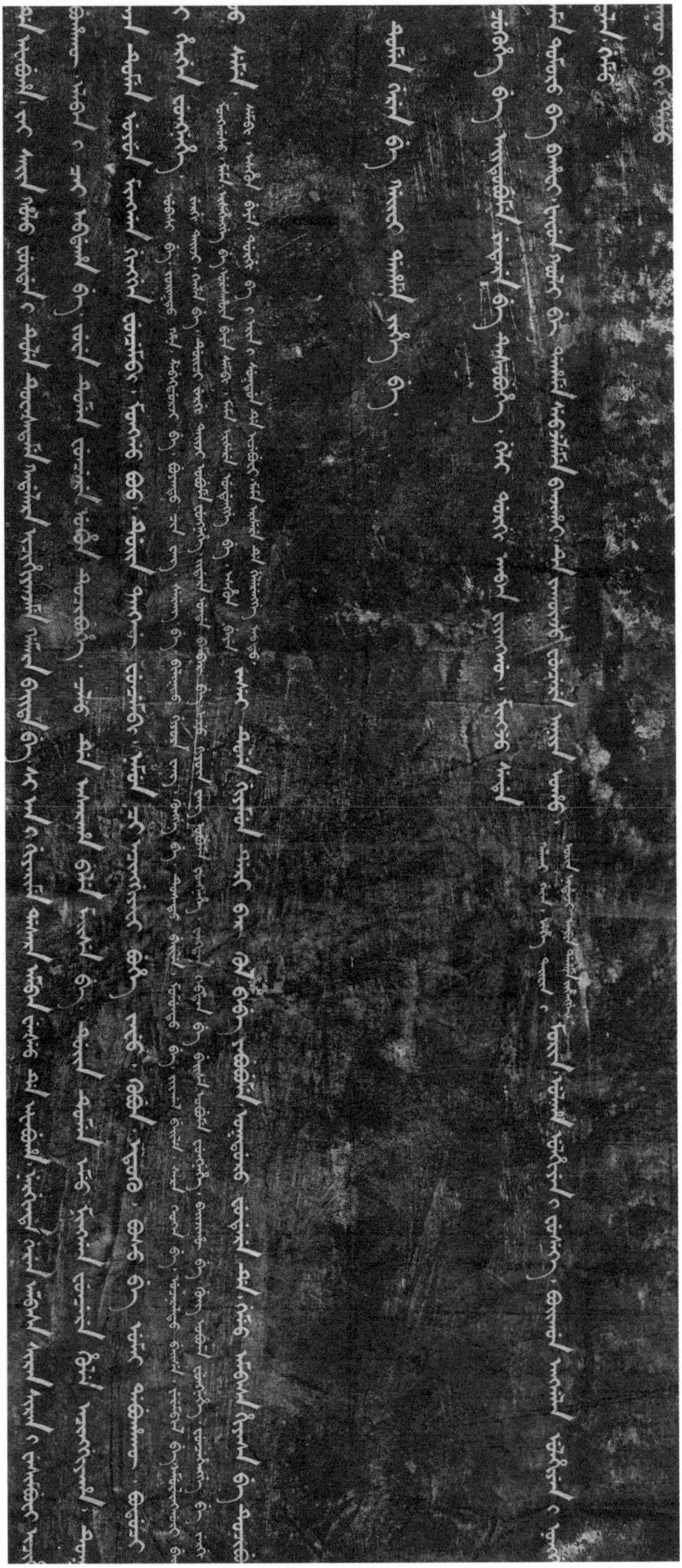

局部⑥

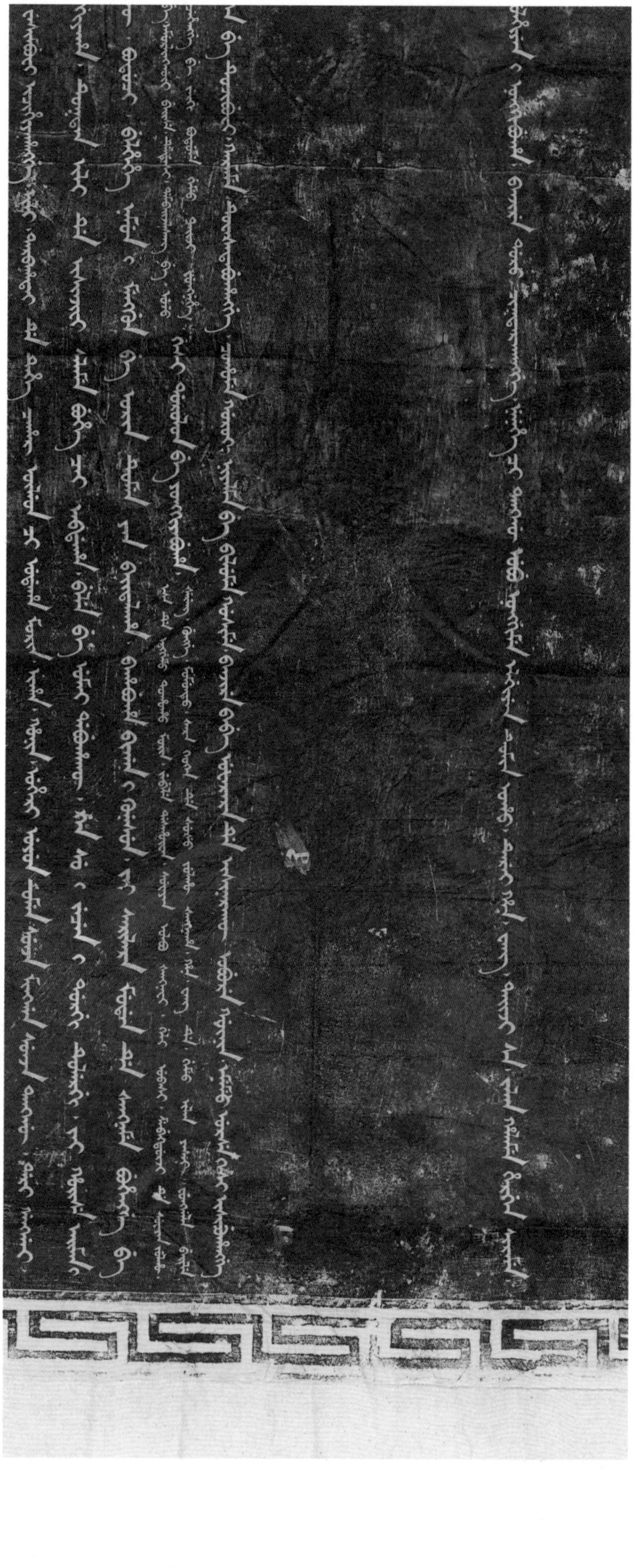

局部⑦

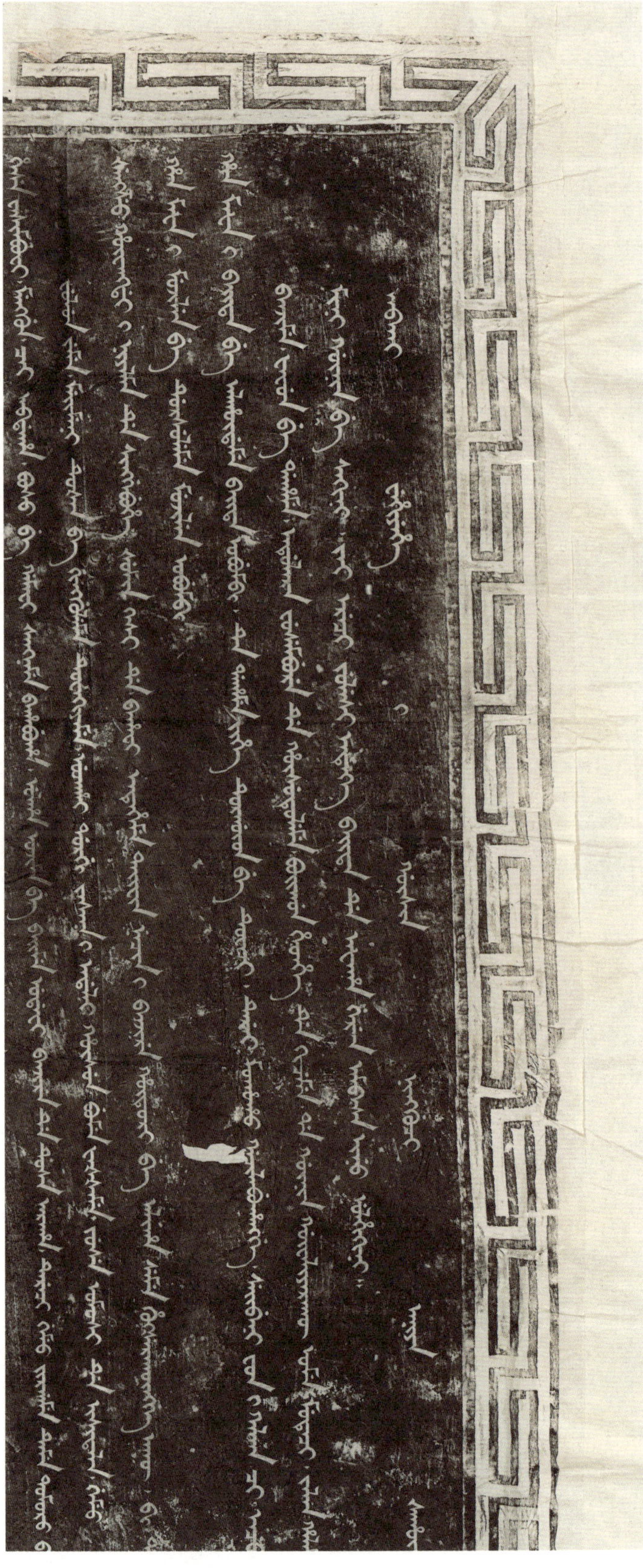

局部⑧

局部⑨

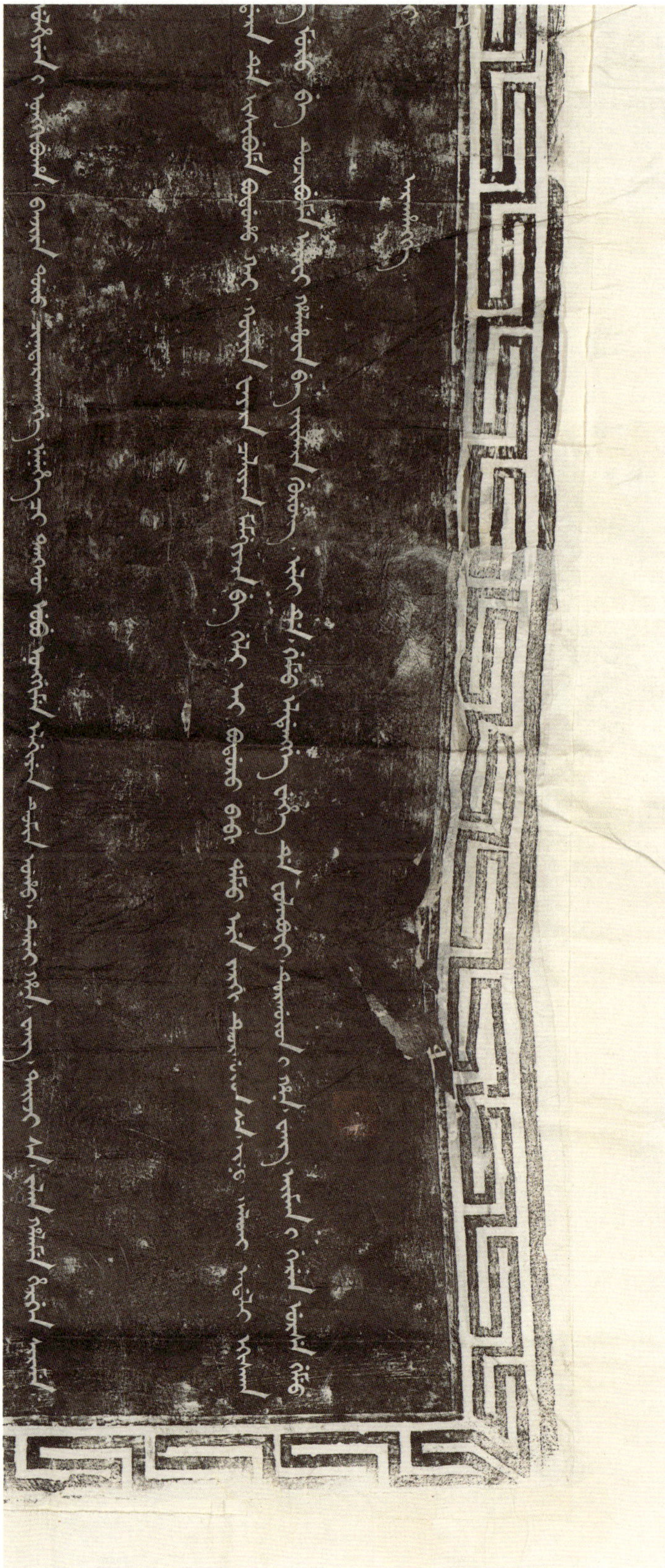

局部⑩

藏文全圖

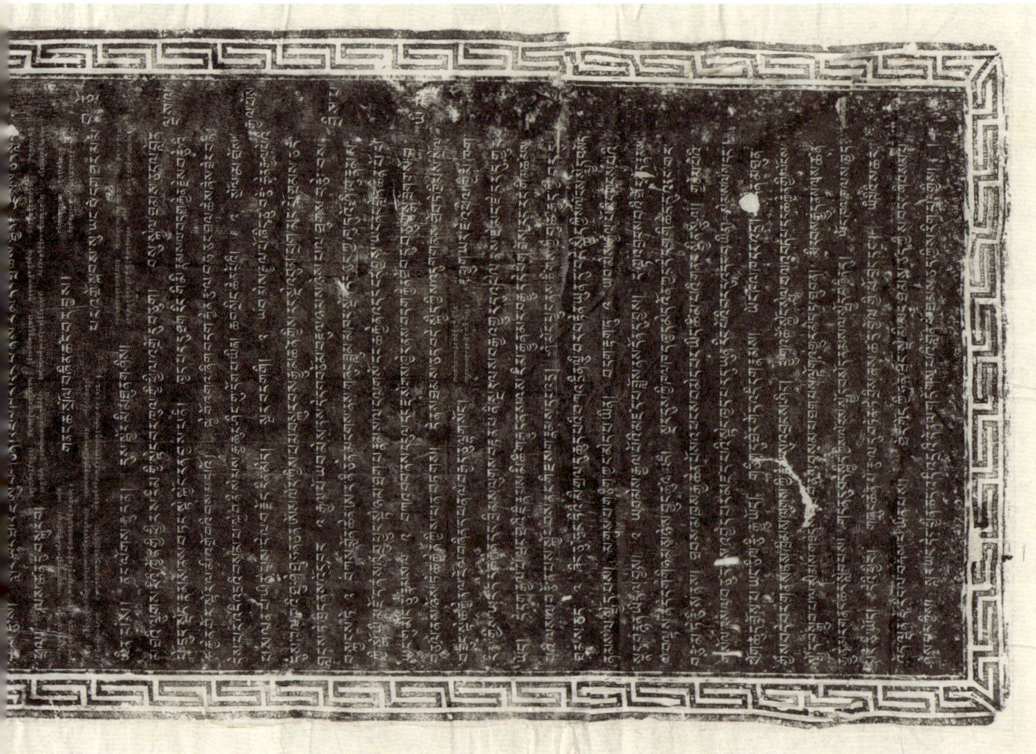

①	②	③	④	⑤	⑥	⑦	⑧	⑨	⑩

局部①

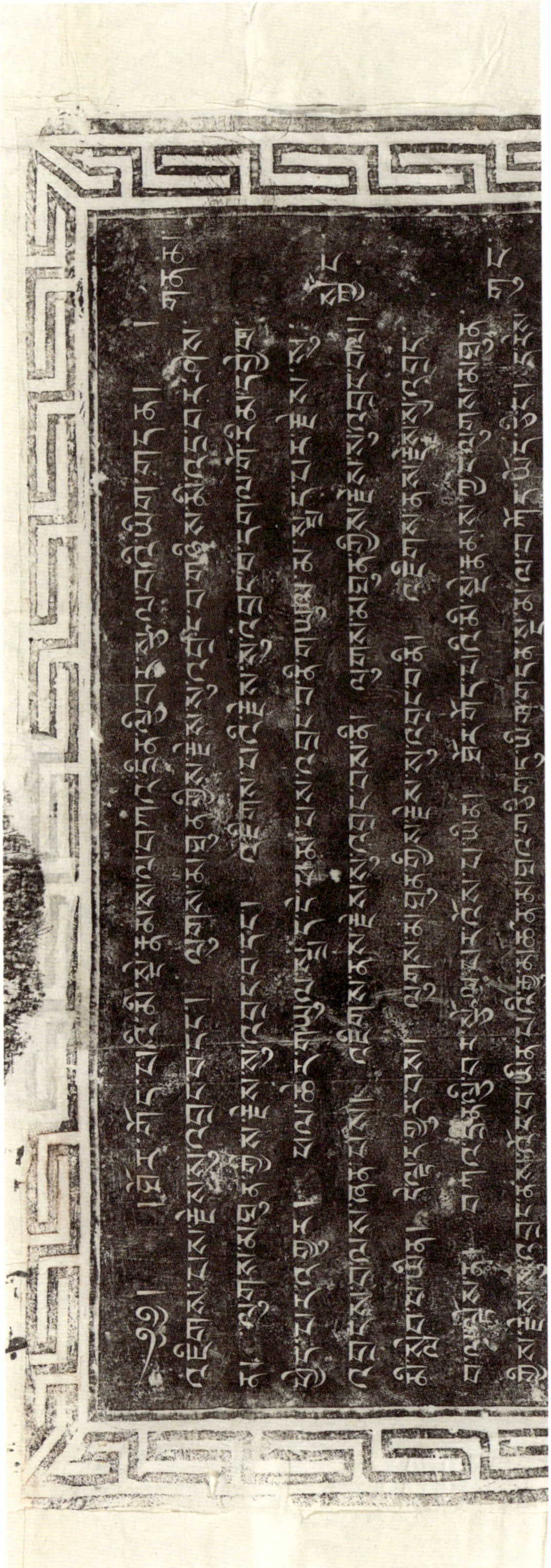

局部②

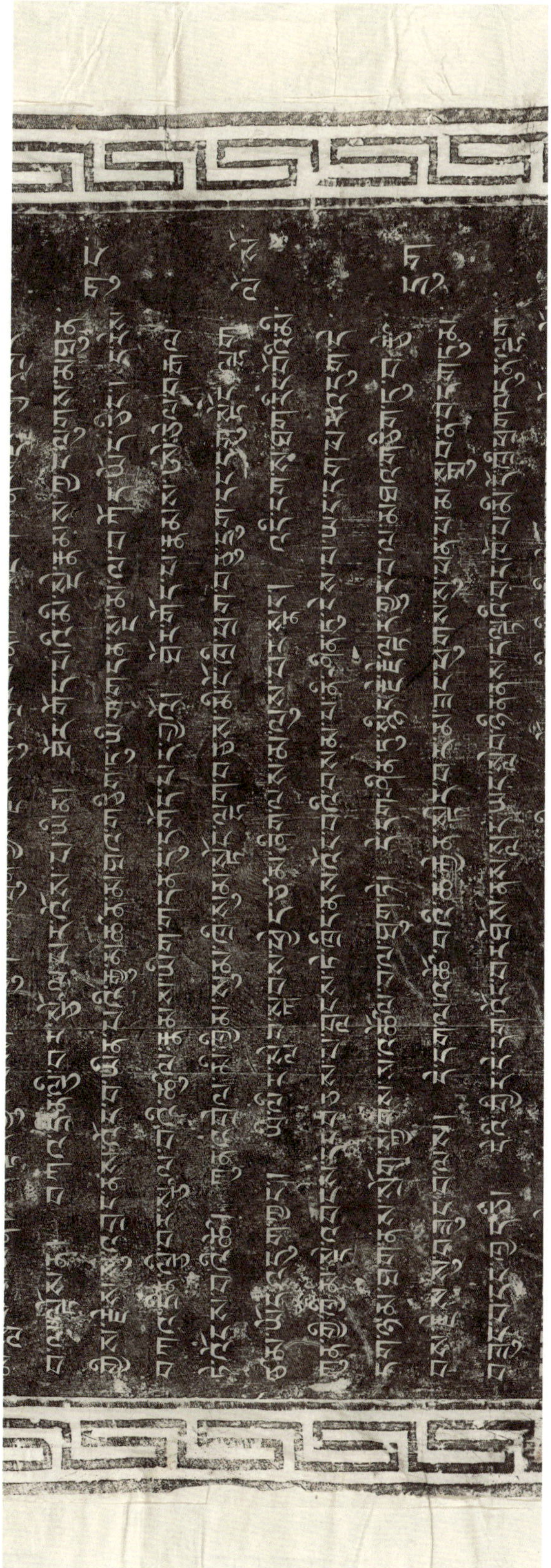

局部③

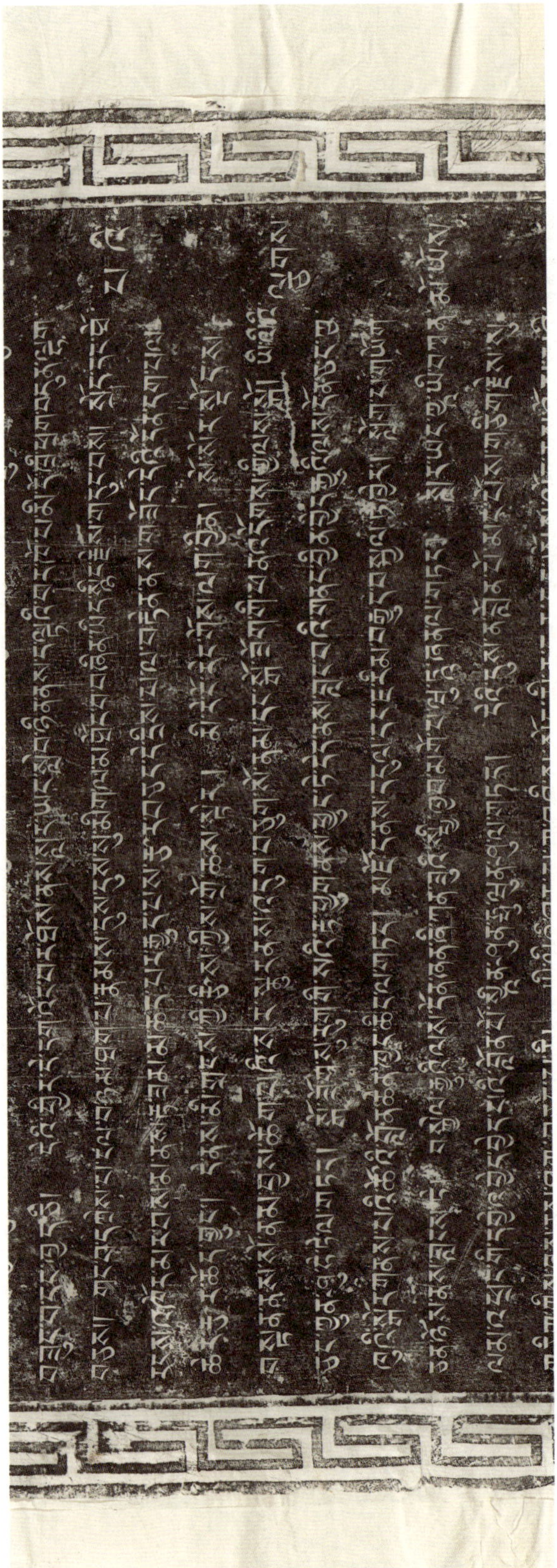

局部④

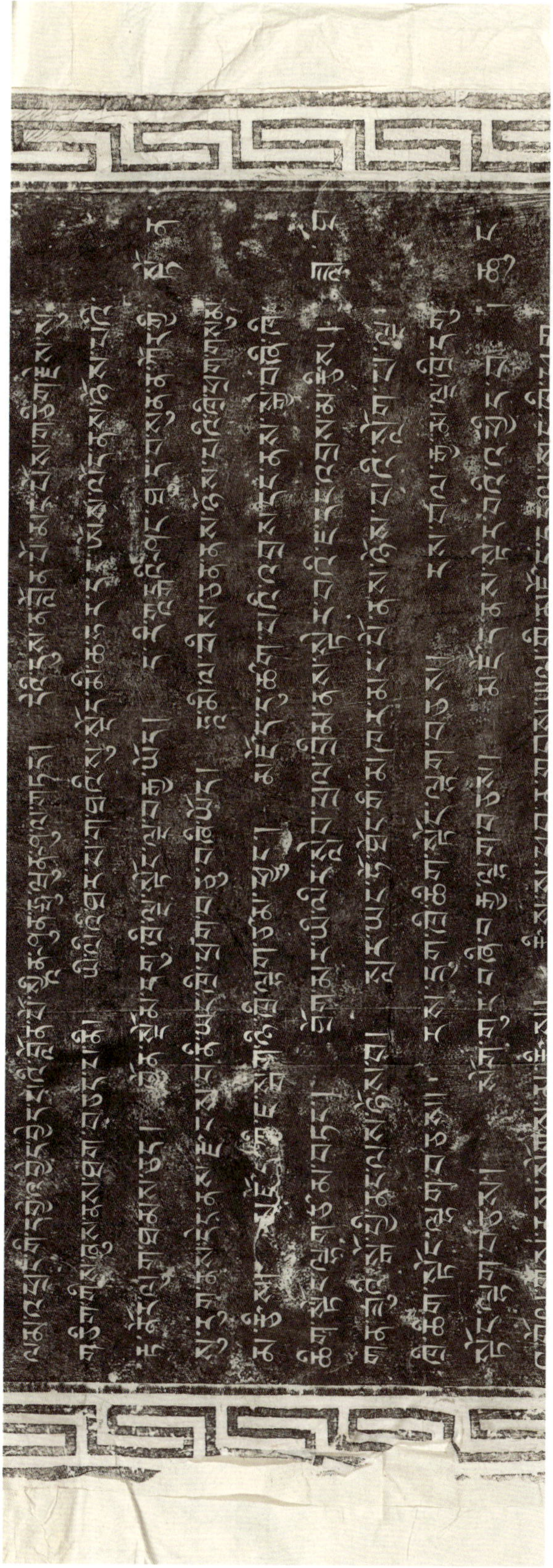

局部⑤

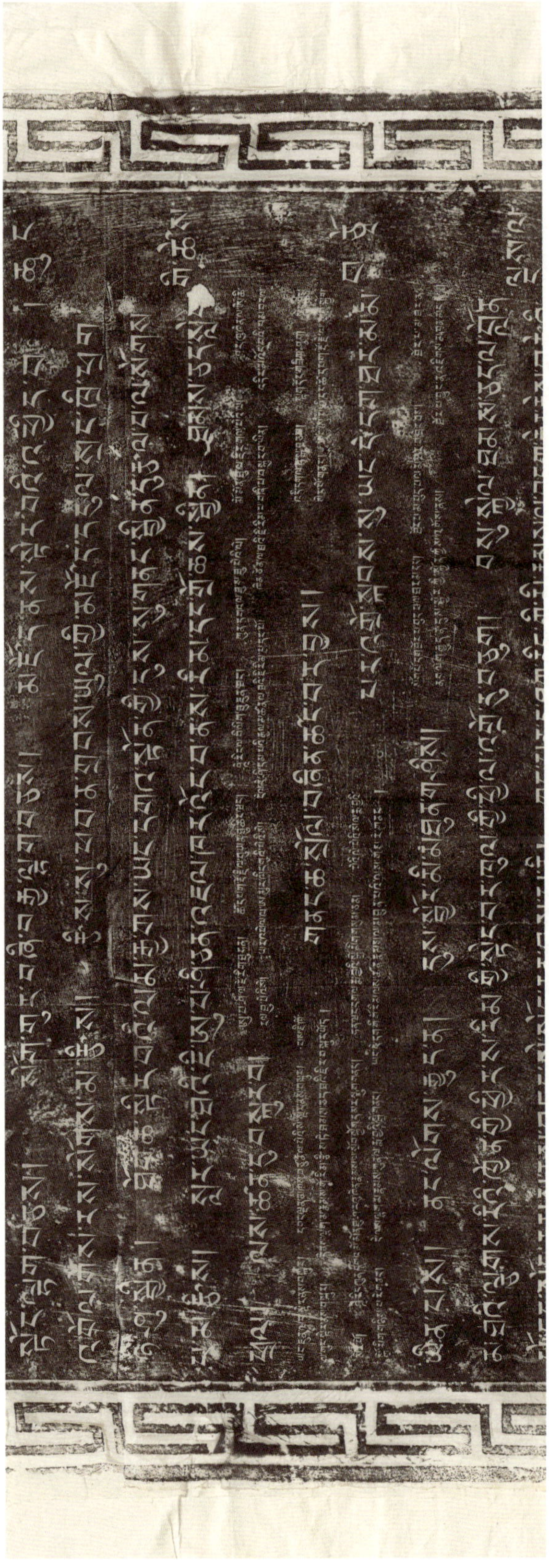

局部⑥

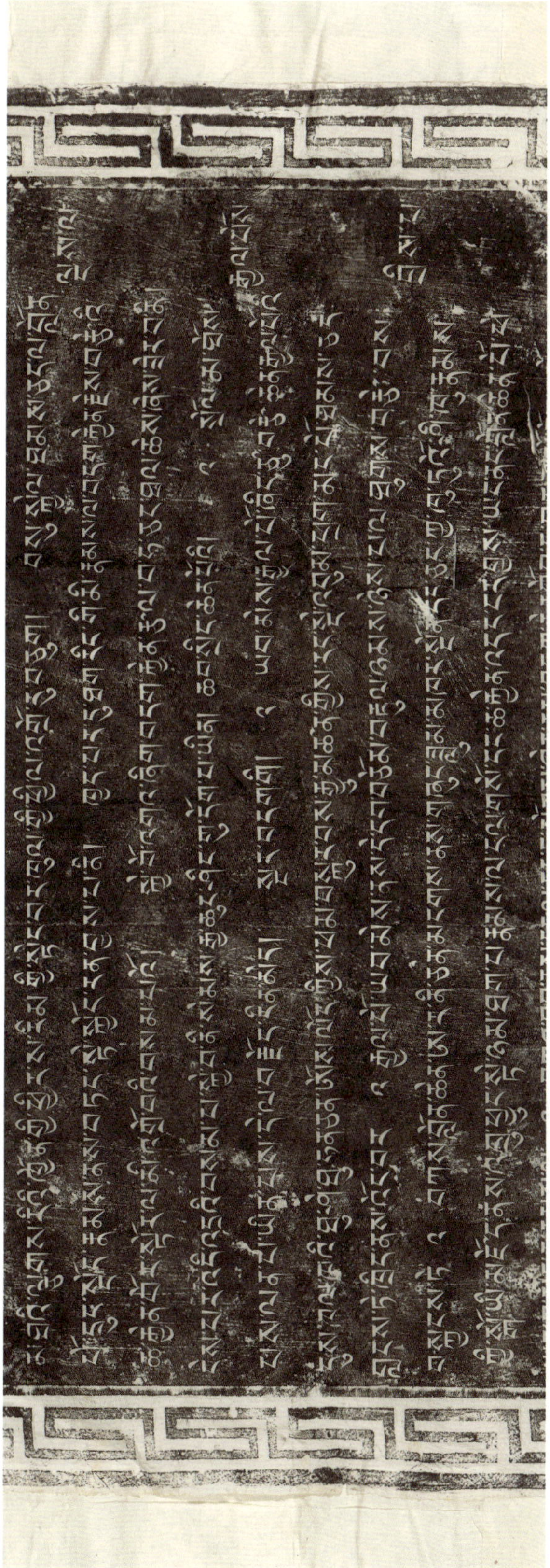

局部⑦

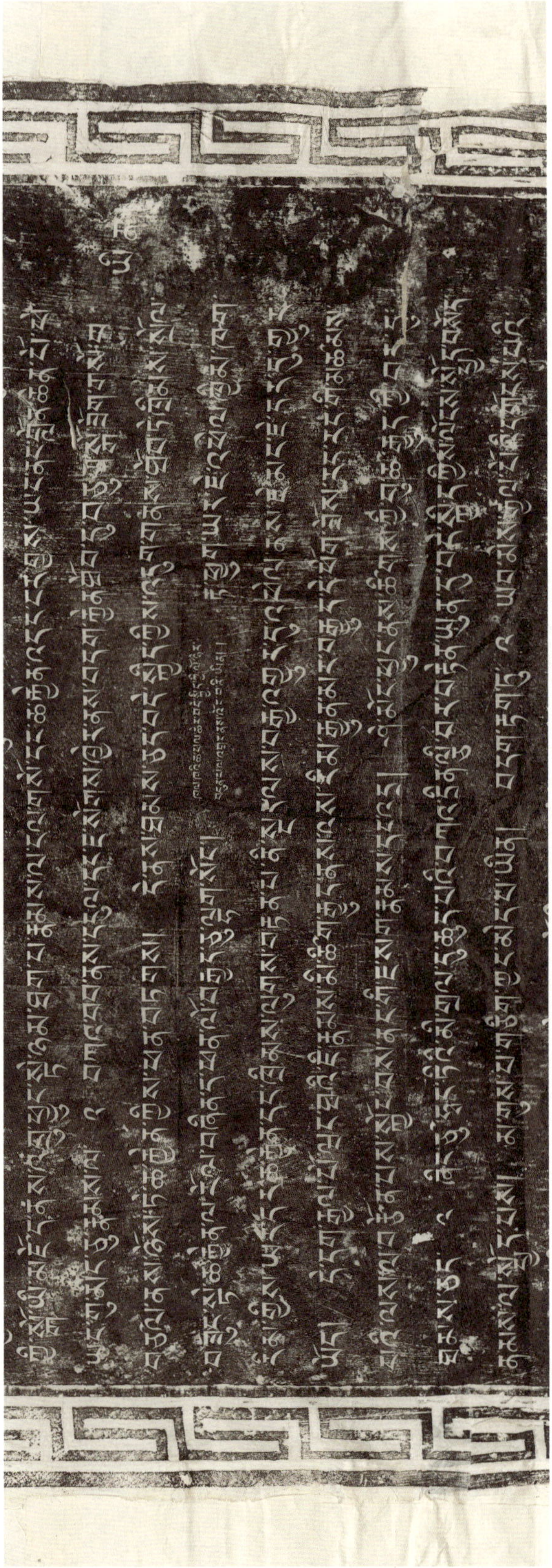

局部⑧

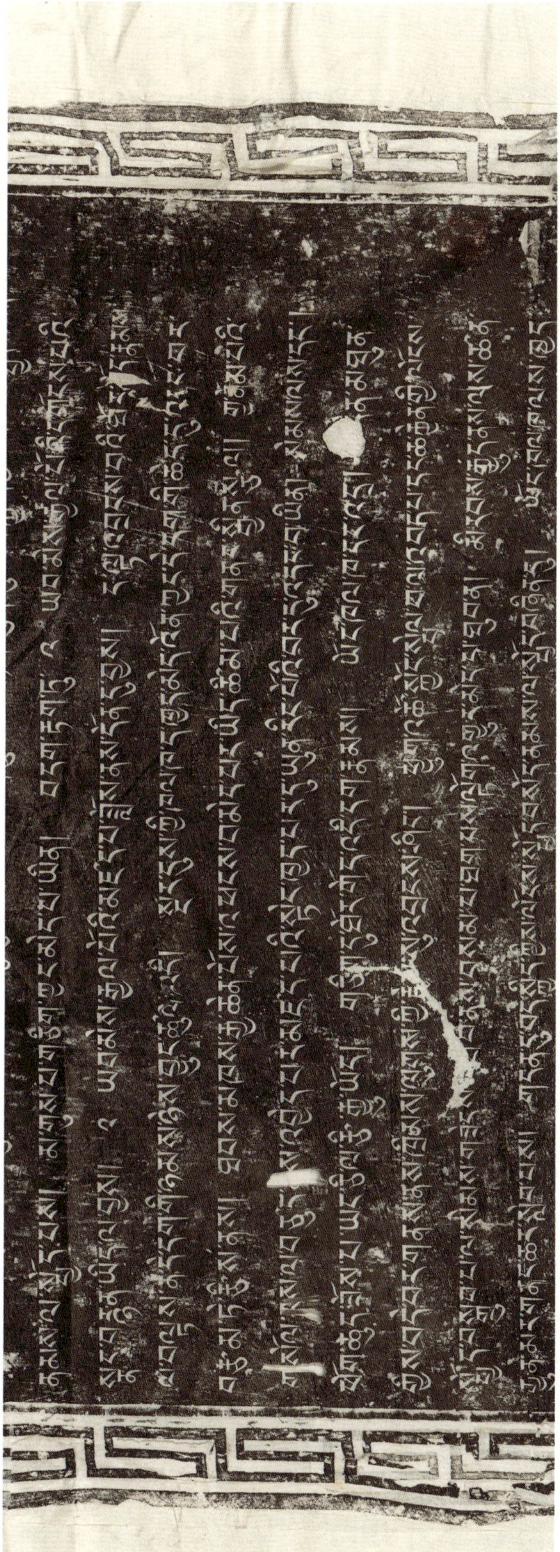

局部⑨

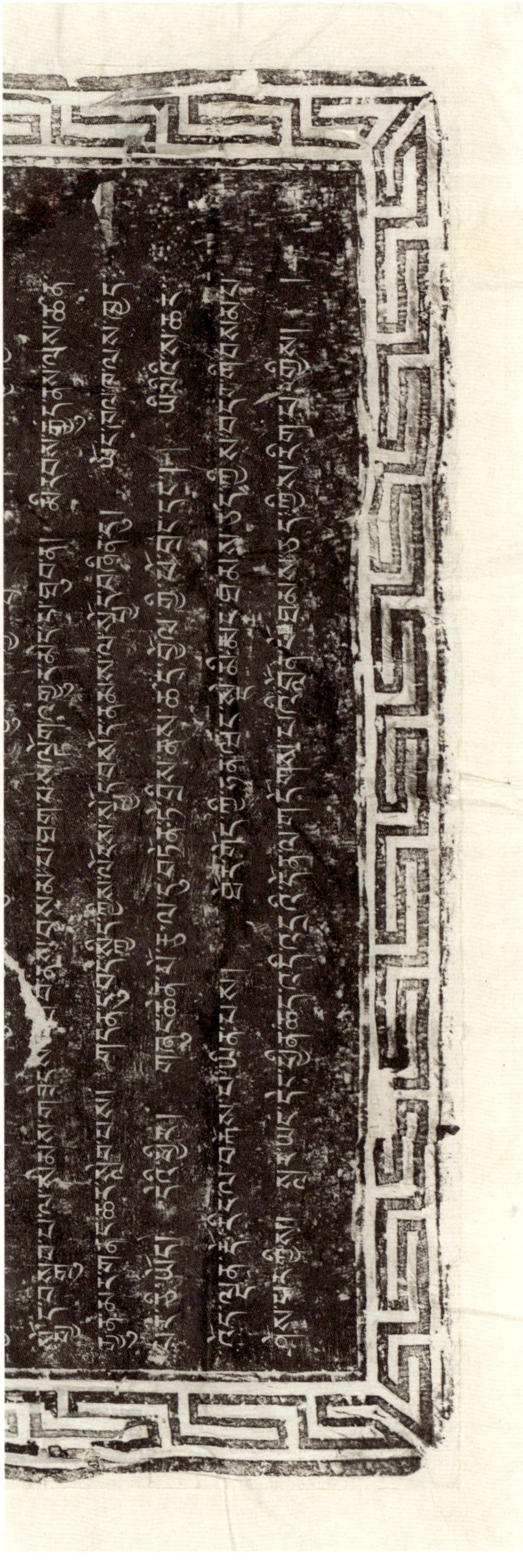

局部⑩

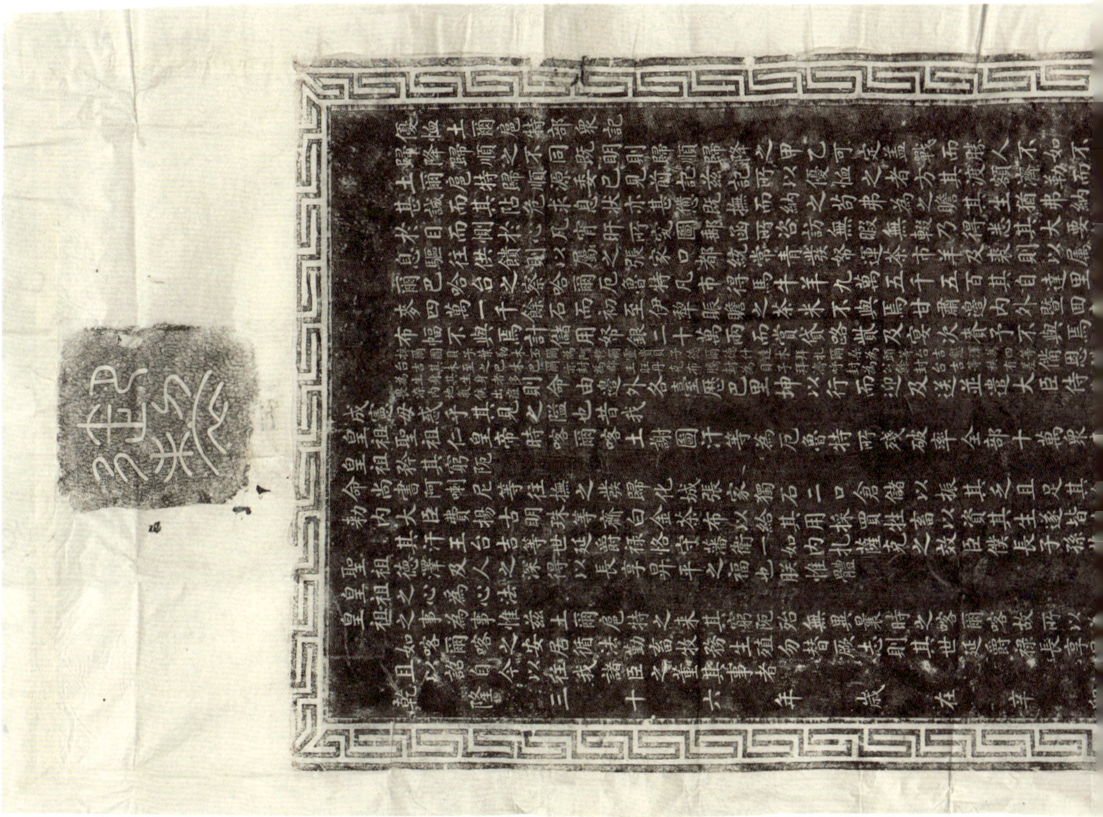

漢文全圖

	②	③	④
①	⑤	⑥	⑦
	⑧	⑨	⑩

局部①

優恤土爾扈特部衆記
歸降歸順之不同既明則歸順歸降之甲乙可定蓋戰而
土爾扈特歸順源委已見前記茲記所以優恤之者方其
甚誠而其阽危求息狀亦甚憊既撫而納之苟弗為之贍
於目而惻於心凡宵旰所究圖郵函所咨訪無暇無輟乃
息驅往供饋則以屬之張家口都統常青發帑運茶市羊
爾巴哈台之察哈爾厄魯特凡市得馬牛羊九萬五千五

局部②

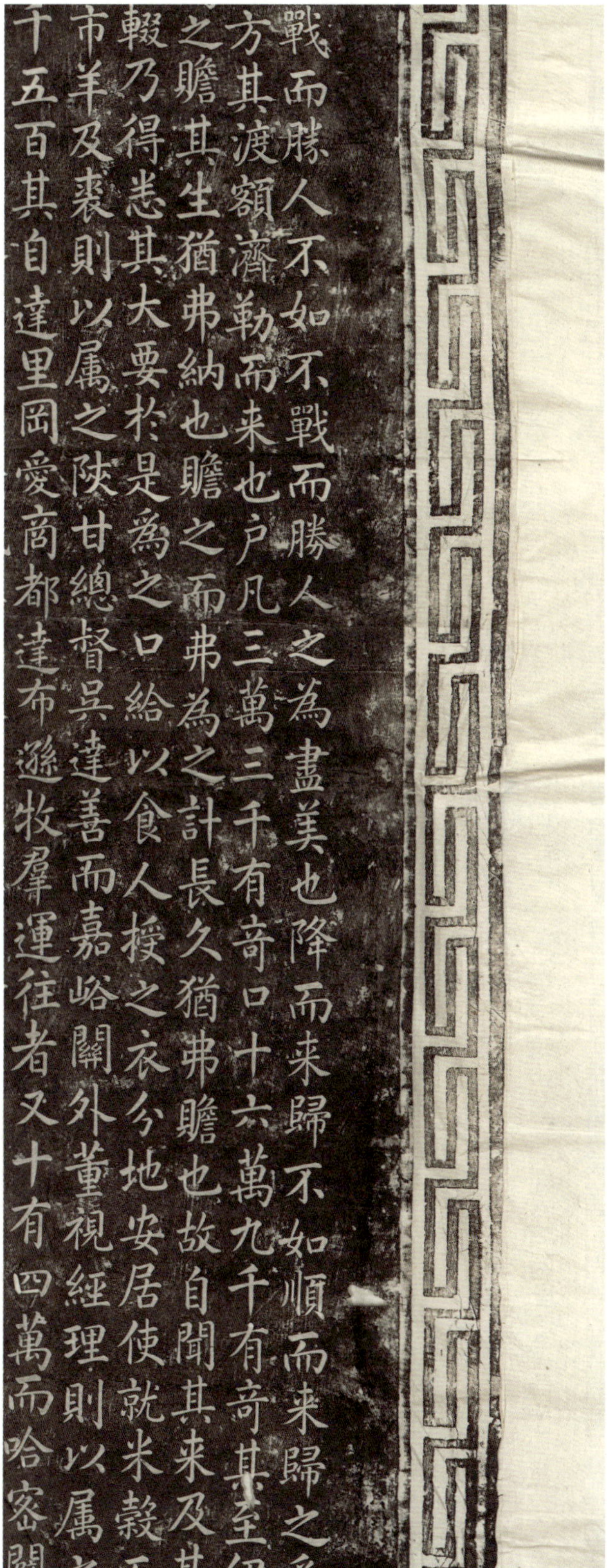
戰而勝人不如不戰而勝人之爲盡美也降而来歸不如順而来歸之爲
方其渡額濟勒而来也户凡三萬三千有奇口十六萬九千有奇其至伊
之贍其生猶弗納也贍之而弗爲之計長久猶弗贍也故自聞其来及其
轂乃得悉其大要於是爲之口給以食人授之衣分地安居使就米穀而
市羊及裘則以屬之陜甘總督吳達善而嘉峪關外董視經理則以屬之
千五百其自達里岡愛商都達布遜牧羣運往者又十有四萬而哈密闢

局部③

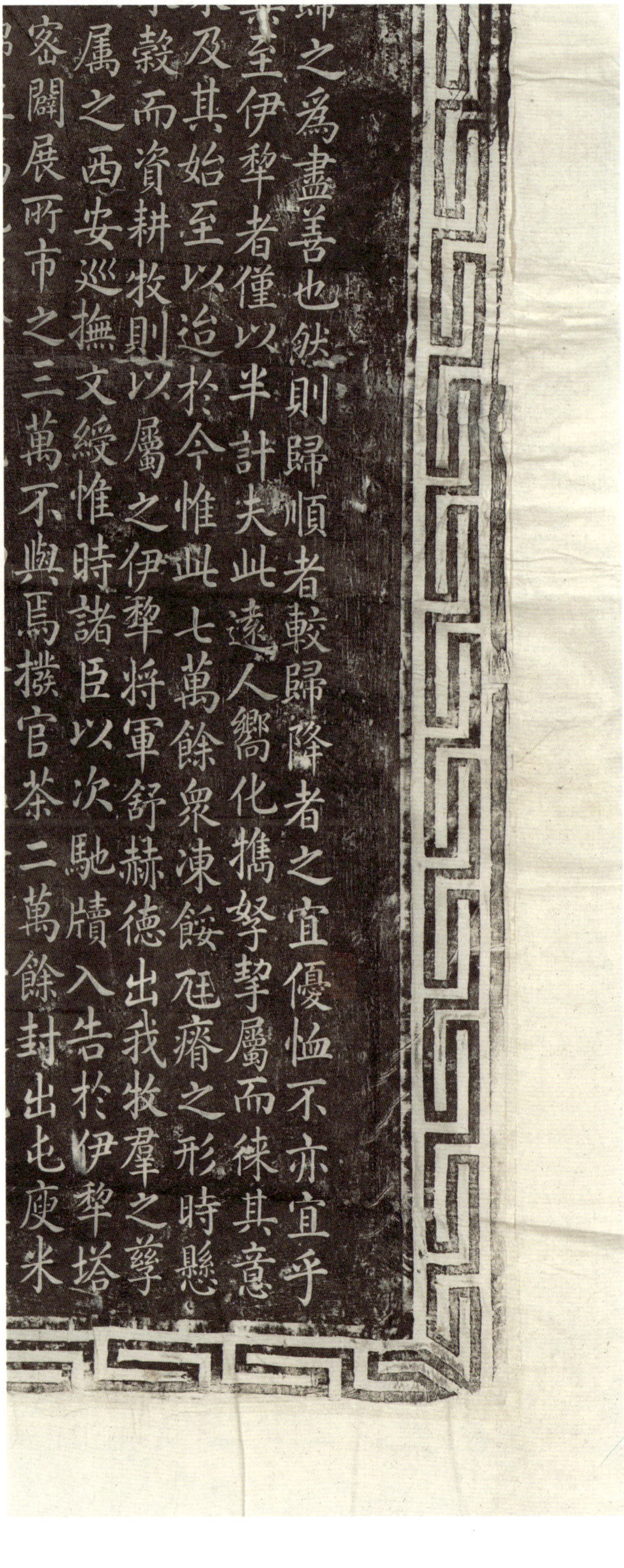
歸之爲盡善也然則歸順者較歸降者之宜優恤不亦宜乎
至伊犁者僅以半計夫此遠人嚮化攜孥挈屬而徠其意
及其始至以迨於今惟此七萬餘衆凍餒尫瘠之形時懸
穀而資耕牧則以屬之伊犁將軍舒赫德出我牧羣之孳
屬之西安巡撫文綬惟時諸臣以次馳牘入告於伊犁塔
密爾展所市之三萬不與焉撥官茶二萬餘封出屯庾米

局部④

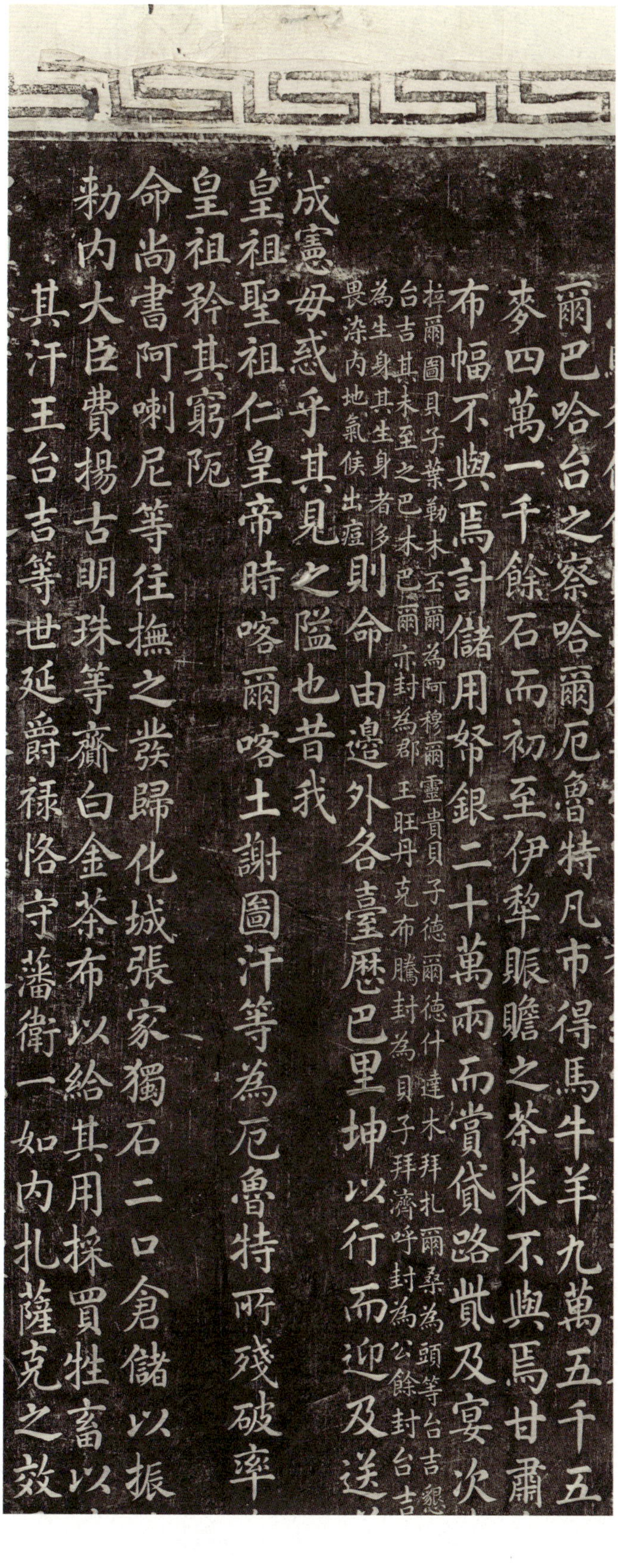

爾巴哈台之察哈爾厄魯特凡市得馬牛羊九萬五千五
麥四萬一千餘石而初至伊犂賑贍之茶米不與馬甘肅
布幅不與焉計儲用帑銀二十萬兩而賞賚路費及宴次
拉爾圖貝子葉勒木丕爾為阿穆爾靈貴貝子德爾德什達木拜扎爾桑為頭等台吉總
台吉其未至之巴朱巴爾亦封為郡王旺丹克布騰封為貝子拜濟呼封為公餘封台吉
為生身其生身者多
畏涂內地氣候出痘
則命由邊外各臺歷巴里坤以行而迎及送
成憲毋惑乎其見之隘也昔我
皇祖聖祖仁皇帝時喀爾喀土謝圖汗等為厄魯特所殘破率
皇祖矜其窮阨
命尚書阿喇尼等往撫之裝歸化城張家獨石二口倉儲以振
勑內大臣費揚古明珠等齎白金茶布以給其用採買牲畜以
其汗王台吉等世延爵祿恪守藩衛一如內扎薩克之效

局部⑤

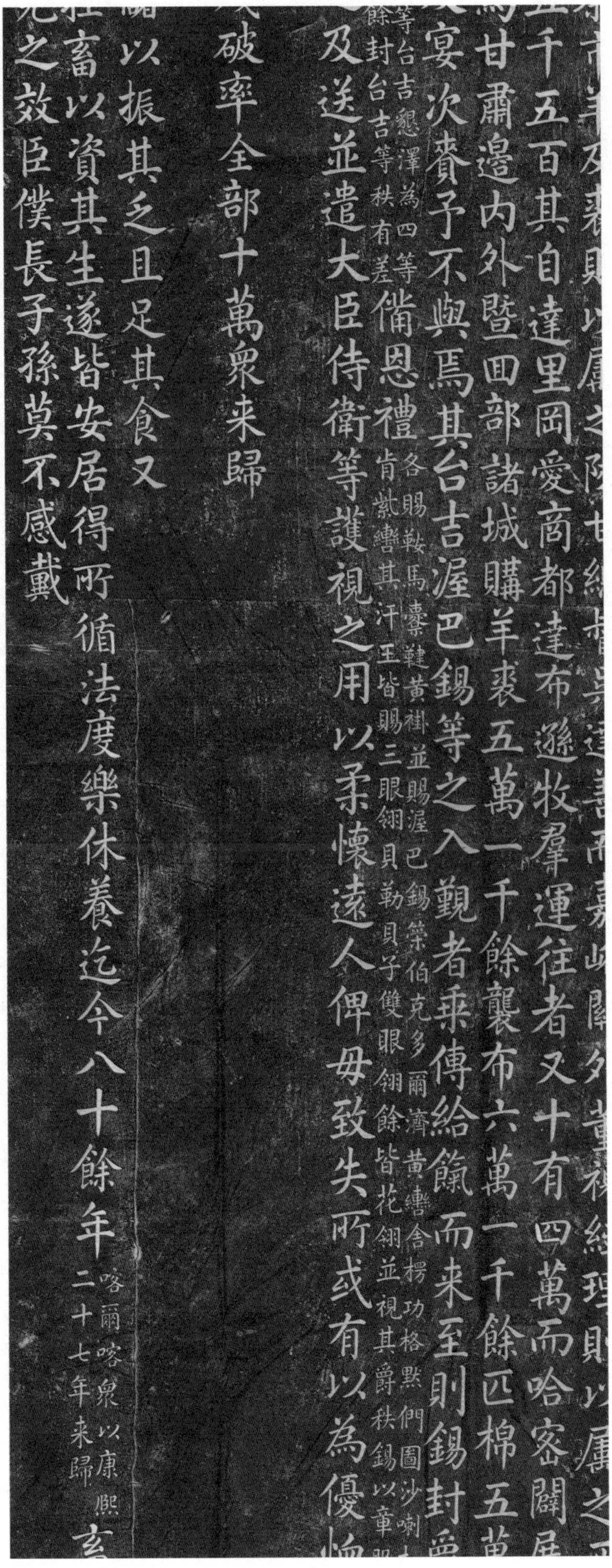
千五百其自達里岡愛商都達布遜牧羣運往者又十有四萬而哈密闢展
甘肅邊內外暨回部諸城購羊裘五萬一千餘襲布六萬一千餘匹棉五萬
宴次賚予不與焉其台吉渥巴錫等之入覲者乘傳給餼而來至則錫封爵
等台吉恩澤為四等
餘封台吉等秩有差
備恩禮
各賜鞍馬橐鞬黃褂並賜渥巴錫策伯克多爾濟黃轡舍楞功格默們圖沙喇
肯默轡其汗王皆賜三眼翎貝勒貝子雙眼翎餘皆花翎並視其爵秩錫以章服
及送並遣大臣侍衛等護視之用以柔懷遠人俾毋致失所或有以為優恤
破率全部十萬衆来歸
以振其乏且足其食又
牲畜以資其生遂皆安居得所循法度樂休養迄今八十餘年
喀爾喀衆以康熙
二十七年来歸
之效臣僕長子孫莫不感戴

局部⑥

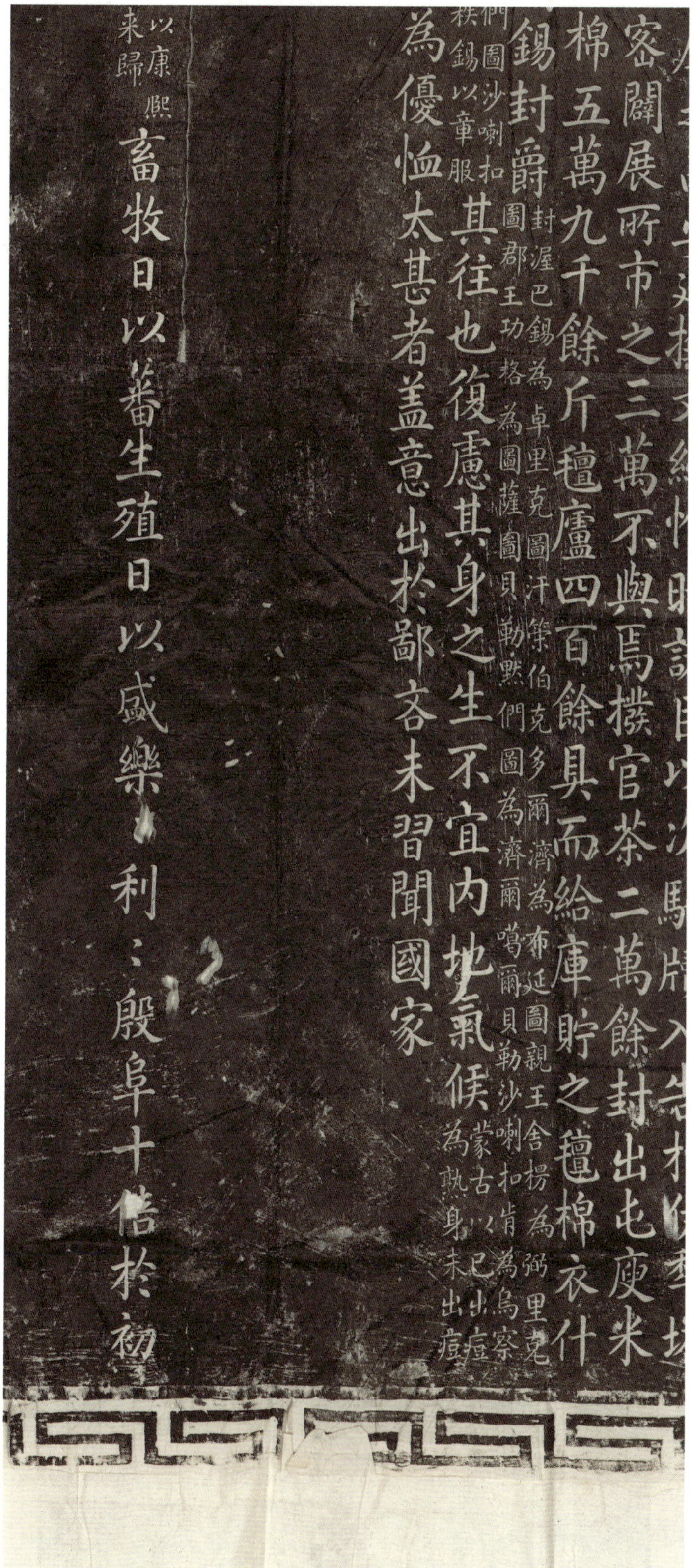

窩闢展所市之三萬不與焉撥官茶二萬餘封出屯庾米
棉五萬九千餘斤氈廬四百餘具而給庫貯之氈棉衣什
錫封爵封渥巴錫為卓里克圖汗策伯克多爾濟為布延圖親王舍楞為弼里克圖郡王功格為圖薩圖貝勒默們圖為濟爾噶爾貝勒沙喇扣肯為烏察
們圖沙喇扣揆錫以章服其往也復慮其身之生不宜內地氣候蒙古以已出痘為熟身未出痘
為優恤太甚者蓋意出於鄙吝未習聞國家

以康熙来歸畜牧日以蕃生殖日以盛樂〻利〻殷阜十倍於初

局部⑦

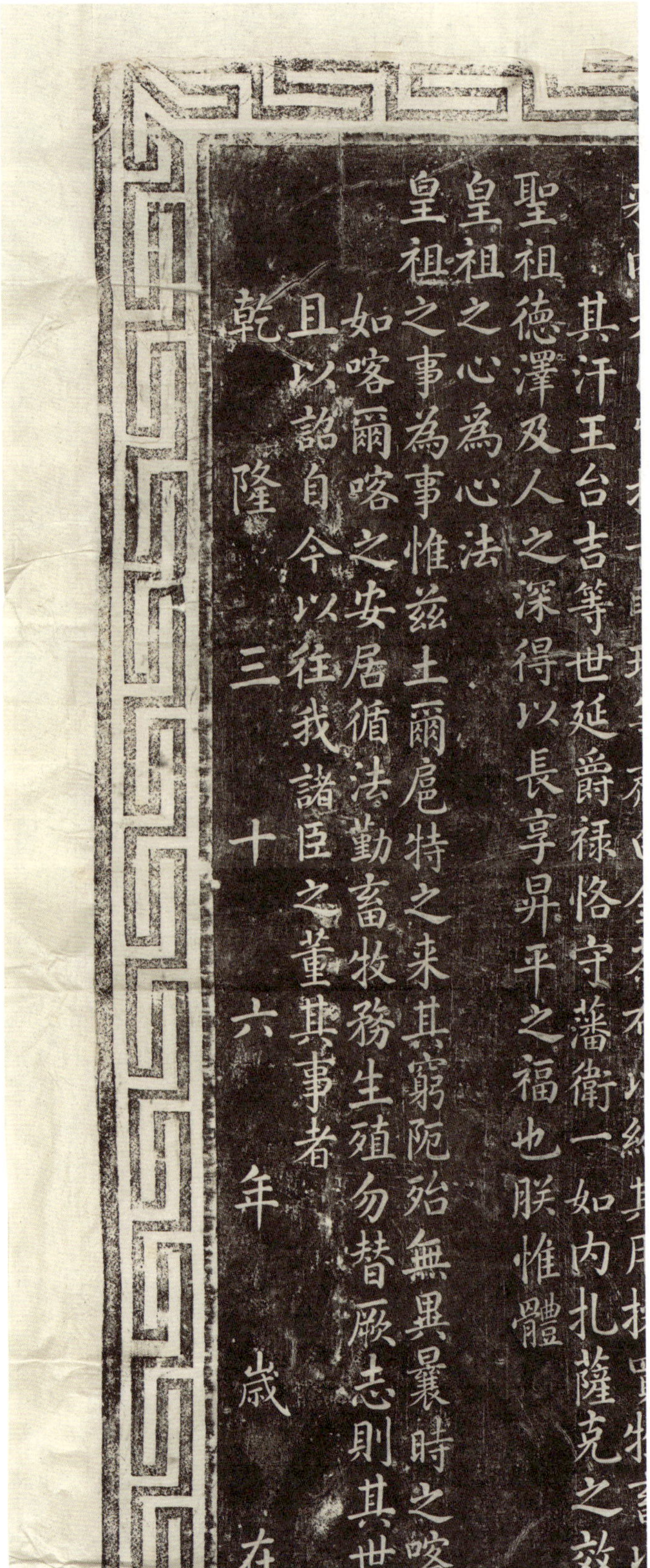
其汗王台吉等世延爵祿恪守藩衛一如內扎薩克之效
聖祖德澤及人之深得以長享昇平之福也朕惟體
皇祖之心為心法
皇祖之事為事惟茲土爾扈特之來其窮阨殆無異曩時之喀
如喀爾喀之安居循法勤畜牧務生殖勿替厥志則其世
且以詔自今以往我諸臣之董其事者
乾隆三十六年歲在
局部⑧

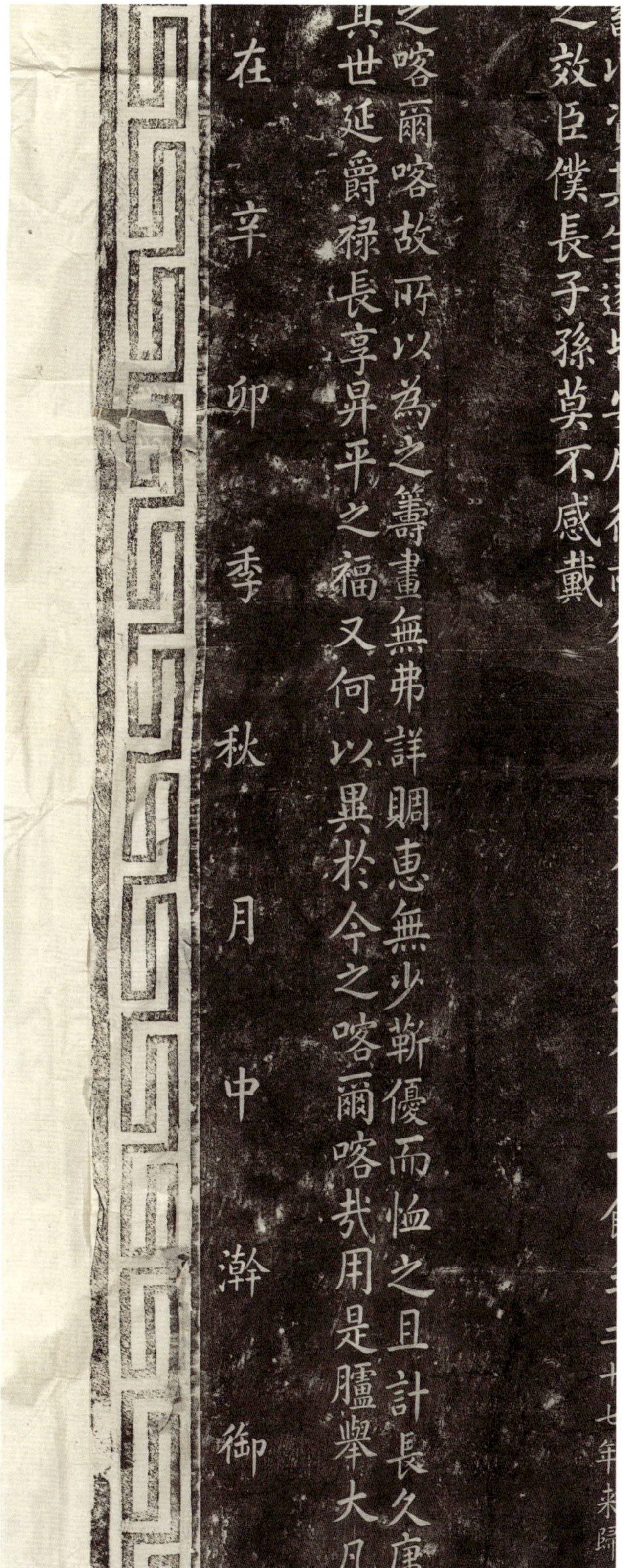
之效臣僕長子孫莫不感戴
之喀爾喀故所以為之籌畫無弗詳賙惠無少靳優而恤之且計長久庸
其世延爵祿長享昇平之福又何以異於今之喀爾喀哉用是臚舉大凡
在辛卯季秋月中澣御

局部⑨

以康熙
來歸畜牧日以蕃生殖日以盛樂利：殷阜十倍於初
久庸詎知謀之勞而費之鉅乎冀茲土爾扈特之衆亦能
大凡勒石熱河及伊犂俾土爾扈特汗王部衆咸識朕意
筆

局部⑩

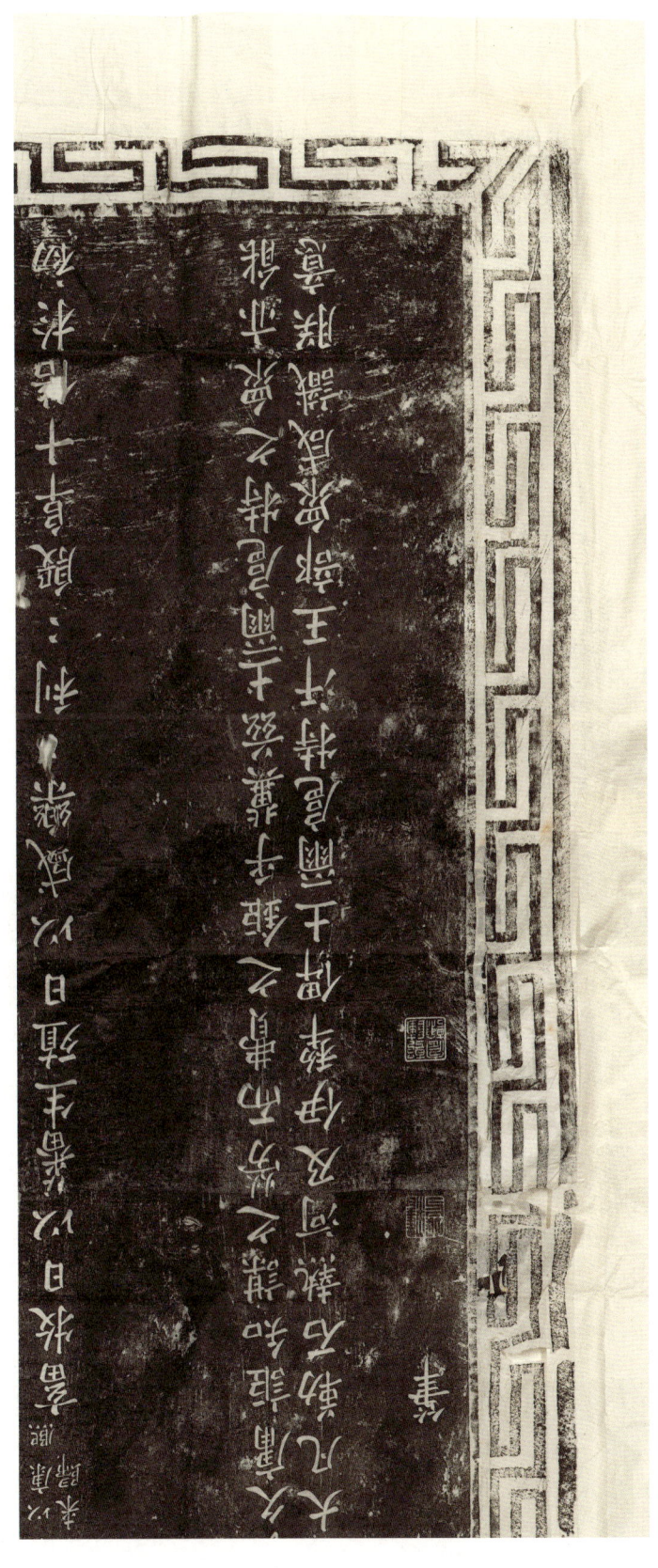

蒙古文全圖

	⑧	⑨	⑩
①	⑤	⑥	⑦
	②	③	④

局部①

局部②

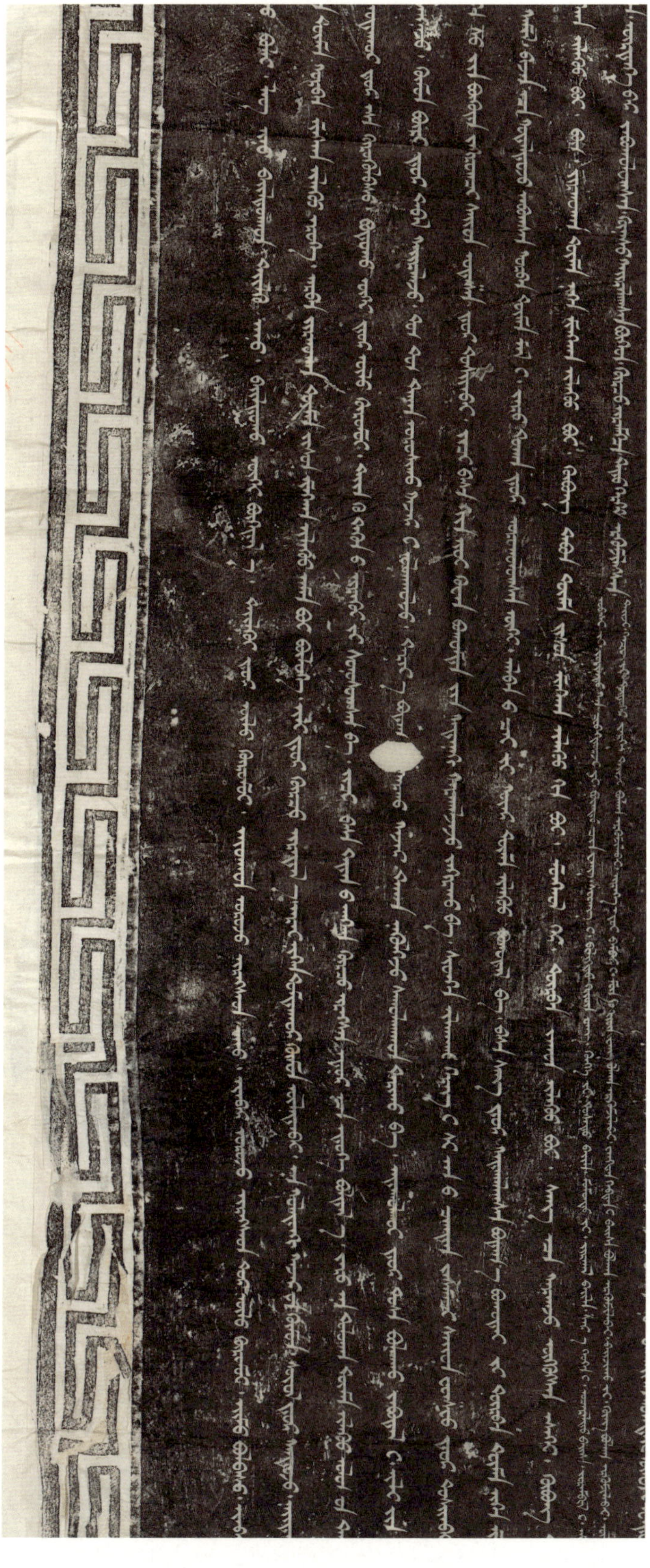

局部③

局部④

局部⑤

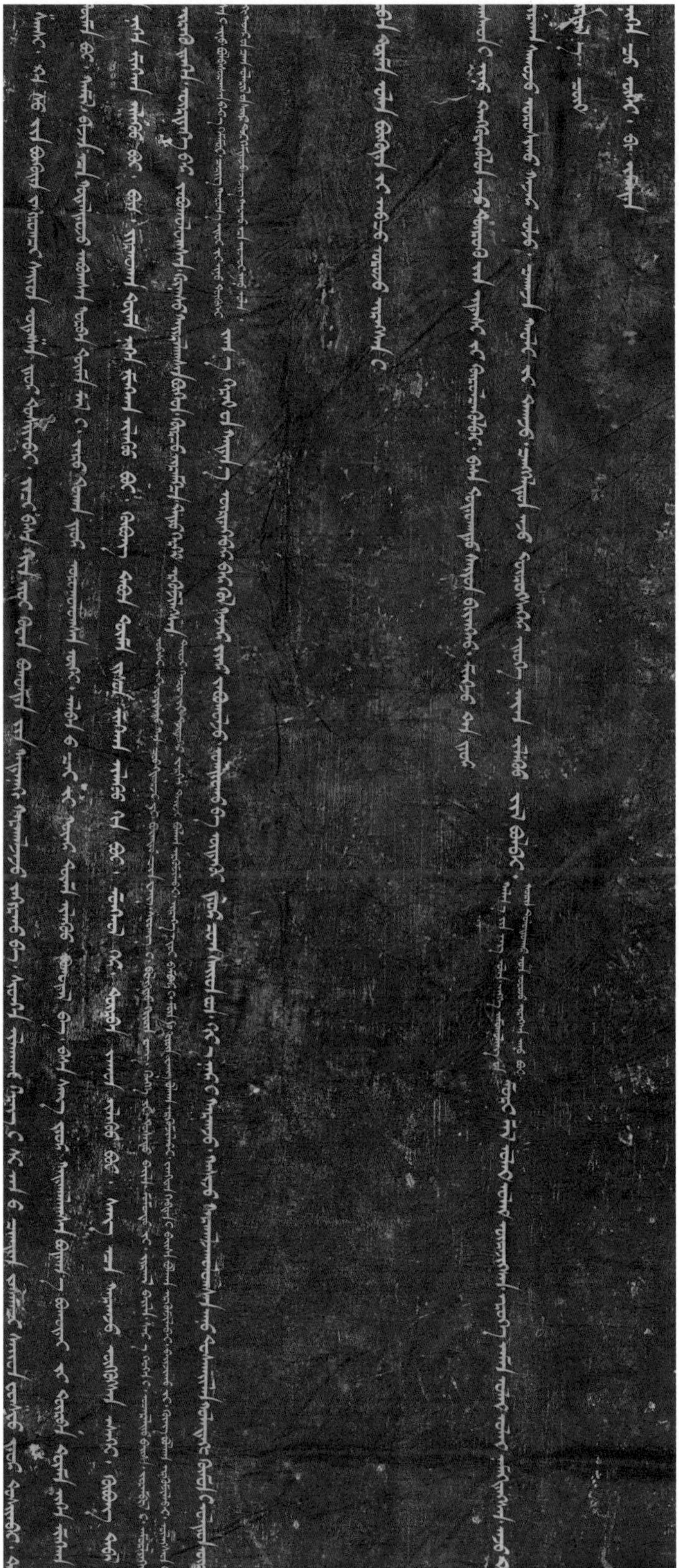

局部⑥

局部⑦

局部⑧

局部⑨

局部⑩

聖妙吉祥真實名經

梵、藏、漢文三體合璧，清泥金寫本，梵夾裝，41.0釐米×12.0釐米。館藏號：zang2239。

《聖妙吉祥真實名經》是藏傳佛教信徒日常誦念的重要密宗法本之一，所存譯本有藏文、回鶻文、西夏文、蒙古文、漢文本。藏文最古本出土於敦煌藏經洞，爲前弘期（7—9世紀）譯師吉祥積譯自梵文，經文含散文體。現行本及《甘珠爾》所收本則以10至11世紀譯師仁欽桑布譯本爲基礎校勘而成，流傳甚廣。此件爲梵、藏、漢文三體合璧磁青紙泥金寫本，外觀奪目，抄寫考究，包裝精美。入選第二批《國家珍貴古籍名録》，名録號06869。

上夾板外

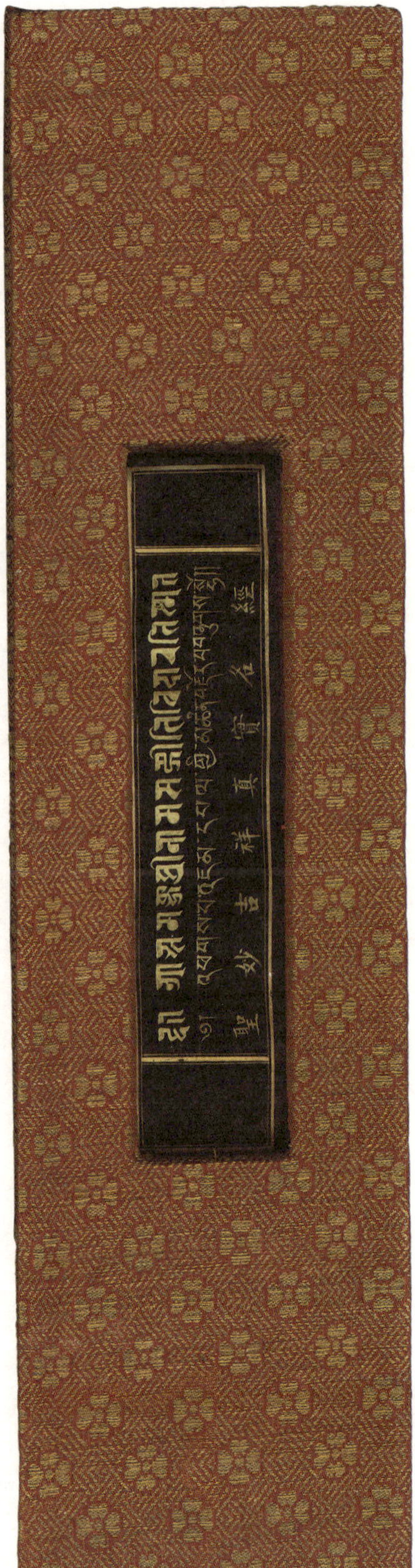

上夾板内簾

上夾板内佛像

གཉིས
༄༅། །བོད་སྐད་དུ། འཕགས་པ་འཇམ་དཔལ་གྱི་མཚན་ཡང་དག་པར་བརྗོད་པ། འཇམ་དཔལ་གཞོན་ནུར་གྱུར་པ་ལ་ཕྱག་འཚལ་ལོ། །
唐言 聖 妙 吉 祥 真 實 名 經 敬 禮 孺 童 相 妙 吉 祥
༄༅། །དེ་ནས་དཔལ་ལྡན་རྡོ་རྗེ་འཆང་། །གདུལ་དཀའ་འདུལ་བ་རྣམས་ཀྱི་མཆོག །དཔའ་བོ་འཇིག་རྟེན་གསུམ་ལས་རྒྱལ། །རྡོ་རྗེ་དབང་ཕྱུག་གསང་བའི་རྒྱལ། །
復次吉祥 持金剛 難調伏中勝 調伏 勇猛超出三界內 自在金剛密中勝
上貳

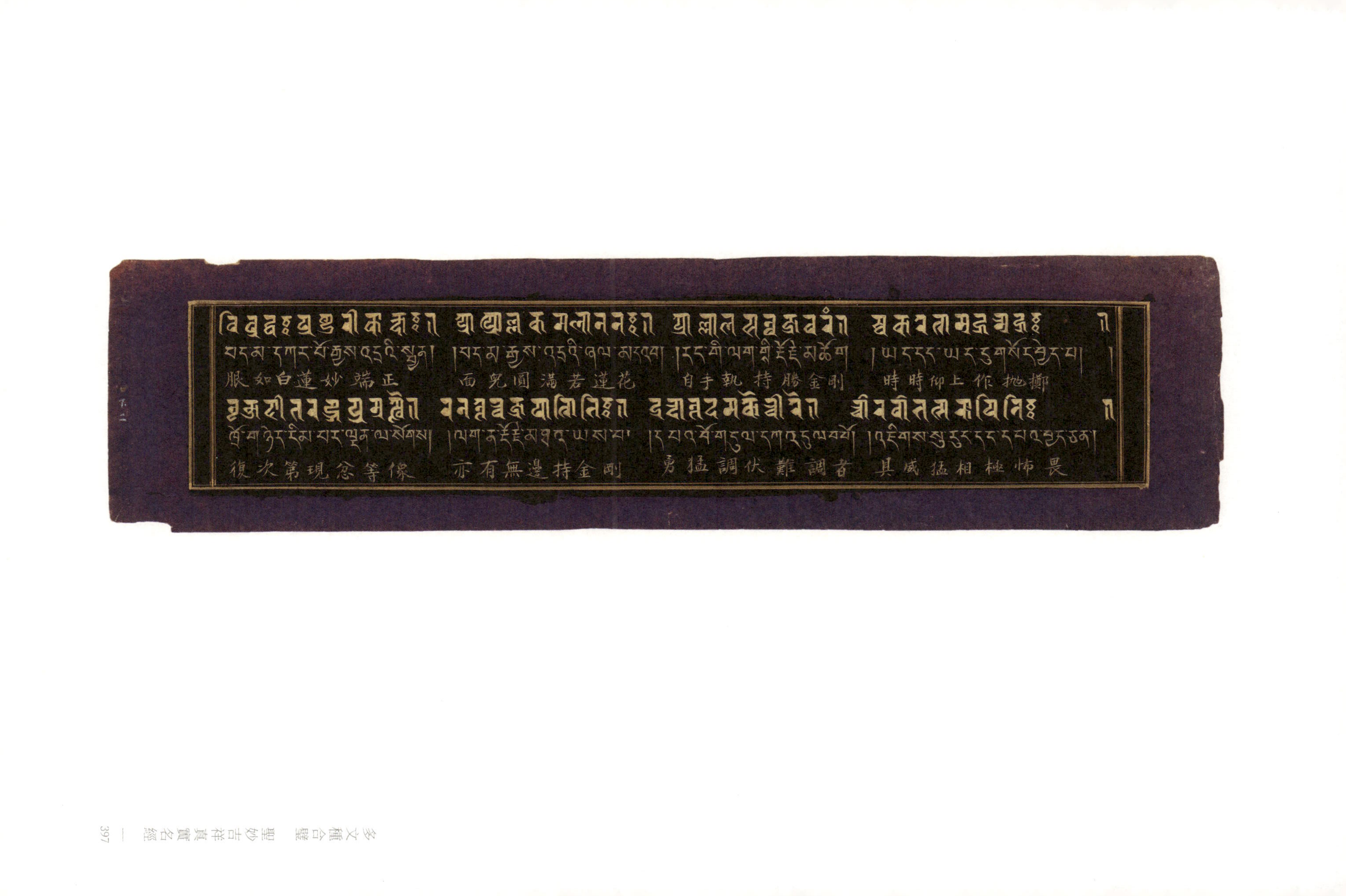

པད་མ་དཀར་པོ་རྒྱས་འདྲའི་སྤྱན། །པད་མ་རྒྱས་འདྲའི་ཞལ་མངའ་བ། །རང་གི་ལག་གིས་རྡོ་རྗེ་མཆོག །ཡང་དང་ཡང་དུ་གསོར་བྱེད་པ། །

眼如白蓮妙端正　面兒圓滿若蓮花　自手執持勝金剛　時時仰上作拋擲

ཁྲོ་བ་ཉིད་དེམ་པར་ལྡན་ལ་སོགས། །ལག་ན་རྡོ་རྗེ་མཐའ་ཡས་པ། །དཔའ་བོ་གདུལ་དཀའ་འདུལ་བ་པོ། །འཇིགས་སུ་རུང་དང་དཔལ་འཕྲུལ་ཅན། །

復次第現忿等像　亦有無邊持金剛　勇猛調伏難調者　具威猛相極怖畏

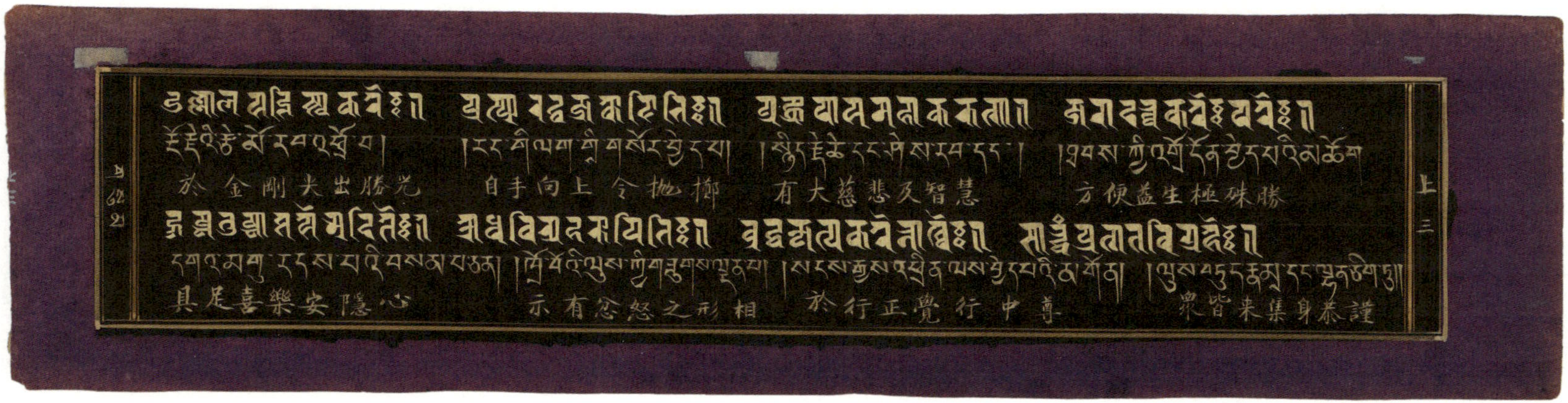

རྡོ་རྗེའི་རྩེ་མོ་རབ་འབྱོ་བ། །དང་གི་ལག་གི་གཡོར་བྱེད་པ། །སྙིང་རྗེ་ཆེ་དང་ཤེས་རབ་དང་། །ཐབས་ཀྱི་འགྲོ་དོན་བྱེད་པའི་མཆོག

於金剛尖出勝光　自手向上令拋擲　有大慈悲及智慧　方便益生極殊勝

དགའ་མཆོག་དང་དམ་པའི་བསམ་པ་ཅན། །ཁྲོ་བོའི་ལུས་ཀྱི་གཟུགས་སུ་སྟོན་པ། །སངས་རྒྱས་འཕྲིན་ལས་བྱེད་པའི་ཙོ་བོ་ནི། །ལུས་བདུད་ཚམ་སྦྱ་དང་ལྷན་ཅིག་གུ།

具足喜樂安隱心　示有忿怒之形相　於行正覺行中尊　衆皆来集身恭謹

上 三

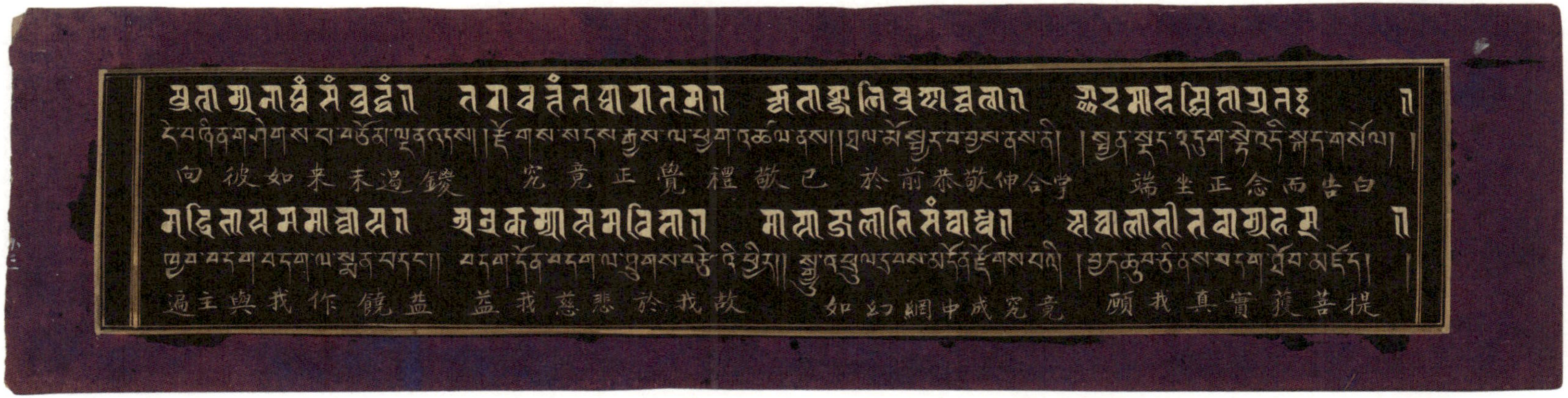

དེ་བཞིན་གཤེགས་པ་བཅོམ་ལྡན་འདས། །རྫོགས་སངས་རྒྱས་ལ་ཕྱག་འཚལ་ནས། །ཐལ་མོ་སྦྱར་བ་བྱས་ནས་ནི། །སྤྱན་སྔར་འདུག་སྟེ་འདི་སྐད་གསོལ། །
向彼如来未過鑁 究竟正覺禮敬已 於前恭敬伸合掌 端坐正念而告白
ཁྱབ་བདག་བདག་ལ་ཕན་པ་དང་། །བདག་དོན་བདག་ལ་ཐུགས་བརྩེ་ཕྱིར། །སྒྱུ་འཕྲུལ་དྲ་བ་མངོན་རྫོགས་པ། །བྱང་ཆུབ་ཅི་ནས་བདག་ཐོབ་མཛོད། །
遍主與我作饒益 益我慈悲於我故 如幻網中成究竟 願我真實獲菩提

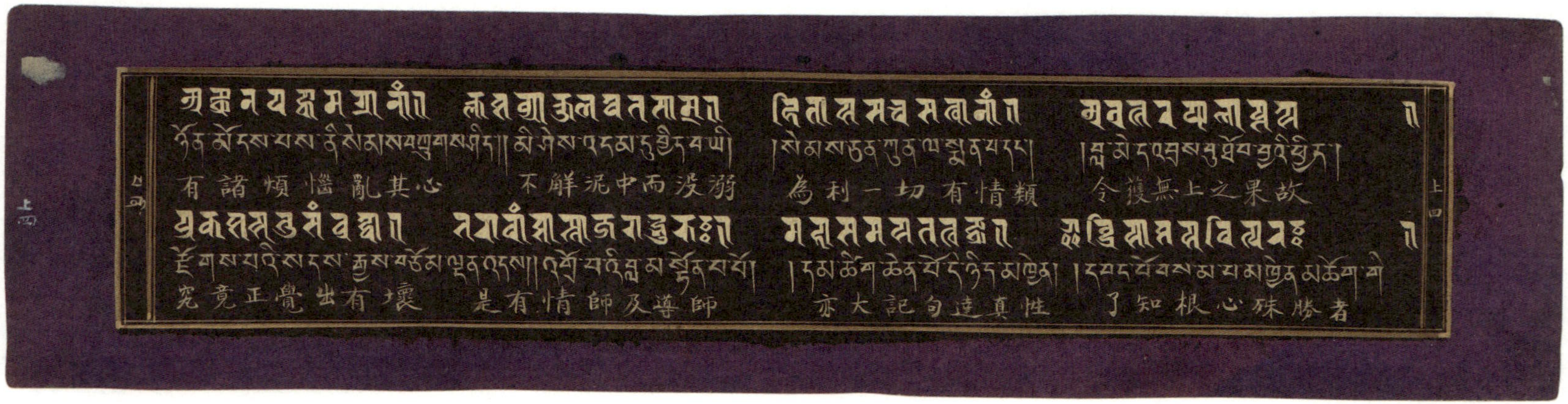
ཉོན་མོངས་པས་ནི་སེམས་བཀྲུགས་ཤིང་། །མི་ཤེས་འདམ་དུ་བྱིང་བ་ཡི། །སེམས་ཅན་ཀུན་ལ་ཕན་པ་དང་། །བླ་མེད་འབྲས་བུ་ཐོབ་བྱའི་ཕྱིར། །
有諸煩惱亂其心 不鮮泥中而沒溺 為利一切有情類 令獲無上之果故
རྫོགས་པའི་སངས་རྒྱས་བཅོམ་ལྡན་འདས། །འགྲོ་བའི་བླ་མ་སྟོན་པ་པོ། །དམ་ཚིག་ཆེན་པོ་དེ་ཉིད་མཁྱེན། །དབང་པོ་བསམ་པ་མཁྱེན་མཆོག་གི
究竟正覺出有壞 是有情師及導師 亦大記句達真性 了知根心殊勝者
上四

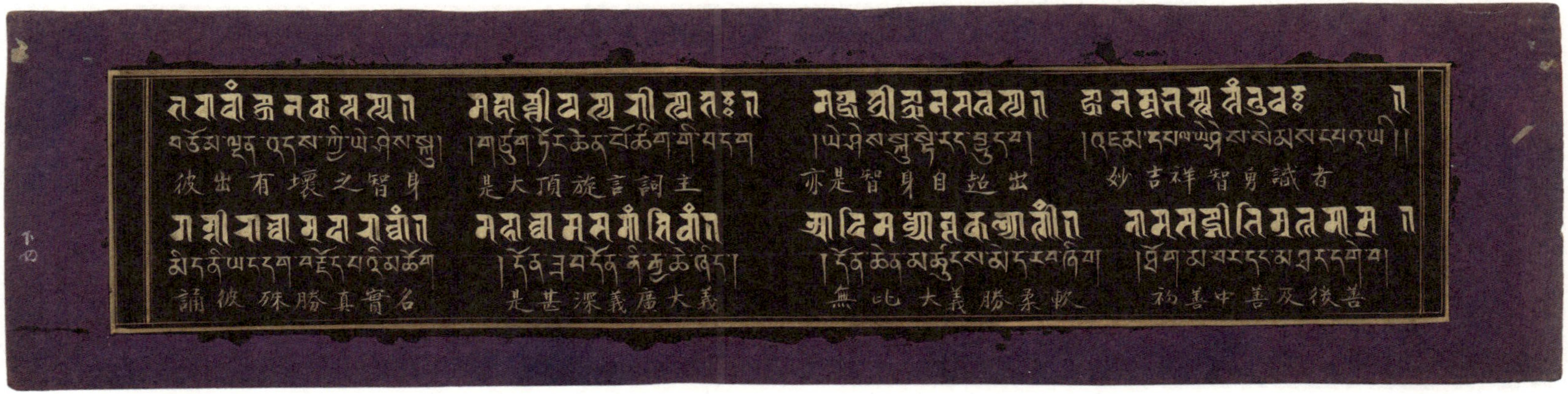
བཅོམ་ལྡན་འདས་ཀྱི་ཡེ་ཤེས་སྐུ། །གཙུག་ཏོར་ཆེན་པོ་ཚིག་གི་བདག །ཡེ་ཤེས་སྐུ་སྟེ་རང་བྱུང་བ། །འཇམ་དཔལ་ཡེ་ཤེས་སེམས་དཔའ་ཡི། །
彼出有壞之智身 是大頂旋言詞主 亦是智身自超出 妙吉祥智勇識者
མིང་ནི་ཡང་དག་བརྗོད་པའི་མཆོག །དོན་ཟབ་དོན་ནི་རྒྱ་ཆེ་ཞིང་། །དོན་ཆེན་མཚུངས་མེད་རབ་ཞི་བ། །ཐོག་མ་བར་དང་མཐར་དགེ་བ། །
誦彼殊勝真實名 是甚深義廣大義 無比大義勝柔軟 初善中善及後善

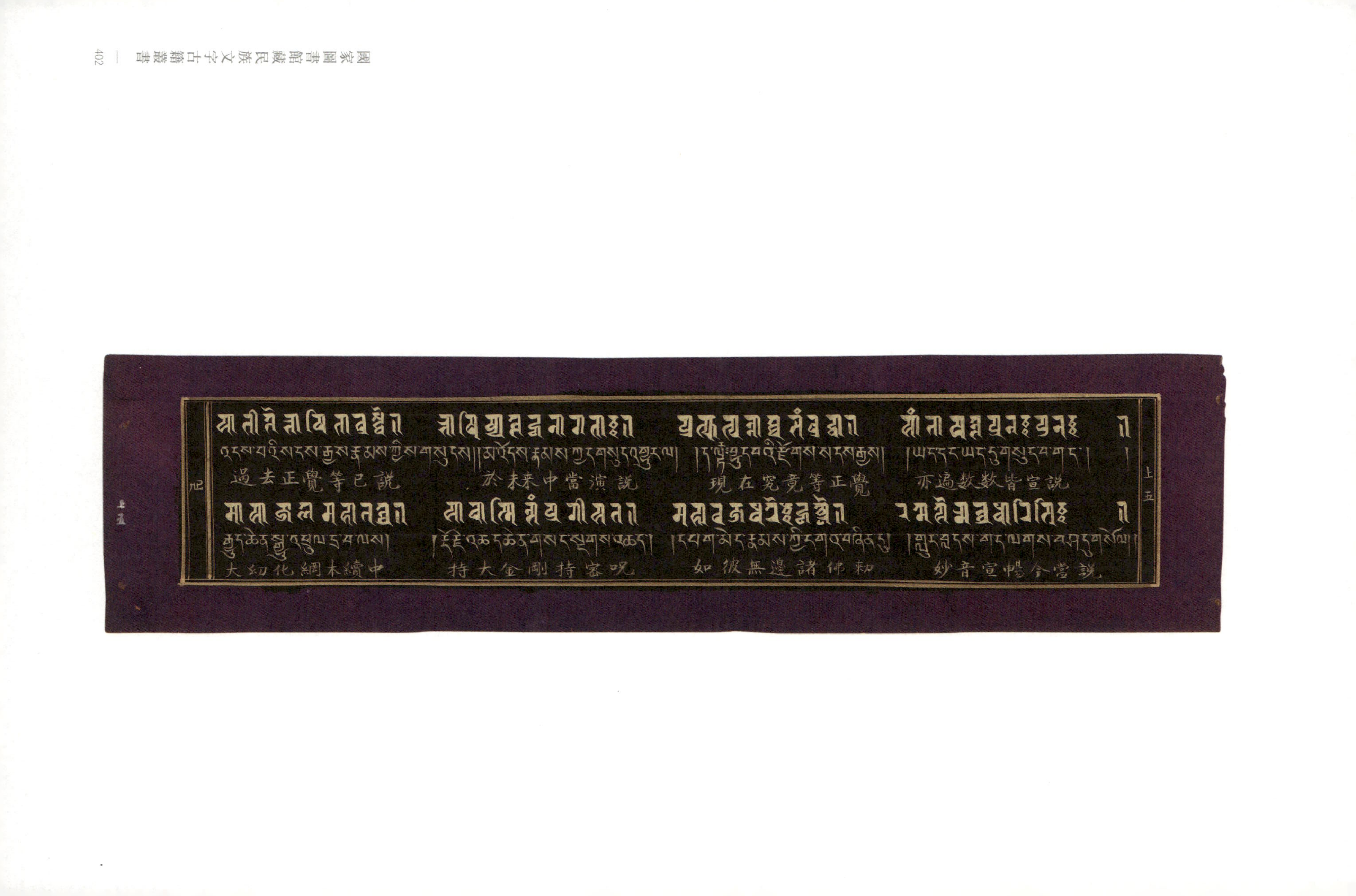

上五

འདས་པ་ཡི་སངས་རྒྱས་རྣམས་ཀྱིས་གསུངས། །མ་འོངས་རྣམས་ཀྱང་གསུང་འགྱུར་ལ། །ད་ལྟར་བྱུང་བའི་རྫོགས་སངས་རྒྱས། །ཡང་དང་ཡང་དུ་གསུང་བ་གང་། །

過去正覺等已說　於未來中當演說　現在究竟等正覺　亦遍数数皆宣說

རྒྱུད་ཆེན་སྒྱུ་འཕྲུལ་དྲ་བ་ལས། །རྡོ་རྗེ་འཆང་ཆེན་གསང་སྔགས་འཆང་། །དཔག་མེད་རྣམས་ཀྱིས་དགའ་བཞིན་དུ། །གླུར་བླངས་གང་ལགས་བཤད་དུ་གསོལ། །

大幻化網本續中　持大金剛持密呪　如彼無邊諸佛勅　妙音宣暢今當說

卍

上五

世尊究竟正覺尊 願我真實持咒故 如我決定未出間 當歎堅固而受持
遠離煩惱令無餘 於諸謗解捨離故 即以無別無異心 為諸有情願宣說

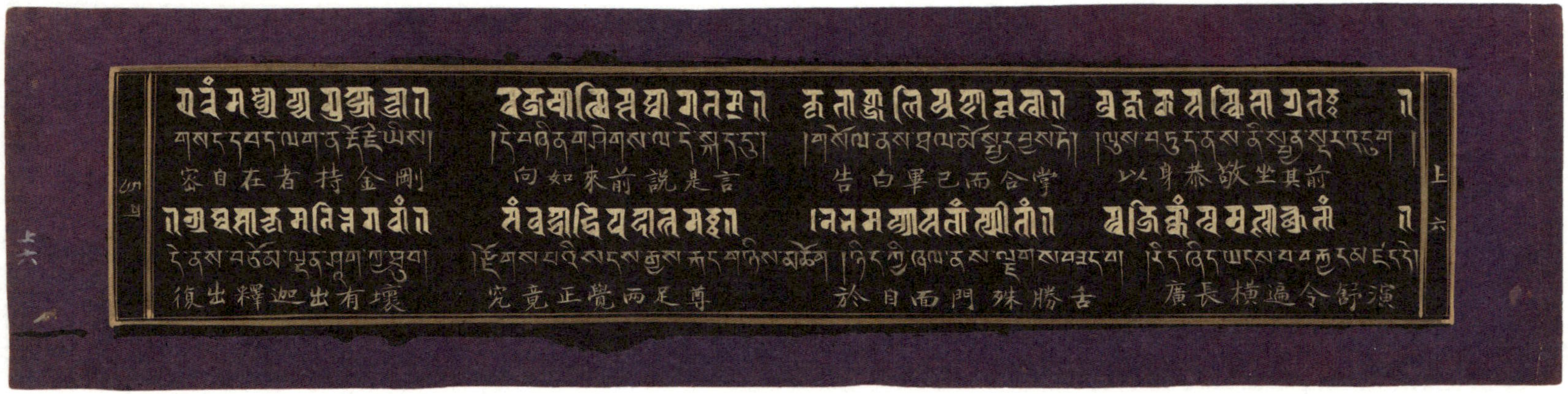
上六
密自在者持金剛
向如來前說是言
告白畢已而合掌
以身恭敬坐其前
復出釋迦出有壞
究竟正覺兩足尊
於自面門殊勝舌
廣長橫遍令舒演

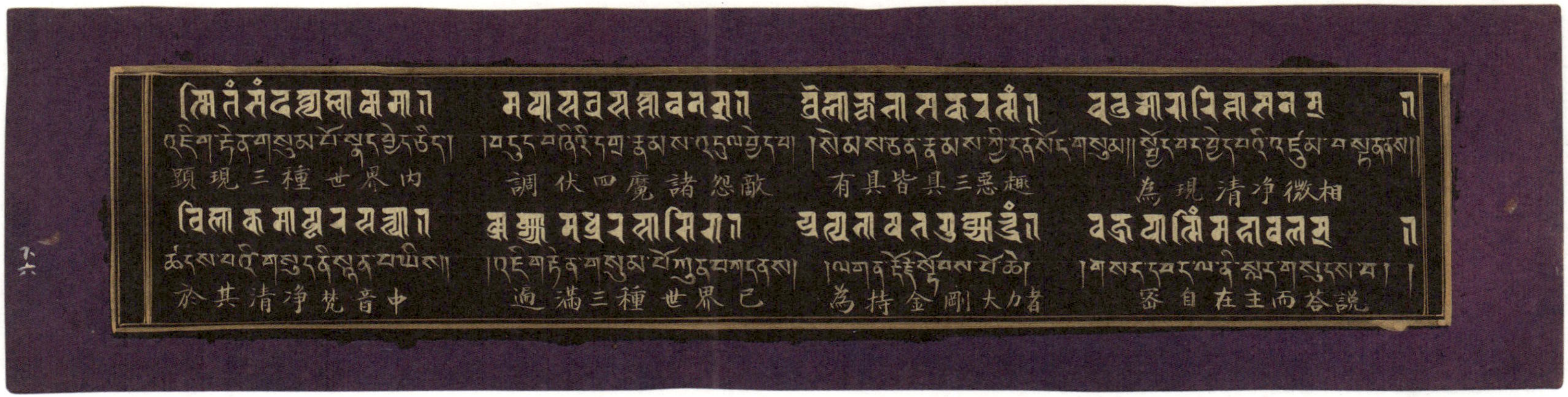
འཇིག་རྟེན་གསུམ་པོ་སྣང་བྱེད་ཅིང་། །བདུད་བཞི་ཡི་ནི་དགྲ་རྣམས་འདུལ་བྱེད་པ། །སེམས་ཅན་རྣམས་ཀྱི་ངན་སོང་གསུམ། །སྦྱོང་བར་བྱེད་པའི་འཇམ་པ་སྒྲགས་ནས། །
顯現三種世界內 調伏四魔諸怨敵 有具皆具三惡趣 為現清淨微相
ཚངས་པའི་གསུང་དེ་སྙན་པ་ཡིས། །འཇིག་རྟེན་གསུམ་པོ་ཀུན་བཀང་ནས། །ལག་ན་རྡོ་རྗེ་སྟོབས་པོ་ཆེ། །གསང་བདག་དབང་ལ་དེ་སྐད་གསུངས་པ། །
於其清净梵音中 遍滿三種世界已 為持金剛大力者 密自在主而答説

上七
具足有大慈悲者
汝為利益有情故
具足智身妙吉祥
誦真實名是大益
能作清淨除罪業
於我精懃應諦聽
善哉吉祥持金剛
手持金剛汝善哉

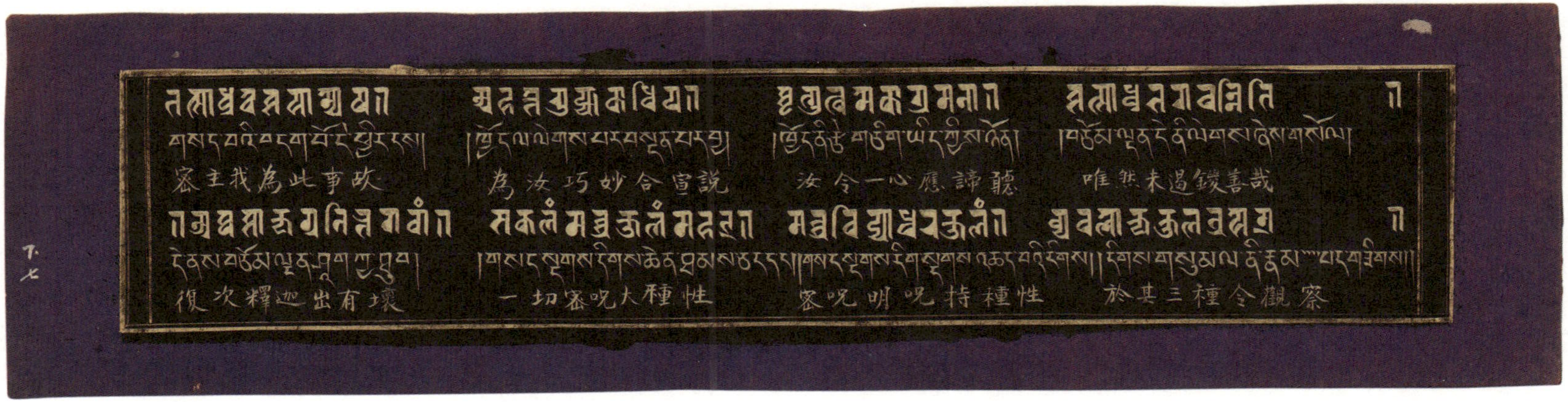
密主我為此事故
為汝巧妙令宣說
汝今一心應諦聽
唯然未遏鈸善哉
復次釋迦出有壞
一切密咒大種性
密咒明咒持種性
於其三種令觀察

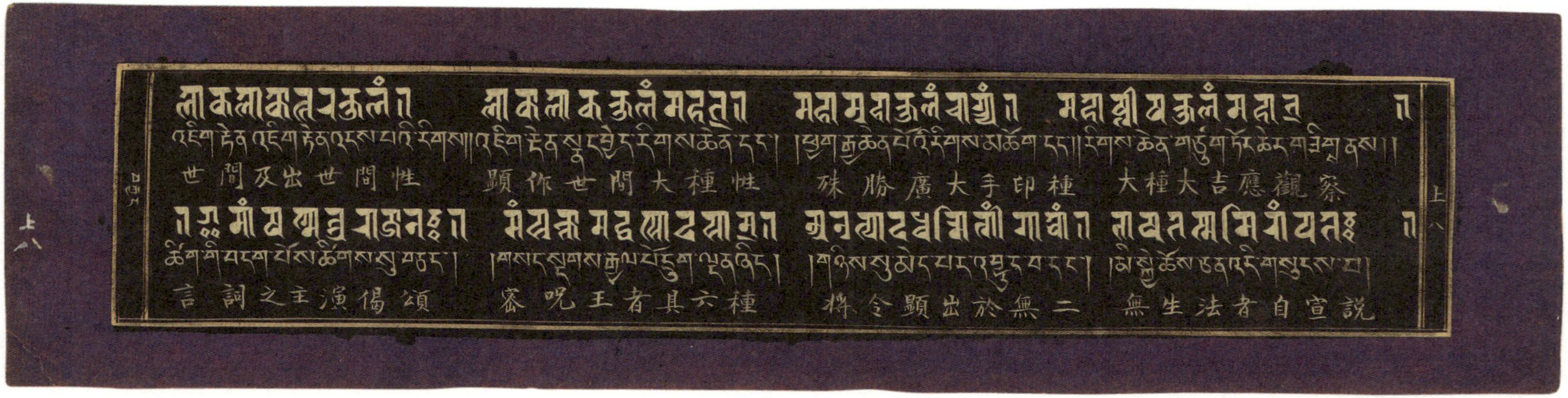
འཇིག་རྟེན་འཇིག་རྟེན་འདས་པའི་རིགས། །འཇིག་རྟེན་སྣང་བྱེད་རིགས་ཆེན་དང་། །ཕྱག་རྒྱ་ཆེན་པོའི་རིགས་མཆོག་དང་། །རིགས་ཆེན་གཙུག་ཏོར་ཆེར་གཟིགས་ནས། །

世間及出世間性　顯作世間大種性　殊勝廣大手印種　大種大吉應觀察

ཚིག་གི་བདག་པོས་ཚིགས་སུ་བཅད། །གསང་སྔགས་རྒྱལ་པོ་དྲུག་ལྡན་ཞིང་། །གཉིས་སུ་མེད་པར་འབྱུང་བ་དང་། །མི་སྐྱེ་ཆོས་ཅན་འདི་གསུངས་པ། །

言詞之主演偈頌　密呪王者具六種　將令顯出於無二　無生法者自宣說

上八

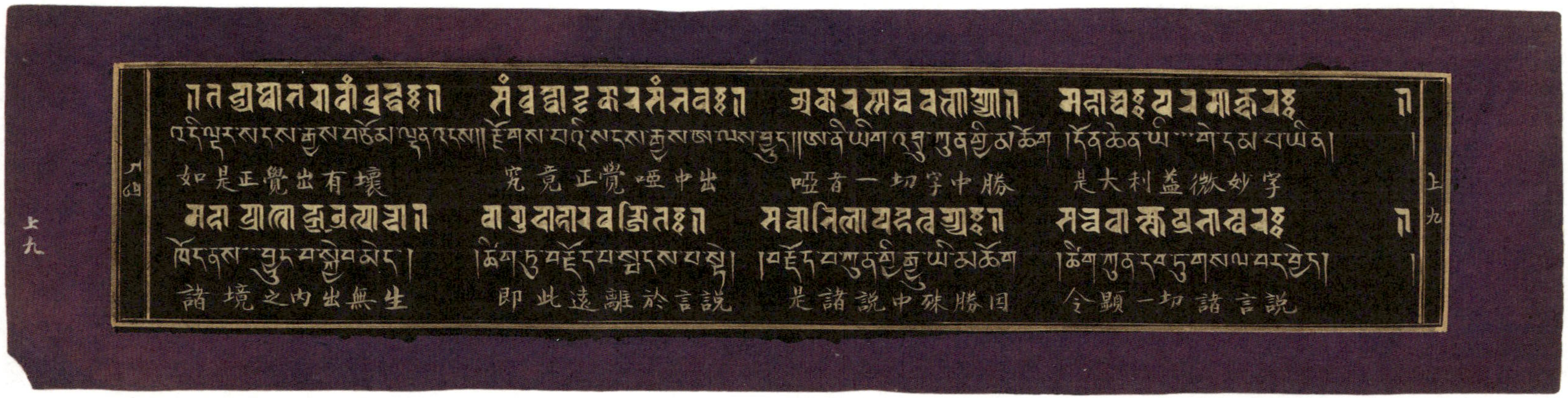
上九
འདི་ལྟར་སངས་རྒྱས་བཅོམ་ལྡན་འདས། །རྫོགས་པའི་སངས་རྒྱས་ཨ་ལས་བྱུང་། །ཨ་ནི་ཡི་གེ་ཀུན་གྱི་མཆོག །དོན་ཆེན་ཡི་…གེ་དམ་པ་ཡིན། །
如是正覺出有壞　究竟正覺啞中出　啞者一切字中勝　是大利益微妙字
ཁོང་ནས་…འབྱུང་བ་སྐྱེ་བ་མེད། །ཚིག་ཏུ་བརྗོད་པ་སྤངས་པ་སྟེ། །བརྗོད་པ་ཀུན་གྱི་རྒྱུ་ཡི་མཆོག །ཚིག་ཀུན་རབ་ཏུ་གསལ་བར་བྱེད། །
諸境之內出無生　即此遠離於言說　是諸說中殊勝因　令顯一切諸言說

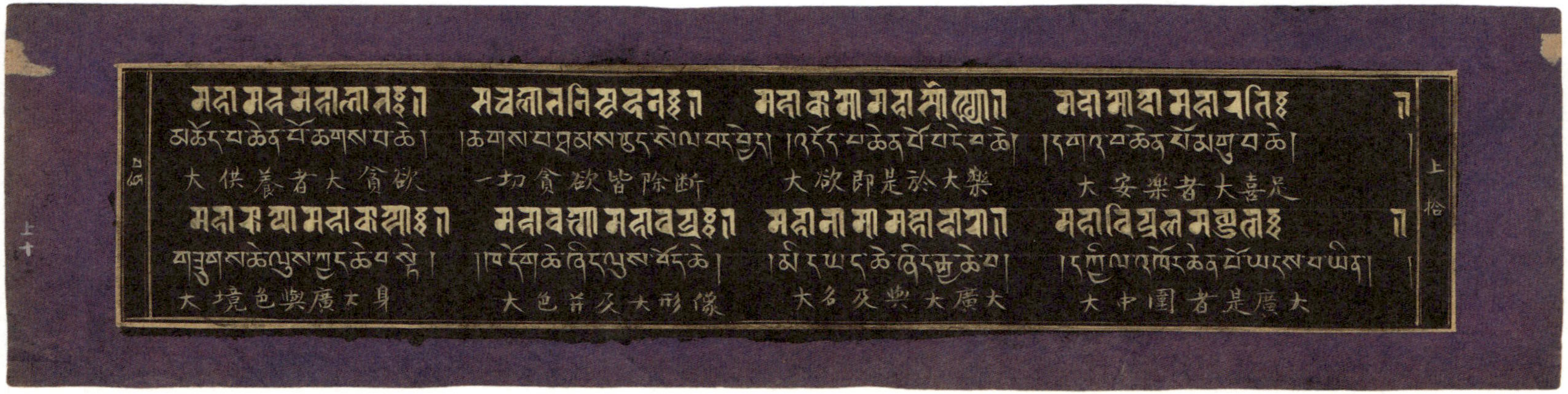
上拾
།མཆོད་པ་ཆེན་པོ་ཆགས་པ་ཆེ། །ཆགས་པ་ཐམས་ཅད་སེལ་བར་བྱེད། །འདོད་པ་ཆེན་པོ་བདེ་བ་ཆེ། །དགའ་བ་ཆེན་པོ་མགུ་བ་ཆེ།
大供養者大貪欲　一切貪欲皆除斷　大欲即是於大樂　大安樂者大喜足
།གཟུགས་ཆེ་ལུས་ཀྱང་ཆེ་བ་སྟེ། །ཁ་དོག་ཆེ་ཞིང་ལུས་བོང་ཆེ། །མིང་ཡང་ཆེ་ཞིང་རྒྱ་ཆེ་བ། །དཀྱིལ་འཁོར་ཆེན་པོ་ཡངས་པ་ཡིན།
大境色與廣大身　大色并及大形像　大名及與大廣大　大中圍者是廣大
上十

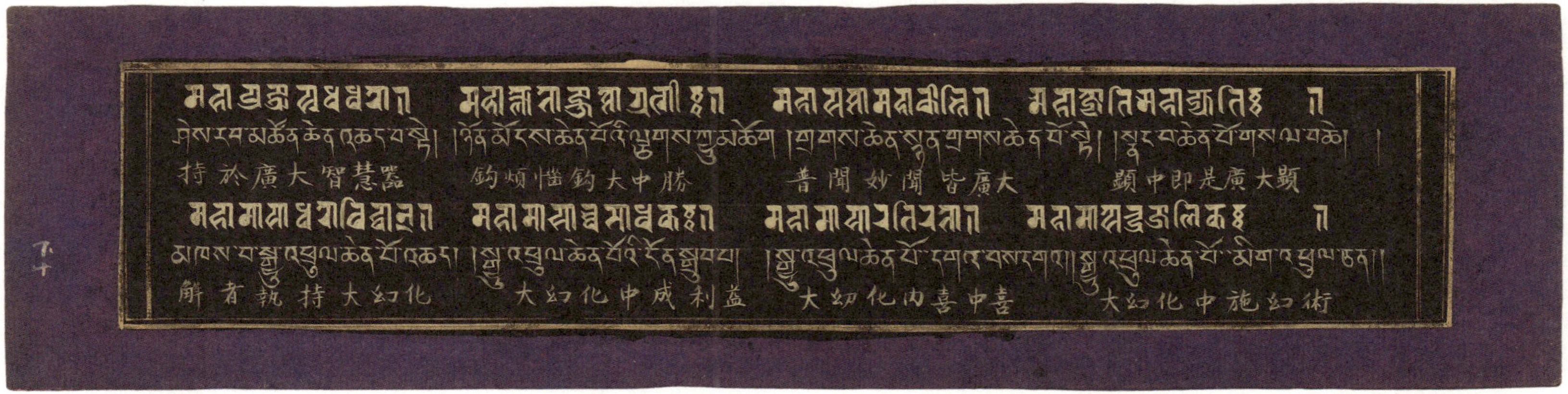

ཤེས་རབ་མཚོན་ཆེན་འཆང་བ་སྟེ། །ཉོན་མོངས་ཆེན་པོའི་ལྕགས་ཀྱུ་མཆོག །གྲགས་ཆེན་སྙན་གྲགས་ཆེན་པོ་སྟེ། །སྣང་བ་ཆེན་པོ་གསལ་བ་ཆེ། །

持於廣大智慧器　鈎煩惱鈎大中勝　普聞妙聞皆廣大　顯中即是廣大顯

མཁས་པ་སྒྱུ་འཕྲུལ་ཆེན་པོ་འཆང་། །སྒྱུ་འཕྲུལ་ཆེན་པོའི་དོན་སྒྲུབ་པ། །སྒྱུ་འཕྲུལ་ཆེན་པོ་དགའ་བས་དགའ། །སྒྱུ་འཕྲུལ་ཆེན་པོ་མིག་འཕྲུལ་ཅན། །

解者執持大幻化　大幻化中成利益　大幻化內喜中喜　大幻化中施幻術

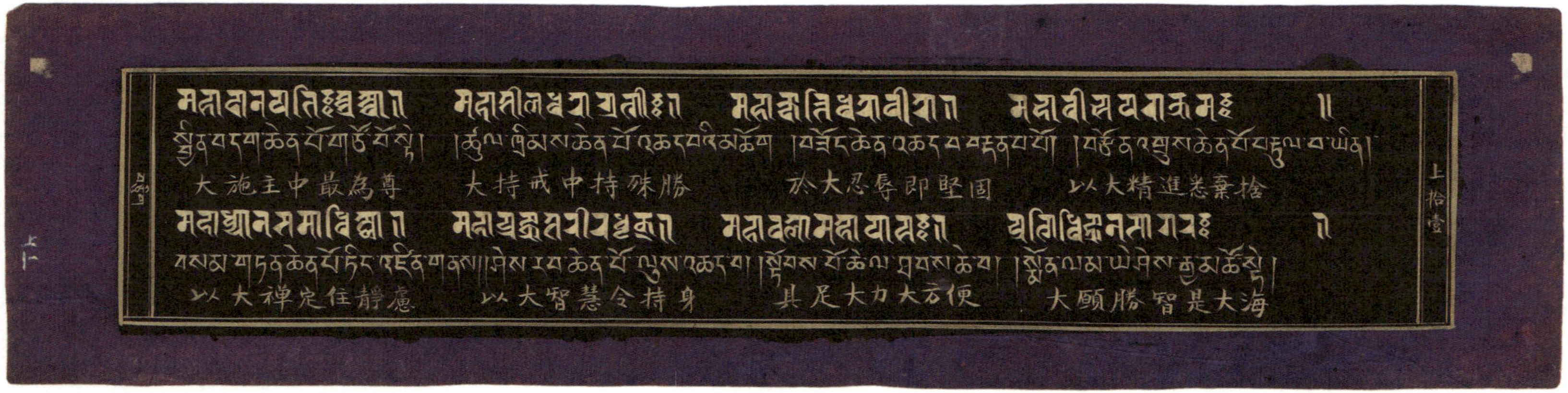

སྦྱིན་བདག་ཆེན་པོ་གཙོ་བོ་སྟེ། །ཚུལ་ཁྲིམས་ཆེན་པོ་འཆང་བའི་མཆོག །བཟོད་ཆེན་འཆང་བ་བརྟན་པ་པོ། །བརྩོན་འགྲུས་ཆེན་པོ་བརྟུལ་བ་ཡིན།

大施主中最為尊　大持戒中持殊勝　於大忍辱即堅固　以大精進悉棄捨

བསམ་གཏན་ཆེན་པོ་ཏིང་འཛིན་གནས། །ཤེས་རབ་ཆེན་པོ་ལུས་འཆང་བ། །སྟོབས་པོ་ཆེ་ལ་ཐབས་ཆེ་བ། །སྨོན་ལམ་ཡེ་ཤེས་རྒྱ་མཚོ་སྟེ།

以大禪定住靜慮　以大智慧令持身　具足大力大方便　大願勝智是大海

上拾壹

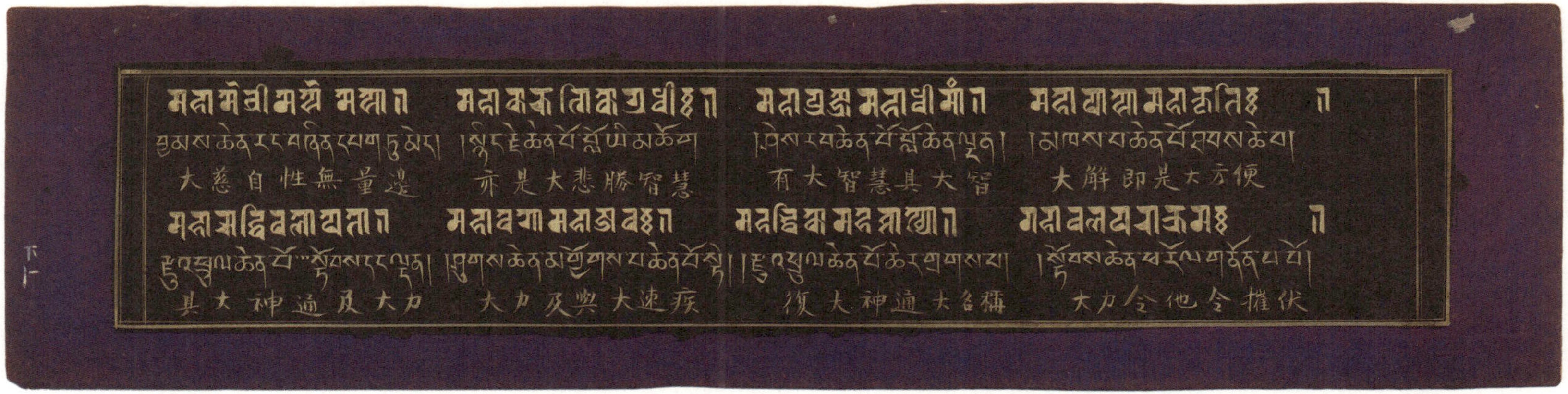
大慈自性無量邊
亦是大悲勝智慧
有大智慧具大智
大解即是大方便
具大神通及大力
大力及與大速疾
復大神通大名稱
大力令他令摧伏

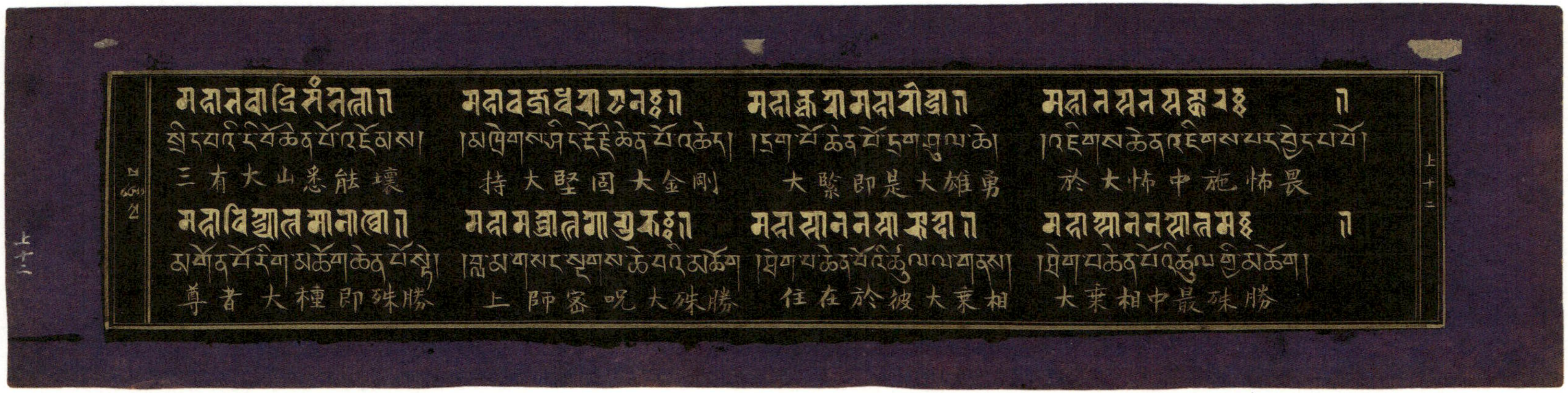

སྲིད་པའི་རི་བོ་ཆེན་པོ་འཇོམས་ས། །མཁྲེགས་པ་རྡོ་རྗེ་ཆེན་པོ་འཆང་། །དྲག་པོ་ཆེན་པོ་དྲག་ཤུལ་ཅེ། །འཇིགས་ཆེན་འཇིགས་པར་བྱེད་པ་པོ།

三有大山悉能壞　持大堅固大金剛　大際即是大雄勇　於大怖中施怖畏

མགོན་པོ་རིག་མཆོག་ཆེན་པོ་སྟེ། །བླ་མ་གསང་སྔགས་ཆེ་བའི་མཆོག །ཐེག་པ་ཆེན་པོའི་ཚུལ་ལ་གནས། །ཐེག་པ་ཆེན་པོའི་ཚུལ་གྱི་མཆོག།

尊者大種即殊勝　上師密呪大殊勝　住在於彼大乘相　大乘相中最殊勝

上十二

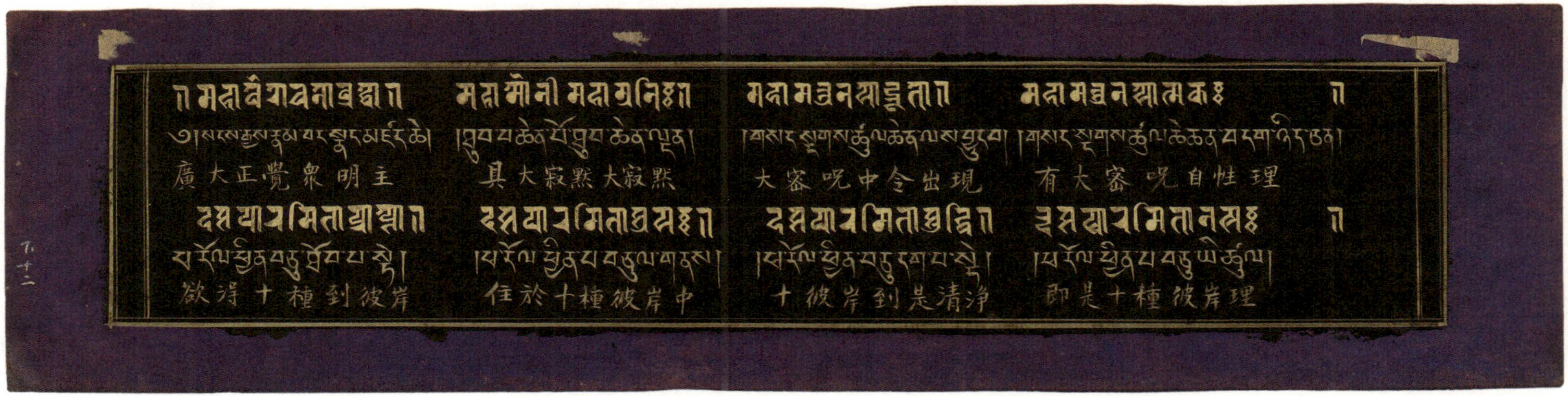
下十一
།སངས་རྒྱས་རྣམ་པར་སྣང་མཛད་ཆེ། །ཐུབ་པ་ཆེན་པོ་ཐུབ་ཆེན་ལྡན། །གསང་སྔགས་ཚུལ་ཆེན་ལས་བྱུང་བ། །གསང་སྔགས་ཚུལ་ཆེན་བདག་ཉིད་ཅན།
廣大正覺衆明主　具大寂黙大寂黙　大密呪中令出現　有大密呪自性理
ཕ་རོལ་ཕྱིན་བཅུ་ཐོབ་པ་སྟེ། །ཕ་རོལ་ཕྱིན་པ་བཅུ་ལ་གནས། །ཕ་རོལ་ཕྱིན་བཅུ་དག་པ་སྟེ། །ཕ་རོལ་ཕྱིན་པ་བཅུ་ཡི་ཚུལ།
欲得十種到彼岸　住於十種彼岸中　十彼岸到是清净　即是十種彼岸理

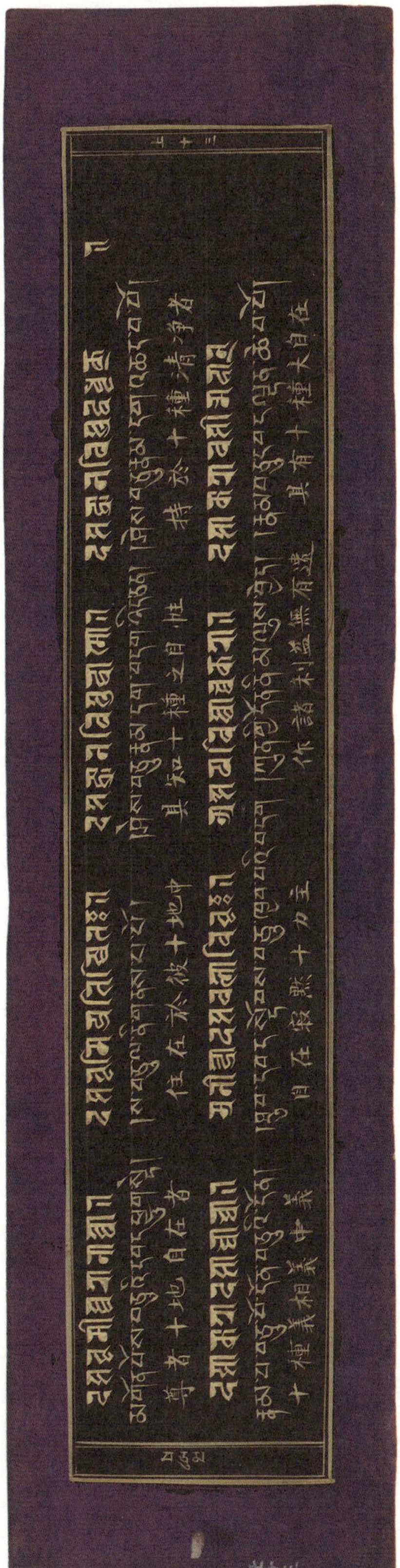
尊者十地自在者
住在於彼十地中
具知十種之自性
持於十種清淨者
十種義相義中義
自在寂默十力主
作諸剎益無有邊
具有十種大自在

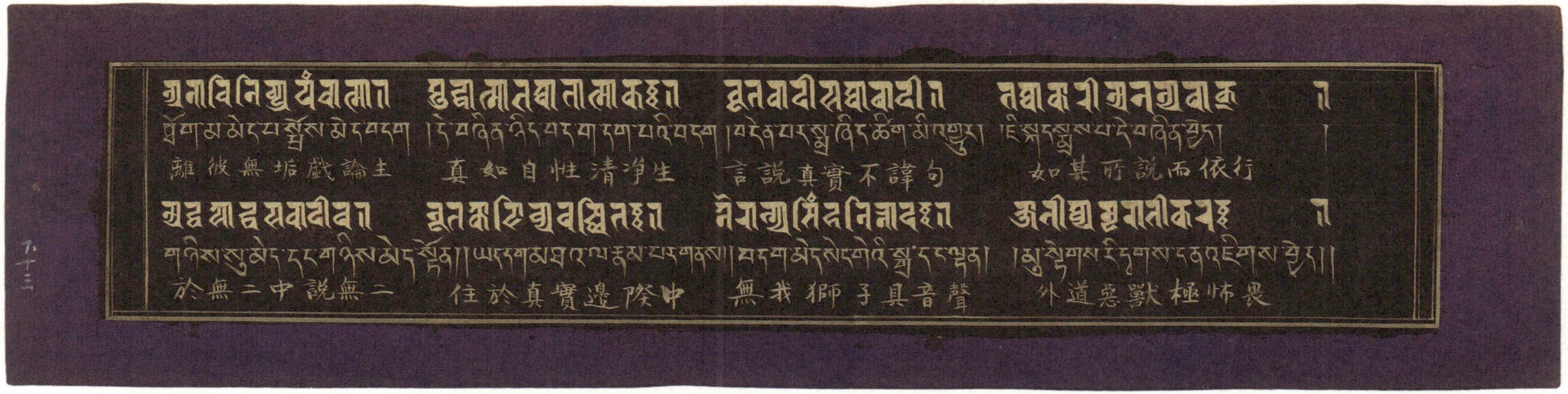
ཐོག་མ་མེད་པ་སྤྲོས་མེད་བདག །དེ་བཞིན་ཉིད་བདག་དག་པའི་བདག །བདེན་པར་སྨྲ་ཞིང་ཚིག་མི་འཁྱུལ། །ཇི་སྐད་སྨྲས་པ་དེ་བཞིན་བྱེད། །
離彼無垢戲論主　真如自性清淨生　言說真實不諱句　如其所說而依行
གཉིས་སུ་མེད་དང་གཉིས་མེད་སྟོན། །ཡང་དག་མཐའ་ལ་རྣམ་པར་གནས། །བདག་མེད་སེང་གེའི་སྒྲ་དང་ལྡན། །མུ་སྟེགས་རི་དྭགས་ངན་འཇིགས་བྱེད། །
於無二中說無二　住於真實邊際中　無我獅子具音聲　外道惡獸極怖畏
下十三

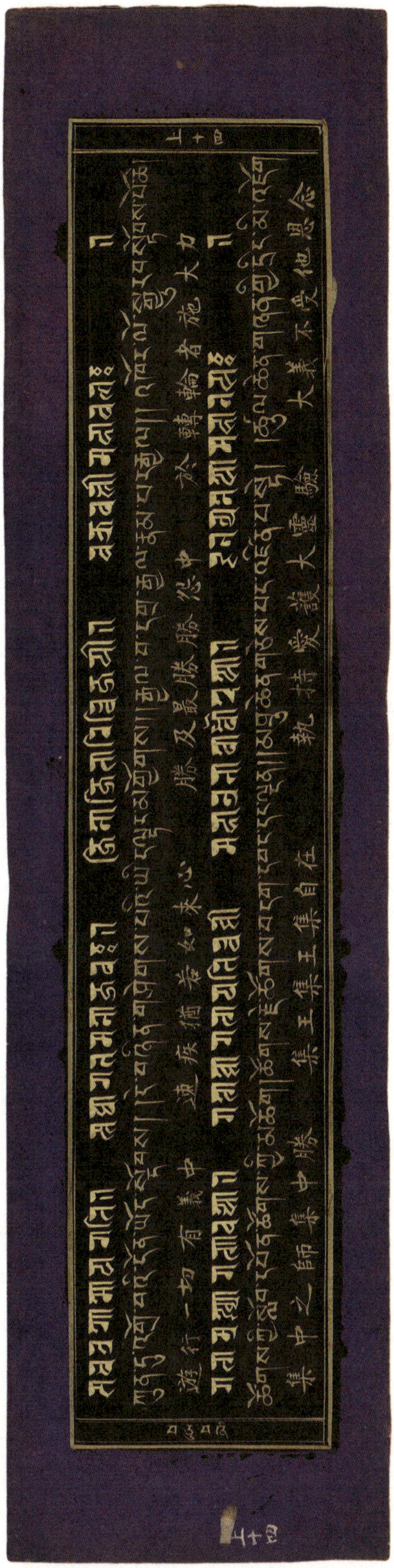
遊行一切有義中　速疾循著如來心　勝及最勝勝怨中　於轉輪者施大力
集中之師集中勝　集王集王集自在　執持愛護大靈驗　大義不受他恩念

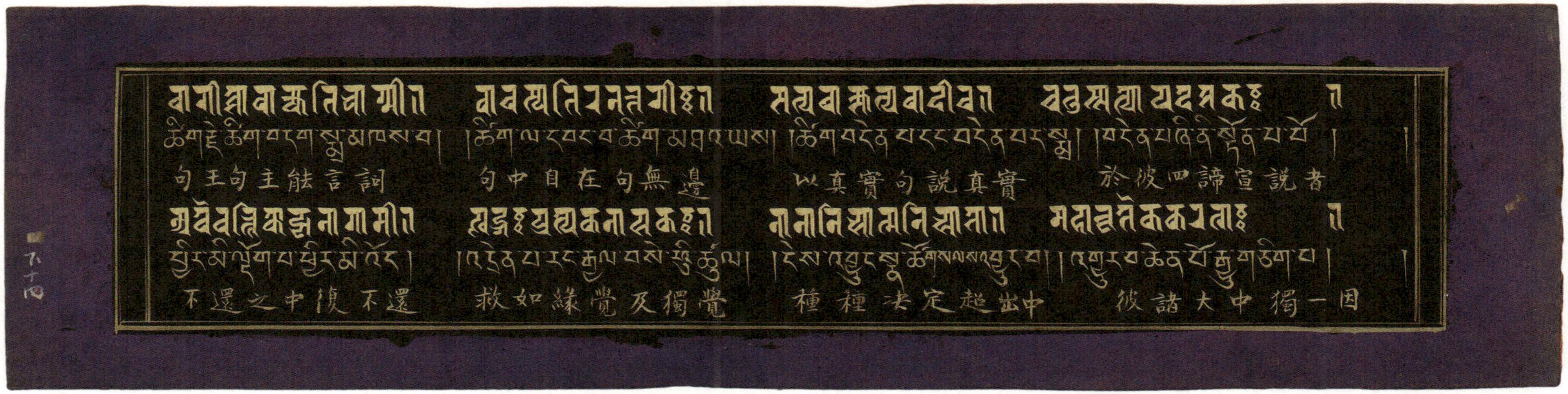
句王句主能言詞　句中自在句無邊　以真實句說真實　於彼四諦宣說者
不還之中復不還　救如緣覺及獨覺　種種決定超出中　彼諸大中獨一因

苾蒭羅漢即漏盡　調伏諸根并離欲　獲得安樂無怖畏　成滿清涼亦無濁
明解及與於神足　世間善逝勝明解　於我不執不執我　住於二種諦理中
上十五

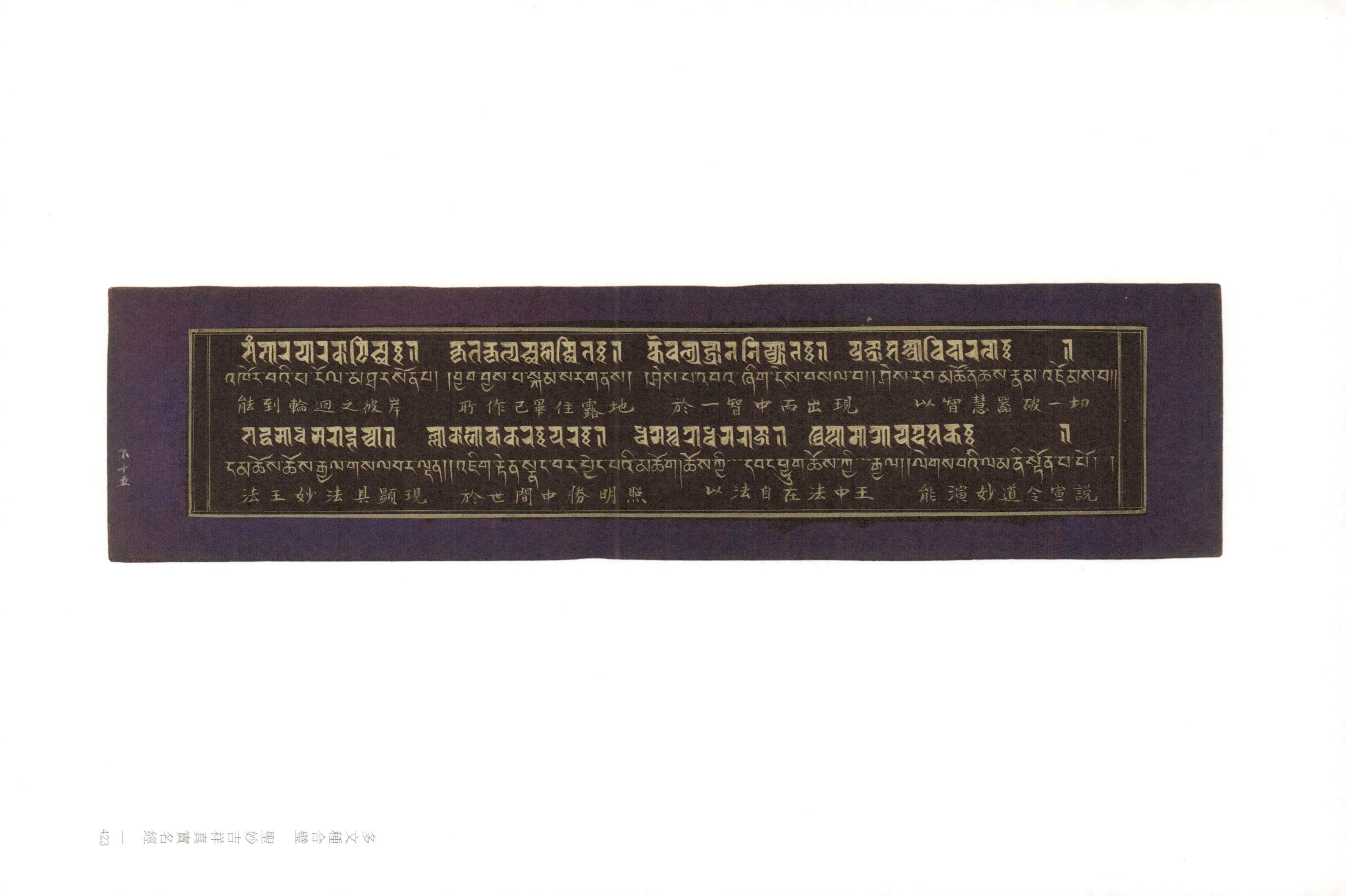

六十五

འཁོར་བའི་པ་རོལ་མཐར་སོན་པ། །བྱ་བ་བྱས་པ་སྐམ་སར་གནས། །ཤེས་པ་ཁྱུ་བད་ཞིག་ངེས་བསལ་བ། །ཤེས་རབ་མཚོན་ཆས་རྣམ་འཇོམས་པ།

能到輪迴之彼岸　所作已畢住露地　於一智中而出現　以智慧器破一切

དམ་ཆོས་ཆོས་རྒྱལ་གསལ་བར་ལྡན། །འཇིག་རྟེན་སྣང་བར་བྱེད་པའི་མཆོག །ཆོས་ཀྱི་དབང་ཕྱུག་ཆོས་ཀྱི་རྒྱལ། །ལེགས་པའི་ལམ་ནི་སྟོན་པ་པོ། །

法王妙法具顯現　於世間中勝明照　以法自在法中王　能演妙道令宣說

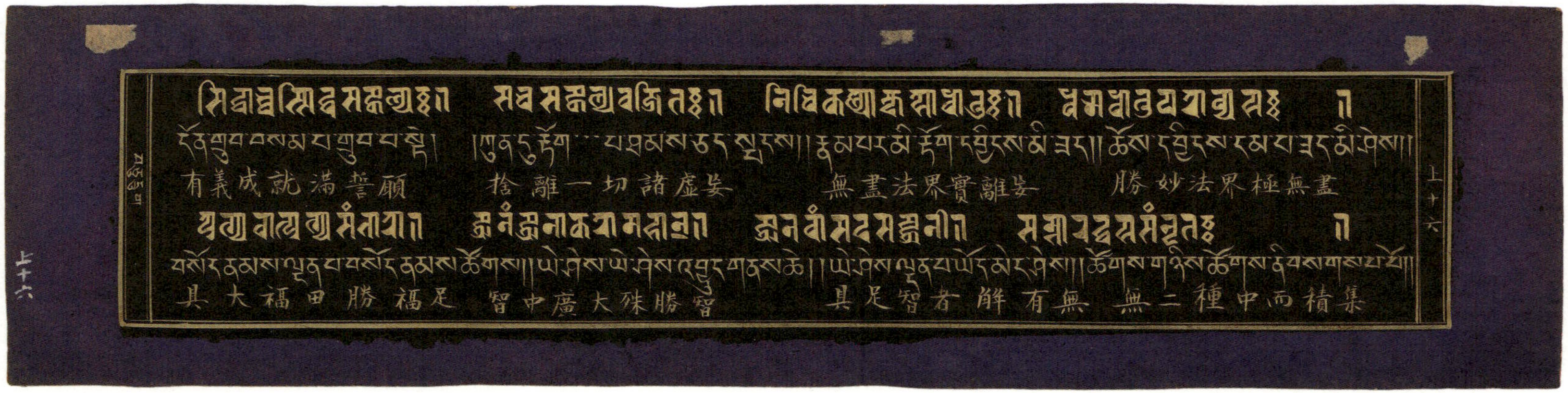

དོན་གྲུབ་བསམ་པ་གྲུབ་པ་སྟེ། །ཀུན་དུ་རྟོག་··པ་ཐམས་ཅད་སྤངས། །རྣམ་པར་མི་རྟོག་དབྱིངས་མི་ཟད། །ཆོས་དབྱིངས་དམ་པ་ཟད་མི་ཤེས། །

有義成就滿誓願　捨離一切諸虛妄　無盡法界實離妄　勝妙法界極無盡

བསོད་ནམས་ལྡན་པ་བསོད་ནམས་ཚོགས། །ཡེ་ཤེས་ཡེ་ཤེས་འབྱུང་གནས་ཆེ། །ཡེ་ཤེས་ལྡན་པ་ཡོད་མེད་ཤེས། །ཚོགས་གཉིས་ཚོགས་ནི་བསགས་པ་པོ། །

具大福田勝福足　智中廣大殊勝智　具足智者解有無　無二種中而積集

上十六

सर्वदृष्ट्यग्रयोगी च ध्यानध्येयो धियांपतिः। प्रत्यात्मवेद्यो ह्यचलः परमाद्यस्त्रिकायधृक्॥

ཧྲག་པ་ཀུན་རྒྱལ་རྣལ་འབྱོར་ཅན། །བསམ་གཏན་བསམ་བྱ་བློ་ལྡན་མཆོག །སོ་སོ་རང་རིག་མི་གཡོ་བ། །མཆོག་གི་དང་པོ་སྐུ་གསུམ་འཆང་། །

諸常見中勝禪定　善修靜慮是智王　自解各各皆不動　最上勝者持三身

पञ्चबुद्धात्मकः कायः पञ्चज्ञानात्मको विभुः। पञ्चबुद्धात्ममुकुटः पञ्चचक्षुरसङ्गधृक्॥

སངས་རྒྱས་སྐུ་ལྔའི་བདག་ཉིད་ཅན། །ཁྱབ་བདག་ཡེ་ཤེས་ལྔ་ཡི་བདག །སངས་རྒྱས་ལྔ་བདག་ཅོད་པན་ཅན། །སྤྱན་ལྔ་ཆགས་པ་མེད་པ་འཆང་། །

具足正覺五身性　遍主五種智自性　首冠莊嚴五覺性　持五種眼離執着

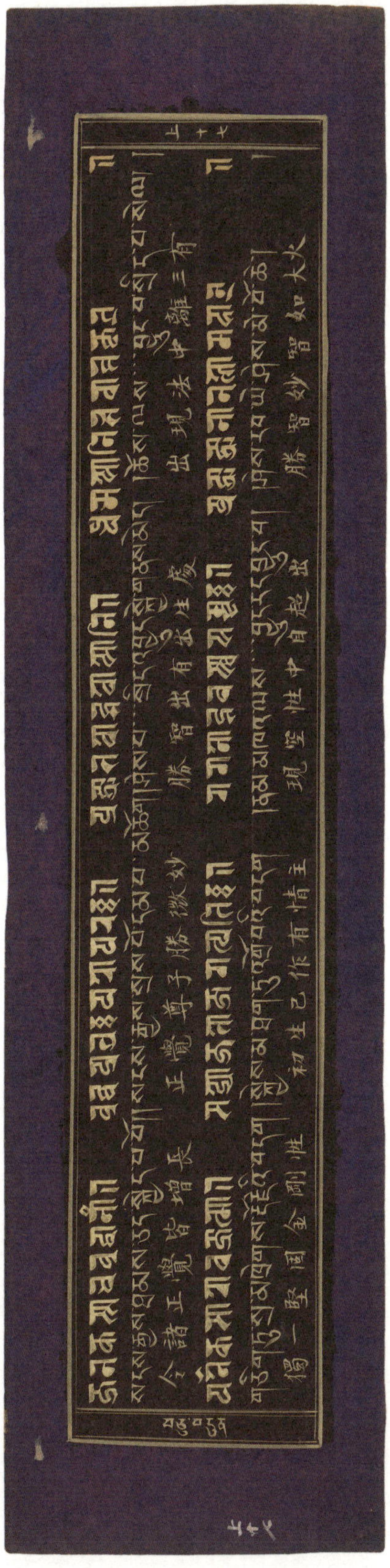
上十七
今諸正覺皆增長　正覺尊子勝微妙　勝智出有出生處　出現法中離三有
獨一堅固金剛性　初生已作有情主　現堅性中自起出　勝智妙智如大火

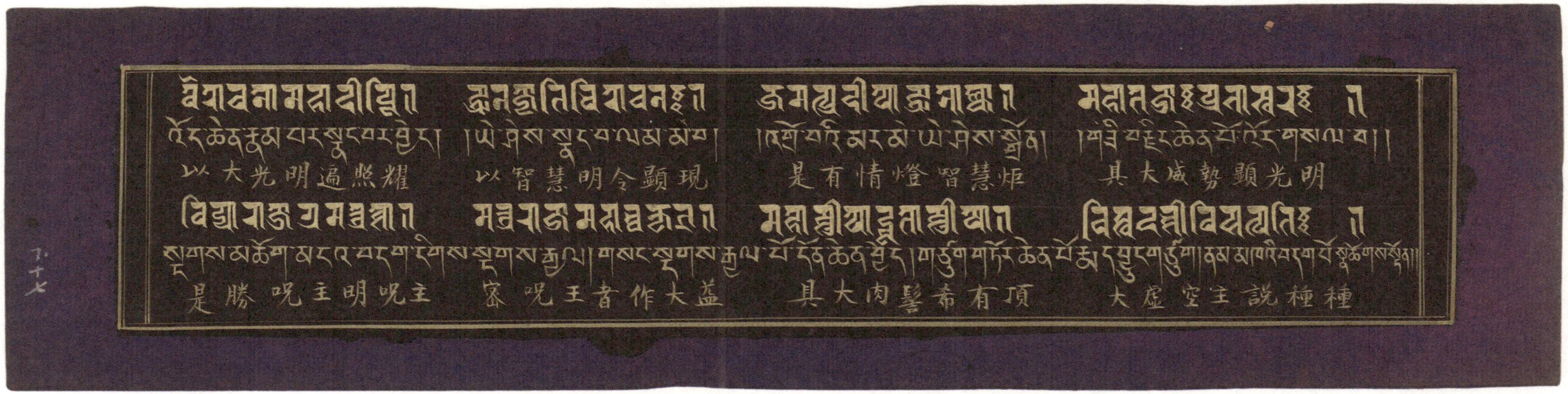
འོད་ཆེན་རྣམ་པར་སྣང་བར་བྱེད། །ཡེ་ཤེས་སྣང་བ་ལམ་མེ་བ། །འགྲོ་བའི་མར་མེ་ཡེ་ཤེས་སྒྲོན། །གཟི་བརྗིད་ཆེན་པོ་འོད་གསལ་བ། །
以大光明遍照耀 以智慧明令顯現 是有情燈智慧炬 具大威勢顯光明
སྔགས་མཆོག་མངའ་བདག་རིག་སྔགས་རྗེ། །གསང་སྔགས་རྒྱལ་པོ་དོན་ཆེན་སྒྲུབ། །གཙུག་ཏོར་ཆེན་པོ་རྨད་དུ་བྱུང་། །ནམ་མཁའི་བདག་པོ་སྣ་ཚོགས་སྟོན། །
是勝呪主明呪主 密呪王者作大益 具大肉髻希有頂 大虛空主說種種

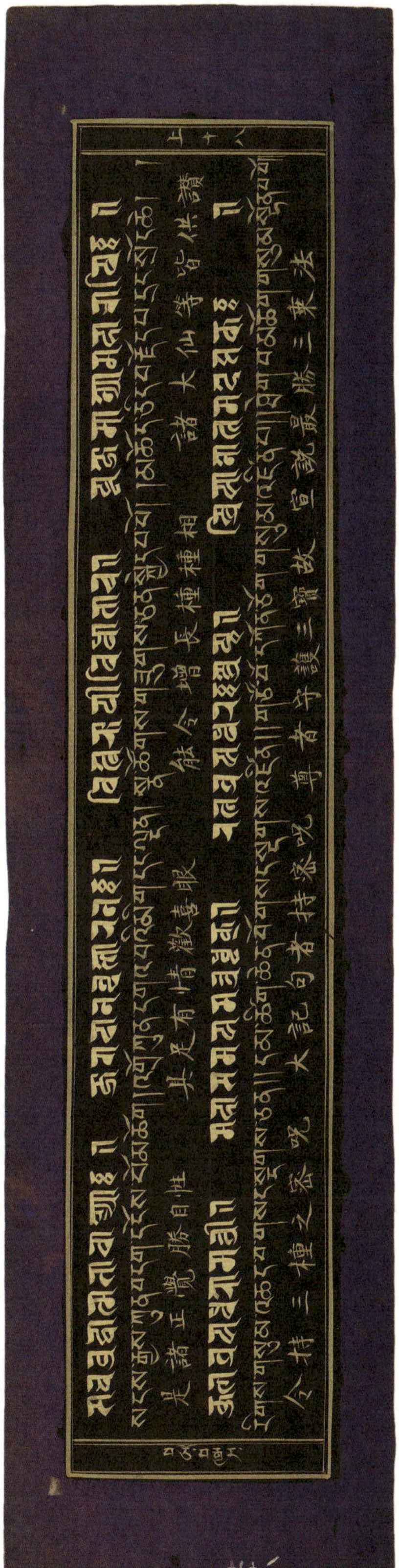
上十八
是諸正覺勝自性 具足有情歡喜眼 能令增長種種相 諸大仙等皆供讚
令持三種之密咒 大記句者持密咒 尊者守護三寶故 宣說最勝三乘法

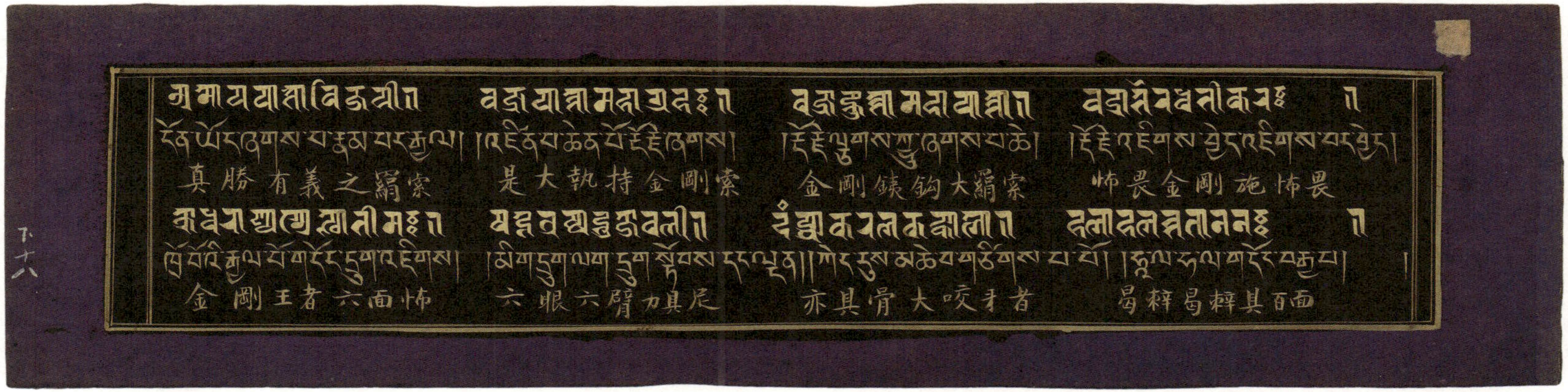

下十八
དོན་ཡོད་ཞགས་པ་རྣམ་པར་རྒྱལ། །འཛིན་པ་ཆེན་པོ་རྡོ་རྗེ་ཞགས། །རྡོ་རྗེ་ལྕགས་ཀྱུ་ཞགས་པ་ཆེ། །རྡོ་རྗེ་འཇིགས་བྱེད་འཇིགས་པར་བྱེད། །
真勝有義之羂索 是大執持金剛索 金剛鐵鈎大羂索 怖畏金剛施怖畏
ཁྲོ་བོའི་རྒྱལ་པོ་གདོང་དྲུག་འཇིགས། །མིག་དྲུག་ལག་དྲུག་སྟོབས་དང་ལྡན། །གཞང་རུས་མཆེ་བ་གཙིགས་པ་པོ། །ཧ་ལ་ཧ་ལ་གདོང་བརྒྱ་པ། །
金剛王者六面怖 六眼六臂力具足 亦具骨大咬牙者 曷粹曷粹具百面

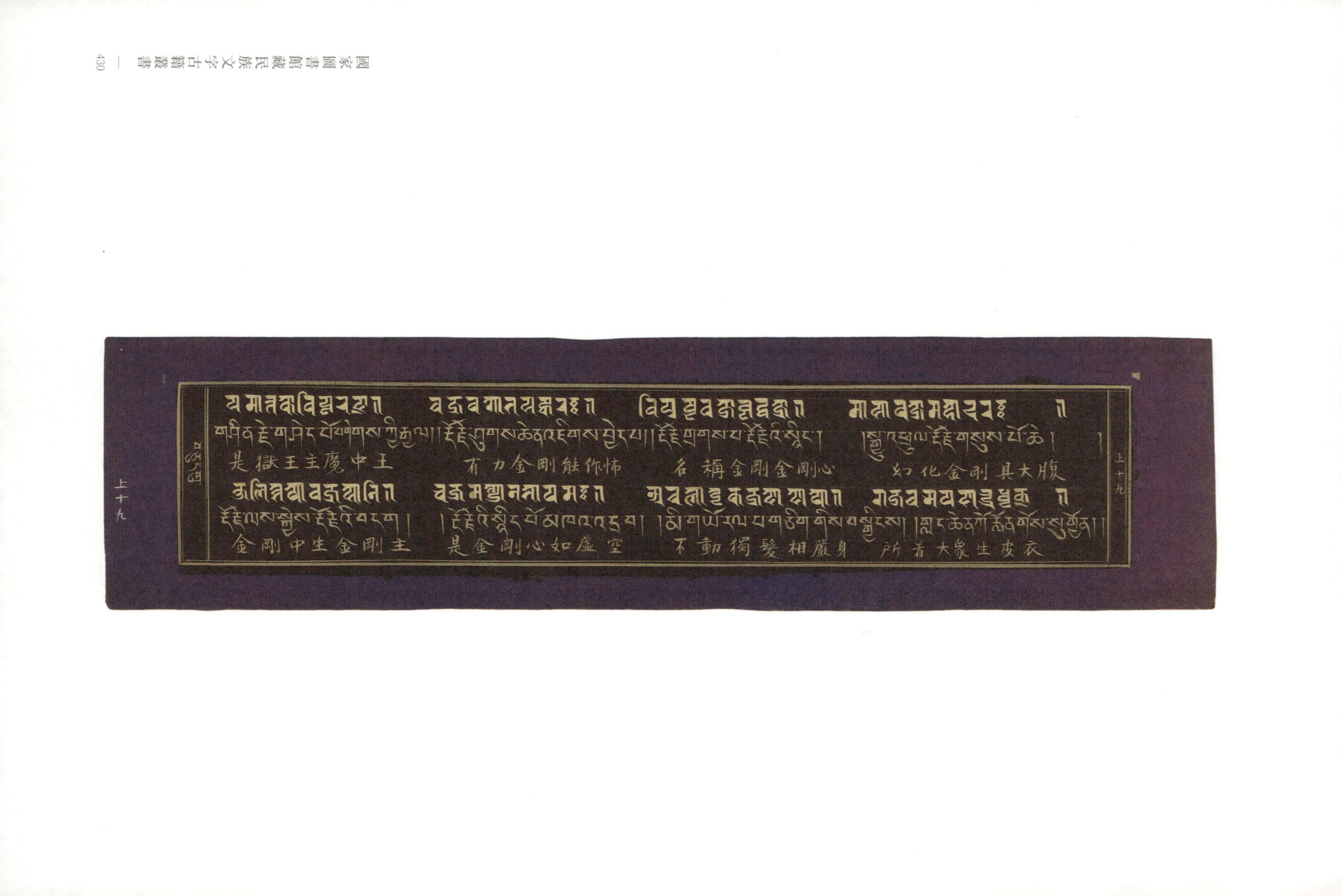

上十九

གཤིན་རྗེ་གཤེད་པོ་བགེགས་ཀྱི་རྒྱལ། །རྡོ་རྗེ་སྟོབས་ཆེན་འཇིགས་བྱེད་པ། །རྡོ་རྗེ་གྲགས་པ་རྡོ་རྗེའི་སྙིང་། །སྒྱུ་འཕྲུལ་རྡོ་རྗེ་གསུས་པོ་ཆེ། །

是獄王主魔中王　有力金剛能作怖　名稱金剛金剛心　幻化金剛具大腹

རྡོ་རྗེ་ལས་སྐྱེས་རྡོ་རྗེའི་བདག །རྡོ་རྗེའི་སྙིང་པོ་མཁའ་འདྲ་བ། །མི་གཡོ་རལ་པ་གཅིག་གིས་བརྒྱན། །གླང་ཆེན་ཀོ་རློན་གོས་སུ་གྱོན། །

金剛中生金剛主　是金剛心如虛空　不動獨髮相嚴身　所着大象生皮衣

上十九

大聚呵呵皆哮吼 希希聲吼能作怖 若作笑者有響笑 金剛喜笑大哮吼
金剛勇識大勇識 金剛王者大安樂 金剛堅者大歡喜 金剛吽者吽聲吼

二十
器中執持金剛爵
金剛劍斷令無餘
要持金剛具金剛
一種金剛能退敵
熾炎金剛施愿眼
金剛頭髮如炎熾
金剛降臨大降臨
具足百眼金剛眼

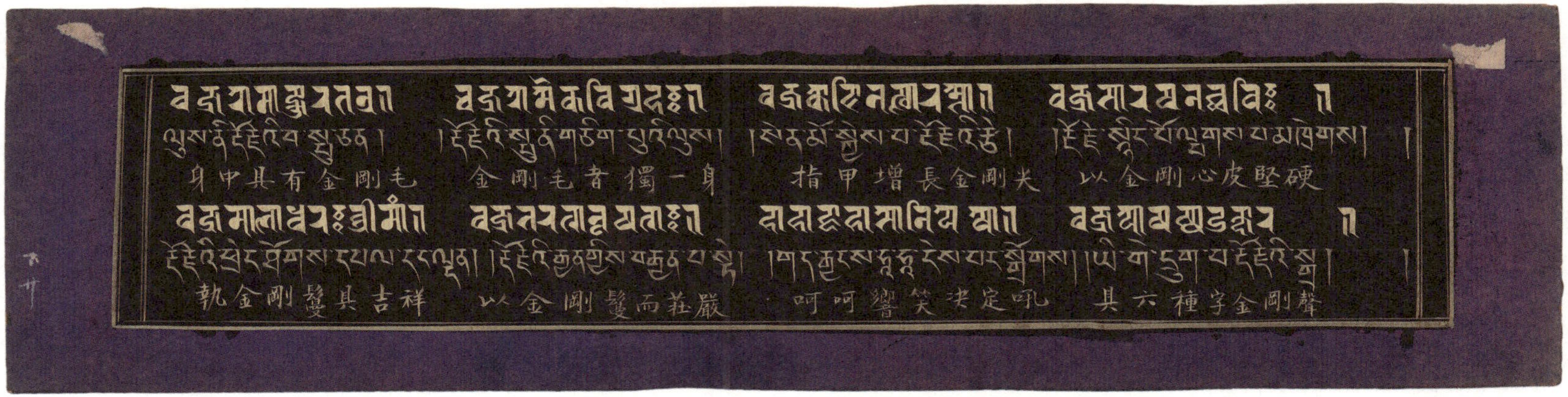
身中具有金剛毛
金剛毛者獨一身
指甲增長金剛尖
以金剛心皮堅硬
執金剛鬘具吉祥
以金剛鬘而莊嚴
呵呵響笑決定吼
具六種字金剛聲

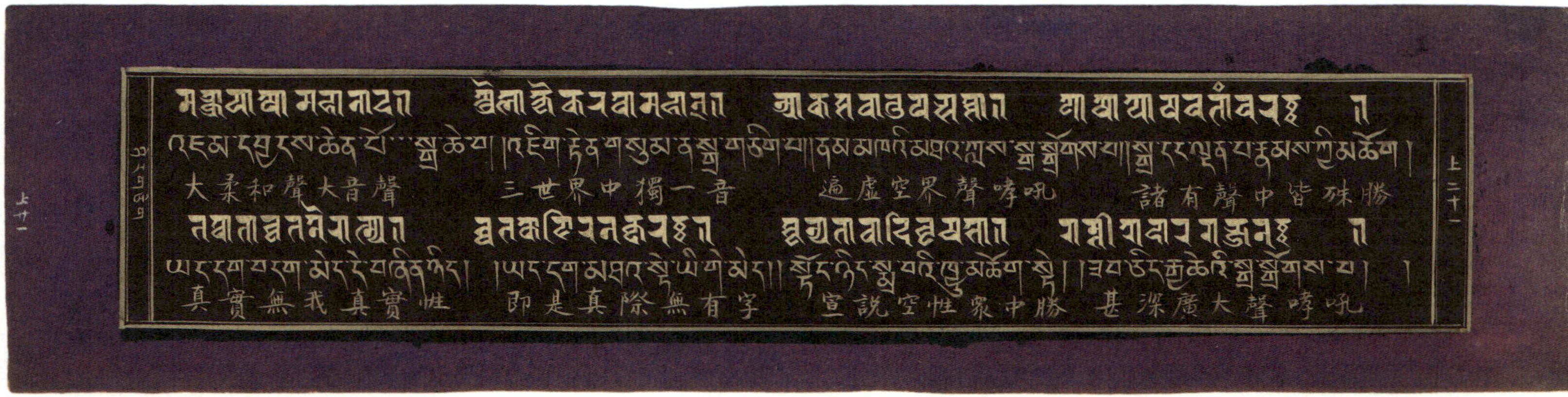
上二十一
འཇམ་དབྱངས་ཆེན་པོ་སྒྲ་ཆེ་བ། །འཇིག་རྟེན་གསུམ་ན་སྒྲ་གཅིག་པ། །ནམ་མཁའི་མཐའ་ཀླས་སྒྲ་སྒྲོགས་པ། །སྒྲ་དང་ལྡན་པ་རྣམས་ཀྱི་མཆོག །
大柔和聲大音聲 三世界中獨一音 遍虛空界聲哮吼 諸有聲中皆殊勝
ཡང་དག་བདག་མེད་དེ་བཞིན་ཉིད། །ཡང་དག་མཐའ་སྟེ་ཡི་གེ་མེད། །སྟོང་ཉིད་སྨྲ་བའི་ཁྱུ་མཆོག་སྟེ། །ཟབ་ཅིང་རྒྱ་ཆེའི་སྒྲ་སྒྲོགས་པ། །
真實無我真實性 即是真際無有字 宣說空性衆中勝 甚深廣大聲哮吼

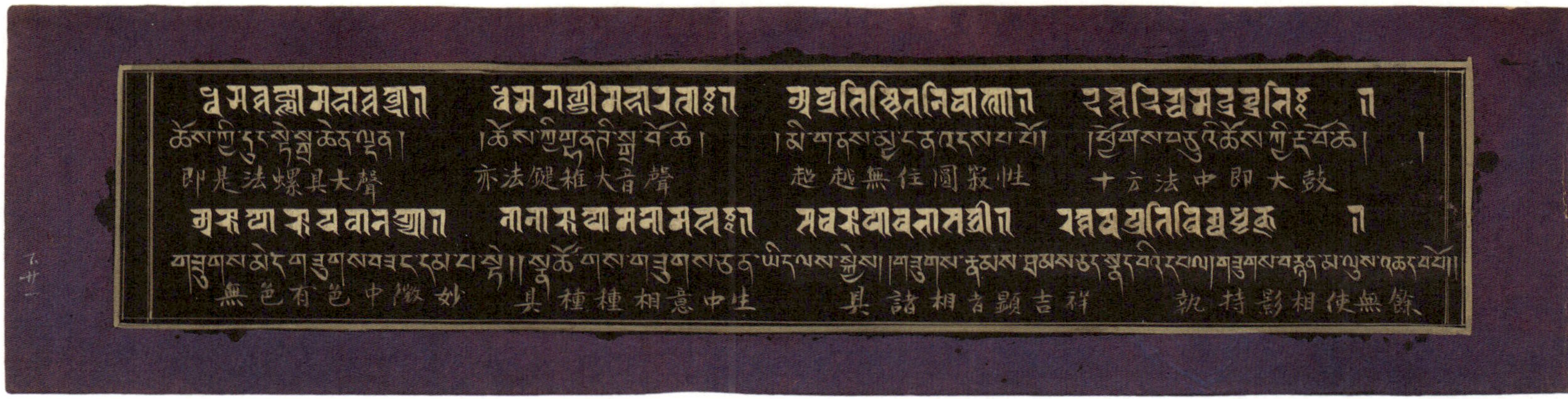
即是法螺具大聲
亦法犍椎大音聲
超越無住圓寂性
十方法中即大鼓
無色有色中微妙
具種種相意中生
具諸相者顯吉祥
執持影相使無餘

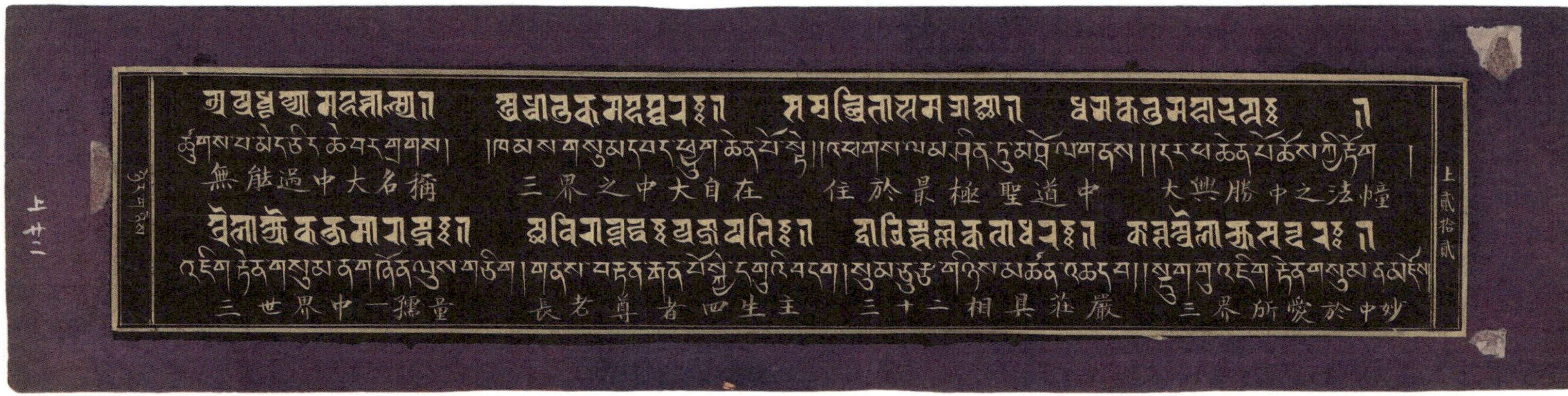

無能過中大名稱　三界之中大自在　住於最極聖道中　大興勝中之法幢

三世界中一稱量　長老尊者四生主　三十二相具莊嚴　三界所愛於中妙

上貳拾貳

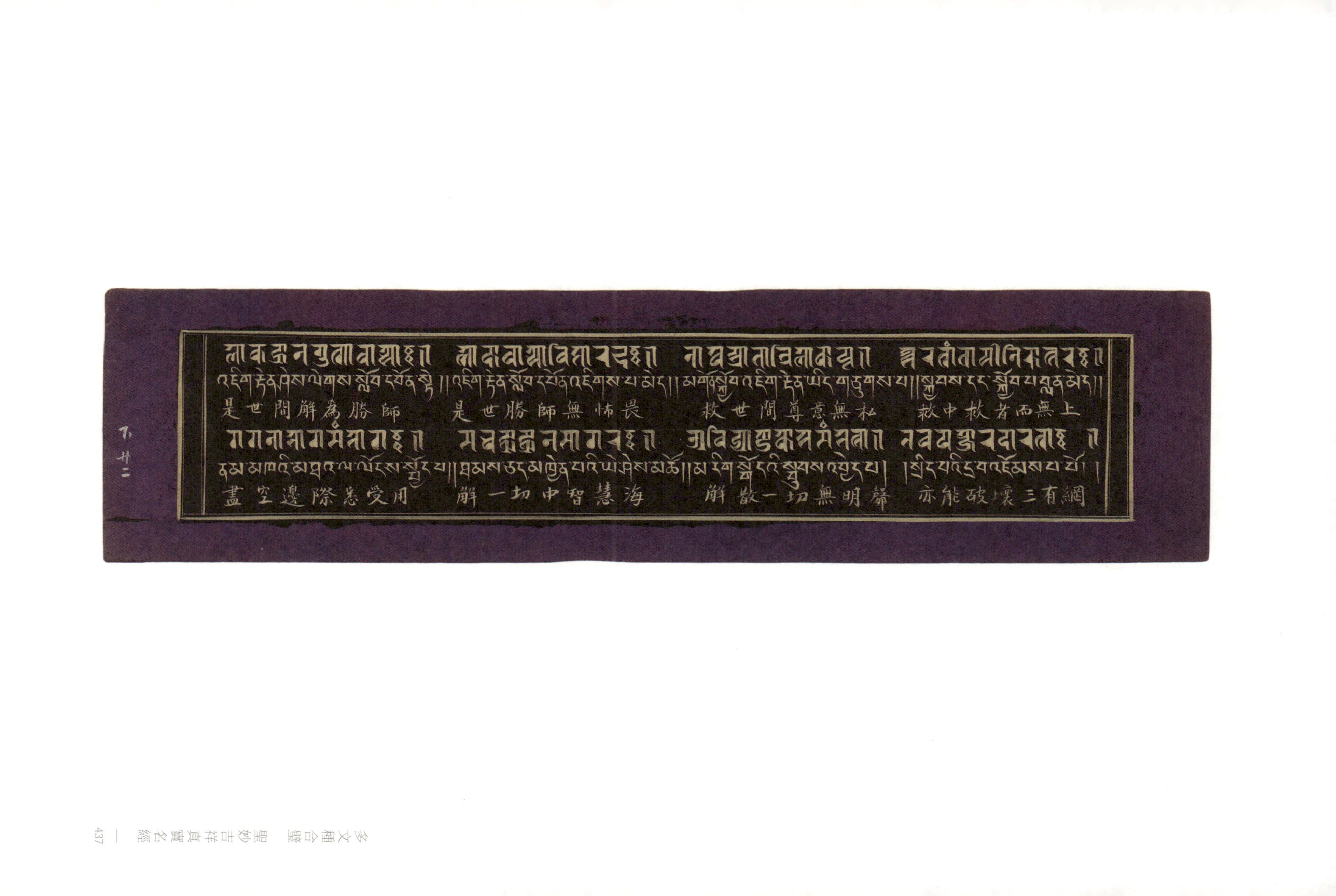

下廿二

འཇིག་རྟེན་ཤེས་ལེགས་སྟོན་དཔོན་སྟེ། །འཇིག་རྟེན་སྟོན་དཔོན་འཇིགས་པ་མེད། །མགོན་སྐྱོབ་འཇིག་རྟེན་ཡིད་གཙུགས་པ། །སྐྱབས་དང་སྐྱོབ་པ་བླ་ན་མེད། །

是世間解為勝師　是世勝師無怖畏　救世間尊意無私　救中救者而無上

ནམ་མཁའི་མཐའ་ལ་ལོངས་སྤྱོད་པ། །ཐམས་ཅད་མཁྱེན་པའི་ཡེ་ཤེས་མཚོ། །མ་རིག་སྒོ་ང་འི་སྦུབས་འབྱེད་པ། ། །སྲིད་པའི་དྲ་བ་འཇོམས་པ་པོ། ། །

盡空邊際悉受用　解一切中智慧海　解散一切無明㲉　亦能破壞三有網

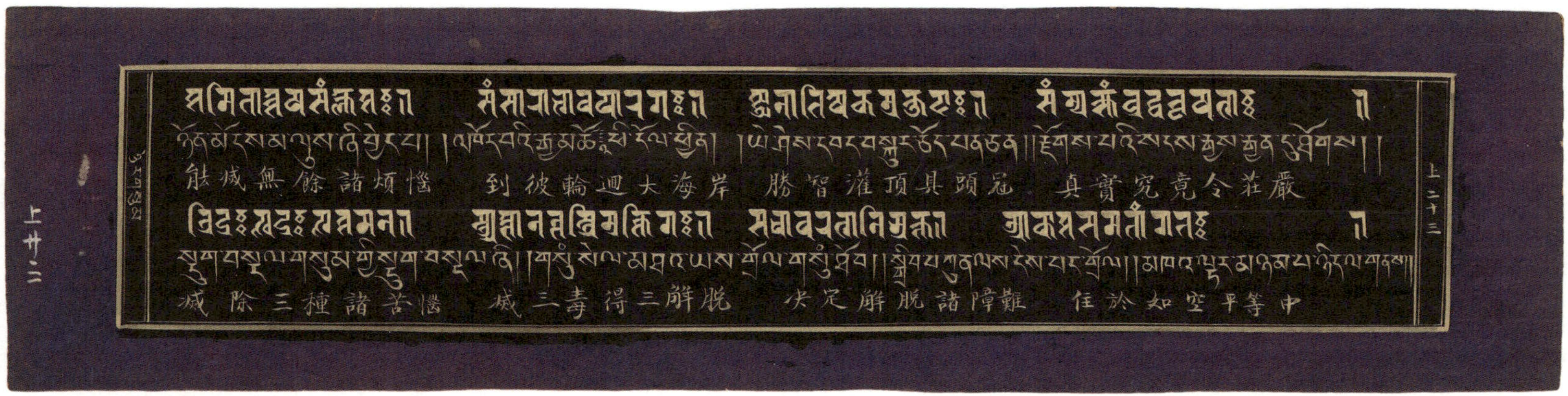
能滅無餘諸煩惱　到彼輪迴大海岸　勝智灌頂具頭冠　真實究竟令莊嚴
滅除三種諸苦惱　滅三毒得三解脫　決定解脫諸障難　住於如空平等中

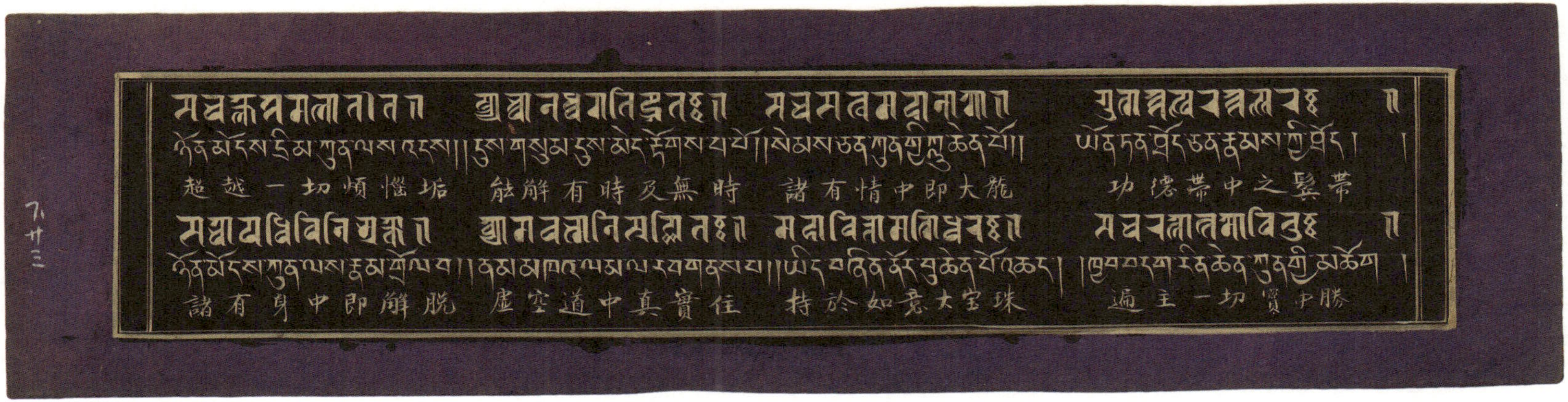
ཉོན་མོངས་དྲི་མ་ཀུན་ལས་འདས། །དུས་གསུམ་དུས་མེད་རྟོགས་པ་པོ། །སེམས་ཅན་ཀུན་གྱི་ཀླུ་ཆེན་པོ། །ཡོན་ཏན་ཐོད་བྱེད་ཅན་རྣམས་ཀྱི་ཐོད། །
超越一切煩惱垢　能解有時及無時　諸有情中即大龍　功德帶中之髮帶
ཉོན་མོངས་ཀུན་ལས་རྣམ་གྲོལ་བ། །ནམ་མཁའི་ལམ་ལ་རབ་གནས་པ། །ཡིད་བཞིན་ནོར་བུ་ཆེན་པོ་འཆང་། །ཁྱབ་བདག་རིན་ཆེན་ཀུན་གྱི་མཆོག །
諸有身中即解脫　虛空道中真實住　持於如意大宝珠　遍主一切寶中勝

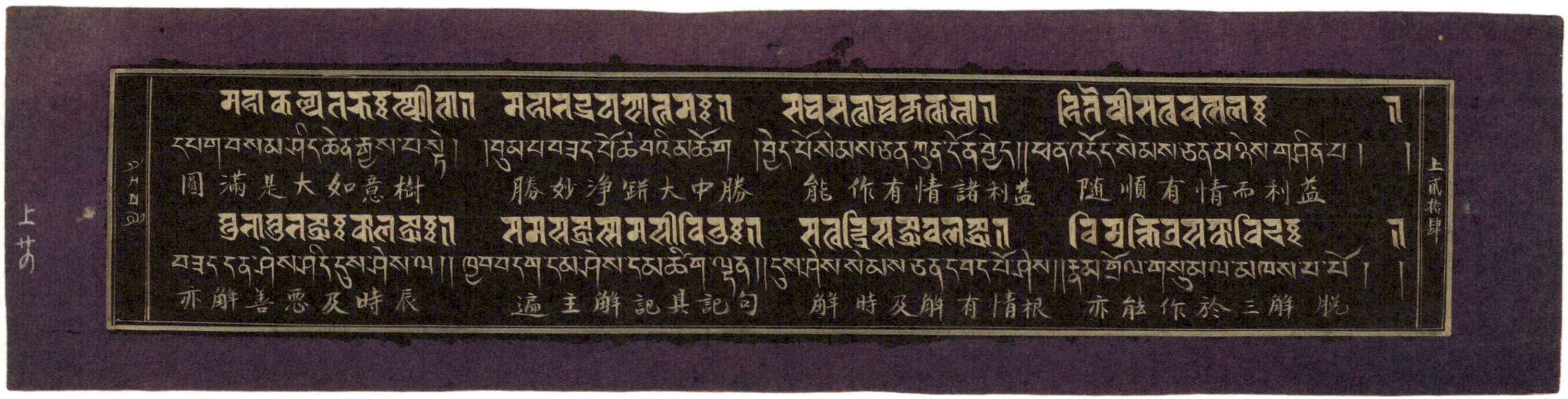
上貳拾肆
དཔག་བསམ་ཤིང་ཆེན་རྒྱས་པ་སྟེ། །ཁྱབ་པ་བཟང་པོ་ཆེ་བའི་མཆོག །བྱེད་པོ་སེམས་ཅན་ཀུན་དོན་བྱེད། །ཕན་འདོད་སེམས་ཅན་མཉེས་གཤིན་པ། །
圓滿是大如意樹　勝妙淨錯大中勝　能作有情諸利益　隨順有情而利益
བཟང་ངན་ཤེས་ཤིང་དུས་ཤེས་ལ། །ཁྱབ་བདག་དམ་ཤེས་དམ་ཚིག་ལྡན། །དུས་ཤེས་སེམས་ཅན་དབང་པོ་ཤེས། །རྣམ་གྲོལ་གསུམ་ལ་མཁས་པ་པོ། །
亦解善惡及時辰　遍主解記具記句　解時及解有情根　亦能作於三解脱

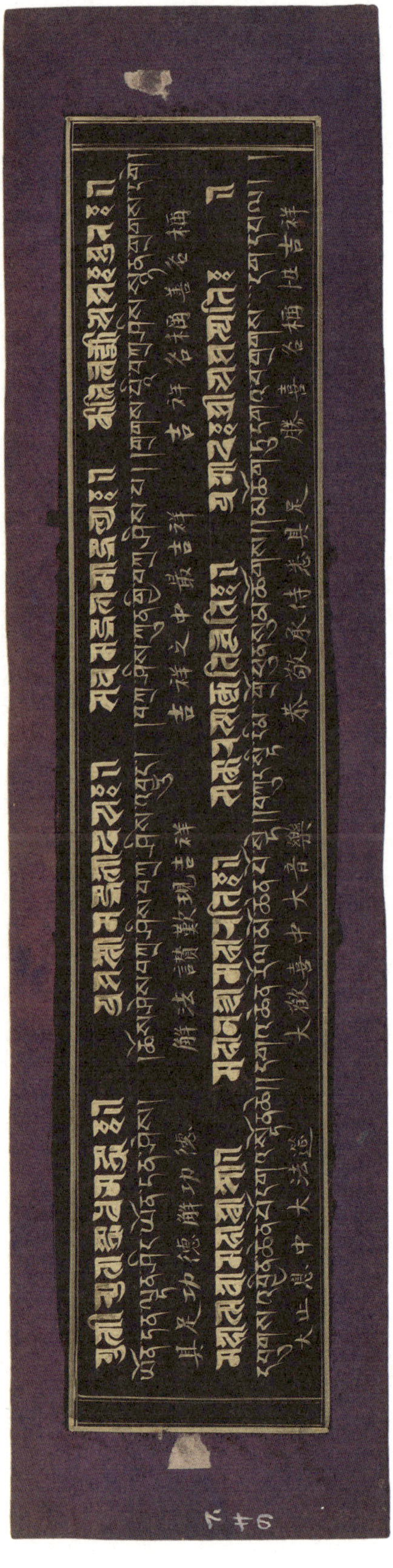
具足功德解功德
解法讚歎現吉祥
吉祥之中最吉祥
吉祥名稱善名稱
大止息中大法遊
大歡喜中大音樂
恭敬承侍悉具足
勝喜名稱恒吉祥

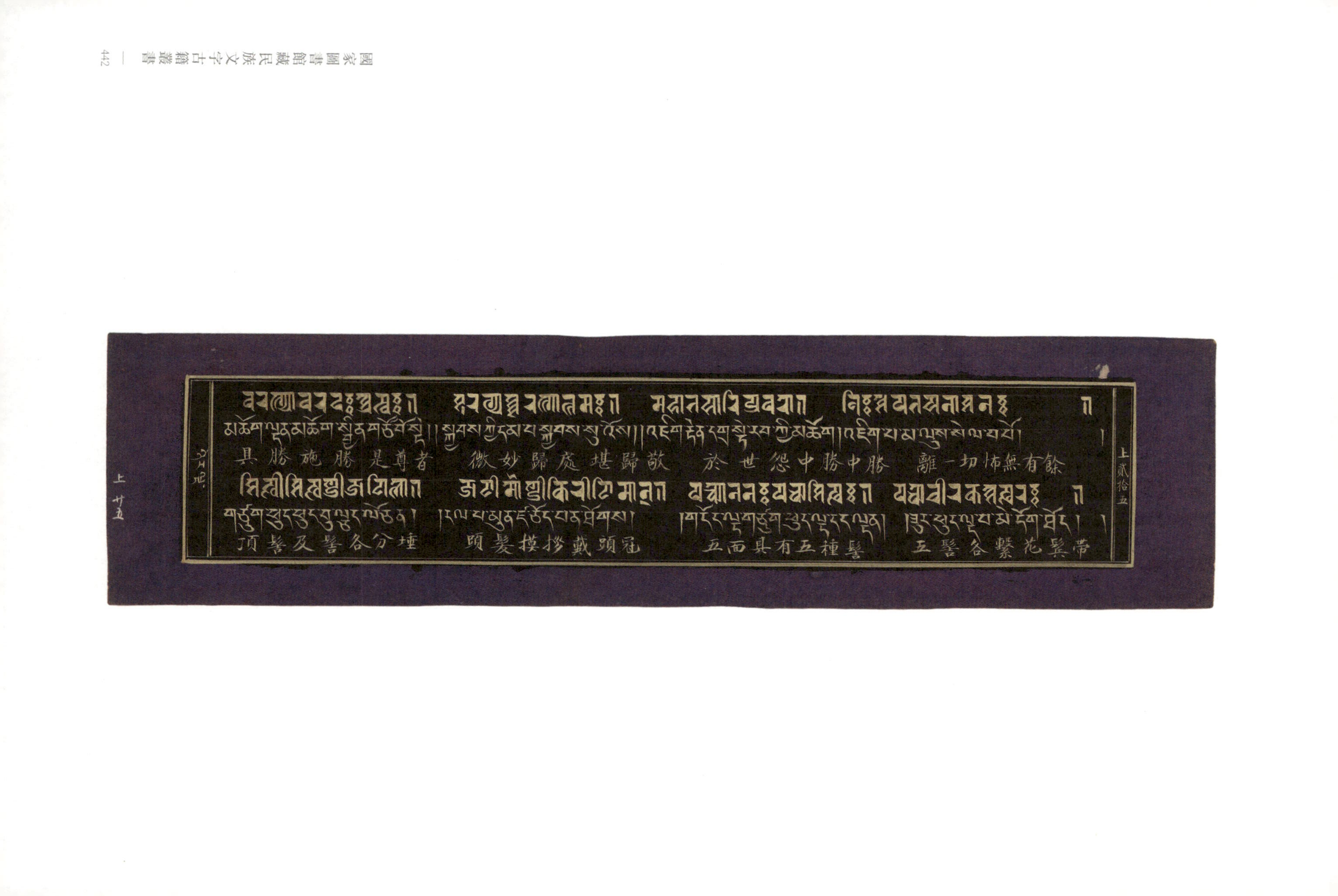

ཉེར་ལྔ

[illegible]

མཆོག་ལྡན་མཆོག་སྦྱིན་གཙོ་བོ་སྟེ། །སྐྱབས་ཀྱི་དམ་པ་སྐྱབས་སུ་འོས། །འཇིག་རྟེན་དགྲ་སྟེ་རབ་ཀྱི་མཆོག །འཇིགས་པ་མ་ལུས་སེལ་བ་པོ། །

具勝施勝是尊者　微妙歸處堪歸敬　於世怨中勝中勝　離一切怖無有餘

[illegible]

གཙུག་ཕུད་ཕུད་དེ་ཕུད་ཕུད་ཅན། །རལ་པ་མུན་ཛ་ཅོད་པན་ཐོགས། །ཞལ་ལྔ་ལྡན་གཙུག་ཕུད་ལྔ་ལྡན། །ཐོར་ཚུགས་ལྔ་པ་མེ་ཏོག་ཐོར། །

頂髻及髻各分埵　頭髮摸挱戴頭冠　五面具有五種髻　五髻各繫花奠帶

上貳拾五

上 廿五

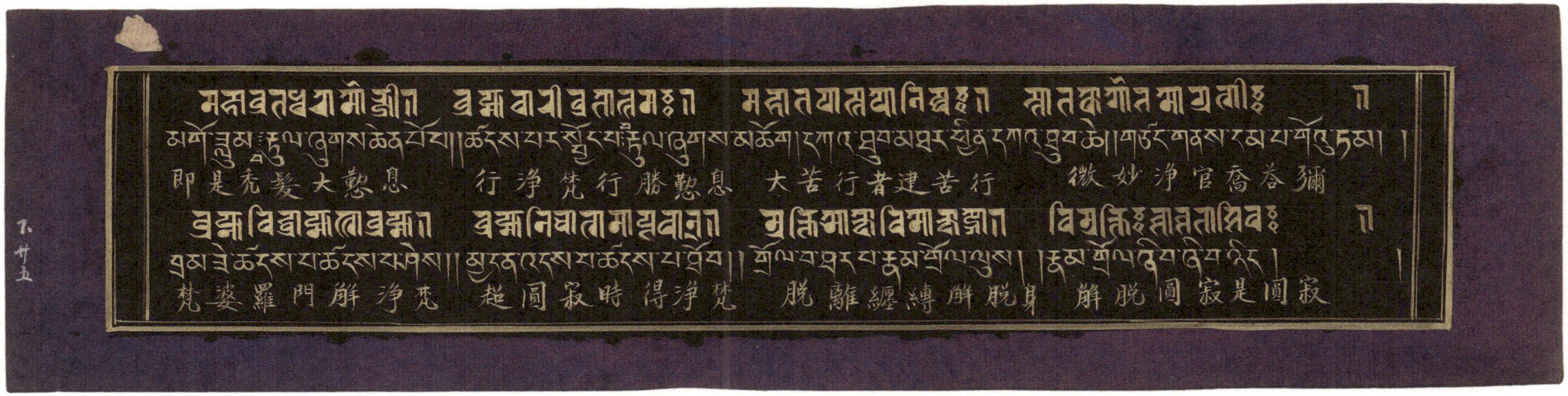
即是禿髮大懃息 行淨梵行勝懃息 大苦行者建苦行 微妙淨官喬荅彌
梵婆羅門解淨梵 趣圓寂時得淨梵 脫離纏縛解脫身 解脫圓寂是圓寂

起起悲哀戚悲哀　微妙求究近出離　能除苦樂之邊際　離欲身中而起越
不可比量無與等　非見非顯非明然　雖往不改亦普遍　微細無漏離種性

下廿六

नीरजो विरजो विमलो ॥ वान्तदोषो निरामयः ॥ सुप्रबुद्धो विबुद्धात्मा ॥ सर्वज्ञः सर्ववित्परः ॥

རྡུལ་མེད་རྡུལ་བྲལ་དྲི་མ་མེད། །ཉེས་པ་སྤངས་པ་སྐྱོན་མེད་པ། །ཤིན་ཏུ་སད་པས་སད་པའི་བདག །ཀུན་ཤེས་ཀུན་རིག་དམ་པ་པོ། །

無塵離塵即無垢　離失捨除於過愆　最極寤寤覺自性　諸解諸明即微妙

विज्ञानधर्मतातीतो ॥ ज्ञानमद्वयरूपधृक् ॥ निर्विकल्पो निराभोगः ॥ त्र्यध्वसंबुद्धकार्यकृत् ॥

རྣམ་པར་ཤེས་པའི་ཆོས་ཉིད་འདས། །ཡེ་ཤེས་གཉིས་མེད་ཚུལ་འཆང་བ། །རྣམ་པར་རྟོག་མེད་ལྷུན་གྱིས་གྲུབ། །དུས་གསུམ་སངས་རྒྱས་ལས་སྤྱོད་པ། །

識心超越於法惟　持理即是無二智　離虛妄者黙然成　修於三世正覺行

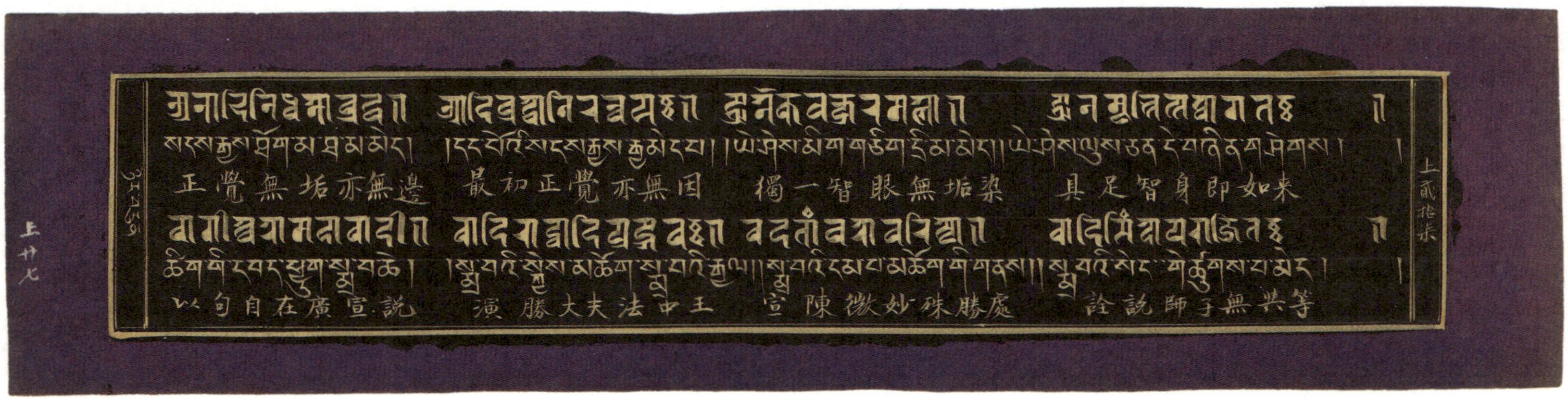

上貳拾柒

སངས་རྒྱས་ཐོག་མ་ཐ་མ་མེད། །དང་པོའི་སངས་རྒྱས་རྒྱུ་མེད་པ། །ཡེ་ཤེས་མིག་གཅིག་དྲི་མ་མེད། །ཡེ་ཤེས་ལུས་ཅན་དེ་བཞིན་གཤེགས། །

正覺無始亦無邊　最初正覺亦無因　獨一智眼無垢染　具足智身即如來

ཚིག་གི་དབང་ཕྱུག་སྨྲ་བ་ཆེ། །སྨྲ་བའི་སྐྱེས་མཆོག་སྨྲ་བའི་རྒྱལ། །སྨྲ་བའི་དམ་པ་མཆོག་གི་གནས། །སྨྲ་བའི་སེང་གེ་གཟུགས་པ་མེད། །

以句自在廣宣說　演勝大夫法中王　宣陳微妙殊勝處　詮說師子無共等

上廿七

下廿七

वरप्रवरनन्दीशः तेजोमाली सुदर्शनः। श्रीवत्सः सुप्रभो दीप्तो भाभासुरकरद्युतिः॥

ཀུན་ཏུ་ལྟ་བ་མཆོག་ཏུ་དགའ། །གཟི་བརྗིད་འཕྲེང་བ་ལྟ་ན་སྡུག །འོད་བཟང་འབར་བ་དཔལ་གྱི་བེའུ། །ལག་ན་འོད་འབར་སྣང་བའོ། །

於勝觀察殊勝喜　精衆威勢是入意　熾炎光中吉祥相　手臂光耀令顯現

महाभिषग्वरः श्रेष्ठः शल्यहर्ता निरुत्तरः। अशेषभेषजतरुर्महाव्याधिमहारिपुः॥

སྨན་པ་ཆེ་མཆོག་གཙོ་བོ་སྟེ། །ཟུག་རྔུ་འབྱིན་པ་བླ་ན་མེད། །སྨན་རྣམས་མ་ལུས་ལྗོན་པའི་ཤིང་། །ནད་དོ་ཅོག་གི་དགྲ་ཆེ་བ། །

殊勝大醫即尊者　能離痛刺無有上　亦是諸藥枝茂樹　對治諸病大怨讐

入意三界中殊勝
吉祥遊履具中圍
十方一切虛空界
建立法幢極微妙
遊行唯一廣大傘
即具慈悲妙中圍
吉祥蓮花舞自在
廣大遍主大寶傘

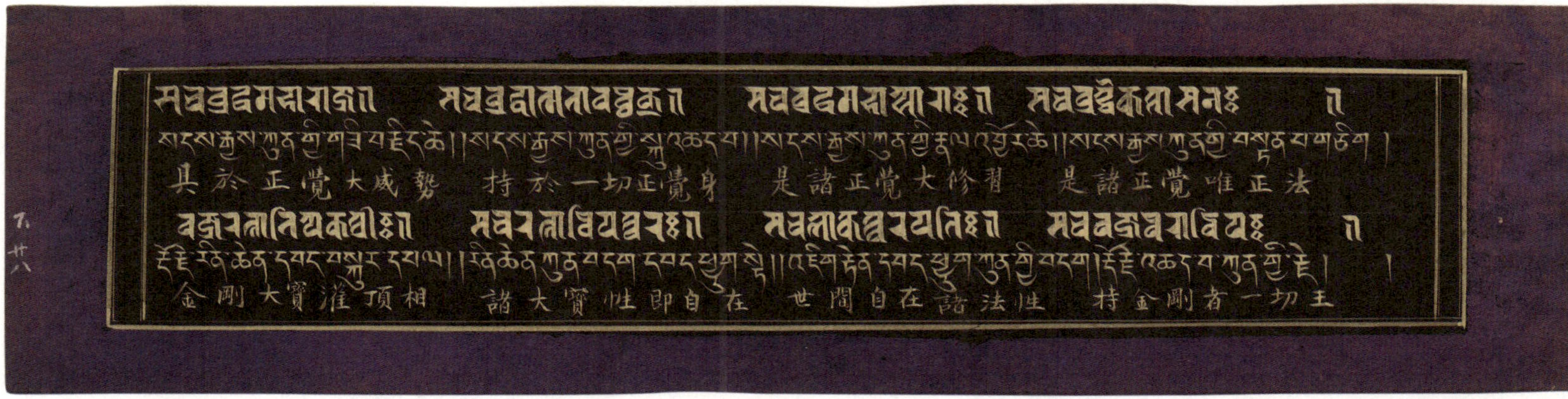
སངས་རྒྱས་ཀུན་གྱི་གཟི་བརྗིད་ཆེ། །སངས་རྒྱས་ཀུན་གྱི་སྐུ་འཆང་བ། །སངས་རྒྱས་ཀུན་གྱི་རྣལ་འབྱོར་ཆེ། །སངས་རྒྱས་ཀུན་གྱི་བསྟན་པ་གཅིག །
具於正覺大威勢　持於一切正覺身　是諸正覺大修習　是諸正覺唯正法
རྡོ་རྗེ་རིན་ཆེན་དབང་བསྐུར་དཔལ། །རིན་ཆེན་ཀུན་བདག་དབང་ཕྱུག་སྟེ། །འཇིག་རྟེན་དབང་ཕྱུག་ཀུན་གྱི་བདག །རྡོ་རྗེ་འཆང་བ་ཀུན་གྱི་རྗེ། །
金剛大寶灌頂相　諸大寶性即自在　世間自在諸法性　持金剛者一切王

一切正覺即大心
一切正覺在心中
一切正覺之大身
亦是一切正覺語
金剛日是具大明
金剛月是無垢光
離欲等中是大欲

金剛趾趺正等覺
執持真實究竟法
吉祥正覺蓮花生
亦能攝持正覺藏
復持種種幻化王
廣大正覺持明咒
聰明金剛即大緻
真實清淨殊勝字

上三十

是廣大乘除苦惱 金剛法者廣大器 金剛甚深唧哪唧 金剛智慧依義解

諸到彼岸皆究竟 一切地中具莊嚴 真實清淨無我法 真實智月殊勝光

十三上

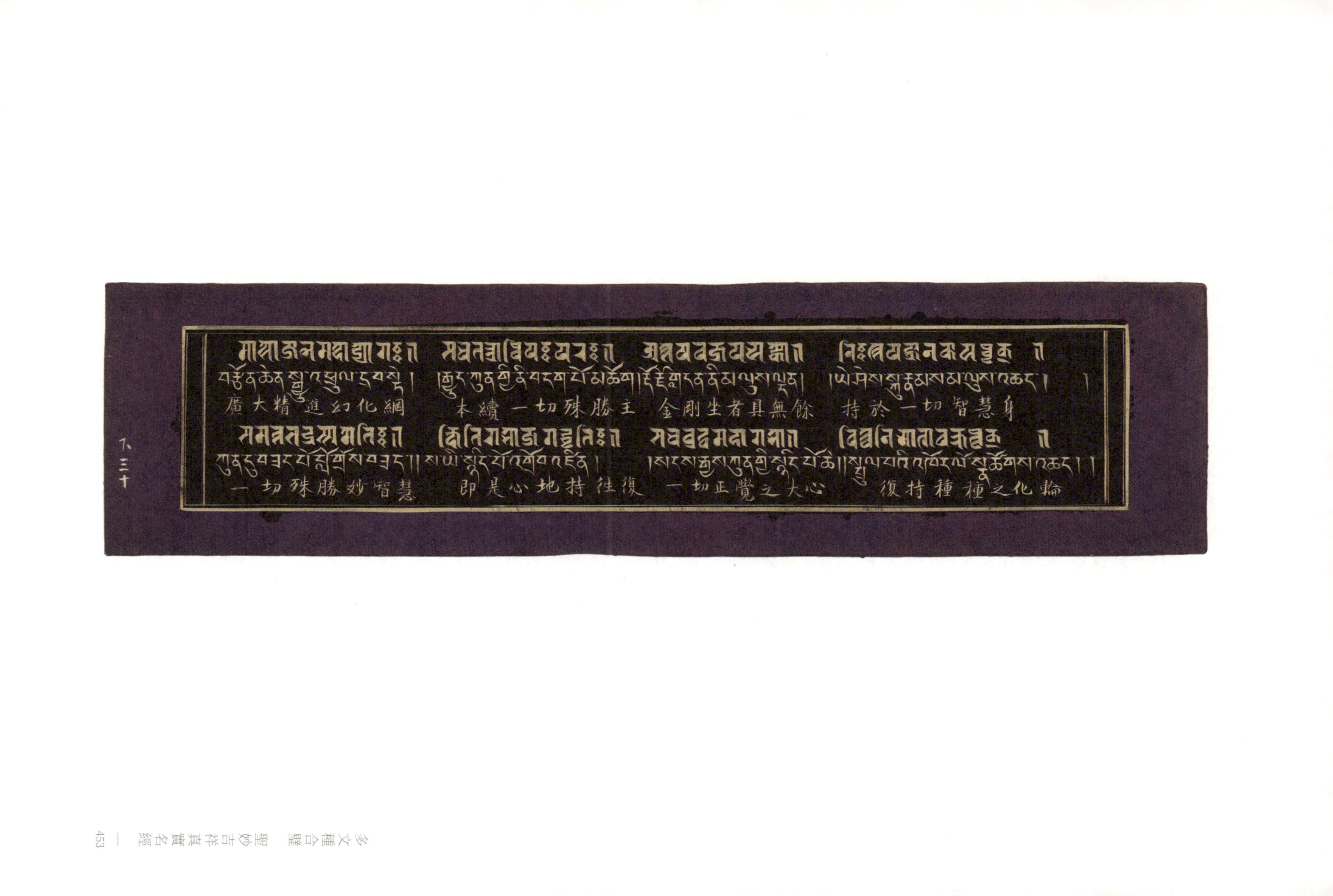

[illegible]
བརྩོན་ཆེན་སྒྱུ་འཕྲུལ་དྲ་བ་སྟེ། །རྒྱུད་ཀུན་གྱི་ནི་བདག་པོ་མཆོག །རྡོ་རྗེ་སྐྱེ་དང་ན་ནི་མ་ལུས་ལྡན། །ཡེ་ཤེས་སྐུ་རྣམས་མ་ལུས་འཆང་། །
廣大精進幻化網　本續一切殊勝主　金剛生者具無餘　持於一切智慧身

[illegible]
ཀུན་དུ་བཟང་པོ་བློ་གྲོས་བཟང་། །ས་ཡི་སྙིང་པོ་འགྲོ་བ་འཛིན། །སངས་རྒྱས་ཀུན་གྱི་སྙིང་པོ་ཆེ། །སྤྲུལ་པའི་འཁོར་ལོ་སྣ་ཚོགས་འཆང་། །
一切殊勝妙智慧　即是心地持往復　一切正覺之大心　復持種種之化輪

下三十

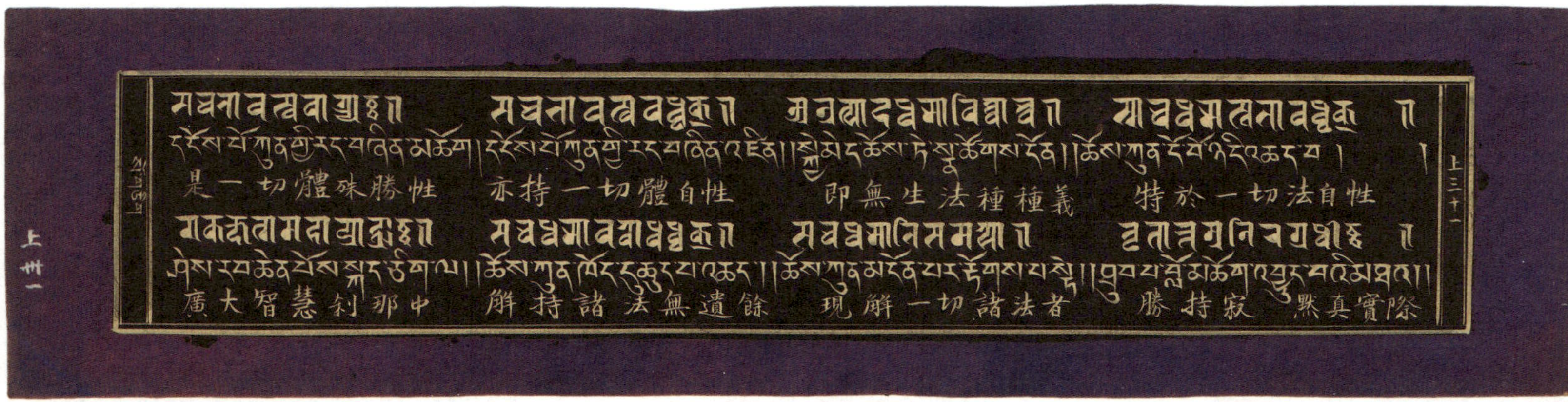
上三十一
དངོས་པོ་ཀུན་གྱི་རང་བཞིན་མཆོག །དངོས་པོ་ཀུན་གྱི་རང་བཞིན་འཛིན། །སྐྱེ་མེད་ཆོས་ཏེ་སྣ་ཚོགས་དོན། །ཆོས་ཀུན་ངོ་བོ་ཉིད་འཆང་བ། །
是一切體殊勝性　亦持一切體自性　即無生法種種義　特於一切法自性
ཤེས་རབ་ཆེན་པོས་སྐད་ཅིག་ལ། །ཆོས་ཀུན་ཡོངས་སུ་འཛིན་པ་འཆང་། །ཆོས་ཀུན་མངོན་པར་རྟོགས་པ་པོ། །ཐུབ་པ་བློ་མཆོག་འབྱུང་བའི་མཐའ། །
廣大智慧刹那中　解持諸法無遺餘　現解一切諸法者　勝持寂默真實際

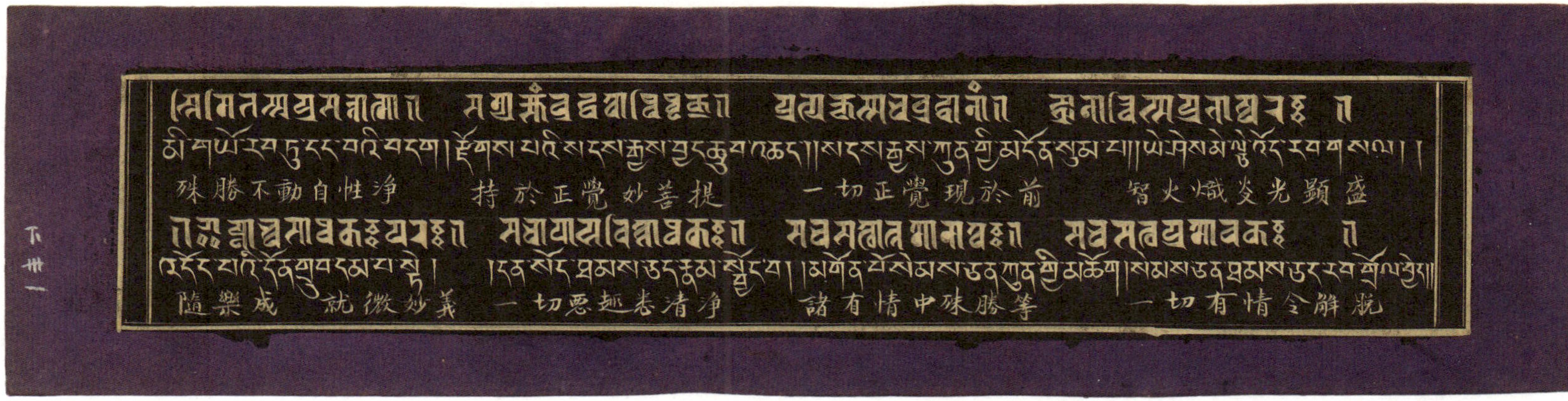

མི་གཡོ་རབ་ཏུ་དང་བའི་བདག །རྫོགས་པའི་སངས་རྒྱས་བྱང་ཆུབ་འཆང་། །སངས་རྒྱས་ཀུན་གྱི་མངོན་སུམ་པ། །ཡེ་ཤེས་མེ་ལྕེ་འོད་རབ་གསལ། །
殊勝不動自性淨　持於正覺妙菩提　一切正覺現於前　智火熾炎光顯盛
འདོད་པའི་དོན་གྲུབ་དམ་པ་སྟེ། །ངན་སོང་ཐམས་ཅད་རྣམ་སྦྱོང་བ། །མགོན་པོ་སེམས་ཅན་ཀུན་གྱི་མཆོག །སེམས་ཅན་ཐམས་ཅད་རབ་གྲོལ་བྱེད། །
隨樂成就微妙義　一切惡趣悉清淨　諸有情中殊勝尊　一切有情令解脫

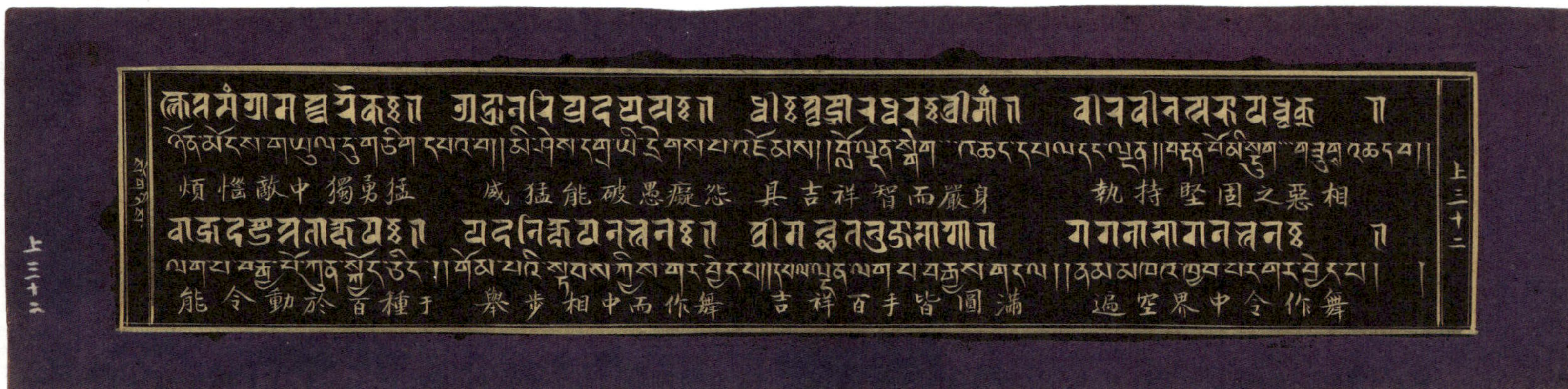
上三十二

煩惱敵中獨勇猛　威猛能破愚癡怨　具吉祥智而嚴身　執持堅固之惡相

能令動於百種手　舉步相中而作舞　吉祥百手皆圓滿　遍空界中令作舞

上三十二

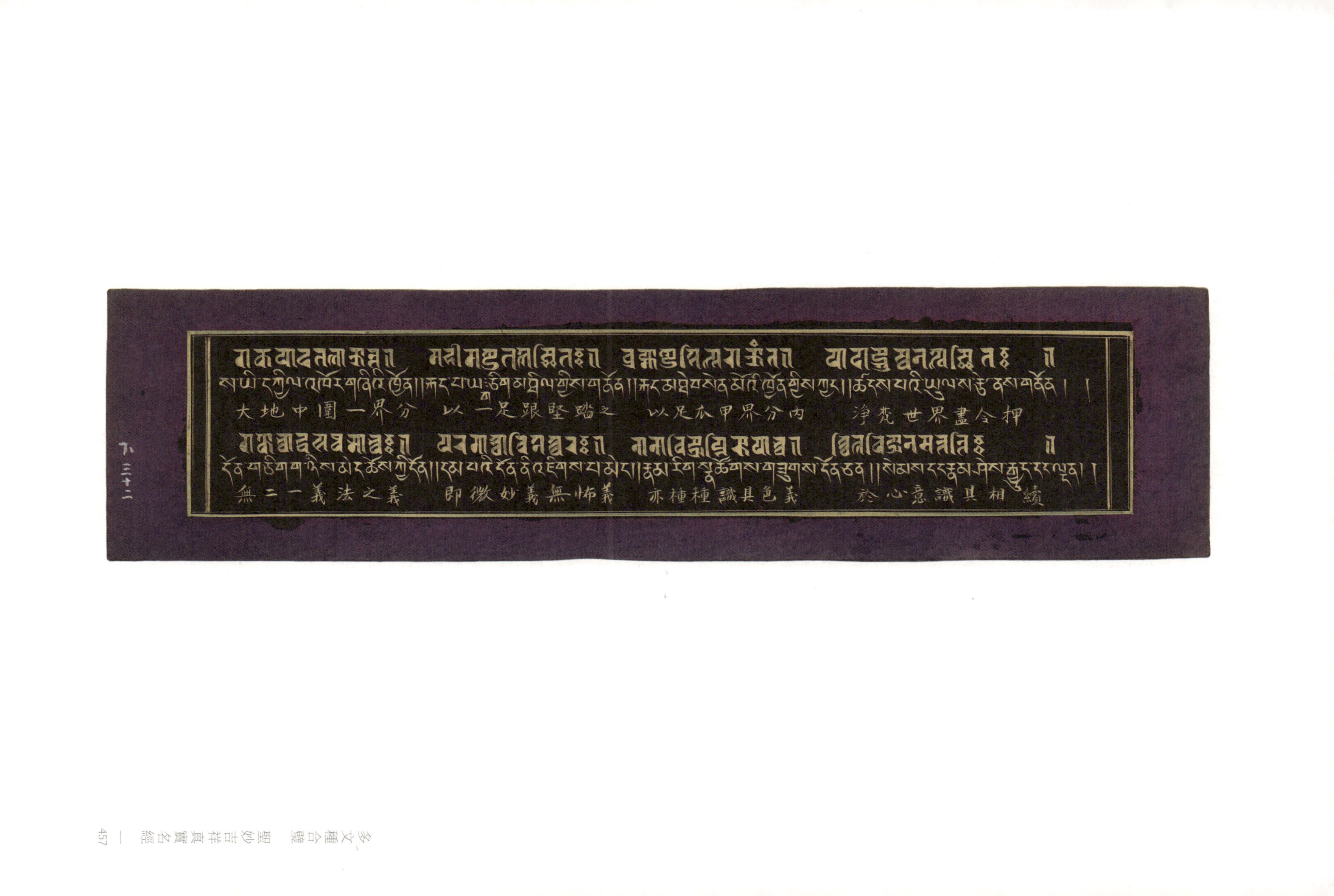

卜 三十二

ས་ཡི་དཀྱིལ་འཁོར་གཞི་འི་ཚོན། །རྐང་པ་ཡུ་ཅིག་མཐིལ་གྱིས་མནན། །རྐང་མཐེབ་སེན་མོའི་ཁྱོན་གྱིས་ཀྱང་། །ཚངས་པའི་ཡུལ་རྩེ་ནས་མནན། །

大地中圍一界分 以一足跟堅踏之 以足爪甲界分内 淨梵世界盡合押

དོན་གཅིག་གཉིས་མེད་ཆོས་ཀྱི་དོན། །དམ་པའི་དོན་ནི་འཇིགས་པ་མེད། །རྣམ་རིག་སྣ་ཚོགས་གཟུགས་དོན་ཅན། །སེམས་དང་རྣམ་ཤེས་རྒྱུད་དང་ལྡན། །

無二一義法之義 即微妙義無怖義 亦種種識具色義 於心意識具相續

上三十三

དངོས་དོན་མ་ལུས་རྣམས་ལ་དགའ། །སྟོང་པ་ཉིད་དགའ་འདོད་ཆགས་སྒྲོལ། །སྲིད་པའི་འདོད་ཆགས་སོགས་སྤངས་པ། །སྲིད་གསུམ་དགའ་བ་ཆེན་པོ་སྟེ། །

體義無餘數歡喜　愛空之性殊勝智　捨離三有之貪欲　三有歡喜廣大者

སྤྲིན་དཀར་དག་པ་བཞིན་དུ་དཀར། །འོད་བཟང་ སྟོན་ཀའི་ཟླ་བའི་འོད། །ཉི་མ་འཆར་ཀའི་དཀྱིལ་ལྟར་མཛེས། །སེན་མོའི་འོད་ནི་ཟས་ཆེར་དམར། །

色究鮮潔若白雲　光明殊勝如秋月　亦如初出妙日輪　爪如赤銅光皎潔

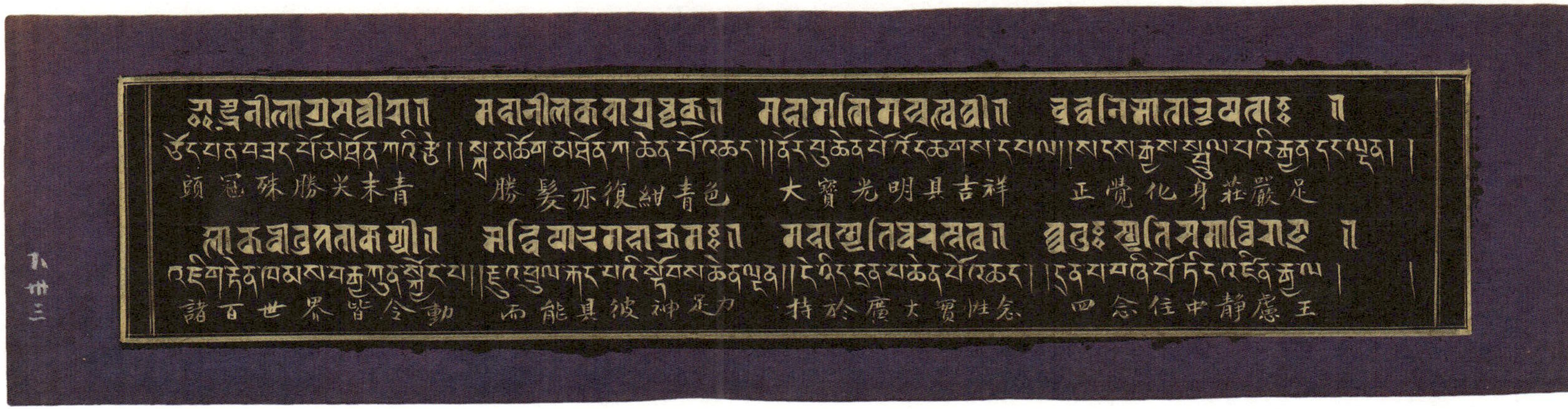
頭冠珠勝光朱青　勝髮亦復紺青色　大寶光明具吉祥　正覺化身莊嚴足
諸百世界皆令動　而能具彼神足力　持於廣大實性念　四念住中靜慮王

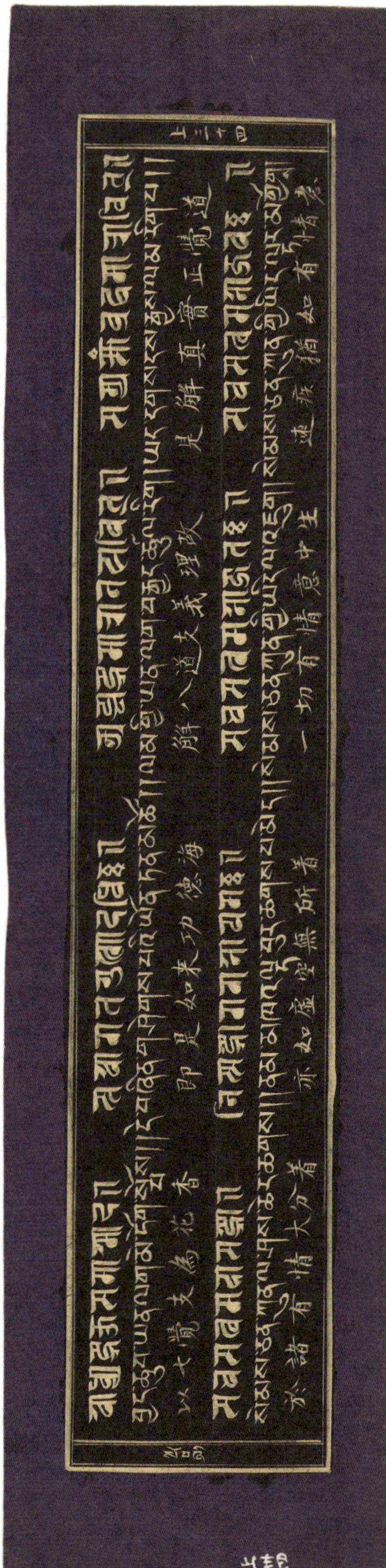
以七覺支為花香 即是如來功德海 解八道支義理故 是解真實正覺道
於諸有情大分者 亦如虛空無所著 一切有情意中生 速疾猶如有情者

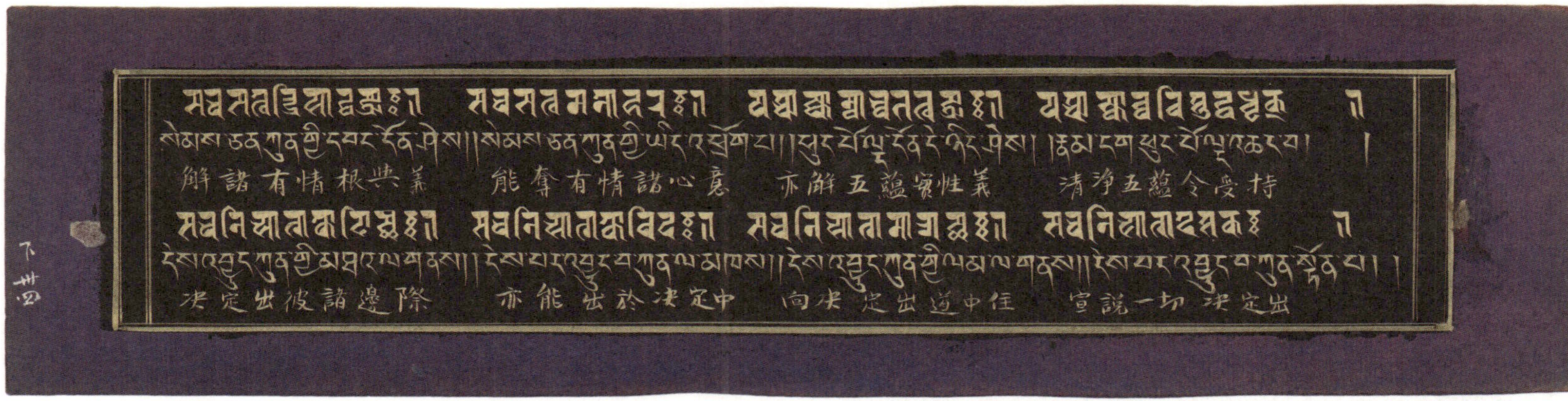

སེམས་ཅན་ཀུན་གྱི་དབང་དོན་ཤེས། །སེམས་ཅན་ཀུན་གྱི་ཡིད་འཕྲོག་པ། །ཕུང་པོ་ལྔ་དོན་དེ་ཉིད་ཤེས། །རྣམ་དག་ཕུང་པོ་ལྔ་འཆང་བ། །
解諸有情根與義　能奪有情諸心意　亦解五蘊密性義　清淨五蘊令受持
ངེས་འབྱུང་ཀུན་གྱི་མཐའ་ལ་གནས། །ངེས་པར་འབྱུང་བ་ཀུན་ལ་མཁས། །ངེས་འབྱུང་ཀུན་གྱི་ལམ་ལ་གནས། །ངེས་པར་འབྱུང་བ་ཀུན་སྟོན་པ། །
決定出彼諸邊際　亦能出於決定中　向決定出道中住　宣說一切決定出

སོ་ལྔ

द्वादशाङ्गभवाकर्षी। द्वादशाकारशुद्धधृक्। चतुःसत्यनयाकारः। अष्टज्ञानावबोधधृक्।

ཡན་ལག་བཅུ་གཉིས་སྲིད་རྩ་བཅོན། །དག་པ་རྣམ་པ་བཅུ་གཉིས་འཆང་། །བདེན་པ་བཞི་ཡི་ཚུལ་གྱི་རྣམ་པ་ཅན། །ཤེས་པ་བརྒྱད་པོ་རྟོགས་པ་འཆང་། །

拔十二支有三根　持於清淨十二種　具有四諦之義相　解持八種之心識

द्वादशाकारसत्यार्थः। षोडशाकारतत्त्ववित्। विंशत्याकारसंबोधिः। विबुद्धः सर्ववित् परः।

བདེན་དོན་རྣམ་པ་བཅུ་གཉིས་ལྡན། །དེ་ཉིད་རྣམ་པ་བཅུ་དྲུག་རིག །རྣམ་པ་ཉི་ཤུས་བྱང་ཆུབ་པ། །རྣམ་པར་སངས་རྒྱས་ཀུན་རིག་མཆོག །

十二實義令具足　十六實性現體解　以二十種成菩提　勝解一切正覺相

上三十五

上卅五

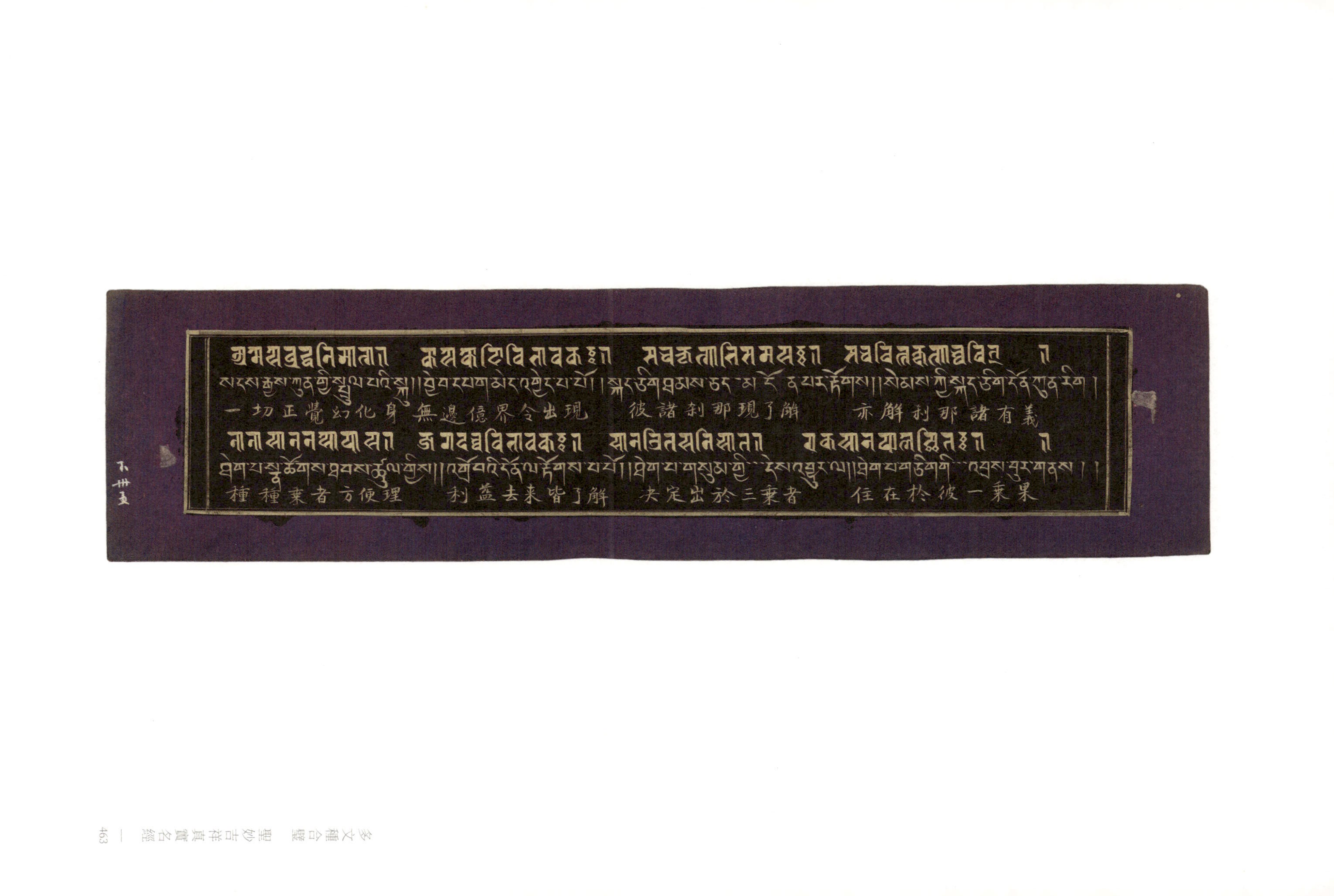

སངས་རྒྱས་ཀུན་གྱི་སྤྲུལ་པའི་སྐུ།།བྱེ་བ་དཔག་མེད་འགྱེད་པ་པོ།།སྐད་ཅིག་ཐམས་ཅད་མངོན་པར་རྟོགས།།སེམས་ཀྱི་སྐད་ཅིག་དོན་ཀུན་རིག།

一切正覺幻化身 無邊億界令出現 彼諸刹那現了解 亦解刹那諸有義

ཐེག་པ་སྣ་ཚོགས་ཐབས་ཚུལ་གྱིས།།འགྲོ་བའི་དོན་ལ་རྟོགས་པ་པོ།།ཐེག་པ་གསུམ་གྱི་ངེས་འབྱུང་ལ།།ཐེག་པ་གཅིག་གི་འབྲས་བུར་གནས།།

種種乘者方便理 利益去來皆了解 決定出於三乘者 住在於彼一乘果

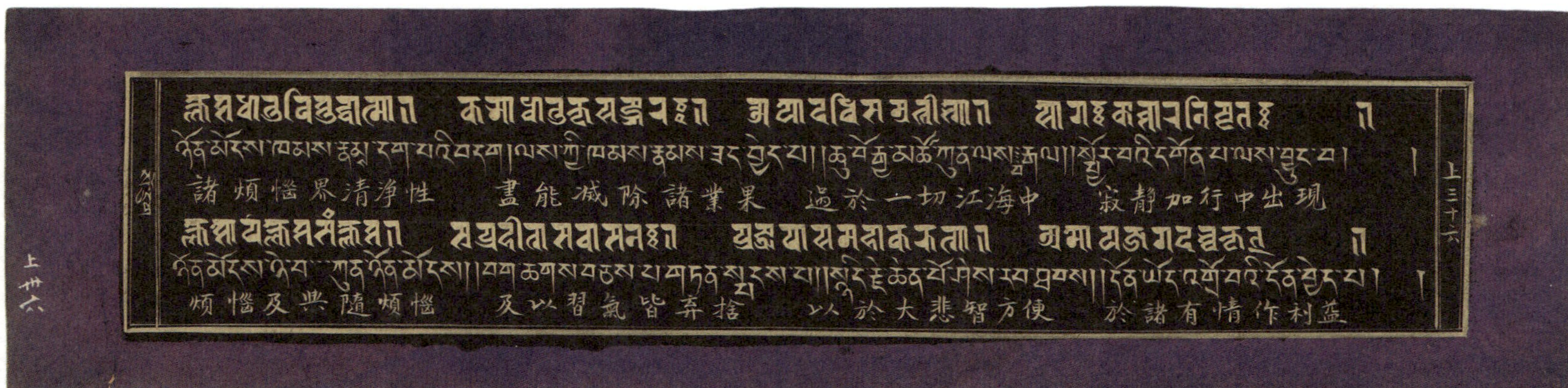
上三十六
諸煩惱界清淨性　盡能滅除諸業果　遍於一切江海中　寂靜加行中出現
煩惱及與隨煩惱　及以習氣皆棄捨　以於大悲智方便　於諸有情作利益

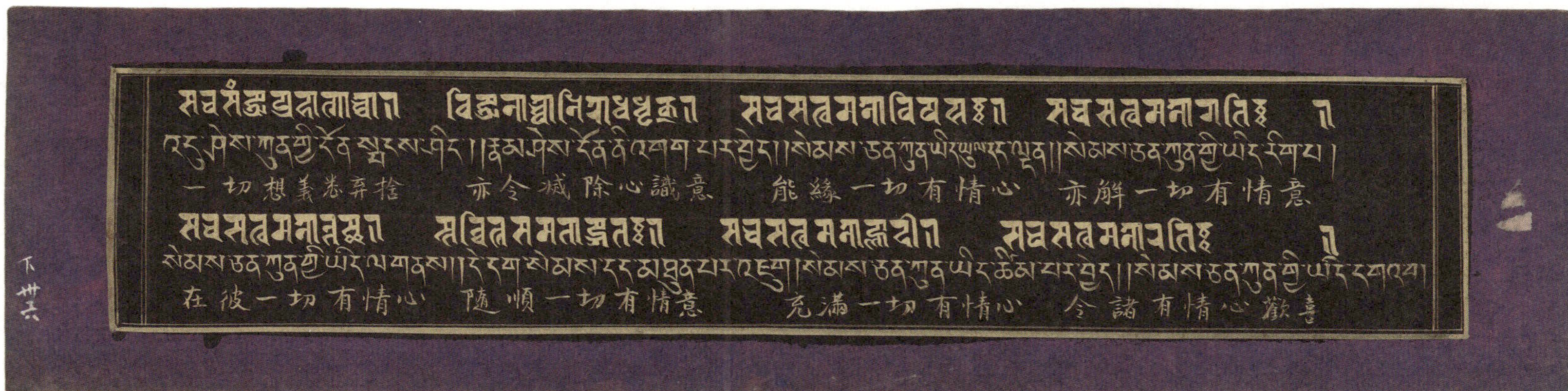
一切想義悉弃捨 亦令滅除心識意 能緣一切有情心 亦解一切有情意
在彼一切有情心 隨順一切有情意 充滿一切有情心 令諸有情心歡喜
下 廿六

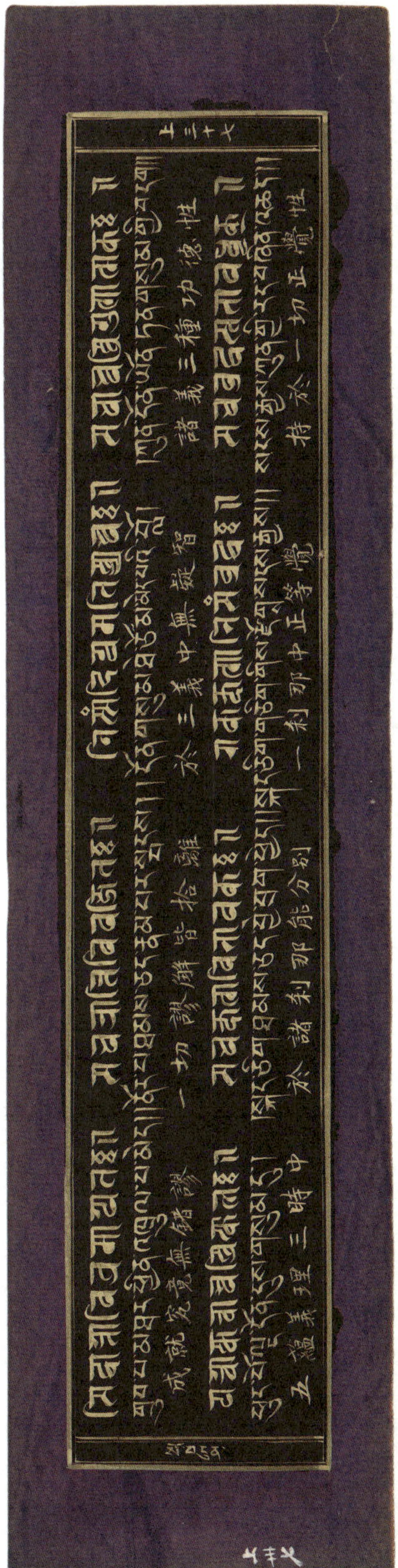
成就究竟無錯謬　一切謬解皆捨離　於三義中無疑智　諸義三種功德性
五蘊蕃理三時中　於諸刹那能分別　一刹那中正等覺　持於一切正覺性

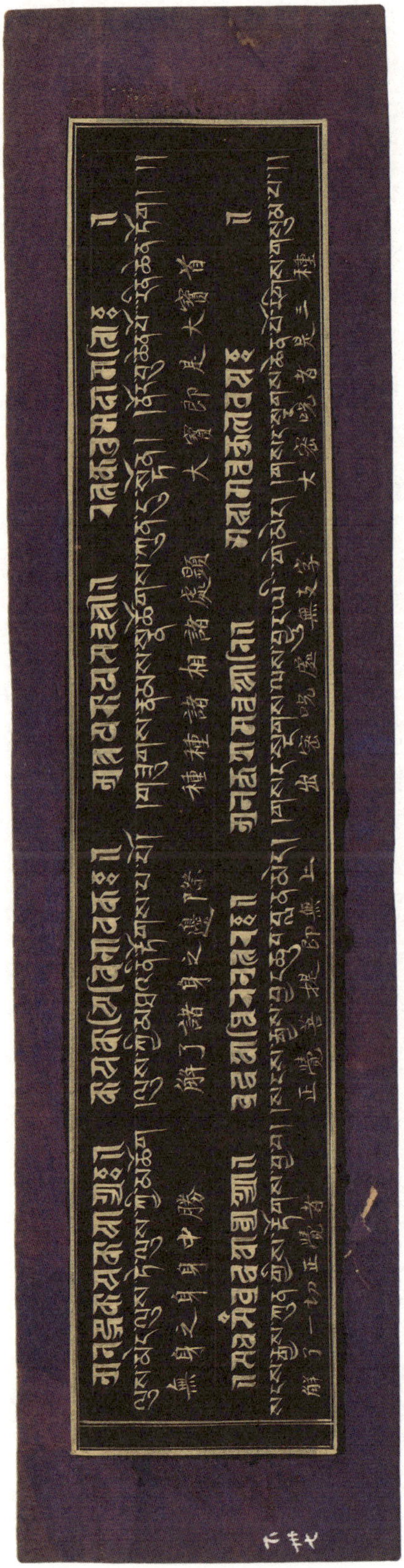
無身之身身中勝
解了諸身之邊際
種種諸相諸處顯
大寶印是大寶首
解了一切正覺者
正覺菩提即無上
出密呪處無文字
大密呪者是三種

諸密呪義令增長
大明點者無文字
大空印是五種字
空明點者百種字
種種諸空無種種
十六半半具明點
亦無支分超於數
即四靜慮之初首

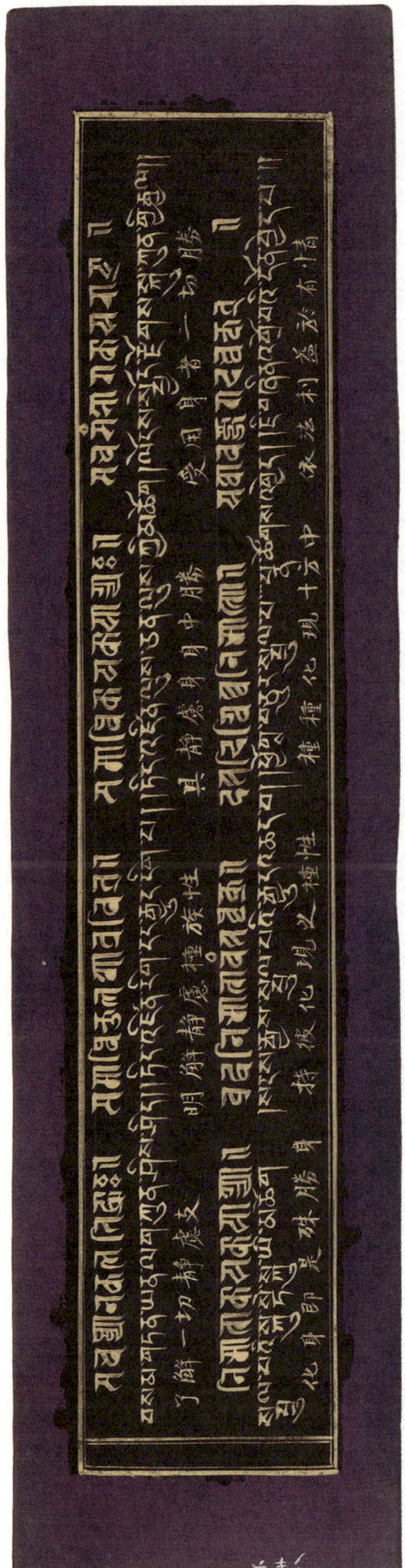
了解一切靜慮支 明解靜慮種族性 具靜慮身身中勝 受用身者一切勝
化身印是殊勝身 持彼化現之種性 種種化現十方中 依法利益於有情

自在之天天中天
非天自在非天主
自在無滅天之師
作壞作壞即自在
三有寂靜今超越
唯一師者有情師
名稱普於十方界
施法之主廣大者

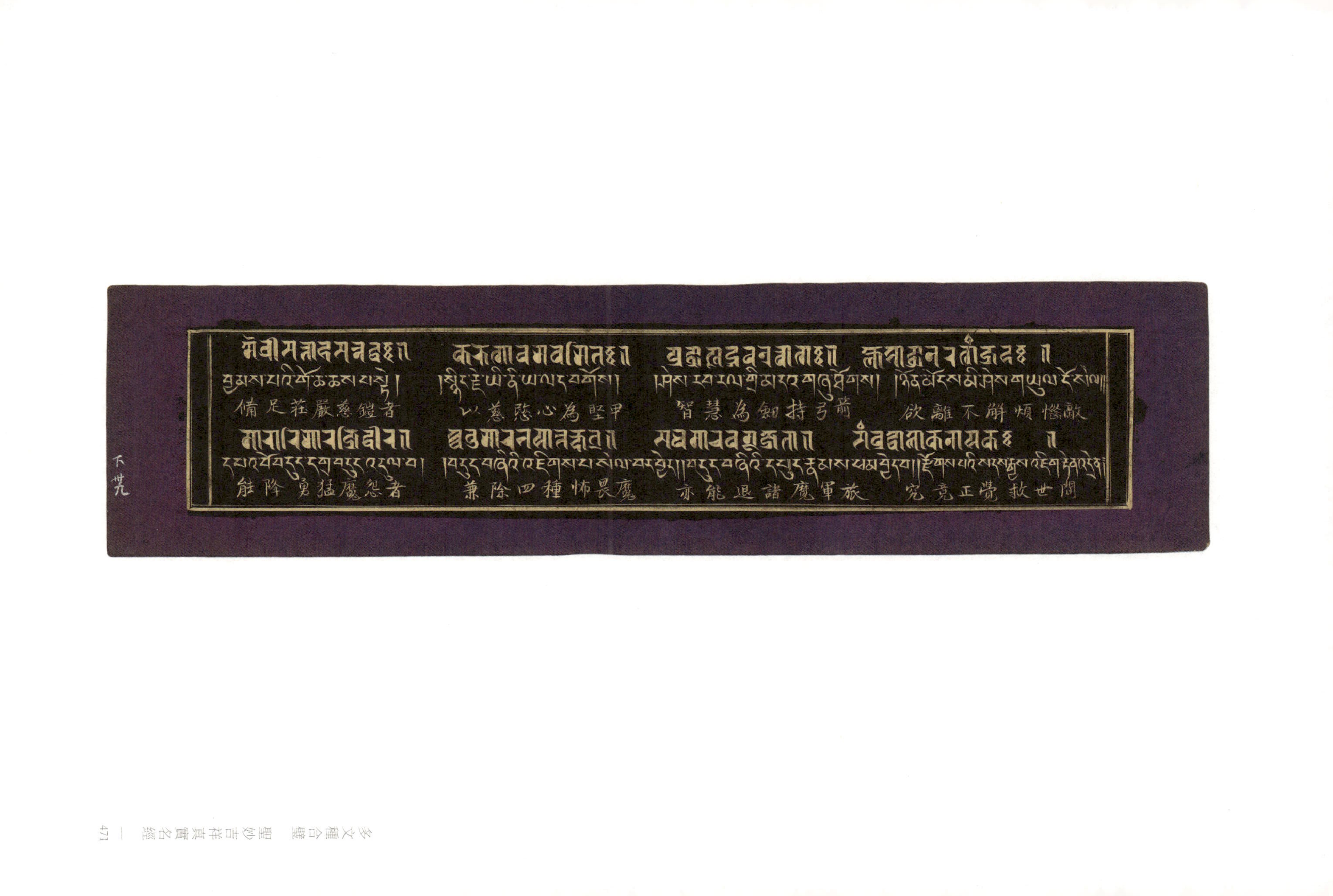

བྱམས་པའི་གོ་ཆ་ཆས་པ་སྟེ། །སྙིང་རྗེ་ཡི་ནི་ཡ་ལད་བགོས། །ཤེས་རབ་རལ་གྲི་མདའ་གཞུ་ཐོགས། །ཉོན་མོངས་མི་ཤེས་གཡུལ་ངོར་སེལ།

備足莊嚴慈鎧者　以慈悲心為堅甲　智慧為劍持弓箭　欲離不解煩惱敵

དཔའ་བོ་བདུད་དགྲ་བདུད་འདུལ་བ། །བདུད་བཞི་ཡི་འཇིགས་པ་སེལ་བ་མཛད། །བདུད་ཀྱི་དཔུང་རྣམས་ཕམ་མཛད་པ། །རྫོགས་པའི་སངས་རྒྱས་འཇིག་རྟེན་འདྲེན།

能降勇猛魔怨者　兼除四種怖畏魔　亦能退諸魔軍旅　究竟正覺救世間

下 卅九

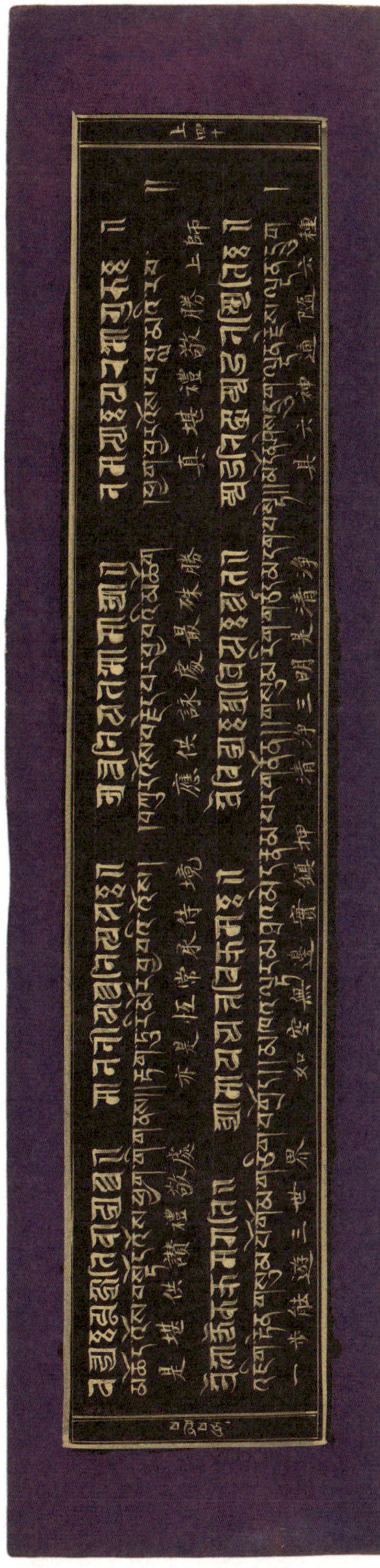
上 四十
是摠供讚禮敬處　亦是恆常承侍境　應供詠慶最殊勝　具摠禮敬勝上師
一步能遊三世界　如空無邊寶鎖伽　清淨三明是清淨　具六神通隨六種

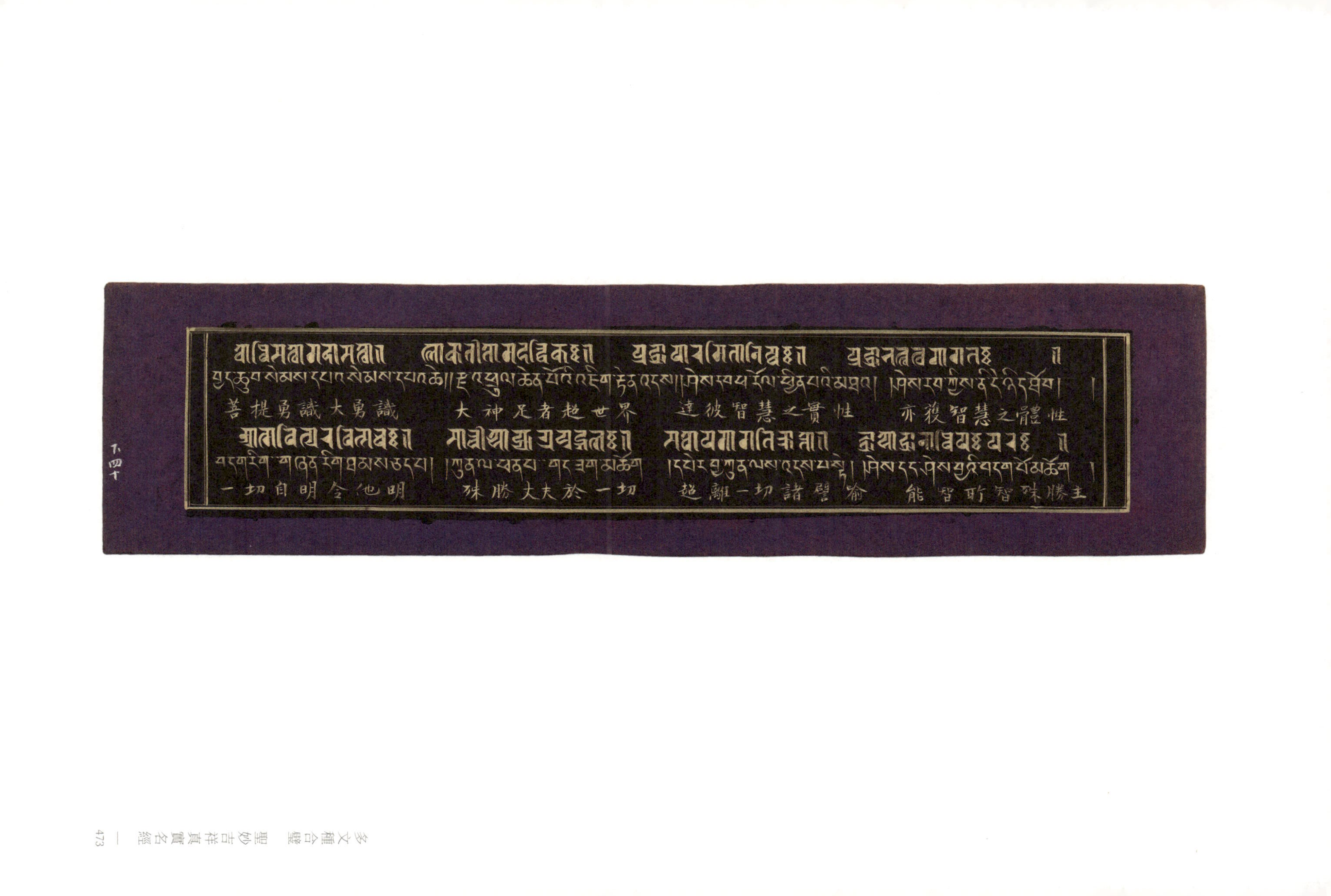

卜四十

བྱང་ཆུབ་སེམས་དཔའ་སེམས་དཔའ་ཆེ། །རྫུ་འཕྲུལ་ཆེན་པོ་འཇིག་རྟེན་འདས། །ཤེས་རབ་ཕ་རོལ་ཕྱིན་པའི་མཐའ། །ཤེས་རབ་ཀྱིས་ནི་དེ་ཉིད་ཐོབ། །

菩提勇識大勇識　大神足者超世界　達彼智慧之實性　亦獲智慧之體性

བདག་རིག་གཞན་རིག་ཐམས་ཅད་པ། །ཀུན་ལ་ཕན་པ་གང་ཟག་མཆོག །དཔེར་བྱ་ཀུན་ལས་འདས་པ་སྟེ། །ཤེས་དང་ཤེས་བྱའི་བདག་པོ་མཆོག །

一切自明令他明　殊勝丈夫於一切　超離一切諸譬喻　能智所智殊勝主

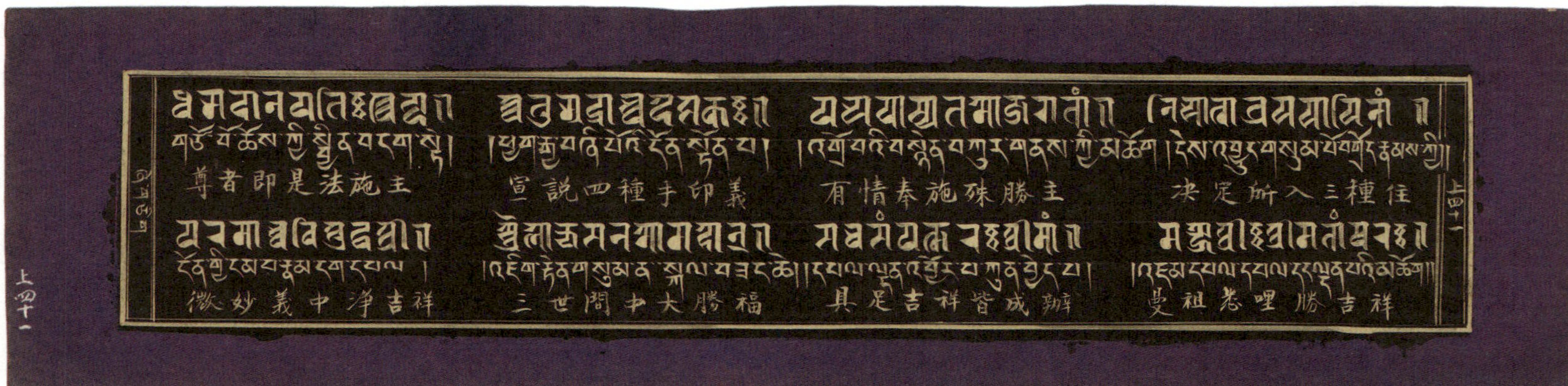
上四十一
尊者即是法施主
宣說四種手印義
有情奉施殊勝主
決定所入三種住
微妙義中淨吉祥
三世間中大勝福
具足吉祥皆成辦
曼祖巻哩勝吉祥
上四十一

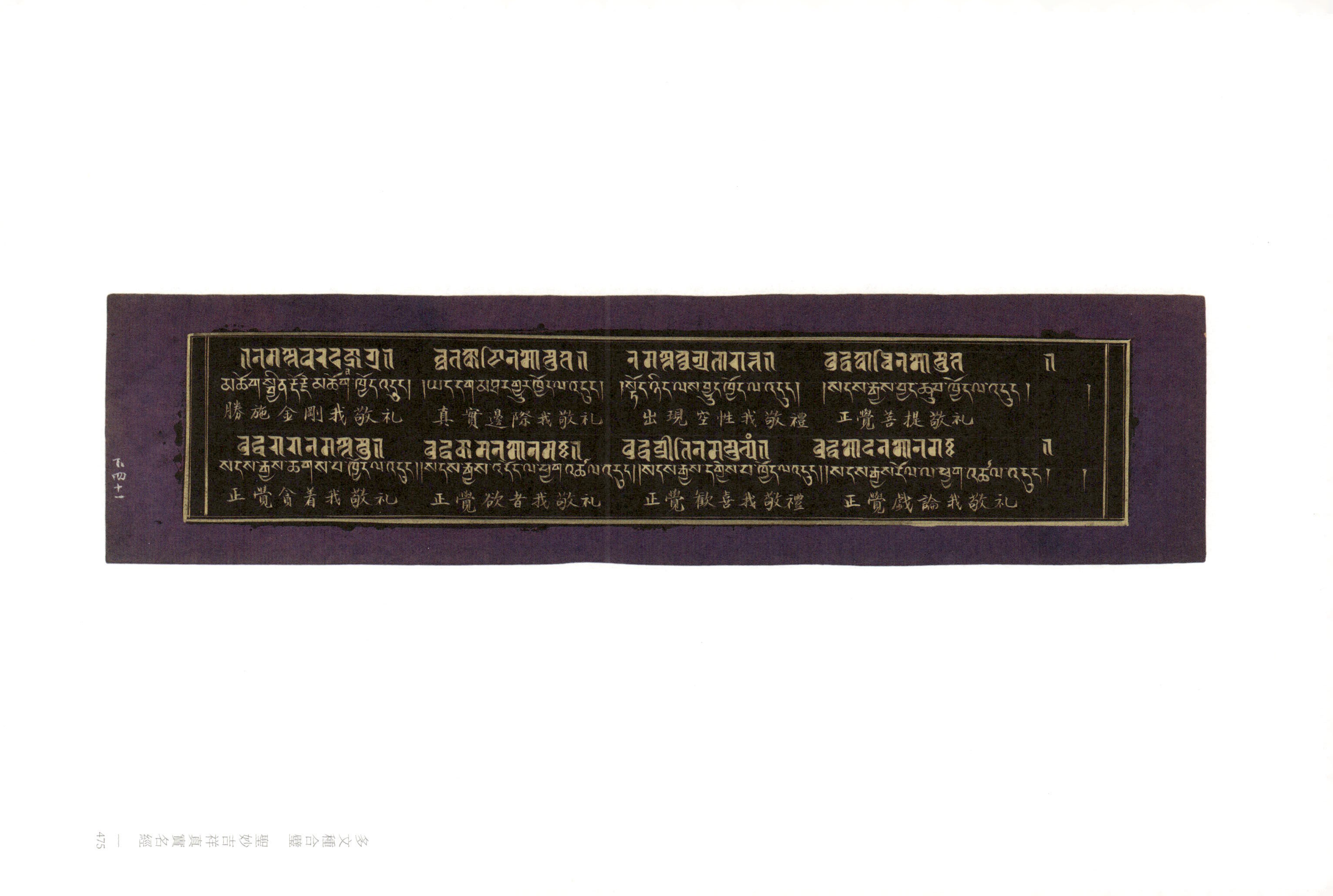

下四十一

མཆོག་སྦྱིན་རྡོ་རྗེ་མཆོག་ཁྱོད་འདུད། །ཡང་དག་མཐར་ཐུག་ཁྱོད་ལ་འདུད། །སྟོང་ཉིད་ལས་བྱུང་ཁྱོད་ལ་འདུད། །སངས་རྒྱས་བྱང་ཆུབ་ཁྱོད་ལ་འདུད། ། |

勝施金剛我敬礼　真實邊際我敬礼　出現空性我敬禮　正覺菩提敬礼

སངས་རྒྱས་ཆགས་པ་ཁྱོད་ལ་འདུད། །སངས་རྒྱས་འདོད་ལ་ཕྱག་འཚལ་འདུད། །སངས་རྒྱས་དགྱེས་པ་ཁྱོད་ལ་འདུད། །སངས་རྒྱས་རོལ་ལ་ཕྱག་འཚལ་འདུད། ། |

正覺貪着我敬礼　正覺欲者我敬礼　正覺歡喜我敬禮　正覺戲論我敬礼

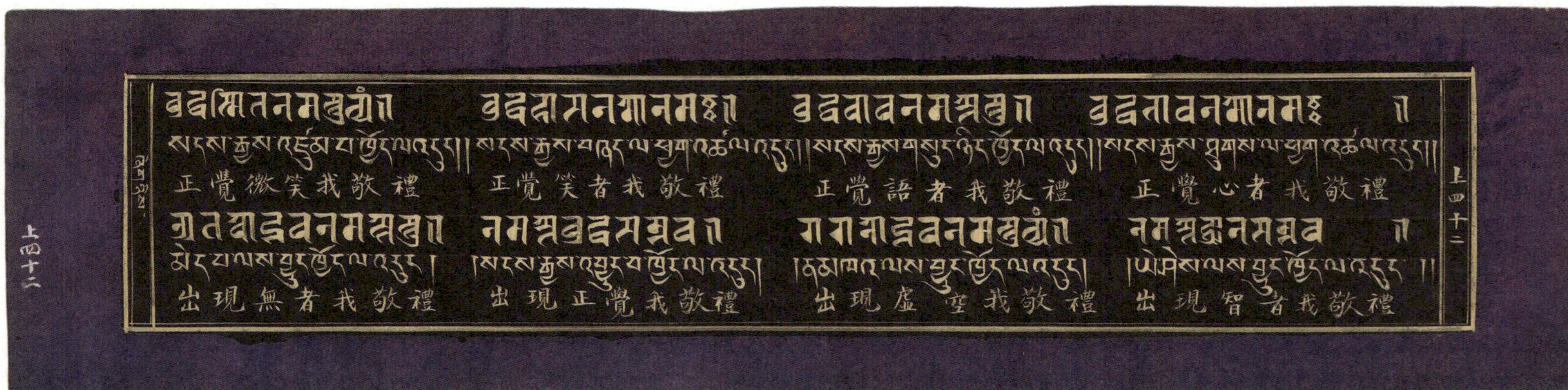
上四十二
正覺微笑我敬禮
正覺笑者我敬禮
正覺語者我敬禮
正覺心者我敬禮
出現無者我敬禮
出現正覺我敬禮
出現虛空我敬禮
出現智者我敬禮
上四十二

幻化網者我敬礼
正覺頭論我敬礼
一切一切我敬礼
彼智身者我敬礼

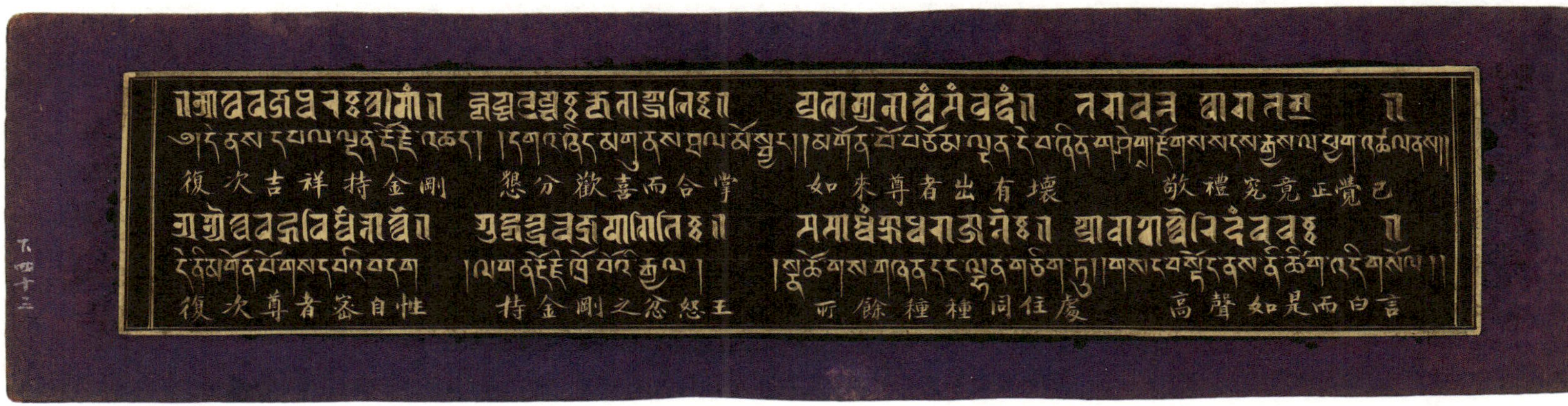
下四十三
復次吉祥持金剛　懇分歡喜而合掌　如來尊者出有壞　敬禮究竟正覺已
復次尊者密自性　持金剛之忿怒王　所餘種種同住處　高聲如是而白言

上四十四
尊者我等亦隨喜 善哉善哉說善哉 為彼欲求解脫果 有情為無救度者
我等真實救度者 作護菩提大利益 宣說幻化微妙理 此是清淨微妙道

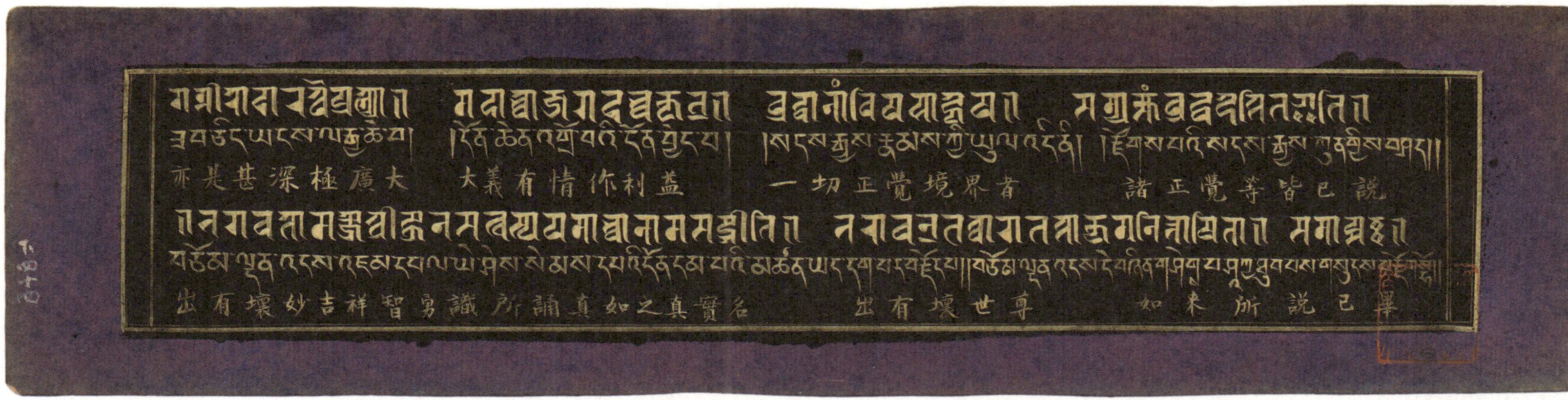
ཟབ་ཅིང་ཡངས་ལ་རྒྱ་ཆེ་བ། །དོན་ཆེན་འགྲོ་བའི་དོན་བྱེད་པ། །སངས་རྒྱས་རྣམས་ཀྱི་ཡུལ་འདི་ནི། །རྫོགས་པའི་སངས་རྒྱས་ཀུན་གྱིས་གསུངས།།
亦是甚深極廣大 大義有情作利益 一切正覺境界者 諸正覺等皆已說
བཅོམ་ལྡན་འདས་འཇམ་དཔལ་ཡེ་ཤེས་སེམས་དཔའི་དོན་དམ་པའི་མཚན་ཡང་དག་པར་བརྗོད་པ། །བཅོམ་ལྡན་འདས་དེ་བཞིན་གཤེགས་པ་ཤཱཀྱ་ཐུབ་པས་གསུངས་པ་རྫོགས་སོ།།
出有壞妙吉祥智勇識所誦真如之真實名 出有壞世尊 如來所說已畢

下夾板内簾

下夾板内佛像

下夾板底